새로운 인류의 출현

Pierre Teilhard de Chardin의 사상

새로운 인류의 출현

Pierre Teilhard de Chardin의 사상

정태옥 지음

왜 샤르댕인가?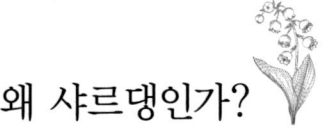

돌덩이 같은 삭막한 지구에 꽃이 피고 새들이 지저귀고 물고기가 헤엄치고 다람쥐가 뛰어 노는 낙원으로 변한 것은, 무기질 우주 질서의 단백질 표현이 가능했기 때문이다. 약 138억 년 전 빅뱅은 하나(전체)가 여럿(부분)으로 나누어지는 사건이었다. 창조는 전체이며 부분은 피조물로서 동시성이다. 빅뱅 이래 지구상에 나타나는 물질, 생명, 정신이라는 우주 정보는 동시 출현이 아니라 단계출현이라는 사실을 알게 된 것은 오늘날 현대 과학의 발달 덕분이다. 다시 말하자면, 물질 진화의 정점에서 생명이 출현했고, 생명 진화의 정점에서 정신이 출현했는데 정신 진화의 정점에서는 무엇이 출현할 것인가?가 샤르댕의 70년 평생 사고의 결론이다. 오늘날 우리들은 손톱 넓이의 메모리 칩 속에 신문지 2천5백 장 이상을 저장할 수 있음을 잘 알고 있으면서도, 양평 용문사의 거대한 은행나무가 작은 은행 알갱이 한 개에 은행나무의 모든 정보를 저장하고 있음을 생각하지 못한다. 약 1만 년 전 인류는, 농경을 시작한 이래 밀과 보리는 씨앗을 통해 생명의 연속성을 이어간다는 사실을 이해하기 시작했다. 약 7천 년 전 유프라테스강과 티그리스강 사이 메소포타미아 일대에서 인류 최초로 문명을 일으킨 수메르인들은 이 생명의 연속성을 부활이라고 인식했는데 봄이면 새로운 생명을 부여하는 '드무즈' 神의 조화라고 믿고 있었다. 그들만 해도 죽음을 삶의 연속성으로 이해하고 있었는데(오늘날 그리스도교 부활 신앙의 원조이다.) 그러함에도 불구하고 오늘날 우리들 대부분에게 죽음은 '현세와의 완전한 단절'을 의미한다.

1856년 오늘날 독일의 라인라이트 인근 네안데 계곡에서 고인류의 화석이 발견되었다. 약 30만 년 전에 출현하여 약 3만 년 전에 멸종된 인류의 한 종으로서, 고인류학에서는 네안데르탈인이라 명명되고 있다. 이들의 화석이 발견된 곳이 주로 무덤이었는데, 무덤 속에서 꽃다발로 장식한 흔적이나 짐승 뼈로 만든 장신구가 발견되곤 했다. 이런 유적은 멀리 독일의 네안데르탈인이 아니어도 우리나라 청주에서도 발견된 적이 있다. 1976년 충북대학교 이융조 고고학 교수가 청주 가덕면 두루봉 석회석 광산에서 발견한 어린이 유골 주변에서 꽃가루나 뼈로 만든 예술품을 발견한 것이다. 훗날 이 유적을 처음 발견하고 신고한 '한흥 문의광산' 김흥수 씨의 이름을 따서 '흥수아이'라고 명명했는데 '흥수아이'가 살던 시대는 적어도 5만 년 내지 10만 년 전이라 보고 있다. 당시 무덤에서 꽃가루 흔적은 현대 전자현미경 덕분에 알게 됐는데 '흥수아이'의 꽃다발은 노란 들국화였다. 이들 네안데르탈인이나 '흥수아이'의 당시 매장풍습에서 꽃다발로 장식하고, 죽은 이들이 평소에 사용하거나 소중하게 간직했던 물품들이 함께 매장되어 있다는 사실은, 이집트의 피라미드나 고구려 적석총에 비해 그 규모가 다를 뿐, 죽은 이들의 영생을 기원하는 매장풍습이었음에는 큰 차이가 없다. 네안데르탈인과 홍수아이가 거의 같은 시대에 살고 있었지만, 인류의 종이 다르고 독일과 한반도라는 지리적 거리가 아주 먼데도 비슷한 매장풍습인 것을 보면, 아주 먼 옛날부터 인류는 삶과 죽음에 관하여 영생을 인식했으리라 보인다.

'영생(永生)'이라는 말은 결국 '인간 삶의 연속성'이라는 뜻인데, 그렇다면 '현세와의 완전 단절'을 의미하는 죽음을 어떻게 '삶의 연속성'으로 이해하고 믿었을까? 고대 인류에게 죽음이란 무엇이었을까? 고대인들뿐만 아니라 오늘을 사는 우리들도 '현세와 완전히 단절'이라는 죽음을 이해하기란 쉽지 않다. 종교인이 아니더라도 어른이라면 누구나 한 번쯤은 자신의 죽음에 관해 깊이 생각해보았을 것이다. 웃고 울고, 기뻐하고 슬퍼하고, 행복에 겨워 삶이 밝다가도 절망의 심연 속에서 헤어나지 못하는 이 존재가, – 누구도 죽음을 경험해본 사람은 없다.– 단지 내 가까이에 있는 사람이 어느 날 갑자기 죽음이라는 침묵으로 우리에게 다가왔을 때 당황을 넘어 비통에 빠져 무기력을 실감한다. 대부분의 사람들은 이 단절이라는 죽음 앞에서 인간이 할 수 있는 일이란 아무것도 없다고 생각하고 있다. 따라서 영생은 죽음이라는 단절에서 오는 두려움을 극복하기 위한 희망 사항일지도 모른다. 결국 죽음이란 세상과의 완전한 단절을 의미하는 것일까? 아니면, 어떤 과정일까? 적어도 7천 년 전 수메르인들은 삶과 죽음의 연속성을 신앙했는데 오늘날 우리들에게는 왜? 죽음은 '현세와 완전 단절'을 의미하는가?

우리들 대부분은 인간만이 아니라 지구상의 모든 생명체는 죽음을 피할 수 없다고 믿고 있다. 그러나 지구상에는 죽음이라는 과정을 거치지 않는 생명체 집단이 있다. 박테리아나 아메바 같은 단세포 생물은 세포가 커지면 두 부분으로 나누어져 새로운 2개의 세포로 탄생한다. 그들에게는 단절이라는 죽음이 존재하지 않는다. 그들에게 죽음은 곧 새로운 생명의 탄생과 동의어이다. 그러나 지구상에는 박테리아나 아메바 같은 단세포 생물만 사는 것이 아니라 암수를 통해 자손을 번식하는 다세포 생물도 많이 살고 있다. 그런데 이들 다세포 생물은 단세포 생물과는 달리 '현세와의 완전한 단절'이라는 죽음이라는 과정이 분명 존재한다. 코스모스는 추운 겨울을 넘기지 못하기 때문에 자신의 생명 정보(DNA)를 씨앗에 남겨놓고 개체는 시들어 죽는다. 이듬해 따뜻한 봄날, 씨앗은 싹이 터서 자라 다시 푸른 가을 하늘 아래 울긋불긋 자신의 자태를 뽐낸다. 모든 생물은 자신의 생명 정보(DNA)를 통해 생명의 연속성을 갖기 때문에 그들에게 죽음이란 끝이 아니라 새로운 삶의 시작일 뿐이다. 15세기 근대 과학의 여명이 오기까지 인간의 죽음이란 종교나 철학의 영역이었다. 따라서 죽음에 대한 정의가 종교나 철학의 언어만큼이나 매우 모호하고 불분명했다. 그러나 오늘날 우리는 죽음을 생물학 영역으로 이해하기 시작함으로써 종교나 철학보다 명확하게 죽음에 관해 알아듣기 시작했다. 바로 프랑스 예수회 사제 '떼이야르 드 샤르댕' 신부의 과학과 종교에 관한 필생 연구 덕분이다.

'떼이야르 드 샤르댕'은 1881년 5월 1일 프랑스 중부 오베르뉴에서 태어났다. 18세에 예수회에 입회하여 1911년 신부가 되기까지 신학, 지질학, 고생물학 등을 연구했다. 소로본 대학에서 포유류의 진화를 연구, 자연과학 부문의 박사학위를 받고 '파리 가톨릭 연구원'의 지질학 교수 자격도 얻었다.

1923년 과학적 사명을 띠고 중국에 파견된 후 20년 이상 지질학 및 고생물학의 연구와 탐험에 몰두했다. 1929년 북경 주구점에서의 북경원인 발굴은 고고인류학 분야의 가장 빛나는 업적 중 하나이다. 2차 대전 후 파리로 돌아온 떼이야르는 '파리 과학 연구원 국립 중앙 연구소장'에 임명되었으며, '꼴레즈 드 프랑스'의 교수로 초빙되기도 했다. 1951년에는 인류학 연구기관인 뉴욕 '웬느 그렌' 재단의 상임연구원으로 초청받고, 1955년 별세하기까지 거기서 연구와 집필을 계속했다.

그는 신학자, 철학자이기 전에 지질학자요 고생물학자였다. 그러나 경험적 현상의 발견과 설명에만 치중하는 단순한 과학자는 아니었다. 지질학과 고생물학의 발전 속에 함축된 인간의 의미를 숙고함으로써 조화로운 세계관 수립에 힘쓴 사상가이기도 했다. 그는 과학의 진화론을 신학에 도입하여 과학과 종교의 조화를 꾀하고, 나아가 우주의 미래를 예시함으로써 현대 그리스도교 신학계로부터 예언자적 신학자로, 신화적 인물로 추앙받고 있다.

(샤르댕 지음. 이병호 옮김. 분도 출판사 간행 '자연 안에서 인간의 위치' 서문)

약 138억 년 전 빅뱅 이래 소립자에서부터 우라늄까지 물질(이하 이 글에서 무기물질을 뜻한다.)의 출현은 물질 간 덧붙임을 통해 가장 간단한 물질의 구조에서부터 보다 복잡한 구조의 물질이 발생했는데 이 과정을 '물질의 진화 패턴'이라 한다. 빅뱅 초기 수백억 도의 높은 온도와 수백억 높은 기압 아래에서 출현한 물질과 보다 낮은 온도와 기압 아래에서 출현한 물질의 '관계 현상'이다. 따라서 수소는 소립자의 역사이며, 헬륨은 수소의 역사이고, 우라늄은 모든 원자의 역사로서, 결국 물질의 **진화란 우주가 형성되는 정보의 축적을 의미한다.** 여기에는 핵력, 약한 핵력, 전자기력, 중력이 작용하여 오늘날의 우주공간을 형성하게 됐는데 빅뱅 이래 우주가 점점 팽창함에 따라 물질을 응집하는 힘이 약해져 때가 되면 물질은 분해되어 사라진다. 우라늄은 상온에서 풀루토늄으로 분해되고 다시 토륨에서 납으로 분해되어 우라늄이란 존재 자체가 사라진다. 따라서 암석과 같은 무기물질은 그 자체가 물질이면서 암석이 만들어진 어떤 내력, 즉 정보를 갖고 있는데 물질과 정보가 분리되어 있지 않아 물질이 사라지면 정보 또한 사라진다. 이것이 '진정한 죽음'의 의미이다. 그러나 생물은 물질(단백질)과 정보(DNA)가 분리되어 물질이 분해되어 사라져도 정보(DNA)를 통해 생명의 연속성을 이어가기 때문에 사실 **생명이란 물질이 획득한 '불멸성'**이다.

오늘날 인류와 침팬지의 DNA 염기서열이 겨우 1.6% 차이도 나지 않는데 침팬지는 동물원의 쇠창살에 갇혀 살고, 인류는 우주의 주인인 양 활개치며 살아가고 있다. 이 1.6% 차이에 인류의 문화, 문명이 있다. 지구상에 인류가 출현한 이래 수만 개의 문화, 문명이 발생하고 소멸했는데 이 인류의 유산은 DNA가 아닌 **정신권**을 형성하여 사회유전이 되었으며 생성, 성장, 소멸을 반복하면서 보다 복잡한 사회구조와 인류의 성장을 이끌어 왔다. 이 정보는 '공간을 갖는' 물질이나 생명 정보가 아니라 인간에게만 나타나는 인격, 이성, 지식, 마음, 양심 등 물질과 생명 정보가 함축된 '공간을 갖지 않은' 정신 정보이다. 샤르댕은 지구상에 인류가 출현하자 단백질에 의한 DNA 생물진화가 끝나고 인류에 의한 정신 진화가 시작되었다고 인식했는데 **생명이 '물질의 의식(정보)화 현상'이었다면, 정신은 '생명(의식 정보)의 물질화하는 에너지 정보'**이다. 정신 현상이 무슨 뜻인지 이해가 안 되면 '우주 정보의 지식화'라고 이해하면 쉽다. 그러나 지식이 곧 정신이라는 것은 절대 아니며 지식은 말 그대로 지식이지만, 정신은 그 지식을 올바르게 사용하는 인격, 이성, 마음, 양심 등을 갖는 인간(인류)의 에너지를 뜻한다. 약 4만 년 전 현생인류가 출현하기 전까지 인류는 다른 동물과 마찬가지로 DNA 변이를 통해 진화했다. 그러나 샤르댕은 지구상에 현생인류가 출현하자 단백질에 의한 생물의 진화가 끝나고 인간의 정신 진화가 시작되었다고 보고 있다. 따라서 **샤르댕 사상의 출발점은 '인간은 생물이다'**이며, 그의 종착점은 **'인간은 생물이 아니다.'**이다.

'떼이야르 드 샤르댕'의 글을 읽다 보면 프랑스 생물학자 라마르크(Lamarck 1744~1829)의 저서 '동물 철학'(1809)을 읽고 있는 듯한 착각이 들 때가 많다. 생명의 물질 기원과 유기체와 무기체의 결합과 생성의 차이, 진화의 복잡성과 의식의 증대, 물리 화학 법칙에 의한 동물의 행동과 신경계통의 복잡화와 뇌의 진화 등이 샤르댕 사상의 핵심이다. 샤르댕이 라마르크에 의해 얼마만큼의 영향을 받았는지 직접 언급한 일이 없어 그와의 관계는 확실히 알 수 없지만 18~19세기 프랑스에서 일어난 유물론의 이론과 매우 흡사하다. 그렇다고 그가 신학자로서 스콜라 철학의 정통적인 이원론을 옹호하기 위해서 그린 것은 결코 아니었다. 샤르댕은 '물질 양의 증가에 의한 물질의 질적 변화 법칙'만을 바탕으로 일원론을 제시한 유물론자들과는 '물질과 정보'라는 **이원론적 일원론**이라는 점에서 대척점에 서 있었다. 또한 아리스토텔레스의 '부동의 원동자'가 명사가 아니라 동명사임을 깨달은 그는 스콜라 철학의 정통적 이원론을 극복하기 위해 평생을 바쳤다. 그는 유물론자들로부터는 유신론자의 한 사람으로 낙인찍혔고, 스콜라 정통 신학자들로부터는 유물론자 내지 범신론자로 취급되어 한때는 그의 모든 저서가 교황청에 의해 금서가 되었으며, 그의 연구와 강의를 중지시키고 결국에는 말년에 미국 뉴욕으로 유배되어 그곳에서 돌아가셨다. 그는 신학자로서 예수의 삶을 통해 진리를 봄으로써 평생 그에 대한 신뢰를 저버린 적이 없었다. 또한 '물질에서 일어나는 현상은 생물에서도 일어나고 인간에게도 일어난다.'와 '소멸되는 생성(에너지와 물질의 순환)'은 고생물학자, 지질학자, 고인류학자인 그에게는 자연스러운 의식의 전환이었다.

필자가 샤르댕을 알게 된 것은 젊은 시절부터 본인을 하느님과 예수님께 올바르게 인도하며 신앙 교육을 하신 메리놀회 고 지대건 야고버(James J. De fino) 신부님 덕분이다. 지 신부님은 1950년대 뉴욕에 있는 메리놀회 외방 신학교를 다녔었는데 그때 샤르댕 신부님은 뉴욕에 있는 인류학 연구기관인 뉴욕 '웬느 그렌' 재단의 상임 연구원으로 계셨다. 이미 지 신부님은 신학교 시절부터 샤르댕 신부님에 관해 어느 정도 알아듣고 매우 동조를 하셨지만, 온전히 그의 사상을 이해하신 것은 아니었다. 1960년대 초 서강대학교 예수회 사제들에 의해 샤르댕 사상이 처음으로 한국에 알려지기 시작했다. 이후 프랑스에서 신학을 공부하고 한국에 돌아오신 JOC(가톨릭노동청년회) 설립자 박창선 신부님과 지금은 고인이 되신 이문희 대주교와 전주교구장 이병호 주교에 의해 샤르댕 사상이 한국에 널리 퍼지기 시작했다. 그러나 샤르댕은 예수회 사제로서 철학과 신학뿐만 아니라 지질학, 고생물학, 고인류학자이기 때문에 그의 사상에 쉽게 다가가기란 과학과 종교의 일치만큼이나 어려웠다. 철학, 신학자들은 과학에 관한 전문지식이 없고 과학자들은 철학과 신학에 대한 지식이 없어 지금까지도 그의 사상을 온전히 이해하는 사람이 없다. 필자는 농고, 농대를 다녔기 때문에 생물학에 관해 어느 정도 지식을 갖고 있었으며 또한 지 신부님을 통해 스콜라 철학과 가톨릭 신학을 거의 모두 섭렵한 덕분에 샤르댕 사상을 처음 대했을 때부터 하느님의 소명을 느끼고 있었다. 필자가 샤르댕 사상을 연구하기 시작한 지 어언 60년이라는 시간이 걸린 것은 내가 가톨릭 신학에서 이원론을 벗어날 수가 없었으며, 유물론에 관한 지식이 전무했다는 점과 영, 미 생물학자들의 다위니즘 진화론에서 벗어나지 못했기 때문이다.

현재는 과거의 사상을 미신이라 인식하지만, 당시에는 가장 앞선 사상이었다. 문제는 사상의 전환을 거부하거나 인식하지 못하는 데 있다. 언젠가는 샤르댕 사상 또한 미신으로 전락하겠지만 지금은 아니다. 그는 현상을 통해 과학과 종교의 일치뿐만 아니라 동양과 서양의 사상을 뛰어넘어 하나의 새로운 사상을 제시한 사람이었다. 여기에 우리가 '떼이야르 드 샤르댕'을 주목하는 이유가 있다. 샤르댕은 그의 저서 '물질의 심장'에서 그가 동양에 관심을 둔 것은 "사람이나 사상이 아니라 자연뿐이다."라고 한 말을 보면 그가 불교철학에서 크게 영향을 받았다는 증거는 없다. 그럼에도 불구하고 그의 사상 대부분이 불교철학과 유사하여 불교철학이 생활화되어 있는 우리들은 그의 사상에 대한 이해가 서양인들보다 훨씬 빠르다. 샤르댕 사상은 먼 미래를 위한 사상이 아니라 지금 당장 우리가 인식해야 할 사상이며, 완성된 사상이 아니라 우리가 함께 완성해 나아가야 할 사상이다. 어쩌면 우리 인류는 머지않아 손오공처럼 자신을 복제하는 시대에 살게 될지도 모른다. 샤르댕의 사상은 후손들을 위해서도 꼭 필요하다. 이 글의 독자들은, 자신의 몸이 수(數) 조(兆) 개의 같은 세포가 하나의 통일된 개체로 나타나며, 각각의 세포는 개체로 전환될 수 있는 생물임을 인식하며 이 글을 읽기 바란다.

이 글의 서두에 '왜 샤르댕인가?'라고 우리가 그의 사상을 찾는 이유를 간단히 기술해 놓았으며, 아래와 같이 5부에 걸쳐 그의 생애와 사상을 피력했다. 또한 제4부에는 2016년 1년 동안 가톨릭 프레스에 기고한 글을 실었으며, 마지막 제5부에는 성가소비 수녀회 수녀님들에게 2017년 5월에서 6월까지 매주 수요일 샤르댕의 사상에 관해 강의한 내용을 기술했다.(제2부와 제3부는 생물학 전문 용어이기 때문에, 이해가 어려운 분들은 제4부 가톨릭 프레스 기고문과 제5부 <과학을 품은 종교> 강의록을 먼저 읽기를 바랍니다.)

제1부 샤르댕의 생애와 그의 위험한 사상.
제2부 인간은 생물이다.
제3부 인간은 생물이 아니다.
제4부 가톨릭 프레스 기고문.
제5부 <과학을 품은 종교> 강의록.

샤르댕은 생전에 많은 저서와 논문을 썼는데 아래의 목록은 샤르댕 저서의 판권을 가지고 있는 '하퍼 출판사'에서 출판한 그의 중요한 저서 일부이다.

① The Divine Milieu (1960) '神의 영역'
② Letters from a Traveller (1962) '여행으로부터의 편지'
③ The Future of Man (1964) '인류의 미래'
④ Hymn of the Universe (1965) '우주의 찬가'
⑤ The Phenomenon of Man (1959) '인간의 현상'
⑥ The Appearance of Man (1965) '인류의 출현'
⑦ The Making of a Mind (1965) '마음의 형성'
⑧ Man's Place in Nature (1966) '자연 안에서 인간의 위치'
⑨ The Vision of the Past (1967) '과거의 비전'
⑩ Writings in Time of War (1968) '전쟁에서 쓴 글'

1972년, 위 저서 중 'The Phenomenon of Man(인간의 현상)'을 비롯하여 총 6편의 샤르댕의 저서를 고(故) 이문희 대주교의 아버지이신 당시 국회의장이셨던 고(故) 한솔 이효상 선생의 이름으로 번역 출판하여 우리나라에 샤르댕의 사상이 널리 알려진 계기가 되었다. 이후 왜관 분도 출판사에서 전 전주교구장 이병호 주교께서 샤르댕의 저서 ' Man's Place in Nature'(자연 안에서 인간의 위치), 샤르댕의 자서전과 같은 'Le Coeur de la Matiere'(물질의 심장), 그리스도, '떼이야르 신부가 장따 여사에게', '로버트 패리시' 저 '떼이야르 드 샤르댕의 신학사상'을 번역 출판하심으로써 그의 사상이 널리 퍼지게 되었다.

　이 글을 쓰기 위해 성경을 비롯해 샤르댕의 모든 저서를 참고하였으며, 지질학, 생물학, 고인류학 등 많은 서적을 참고하였는데 어디서 발췌했는지 기억이 나지 않아 출처를 표기하지 못했다. 이에 대해 많은 분들의 양해를 바란다. 또한 이 책이 나오기까지 많은 분들이 물심양면으로 도와주셨음을 깊이 감사드린다. 무엇보다도 이 책을 샤르댕 신부님과 지대건 신부님께 바칩니다.

2022년 1월 17일
구룡에서 솔 가람

 목차

• 왜 샤르댕인가?　1

제1부	샤르댕의 생애와 그의 위험한 사상	17

제2부	인간은 생물이다.	31

　　1. '모든 생명은 생명으로부터'(Omne Vivum ex Viva !)　32

　　2. '모든 생명은 흙으로부터'(Omne Vivum ex terra !)　36

　　3. 생물과 무생물　38

　　　　1) 생명현상　42

　　　　2) 생명과 생물　46

　　　　3) 생명체의 출현　48

　　　　4) 의식현상　49

　　4. 생물의 진화패턴　53

　　　　1) 생물의 Chimera 진화　57

　　　　2) 생물의 분화 진화　63

5. 인류의 출현과 진화   69

    1) 오스트랄로피테쿠스(Australopithecus)의 출현과 진화   72

    2) 호모 하빌리스(Homo habilis)의 출현과 진화   77

    3) 호모 에렉투스(Homo erectus 直立 原人)의 출현과 진화   81

    4) 호모 사피엔스(Homo sapiens '슬기 사람')의 출현과 진화   86

    5) 호모 사피엔스 사피엔스 – 현생인류의 출현과 진화   94

제3부 인간은 생물이 아니다.   99

1. 인간의 현상   100
2. 인간의 의식과 정신 현상   111
3. 善과 惡의 문제   114
4. 새로운 인류의 출현   118
5. 인류의 미래   120
6. 오메가 포인트   122

제4부 가톨릭 프레스 기고문   127

1. 하나의 세상!   128
2. '깨어나는 물질' - 생명!   138
3. 정신 - 생명을 넘어서!   149
4. 의식과 정신   161
5. 인간의 현상   171
6. 왜, 인간은 빵만으로 살 수 없는가!   181
7. 구원과 진화는 동의어이다.   197

8. 성탄! - 왜 구유인가? 207
9. 부활! - 썩은 송장이 되살아나다 216
10. 가장 위대한 생애! 223

제5부 〈과학을 품은 종교〉 강의록 227

제1강. "하느님 나라는 믿어서 가는 곳이 아니라 만들면 보이는 곳이다." 228
제2강. 왜 샤르댕인가? 239
제3강. 제2차 바티칸 공의회, 시대의 징표 255
제4강. 샤르댕 사상의 근원은 예수이다. 270
제5강. 스콜라 철학에 영향을 미친 헬레니즘 280
제6강. 인류의 출현과 문명, 그리고 진화 290
제7강. 고대 오리엔트 문명 306
제8강. 샤르댕에게 스콜라 철학은 미완성 철학 319
제9강. 고대인들이 인식한 죽음과 내세관 332
제10강. 고대 오리엔트 시대 내세관 343
제11강. 구약과 신약, 그리고 현대 과학이 말하는 내세 359
제12강. 생명은 물질이 획득한 '불멸성' 370
제13강. 생명은 하나, 전체이며 생물은 여럿, 부분이다. 379
제14강. 생물의 진화 패턴 389
제15강. 인간은 생물이 아니다. 401
제16강. 인류의 미래 '오메가 포인트' 413

이 책이 나오기까지.... 425

제1부

샤르댕의 생애와
그의 위험한 사상

제1부
샤르댕의 생애와 그의 위험한 사상

　프랑스 예수회 사제로서 철학, 신학자이면서 지질학, 고생물학, 고인류학자인 '**떼이야르 드 샤르댕**'은 1881년 5월 1일 프랑스 중부 오베르뉴 사르스나(Sarcenat)에서 11명의 형제자매 중 넷째로 태어났다. 그의 아버지는 지질학에 조예가 깊은 아마추어 자연 과학자로서 샤르댕이 예수회 사제이면서 지질학, 고생물학, 고인류학을 공부하게 된 동기가 그의 아버지의 영향이었다. 그의 어머니는 프랑스 계몽주의 시대를 대표하는 사상가이며 작가인 볼테르(Voltaire 1694~1778)의 조카 손녀로서 신심이 깊은 어머니의 영향으로 어린 예수를 몹시 좋아했다. 그러나 그의 마음은 단단한 철에 이끌리고 있었는데, 사람들이 보이지 않는 곳에서는 누구에게도 말하지 않고, 말할 수 있다는 생각조차 못한 채, '철의 하느님'을 명상하고, 차지하고, 혼자 비밀리에 즐기던 때를 회상하곤 했다. 그런데 왜 하필 철이었을까? 그의 어린 경험으로는 세상에서 철만큼 단단하고, 묵직하고, 질기고, 오래가는 것은 없었기 때문이라고 말하곤 했다.

그에게 있어서 존재의 근본적 매력은 분명히 '꽉 차있는' '단단함'에 있었다고 믿었다. 그러나 그는 한 조각의 철에서부터 '오메가 포인트'까지 – 그가 꿈꾸던 '단단함'은 어떤 '실체'의 효과가 아니라 '수렴 운동'의 효과라는 사실을 깨닫기까지 – 긴 여정이 놓여 있다는 사실을 알지 못했다. 그가 어린 시절 어느 날 '철의 하느님'이 붉게 녹슨 모습을 보았을 때 느꼈던 처절한 절망감이 그로 하여금 '거기에는 좀먹는 일이 없는'(Quo tinea non corrumpit..) 세계로 눈을 돌리게 된 계기가 되었다. 철과 같이 단단하고 내구성이 있고 부서지지 않는 석영수정이나 자수정, 옥수와 같은 다양한 색깔을 띤 돌들의 세계에 새로이 눈을 뜨고 그 매력에 사로잡히게 되므로 말미암아 그의 내적 생활의 깊은 곳에 하나의 결정적인 확장 운동이 들어서게 되었다. 그의 신앙은 어렸을 때부터 보이지 않는 세상이 아니라 만져보고 느낄 수 있는 물질에서부터 시작되었다.

철광석을 제련하여 가공된 철이 그에게 있어서 어떤 것의 부분임을 알게 되자 광물을 통해 '전 지구적' 방향으로 자신의 사고가 펼쳐지는 것을 느끼기 시작했다. 그의 내면으로부터 차츰 '모든 것들의 재료'라는 생각이 떠오르기 시작했다. 그때까지 딱딱한 것, 꽉 찬 것 속에서 찾고 있던 '단단함'은 어디에나 퍼져있는 기초적인 것 쪽에서 나타나기 시작하였다. 그에게 있어서 그것이 어디에나 있다고 하는 사실 자체가 '불멸성'을 말해주는 것 같았다. 오늘날 우리들은 이 '불멸성'이 정신이라는 사실을 잘 알고 있지만, 어린 시절부터 샤르댕은 정신을 물질의 연속성으로 인식하고 있었다. 따라서 그에게 있어서 '불멸성'은 존재가 아니라 발현이었다. 그가 지질학을 공부하게 될 때 사람들은 성공에 대한 확신을 가지고 과학자로서의 삶을 그냥 한번 시도해보는 것쯤으로 생각했을지도 모른다. 그러나 실제로 그의 전 생애를 통해서 거대한 용암과 대륙의 암석층 연구에 매달리도록 한 것은, 만물의 보편적 뿌리, 그것을 만들어 낸 일종의 모태를 찾아, 그것이 어떤 종류의 것이건 상관없이 그것과의 접촉 – 통교의 접촉 –을 유지하고 싶은 강한 열망의 발로였다. 실제로 그는 정신적 여정의 더 높은 수준에서도 물질의 바다에 풍덩 빠져 헤엄칠 때에만 한껏 여유와 안정을 느끼곤 했다. 그가 1899년 18세에 예수회에 입회하여 1908년 영국의 헤이스팅에서 신학공부를 시작할 때까지 단단함의 감각에서 출발하여 지배적이며 승리적인 전체 감각이 그의 안에서 깨어나고 계속해서 꽃피었다. 단단함과 불변함 대신 새로움과 희귀한 쪽을 택한 것인데 철에서 생명으로 사고의 전환은 그로 하여금 지질학과 고생물학에 전념하도록 했다.

샤르댕이 예수회에 입회한 지 2년 후부터 1911년 그가 사제서품을 받을 때까지 철학과정은 영국령 저지(Jersey) 섬에서, 신학과정은 영국 본토 헤이스팅(Hastings)에서 보냈는데 1894년 '알프레드 드레퓌스' 사건에 프랑스 예수회가 깊이 관여하여 예수회가 프랑스에서 축출된 관계로 부득이 영국에서 신학교 생활을 했다. '알프레드 드레퓌스' 사건이 그에게 어떤 영향을 미친 것은 아니지만, 당시 과학이 앞서 있던 영국 생활은 프랑스에 있었으면 절대 경험하지 못했을 지질학이나 진화론의 이론을 본고장에서 직접 경험할 수 있었다. 영국의 서식스(Sussex) 지방의 해질 무렵 숲들이, '화석' 생명으로 가득 차게 될 때, 해안의 절벽에서, 월드 지방의 지층 속에서 바로 화석을 찾곤 했다. 그럴 때면 어떤 우주적 존재가 자연 속에서 곧 나타날 것 같은 생각이 들기도 했지만, 그때 그가 찾으려 한 것은 '극단적 물질화' 쪽이 아니라 오히려 '극단적 생명체' 쪽으로 존재론에서 발생론으로 사고의 전환이었다. 그는 저지에서 3년, 그리고 또다시 이집트 카이로에서 3년 동안(1906~1908) 아주 기초적인 물리학을 공부하고 또 가르치기도 했는데 그가 어린 시절부터 물질에 대해 가지고 있던 단단함, 전체, 유일함, 정수라는 막연한 개념이 물리학에서 질량, 특성, 복사, 굽음 등등이 이 장대한 우주적 실체들 속에 고스란히 들어 있다는 사실을 알게 되었다. 그가 깨달은 것은 이 세계에서는 만물의 재료가 무한정 기초적이고, 무한정한 기하학적 해명이 가능하다는 사실이었다. 다시 말하자면 그에게 있어서 '단단함과 불변함 대신 새로움'이란 그의 어린 시절 눈에만 띄던 물질이 내면의 불꽃처럼 생명과 정신(에너지)이 타오르기 시작한 것이다. 그에게 있어서 물질, 생명, 정신이 동시 출현이 아니라 단계적으로 연속된 출현이라는 사실을 알게 된 것은 그의 70년 평생 삶의 과정이었다.

그가 헤이스팅(Hastings)에서 신학을 공부하기까지 교육으로 보나 종교로 보나 거기에 대해서 특별히 반성해 본 일도 없지만, 물질과 정신, 육체와 영혼, 무의식과 의식 사이에 근본적인 상위성이 있다는 사실을 조금도 의심 없이 순진하게 믿었다. 이 두 '본체들'은 본질이 다르고, 존재의 두 가지 다른 '종류'이며, 생명체 안에서 이해할 수 없는 방식으로 연합해 있는 것이었다. 그래서 그는 무슨 수를 써서라도 첫째 것(물질)은 둘째 것(정신 혹은 영)의 비천한 종일 뿐임을 늘 명심해야 하는 것이었다. 그런데 결국 그의 눈에 둘째 것(정신 내지 영)은 그에게 있어서 어떤 그림자일 뿐이었다. 그는 그 그림자를 원칙적으로 잘 공경하기는 해야겠는데 실제에 있어서는 그쪽으로 어떤 생생한 흥미를 느낄 수가 없었다. 그런 형편에 그가 '진화적' 우주 속으로 망설이는 첫걸음을 내딛고, 사람들이 그를 가두어 두었던 이원론이 진화 속에서 떠오르는 태양 앞의 안개처럼 사라지는 광경으로 보았을 때, 그가 얼마나 내적 해방과 환희를 느꼈을지 짐작을 할 수가 없다. **그에게 정신의 우위성이란 미래의 우위성으로 표현하는 것 외, 아무것도 아니었다.**

오늘날 대부분의 철학과 종교가 농경시대 유물로서 하느님이 세상을 창조한 이래 세상은 한 치의 변함도 없는 정적인 세계관이었으며, 이원론적 존재론으로 세상을 이해하고 있었다. 농경시대 가장 큰 특징은 성장이라는 개념이 없던 시대였다. 성장이란 개념이 있긴 있었지만, 아주 느리게 성장했기 때문에 평균 수명이 30세도

채 안 되는 개개인에게는 성장이라는 개념을 느낄 수가 없었다. 가톨릭의 스콜라철학 또한 농경시대 유물이기 때문에 정적이고, 이원론적이고 존재론적인 신학의 테두리를 벗어날 수가 없었다. '교회는 자비로운 하느님의 집'이고 하느님 나라는 믿어서 가는 곳이었다. 그가 영국령 저지(Jersey) 섬에서 예수회 회원으로 수련기를 보내는 동안에 한때는 생물학과 지질학 공부를 포기할까? 하는 생각을 진지하게 하게 되었다. 당시 이 분야가 대단히 흥미 있었지만, 그가 '초자연적인' 활동에 좀 더 완전히 헌신하기 위해서는 그것을 포기해야 하는 것이 아닌가 하는 생각이 들었었다. 그러나 그가 그때 길을 바꾸지 않은 것은 전적으로 수련장이시던 P.T 신부님의 강력한 조언 때문이었다. "십자가의 하느님께서는 그에게서 성화만을 원하지 않으시고 '자연적인' 신장도 기대하신다."는 말씀을 간단히 해주셨다. 그런데 그가 이 두 가지를 한 손에 계속 쥐고 가게 하기에는 이 말씀으로 충분했다. 그리고 이 문제로부터(이원론적 스콜라철학과의 갈등) 그는 비로소 해방되었음을 느꼈다. 이후에도 샤르댕은 스콜라철학에 별 흥미를 느끼지 못했다. 거기서 사용되는 범주들이 오늘날 우리에게 나타나는 그대로의 세계를 묘사하기에는 부적절하다고 보았기 때문이다. 이것이 이후 샤르댕과 예수회 장상들과 교회와 갈등의 원인이 되었다.

1927년 그가 첫 중국 여행 직후에 인간에 관한 논문을 썼는데 지구의 생각하는 피막을 두고 처음으로 '정신권' – 스웨스(오스트리아 출신/ 미국 물리, 화학자 1909년 생)의 생물권과 대칭을 이루게 하려고 – 이라는 표현을 사용했다. 그때 이 단어가 비교적 늦게 그의 글에서 처음으로 나타났지만, 거기에 관한 비전 자체는 10년 앞서, 1911년 그의 나이 30세에 사제서품을 받고 1차 세계대전에 위생병으로 참전하여 이세르에서 베르뎅에 이르기까지 프랑스의 참호 속에서 엄청난 규모의 사람들이 서로 대치해 있는 상황을 오랫동안 체험하면서 그의 머릿속에서 싹트고 있었다. 삶과 죽음이 오가는 전선의 분위기 속에 던져져 몇 달이고 살아가는 동안 그도 모르게 빠져든 그 분위기, 그 특수한 분위기가 한껏 고조되고, 가장 강도 높게 조성되어 있는 바로 그곳에서, 그는 물리와 윤리, 자연과 인위 사이에 어떤 단절도 감지할 수 없었다. 그때 그의 눈에는 '수백만의 사람들'이 그 정신적 온도 및 내적 에너지와 더불어 진화적으로 하나의 거대한 단백질 분자 못지않게 현실적이고 생물학적인 실체로 변하는 것이었다. 집단 수준의 테두리의 실체와 유기적 조직을 '직접 보지 못하면서도' 감지할 수 있는 능력 혹은 감각은 비교적 드문 일인데, 그의 경우 마치 또 하나의 감각처럼 그런 능력이 깨어나서 발전하게 된 것은 전쟁 체험 덕분이었다.

샤르댕은 1차대전 4년간 군목 신부가 아니라 위생병으로, 그것도 총알이 비오듯 쏟아지고 포탄이 작렬하는 전쟁터를 누비며 부상자를 운반하는 '들것병'으로 복무하였다. 전쟁 중에 그의 가장 낮은 자리에서의 군 생활은 그가 눈을 감는 날까지 사제생활의 바탕이 되었다. 그가 참호 속에서도 베르그송의 저서 '창조적 진화'를 가지고 다녔다는 사실은, 베르그송의 과정 철학이 진화를 통한 발생론적 동적인 세계관으로 그에게 세상을 보다 넓게 보게 한 계기가 되었지만, 베르그송은 기억, 마음 또는 정신이란 육체와 독립적인 것이며 자신의 목적을 수행하기 위해 육체를 이용한다고 결론지었다. 또한 진화란 기계적이 아니라 창조적이라는 것이다. 이 발전과정에서 베르그송은 두 가지 흐름을 추적했는데, 하나는 본능을 통해 곤충에 이르는 길이고 다른 하나는 지성의 진화를 통해 인간에 이르는 길이었다. **베르그송에게 진화는 영원한 연속성이지만, 샤르댕에게 진화는 '오메가 포인트'라는 정점에서 끝난다고 보고 있었다. 따라서 물질, 생명, 정신은 동시 출현이 아니라 단계출현으로서 생명 속에 물질이 있으며, 정신 속에 물질과 생명의 세계가 있는 차원이 다른 연속성으로 이해하고 있었다. 베르그송에게 정신은 물질과 생명으로부터 발생한 일원론이기는 하지만, 물질과 정신은 이원론적 존재로 인식한 반면 샤르댕에게 정신은 곧 물질이며 생명이다.** 따라서 베르그송의 정신은 헤겔처럼 관념이지만, 샤르댕에게는 정보(logos)이다. 그에게 있어서 전쟁의 소용돌이는 자연재해와는 질적으로 전혀 다른 인간 정신의 소용돌이였다. 전쟁이 끝나고 샤르댕은 40세에 프랑스 정부로부터 '레지옹 도뇌르' 훈장을 수여 받았다.

샤르댕은 사제서품 후 파리 대학에 진학하여 1912~1914년 3년

간 고생물학 및 선사시대 연구 분야의 전문 교수 '마르설렝 부울' (Marcellin Boule)의 지도를 받았으며 전쟁이 끝나고 1919년 소르본느 대학에서 이학(지질학, 식물학, 동물학) 학사 과정을 이수하였다. 그의 나이 41세 때 1922년 소르본느 대학에서 '프랑스 제3기 하층 이신계의 포유동물과 그 발견장소'에 관한 논문으로 박사학위를 받았으며, 1920-1923년 파리 가톨릭대 지질학 교수를 역임했다. 지질학은 그에게 시간의 축적을 깨닫게 했으며 진화는 무엇인가로 성장하는 세상으로 다가왔다. 그에게 있어서 세상은 겨자씨와 같았다. **"겨자씨는 어떤 씨앗보다도 작지만, 자라면 어떤 풀보다도 커져 나무가 되고 하늘의 새들이 와서 그 가지에 깃들인다."**(마태 13, 32) 프랑스의 박물학자 라마르크(Lamarck 1744~1829)는 동물학과 식물학을 합쳐 처음으로 생물학이라는 말을 사용했는데 그의 저서 동물철학(1809)에서 '생물의 복잡성은 의식의 복잡성'으로 생물의 진화를 천명했었다. 샤르댕이 그에게 얼마나 영향을 받았는지 알 수 없지만, 그의 진화론은 '라마르크'의 진화론과 매우 흡사하다. 생명의 물질 기원과 진화에서 생명 정보의 축적은 **진화가 우연의 연속이 아니라 어떤 목적을 향해 나아가는 의식으로 인식했다.** 세상은 하느님이 창조한 이래 요지부동한 정적인 세계이며 이원론적이고 존재론적인 스콜라철학은 우리에게 나타나는 그대로의 세계를 묘사하기에는 부적절하다고 보았다. 파리 가톨릭대학에서 그의 강의는 예수회 장상들에게는 위험한 존재로 인식되어 1923년 마침내 지질학과 고생물학 연구차 몽골과 중국으로 1차 유배를 가게 되었다. 그의 나이 42세였다.

그러나 물질, 생명, 정신의 연속성이 '오메가 포인트'라는 예수의 재림으로 이해하고 설명할 수 있기까지는 아직도 갈 길이 멀었다. 짐승들의 세계와 힘들(물질 간 인력과 척력)의 세계 사이에 마치 그 앞을 자리처럼 암석의 세계를 느끼곤 했다. 그리고 서로 긴밀하게 이어져 있는 이 전체 덩어리 위로, 때로는 화려한 휘장처럼, 때로는 기름진 대기처럼, 이국정취가 그에게 느껴졌다. 동양, 처음에는 흘끗 보다가 나중에는 게걸스럽게 마셔 댔다고 할 수 있는 이 땅이, 그의 삶 속에 들어온 것이다. 몽골초원의 넓은 대지의 빛, 식물군, 동물군, 사막에서 그가 처음으로 깨달은 것은 전체에서 부분으로, 전체가 되기 위해서 전체 속으로 녹아 들어가기, 부분에서 전체로의 관계현상이었다. 그의 말에 의하면 "범신론적 영의 하급 형태 쪽으로 자신도 모르게 이끌려 가고 있었다." '전체와 부분과의 관계현상'에서 모자이크식이면 범신론적 하급 형태를 의미하고, 부분이 압축된 전체이면 범신론적 상급 형태를 의미했다. 오늘날 물리학에서 물질의 가장 작은 분자 단위까지 그 구조와 기능이 같은데 이것을 프렉털(Fractal)이라고 한다. 예를 들면, 다이아몬드는 분자 한 개의 모양이 다이아몬드 형태를 취하고 있다. 따라서 예부터 붓다는 '모든 중생이 부처다.'라고 했고 공자는 '인간은 소우주다.'라고 했으며, 예수께서는 '인간은 하느님의 아들이다.'라고 했다. 그가 몽골과 중국 대륙에서 깨달은 전체와 부분과의 관계현상이 그 사상의 기조를 이루고 있다. 이 기간 동안 프랑스 최초의 여류 철학 박사 '레옹틴느 장따(1872~1942)' 여사와 1923~1939년까지 16년 동안 주고받은 편지에 몽골과 중국 대륙에서 그의 고생물학 연구와 사상의 변화를 읽을 수가 있다.

1929년 중국의 고고학자 페이원중[裵文中]이 북경 서남쪽 55 km 떨어진 주구점(周口店, 저우커우뎬)에서 원시 인류의 치아·골격 및 완전한 형태의 두개골 하나를 발견했다. 그는 허베이 성[河北省] 펑난[豊南] 사람으로서 1927년 베이징대학교[北京大學校] 지질학과를 졸업했다. 그 이전 1927년 캐나다 출신 인류학자이며 북경대학 태생학 및 신경과학 교수 '데이비슨 블랙(Davidson Black 1884~1934)'과 샤르댕이 저우커우뎬 석회암 동굴에서 고인류학 발굴 작업을 하고 있었다. 우리들에게 북경원인(北京原人, Sinanthropus pekinensis)으로 잘 알려진 이들은 약 50만 년 전 석회석 동굴에서 집단으로 생활했으며, 1931년에는 베이징 원인이 사용한 석기 및 불에 태운 뼈와 그들이 불을 사용했음을 고증하여 인류 발전사에 중요한 증거를 제시했다. 그들이 남긴 인류 최초로 불을 사용한 흔적의 화덕은, 인류가 불을 사용함으로써 얻는 이점은 물론이거니와 동굴이기는 해도 일정한 장소에서의 집단생활은, 정보의 소통을 원활하게 하는 언어의 출현이라는 인류 진화사에서 가장 큰 사건이 아닐 수 없었다. 저우커우뎬 인류화석은 홍적세 중기의 것으로 추정되지만 더 정확한 시기는 확인할 수 없다. 호모 에렉투스(Homo erectus)라고 명명되기 전까지 이들은 피테칸트로푸스(Pithekanthropus) 또는 시난트로푸스라(Sinanthropus)고 다양하게 분류되었다. 그들이 호모 에렉투스(곧 선 사람)라는 의미는 뇌가 척추에 일직선상에 놓여 있어, 성대가 넓어 25가지 이상의 소리를 낼 수 있기 때문에 언어로의 진화가 가능했다. 언어는 정보의 생성과 전달이 물질이나 생물의 세계에서 상상할 수도 없는 1초에 340 m를 달리는 소리에 의해서 발생한다는 사실이다. 고생물학자들에게는 저우커우뎬 베이징인 유적의 발견은 세계를 깜짝 놀라게 했으며, 그 후 인류 진화의 역사와 당시의 지리환경을 연구하는 데 중요한 의미를 지니게 되었다. 하지만 샤르댕에게 있어서 베이징인의 출현은 인류의 단순한 생물 진화 이상의 인류 정신의 출현을 본 것이다.

2차 세계대전 중 샤르댕은 천진과 남경의 예수회 수도원에서 지냈는데 그가 파리로 돌아온 것은 1946년 2차 대전이 끝난 후였다. 그는 1951년 뉴욕으로 제2차 유배를 가기 전까지 파리 과학연구원과 국립중앙연구 소장을 역임했으며, 꼴레주 드 프랑스 교수로 재직하기도 했었다. 그러나 그의 진화론은 생물학을 넘어 이원론적인 스콜라 철학을 배제함으로써 예수회 장상뿐만 아니라 교황청의 검사성성에서도 문제가 되어 그의 모든 공직을 박탈하고 명목상 뉴욕의 '웬느 그렌 재단' 인류학 연구 상임 연구원으로 파견하였다. 예수회 장상들은 그에게 생물학을 벗어나지 말 것을 명령했지만, 계시와 신학이 절대 진리가 아니라 **근사치**임을 알고 있는 그에게 이제 교회가 엄청나게 무거운 십자가로 다가온 것이다. 이원론적이고 존재론적인 스콜라철학에서 善과 惡은 존재론이지만 샤르댕에게는 발생론이다. 특히 창세기의 아담이 지선악과를 따먹음으로써 인류가 에덴동산에서 쫓겨나 고통과 죽음이 온다는 **'원죄론'은 그에게 있어서는 인간의 '생물성장'과 '정신성장'의 본질을 얘기하는 것이었다.** 1951년 그가 뉴욕으로 유배를 떠나기 전에 그의 모든 논문과 저작물을 '루실 수완' 여사에게 유산상속을 함으로써 다행히도 오늘날 우리들은 그의 저서를 읽을 수 있게 된 것이다. 1955년 그는 74세에 부활절 날 고향에도 못가고 뉴욕에서 돌아가셨다. 1957년 교황청 검사성성은 샤르댕 저서의 출판, 장서, 판매, 유통을 금지 하였다. 그러나 **1962~1965년 제2차 바티칸 공의회에서 지금까지 '교회는 자비로운 하느님의 집이다.'라고 천명했는데 샤르댕에 의해서 '세상은 자비로운 하느님의 집이다.'라고 인식하기 시작했다.**

제2부

인간은 생물이다.

제2부
인간은 생물이다.

1. '모든 생명은 생명으로부터'(Omne Vivum ex Viva !)

그리스 자연철학자(BC 6~5C)들은 그리스 신화의 시대를 종식하고 우주의 문제를 이성에 의해 해석하기 시작했는데 이들을 이오니아 또는 밀레토스 학파라고 한다.

이오니아 또는 밀레토스는 오늘날 터키 서남부 에게해 연안으로서 당시에는 그리스 영역이었다. 헤라클레이토스는 세상의 기원을 불이라고 했으며, 철학의 아버지 탈레스는 물, 아낙시만드로스는 천문학의 창시자였으며, 아낙시메네스는 공기라고 인식했었다. 오늘날 유물론의 대부로 추앙받는 데모크리토스는 물질을 쪼개고 또 쪼개서 더이상 쪼개질 수 없는 작은 알갱이, Atom – 즉 원자로 구성되어 있다고 주창했다. 또한 피타고라스는 기하학의 아버지였으며, 엠페도클레스는 세상이 물, 공기, 불, 흙으로 이루어져 있다고 믿고 있었다. 자연 철학자들에게 '생명현상'은 하나의 물질현상이며 간단한 생물에서 보다 복잡한 생물로 진화했을 거라고 생각하고 있었다. 그러나 당시 이것을 증명할 과학지식이 없어 관념 철학에 머물렀기 때문에 그리스 철학은 자연에서 인간중심의 소피스트(賢人)시대(BC 5C~)로 넘어갔다. 특히 이 시대에 이데아론(形而上學)의 창시자 플라톤과 아리스토텔레스의 사상은 중세 서양철학에 크게 영향을 미쳐 생명현상에서뿐만 아니라 성(聖)과 속(俗)이라는 신앙에서도, 18c 프랑스 유물론자들이 '생명의 물질 기원'과 일원론 세계관을 주장하기 전까지 서양에서는 철학, 신학 분야에서 존재론(生氣論 – 천지창조론)과 정적인 이원론 사상이 주류를 이루고 있었다.

18C 프랑스의 가장 극단적인 유물론자 돌바하(1723~1789)를 비롯해 인간기계론을 주장한 라메트리(1709~1751), 정신현상은 뇌세포 현상에 지나지 않는다고 설파한 까바니스(1757~1808), 감각론적 윤리설의 원조 엘베리우스(1715~1771), 물활론자 모페르튜이(1698~1759), 19C 유물론자 이데올로기(Ideologie)의 창시자 데스튀트 드 트라시(1754~1836), 실증주의자 오귀스트 콩트(1798~1857) 등에 의해 생명의 물질 기원을 주장했다. 이에 프랑스 사회는 천지창조에 의한 생명의 기원을 주장하는 존재론(또는 生氣論)과 생명의 물질 기원을 주장하는 발생론(또는 機械論)의 갈등이 격렬하여 사회가 혼란에 빠지자 1861년 프랑스 아카데미에서는 '생명 기원'에 관한 명확한 실증을 하는 사람에게 거액의 상금을 걸었었다. 당시 프랑스 사람들은 쇠고기 수프가 자연 상태에서 썩는 이유가, 존재론자들은 생명의 씨

앗이 공기를 통해 전염되었기 때문에 썩는다고 주장했으며, 발생론자들은 그 자체에서 생명이 발생하여 썩는다고 주장했다. 그 당시만 해도 세균이라는 생물을 알지 못했었다. 우리나라식으로 말하자면 된장 항아리에 구더기가 생기는 것은 파리가 된장에 알을 낳았기 때문이라는 사실과, 된장 자체에서 구더기가 발생한다고 주장한 것과 같은 논지의 논란이었다. 오늘날 세균학의 아버지라 추앙받는 프랑스 생화학자 루이 파스퇴르(Louis Pasteur 1822~1895)는 플라스크 주둥이를 S자 모양으로 만들어 그 안에 쇠고기 수프를 넣고 가열한 다음 상온에서 며칠간 방치해 두었다가 S자 모양의 플라스크 주둥이를 자르자 쇠고기 수프가 부패하기 시작하는 것을 확인하였다. 이것은 공기 중의 균이 S자 모양의 플라스크를 통과하지 못하다가 주둥이를 자르니까 바로 세균에 감염되어 수프가 부패하기 시작한 것이다. 이 실험을 통해 '루이 파스퇴르'는 거액의 상금을 받은 것은 물론 발생론자들의 '물질의 생명기원설'을 일거에 일축하게 되어 **'모든 생명은 생명으로부터'**(Omne Vivum ex viva !)라는 유명한 말을 남겨 놓았다. 그가 죽은 후 가톨릭은 그의 시신을 노틀담 대성당 지하에 안치하여 예우했는데 그만큼 교회는 당시 유물론자들에 의해 위기감을 갖고 있었다. 발생론자들은 20C 중반까지 '루이 파스퇴르'의 실험을 반박할 실증이 없었다.

현상에서 우리는 꽃과 강아지처럼 성장하고 번식하는 것은 '생물'이고, 광물과 암석과 같이 생명현상이 나타나지 않는 물질을 '무생물'이라고 한다. 그러나 우리 대부분은 옛날이나 지금이나 생물과 무생물은 전혀 다른 물질과 구조로 구성된 것으로 알고 있다. 특히 '생명현상'에 관해 그리스 철학자 아리스토텔레스(BC 384~322?)는 형상을 질료에 내재된 어떤 능력의 발현으로, 식물에는 생혼(生魂), 동물에는 각혼(覺魂), 인간에게는 영혼(靈魂)이 존재한다고 인식했다. 그에게 있어서 '생명현상'은 혼(魂)의 발현이었다. 중세 이래 가톨릭 신학에서 그 혼(魂)이란 원래부터 존재해온 전능한 神의 모상으로 창조된 비물질로서 안(魂)과 밖(肉)이라는 이원론 사고로 생명현상을 이해했다. 그러나 오늘날에는 아리스토텔레스가 인식한 생혼(生魂), 각혼(覺魂), 영혼(靈魂)에 의한 생명현상이란 DNA-RNA의 A,T(U),G,C 4개의 암호와 환경과의 관계 현상으로 이해하고 있다. 그럼에도 불구하고 아직도 우리 대부분은 '생명현상'을 이원론 사고로 인식함으로써 현상을 올바르게 이해하지 못하고 있다. 물질과 생명과 정신을 아무런 관련이 없는 독립된 존재로 인식하는가, 하나의 연속된 존재로 인식하는가의 차이는 우리가 살고있는 세상의 폭의 넓이를 의미한다. '떼이야르 드 샤르댕'은 프랑스 예수회 사제로서 스콜라철학과 가톨릭 신학에 정통하면서 지질학, 고생물학, 고인류학을 공부한 덕분에 그의 신앙은 위에서뿐만 아니라 밑에서 위로 향하는 신앙을 터득할 수가 있었다. 따라서 오늘날 우리는 **종교와 과학의 세계가 하나의 세계**임을 이해할 수 있다. 그 출발점이 '생명의 물질 기원'에서부터이다.

2. '모든 생명은 흙으로부터'(Omne Vivum ex terra !)

　1920년대 구소련의 생화학자 오파린(A.I. Oparin 1894~1980)과 영국의 생화학자 홀데인(J.B.S. Haldane)에 의해 '생명의 물질 기원설'을 제기하기 시작했는데, 오파린에 의하면 초기 지구의 환경 아래서 무기질이 화학결합을 통해 유기물질이 출현했으며 이들 유기물질의 결합을 통해 생명체가 출현했을 것으로 주장하였다. 그러나 1953년 시카고大 화학, 생물학자 스탠리 밀러(Stanley Miller 1930~2007)는 이들의 이론에만 머물지 않고 유리 플라스크 실험 장치에 초기 지구환경을 조성하여 실험을 한 결과, 생명체의 구성 성분인 4개의 아미노산(글리신, 알라닌, 베타알라닌, L-아스파트산)과 포름알데히드, 시안화물 등의 유기 분자들이 검출되었다. 이후 여럿이 유사한 실험을 통해 밀러가 실험한 것과 다른 성분(메테인, 암모니아의 비율이 더 적은 성분)으로도 유기 분자가 생성된다는 사실이 입증되었다. 이에 발생론(機械論)자들은 '모든 생명은 생명으로부터'(Omne Vivum ex viva !)가 아니라 '모든 생명은 흙으로부터!(Omne Vivum ex terra !)'라고 쾌재를 불렀다. 물론 스탠리 밀러의 실험이 물질에서 생명의 출현이 확정적인 것은 아니지만, 무기질에서 유기질의 출현만으로도 '생명의 물질 기원'을 시사하고 있는 것이다. 지구가 생성된 이래 적어도 10억 년 지난 후 생성된 암석에서 미화석이 발견된 것을 볼 때 유기질에서의 생명의 출현은 우리가 실험할 수 있는 영역이 아니다. 이후 생명의 본질과 생물의 진화 과정에서 우리는 '생명의 물질 기원'을 충분히 인식할 수가 있다.

그리스 자연 철학자 헤라클레이토스는 물질이 형성되는 어떤 원리가 존재한다고 보았는데 이 원리를 Logos라 했다. 물론 로고스(Logos)는 존재임에는 틀림없지만, 오늘날 우리는 발생하지 않으면 로고스가 아니라 본다. **결국 무생물은 생물의 모태였다.** 스탠리 밀러의 실험은 2천5백 년 전 그리스 자연 철학자들이 신화시대를 종식하고 인간의 이성으로 세상을 인식하기 시작한 것 이상으로 생물학에서뿐만 아니라 철학, 신학에서 인류 정신 진화의 변곡점이 되었다. 이 변곡점은 코페르니쿠스의 지동설이나 앙리 베르그송의 창조적 진화를 통해 인류가 정적인 세계관에서 동적인 세계관으로의 전환을 넘어 이원론 세계관에서 일원론 세계관으로 전환되는 커다란 변곡점이 되었다. 이원론 세계관에서 일원론 세계관으로의 사고의 전환으로 공간적으로는 흑백 사이에 프리즘 세상을 인식할 수 있으며 시간적으로는 보다 간단한 것에서 보다 복잡한 것으로 축적된 정보(logos)의 세상을 인식할 수 있다. 암석과 같은 삭막한 지구에 꽃이 피고 새들이 지저귀고 다람쥐가 뛰어노는 낙원으로 변한 것은 무기질 우주 질서의 단백질 표현이 가능했기 때문이다. 꽃과 강아지가 다른 것은 단백질 종류가 다르기 때문인데 이 단백질이 바로 유기물질에서 만들어진다. 무기질에서 지구의 환경변화에 따라 유기물질의 출현은 무기질이나 생물의 세계에서나 **진화는 정보의 축적을 의미했다.** 일원론 세계관으로의 전환은 유물론자들이 선구자이지만, 그들은 '물질 양의 변화에 따른 물질의 질적 변화 법칙'만을 고집하기 때문에 의식의 세계가 '공간을 갖는 물질 정보'

세계에만 머물러 있다. 따라서 그들은 '공간을 갖는 물질 정보'에서 '공간을 갖지 않은 물질 정보'로의 우주 진화를 이해하지 못했다. 샤르댕의 일원론은 엄밀히 말하자면 **이원론적 일원론**이라 하겠다. 우리는 생명의 출현과 그 진화과정을 통해 샤르댕의 이 **이원론적 일원론**을 이해하고자 하는 것이다.

3. 생물과 무생물

현상에서 우리는 꽃과 강아지는 생물이고 광물과 암석과 같이 생명현상이 나타나지 않는 물질은 무생물이라는 사실을 잘 알고 있다. 암석과 같은 무생물을 구성하는 물질을 무기물질 또는 무기질이라 하는데 무기질은 약 138억 년 전 빅뱅 이래 높은 온도와 높은 압력 아래, 소립자의 출현과 그 결합으로 양자, 전자, 중성자, 중간자 등이 출현하였으며 이들이 다시 핵력, 약한 핵력, 전자기력에 의해 최초의 수소 원자가 탄생했다. 수소가 출현한 이후 '물질양의 변화에 따른 물질의 질적 변화 법칙'에 따라 원자와 원자 간의 핵의 결합이나 양자 물질의 덧붙임으로 우라늄까지 무기질 진화가 끝나고 중력을 통해 우주공간을 형성하였다. 19세기 말 현대과학의 여명이 오기 전까지 동서양을 막론하고 우주의 시작은 '창조 설화'에 의존하고 있었다. 1922년 러시아의 수학자 알렉산더 프리드만(Alexander Friedmann 1888~1929)은 팽창하는 우주의 정확한 수학적 설명을 찾아냈었다. 이후 우주가 팽창하고 있다는 이론은 1927년 벨기에의 천문학자이자 예수회 사제였던 '조지 르메트르'(Georges Lemaitre 1894~1966)의 '우주의 원시 달걀'이라는 이론이었다. 이 이론은 허블에 의해 '허블-르메트르 법칙'으로 우주의 팽창 법칙으로 확정되었다. 이후 우크라이나 태생 미국의 천문학자 조지 가모프(George Gamow)의 '우주의 배경복사 이론'이 1964년 아노 펜지어스(Arno Penzias)와 로버트 윌슨(Robert Wilson)에 의해 우주배경복사 마이크로파를 발견함으로써 우주 초기에 빅뱅이 있었다는 것을 강력하게 증명해주고 있다. 빅뱅 이후 우주의 팽창은 4대 힘으로 형성된 물질의 구조를 분해하기 시작했는데, 예를 들면 우라늄은 시간이 지남에 따라 납으로 분해되어 사라졌다. 우라늄과 같은 무기질은 이것이 생성된 어떤 내력, 즉 정보를 갖고 있는데 우라늄 자체가 물질이면서 정보로서 물질과 정보가 분리되어 있지 않아 물질이 사라지면 정보 또한 사라진다. 따라서 우라늄은 우라늄을 낳을 수 없었다. **결국 모든 무기물질은 출현과 동시에 사라지(죽어가)는 과정이다.**

그러나 코스모스는 추운 겨울을 넘길 수 없어 자신의 정보(DNA)를 씨앗으로 남겨 놓고 개체는 시들어 죽는다. 이듬해 따뜻한 봄날 씨앗은 싹이 터서 자라 다시 파란 가을 하늘 아래 울긋불긋 자신의 자태를 뽐낸다. 게다가 붉고 흰 코스모스는 서로 간 정보 교환(수분 과정)을 통해 당대에는 불가능한 분홍 꽃을 만들기도 한다. 꽃과 강아지가 다르고 코와 귀의 모양이 다른 것은 단백질 종류가 다르기 때문인데 생물은 물질(단백질)과 정보(DNA)가 분리되어 있어 물질이 분해되어도 정보를 통해 생명의 연속성을 이어간다. 물질이 만들어지는 이 정보(원리)를 고대 그리스 자연철학자 헤라클레이토스(BC 6)는 로고스(Logos)라 인식했는데 인간의 이성과 같은 우주에 내재하는 이성을 의미했다. 이후 로고스 개념은 그리스뿐만 아니라 인도, 이집트, 페르시아 등의 철학, 신학 체계에서도 나타나는데 특히 그리스도교에서 로고스는 예수가 선재했다는 기본교리의 기초를 이루고 있어 요한복음 1장 1절에는 '말씀'으로 표현하고 있다. 오늘날 이 로고스는 물질, 생명, 정신이라는 우주 정보로 인식되고 있는데 이 정보가 동시출현이 아니라 단계출현이라는 사실을 알게 된 것은 현대과학의 발달 덕분이었다. 그러나 과학이 없던 당시 사람들에게 이 정보는 '정적인 세계관'에서 동시 출현으로 인식됐기 때문에 모든 정보의 출현 그 자체가 동일한 과정으로 인식될 수밖에 없었다. 그러나 돌덩이 같은 삭막한 지구에 꽃이 피고 새들이 지저귀고 다람쥐가 뛰어노는 낙원으로 변한 것은, 무기질 우주 질서의 단백질 표현이 가능했기 때문이다. 무기질 우주 질서의 로고스가 생물에서는 단백질로 나타났다는 의미이다. 적어도 생명정보 DNA의 출현은 혼(魂)의 발현이 아니라 물질 자체의 특성이다. **결국 생명은 물질이 획득한 불멸성이다.**

생물과 무생물의 가장 큰 차이점은 물질과 정보가 분리되어 있는가 아닌가에 달려있다. 암석과 광물과 같은 무기물질은 그 자체가 물질이면서 정보인 관계로 물질이 사라지면 정보 또한 사라진다. 그러나 생물은 물질과 정보가 분리되어 있어 물질이 분해되어 사라져도 정보는 씨앗으로 연속된다. 씨앗으로 연속되는 생명의 연속성은 인류가 농경을 시작한 이래 밀과 보리의 새싹을 통해 생명의 연속성을 이해하고 있었다. 메소포타미아에서 인류 최초로 문명을 일으킨 수메르인은 생명의 연속성을 부활이라 했으며 봄이 면 부활의 神 '드무즈'를 맞이하는 부활축제를 하였다. 그러나 인류는 현대과학이 출현하기 전까지, 그리고 샤르댕의 깊은 사상이 알려지기 전까지 생명의 연속성, 부활이 우주 정보의 축적과 발현임을 이해하지 못했다. 오늘날 대부분 종교와 철학은 농경시대 유물이다. 농경시대의 가장 큰 특징은 세상은 하느님이 창조하신 이래 변함이 없는 정적인 세계관이었으며, 지구를 중심으로 천체가 회전한다는 천동설과 모든 현상이 존재론으로써 성장이라는 변화를 인식하지 못하기 때문에 영혼과 육신, 선과 악 등 이원론 사고로 현상을 설명할 수밖에 없었다. **과학이 발달함에 따라 물질과 생명과 정신은 우주 정보로서 동시 출현이 아니라 단계 출현이라는 사실은 세상은 무엇인가 변화 성장하는 세계를 말해주고 있으며 존재의 연속성은 정보의 축적으로 인식함으로써 우주의 자기 인식 과정으로 이해하기 시작했다.** 우리들은 빅뱅이래 우주정보의 변화와 축적과정을 무기질에서 유기질의 출현과 유기질에서 생명의 출현과 생물의 진화과정을 통해 우주의 자기 인식 과정을 이해하고자 하는 것이다. 샤르댕에게서 물질에서 생명의 출현과 생명에서 정신의 출현은 우주 정보의 표현으로서 그 정보가 처음에는 물질에 축적되고 다음에 DNA에 축적되고 다음에는 정신에 축적되어 있다고 보고 있다. 따라서 샤르댕 사상의 출발점은 '인간은 생물이다.'이며 종착점은 '인간은 생물이 아니다'이다. 이제 우리는 물질에서 생명의 출현 과정과 생명에서 정신의 출현 과정을 살펴볼 것이다. 빅뱅은 하나(전체)가 여럿(부분)이 되는 사건이었다. 전체는 창조이며 부분은 피조물로서 동시성이다. 또한 생명은 하나이며 생물은 부분이다.

1) 생명현상

생명현상에서 '살아있다'는 의미는 생물이라는 '폐쇄된 영역' 내에서 '물질을 생성하고 소비하는 현상'을 말한다. 이 말은 칼 마르크스(Karl Marx 1818~1883)가 처음 한 말인데 그러나 마르크스는 생물에서 생명현상은 의식 현상과 동시성임을 간과했다. 생물에서 생명현상과 의식현상이 동시성이라는 사실을 처음으로 인식한 사람은 프랑스 생물학자 라마르크(Jean Baptiste de Lamarck 1744~1829)로서 그의 저서 동물철학(1809)에서 '생물의 복잡성은 의식의 복잡성'으로 이어지는 생물진화를 주창하였다. 갑작스러운 사고를 당한 '식물인간'에서처럼 의식 현상은 독립적인 현상으로 나타난다. 그러나 유물론자들은 의식 현상을 생명현상의 부차적인 소산으로만 취급하고 있는데, 물론 하등생물일수록 의식 현상이 생명현상에 부수적으로 나타나지만, 생물은 생물을 먹어야 생존이 가능한 존재이기 때문에 고등동물에서는 먹고 살아남기 위해 언제나 의식 현상이 생명현상에 앞서 있다. 이 글에서는 생명현상 다음으로 의식 현상을 독립적인 존재로 다루기 때문에 여기에서는 칼 마르크스의 좁은 의미의 생명현상만을 말한다.

   꽃과 강아지의 모양이 다르고 코와 귀의 모양이 다른 것은 단백질 종류가 다르기 때문인데, 단백질은 아미노산이라는 유기물질이 결합하여 만들어진다. 자연 상태에서 아미노산은 약 500종이 있는데 이 중에 20종의 아미노산만이 단백질을 만드는 데 관여한다. 우리는 이 단백질로 만든 물질을 생물이라고 하는데 성장하고 번식하는 특성을 나타내고 있다. 암석과 같은 무생물을 이루는 물질을 무기물질이라 하며, 생물을 이루는 물질을 유기물질이라고 하는데 무기물질이나 유기물질이나 빅뱅 이래 생성된 수소에서 우라늄까지 모든 원자(원소)가 관여한 분자 상태의 물질이다. 다만 유기물질은 무기물질에 비해 분자 수가 1만 배 이상 연결되어 있어(단위당 원자 수가 100:1이다.) '물질 양의 변화에 따른 물질의 질적 변화 법칙'에 따라 생물(단백질)은 성장과 번식이라는 특성을 나타낸다. 우리들은 보통 똥, 오줌, 퇴비, 부엽토, 깻묵 등 생물에서 만들어진 물질을 유기물질이라고 하는데 이들 물질의 공통점은 C(탄소)를 중심으로 다른 원자가 결합되어 있는 분자라는 것이다. 예를 들면, 식물의 광합성으로 생성되는 탄수화물(녹말)의 분자식은 $C_6H_{12}O_6$로서 적어도 1만 개 이상의 분자가 연결되어 있다. C(탄소)는 원자의 특성상 다른 원자와의 친화력이 커서 거대한 분자를 이루기 때문에 이들 C(탄소) 원자가 포함된 물질을 유기물질이라고 한다. 그러나 흑연이나 다이아몬드, 일산화탄소, 이산화탄소도 C(탄소)로 이루어져 있지만, 분자 수가 적어 이들은 무기 탄소물질이라고 한다.

그리스 자연 철학자들은 적어도 수만 년 전에 지구가 생성되었을 것으로 생각하고 있었다. 17세기 최초로 지구의 나이를 계산한 사람은 아일랜드 대주교 제임스 어셔(James Ussher 1581~1656)였다. 그는 구약성경에 나오는 인물들의 나이를 계산했는데. 아담에서 바빌론 유배까지 인물의 수명과 열왕기 하권 139명의 예언자와 족장의 세대를 합한 년 수가 약 6000년 전이라 했다. 정확히 지구의 생성은 BC 4004년 10월 22일 저녁 6시라 발표했었다. 당시 사람들은 천지창조를 굳게 믿고 있었을뿐더러 그의 말을 반박할 만한 과학지식도 없었다. 1956년 미국의 핵물리학자 클레어 피터슨(Claire Peterson)은 운석과 지구 광물의 측정값을 비교하여 지구의 나이를 약 45억 5천만 년이라 발표했었다. 오늘날 지구의 나이는 클레어 피터슨이 측정한 값을 대부분 지질학자들은 지구의 나이로 받아들이고 있다. 오늘날 지질학자들은 우라늄이나 칼륨 같은 방사선 원소의 반감기를 이용하여 암석의 나이를 측정하고 있는데 우라늄은 일정한 속도로 붕괴하여 납으로 변한다. 따라서 암석 속에 있는 우라늄 양의 반이 납으로 변하는 데 약 45억 년이 걸리기 때문에 이것을 우라늄의 반감기라고 한다. 지질학자들은 암석의 우라늄의 양과

납의 비율을 측정함으로써 암석의 생성 연대를 측정할 수가 있다.

지구가 생성 당시에는 고온, 고압 하에 있었기 때문에 무기질에서 유기질로의 물질 전환은 불가능했기 때문에 어느 정도 지구가 식은 다음에 일어났을 것으로 보고 있다. 약 45억 년 전 지구가 생성된 이래 어느 정도 온도와 압력이 내려간 뒤 초기 지구 환경에서 스탠리 밀러의 실험에서와 같이 무기물질에서 유기물질이 출현했을 것으로 보고 있지만, 이들 유기물질이 어떤 과정을 거쳐 최초의 생물이 출현했는지는 아직 잘 모르고 있다. 그러나 오늘날 생명체의 구조와 생태환경을 통해 어느 정도 과정을 짐작할 수는 있다. 지구상에서 생명의 출현은 약 40억 년 전후로 보고 있는데, 1900년대 지질학자들에 의해 지구 곳곳에서 생명체의 흔적이 미화석(현미경으로만 확인되는 화석)에서 발견됐었다. 최초의 생명체 흔적은 약 38억 년 전 서부 그린란드 잇사크(Itsaq) 변성 퇴적암에서 탄화수소 잔류물(CH_4 메탄) 미화석으로 발견되었으며, 약 34억 6천만 년 전 호주 노스 폴(North pool) 스트로마톨라이트-시아노 박테리아(남조류) 퇴적층이 있는데, 오늘날에도 호주 Shark bay 헤멀린 풀은 살아있는 화석으로 각광받고 있다. 최초의 진핵생물의 흔적은 약 27억 년 전 호주 와라우나 층에서 나왔으며, 최초의 진핵생물 화석은 미국 미시간 주 그리파니아(Grypania)에 약 22억 년 전 미화석이 있다. 이들 미화석은 유기물질에서 생명체로 진화하는 중요한 증거이다.

2) 생명과 생물

우리 대부분은 꽃과 강아지가 다르기 때문에 생명을 하나로 인식하기란 쉽지가 않다. 따라서 우리는 종종 생명과 생물을 동의어로 알고 있는데 **생물은 살아 있는 물질(단백질)이며, 생명은 생물을 만드는 정보(DNA)이다.** 예부터 불교철학에서는 '생명은 하나다.'라고 인식했는데 샤르댕 역시 '생명은 하나다.'라고 이해했다. 생명을 하나로 인식하는 것과 그렇지 않은 차이는 일원론 세계관이냐(불교철학), 이원론 세계관(스콜라 철학)이냐의 차이다. 서양에서 일원론 세계관으로의 전환은 생물학에서부터 시작됐는데 17세기 영국의 자연철학자 로버트 훅(Robert Hooke 1635~1703)에 의해 자신이 만든 최초의 현미경으로 코르크 조각을 관찰함으로써 시작되었다. 그는 코르크의 작은 방을 라틴어로 cell(세포)이라 명명했는데 이후 현미경의 발달에 힘입어 19세기 독일의 식물학자 마티아스 슐라이덴(Matthias Schleiden 1804~1881)과 동물학자 테오도르 슈반(Theodor Schwann 1801~1882)이 모든 동식물은 같은 하나의 세포라는 최소 단위로 이루어져 있다는 세포설을 발표했다. 세포 내에서 생명 정보가 저장되어있는 곳은 세포핵 내 염색체로 발견되는데, 이것을 DNA라고 한다. 그러나 세포 내에서 아미노산을 결합하여 단백질을 만드는 공장은 리보솜이라고 하는데, 리보솜은 세포핵 밖 세포질 속에 분산되어 있다. 비유를 하자면 설계도를 작성하는 회사의 본사는 서울에 있고 설계도에 따라 기계를 제작하는 공장은 수원에 있다는 의미이다. 따라서 세포 내에서 DNA의 정보를 읽고 해석해서 리보솜으로 가져와 단백질을 합성하는 역할을 하는 것은 RNA가 한다. 오래전부터 생물학자들은 유전물질이 세포핵 속에 DNA 상태로 존재한다는 사실을 알고 있었지만, 그 구조와 기능에 관해 오랫동안 오리무중에 있었다. 1953년 영국의 생물학자 제임스 왓슨(James Watson 1928~)과 프랜시스 크릭(Francis Crick 1916~2004)에 의해 DNA 이중나사 구조가 밝혀지고 1965년 미국의 생화학자 R. W. 홀리(Robert William Holley 1922~1993)에 의해 RNA의 분자구조와 기능이 밝혀짐으로써 생명체 내에서 RNA에 의한 화학반응을 통해 물질 생산과정은 프로그램에 의한 알고리즘(연속 반응)이라는 특성을 가지고 있다는 사실을 알게 되었다. 제임스 왓슨과 프랜시스 크릭은 1962년에, R. W. 홀리는 1968년 노벨생리, 의학상을 수상했다.

DNA는 A(아데닌), T(티민), G(구아닌), C(시토신)이라는 4개의 염기 암호로 구성되어 있는데 A 반대쪽에는 꼭 T이, G 반대쪽에는 꼭 C이, 반대로 T 반대쪽에는 A이, C 반대쪽에는 G이 연결되어 지퍼처럼 맞물려 왼쪽으로 나선형을 이루고 있다. 이것은 정보의 유출을 막는 장치의 하나이다. 이에 비해 RNA는 A(아데닌), U(우라실), G(구아닌), C(시토신)으로 구성되어 있는데 DNA의 T 대신 U로 대체되어 있으며, 기능에 따라 나선형 또는 외가닥으로 되어있다. DNA의 A, T, G, C 4개의 염기 암호 중 3개가 1개의 아미노산을 지칭하기 때문에 4의 3승 즉 64개의 아미노산을 지칭할 수 있다. 단백질에 사용되는 아미노산은 20개이기 때문에 4개의 암호만으로도 수백만 종류의 단백질을 만들 수 있다. 컴퓨터는 0과 1 이진법으로 모든 정보를 처리하지만, DNA-RNA는 A,T(U),G,C 4개의 암호로 모든 생명 정보를 4진법으로 처리한다. 암석과 같은 무기물질은 자체가 물질이면서 정보로서 물질이 사라지면 정보 또한 사라지기 때문에 우라늄은 우라늄을 낳을 수 없다. 그러나 생물은 물질과 정보가 분리되어 있어 물질이 사라져도 정보는 DNA-RNA를 통해 생물의 연속성을 갖는다. '가장 부패하기 쉽고, 가장 나약한' 단백질이 DNA-RNA를 통해 생물의 연속성을 갖는 가장 큰 이유는 '물질의 정보(의식)화'를 통한 그 정보의 축적에 있다. 이것을 생물에서 진화라고 하는데 DNA의 A,T,G,C 암호의 길이가 길어지거나 암호의 순서가 바뀌는 현상이다. 따라서 생물은 '생물의 복잡성은 의식의 복잡성'으로 진화가 일어났다.

3) 생명체의 출현

'생명은 하나다.'라는 말은 모든 동식물의 DNA가 A,T,G,C 4개의 암호로 구성되어 있다는 의미이다. 생명체의 최소 단위를 세포라고 하는데 세포 내에는 오늘날 우리가 세포 물질이라 알고 있는 ― 예를 들면, 핵산을 비롯해 DNA, RNA, 아미노산, 리보솜, 엽록소, 미토콘드리아 등등 ― 원시 생명(체)이, 엄밀히 말하자면 여러 가지 유기물질이 각각 바다라는 영역 내에서 생성되고 소멸되었다. 당시 원시 바다 자체가 하나의 생명체였다. '개방된 영역'이라는 '바다 생명'내에서 유기물질이 출현한 약 10억 년 전후, 오늘날 원시세포로 알려져 있는 코아세르베이트에 이들 유기물질이 모여 '폐쇄된 영역'이라는 한 개의 단세포생물들이 무수히 출현하기 시작했다. '개방된 영역'에서 '폐쇄된 영역'으로 – 전체에서 부분이 출현한 것이다. 마치 빅뱅 이래 소립자에서 수소가 출현하는 과정을 되풀이하는 로고스였다. 이것은 부분이 합쳐 전체를 이루는 모자이크 구조뿐만 아니라, 전체는 부분의 출발점이며 부분은 압축된 전체로서 프렉털(Fractal) 구조(러시아 인형 마트로시카 구조처럼 물질구조의 연속성을 의미한다. 즉 커다란 다이아몬드나 분자 한 개의 다이아몬드나 그 구조가 같다.)이다. **즉 생명은 전체 – 하나이며, 생물은 여럿 – 부분이다. 따라서 생명은 물질이 불멸성을 획득한 정보이며, 생물은 생명 정보가 만들어 낸 단백질의 세계이다.** 오늘날 생화학자들은, RNA는 효소의 결합체로서 생명체 내에서 RNA에 의한 화학반응은 프로그램에 의한 알고리즘(연속반응)이기 때문에 RNA가 생명의 출발점으로 보고 있다. **결국 생명체는 A,T,G,C 4개의 암호로 프로그램된 알고리즘이다.** 최초의 생물은 핵이 없는 원핵세포로서 오늘날 우리가 박테리아로 알고 있는 생명체들이다. 이들 세포에서 핵이 있는 진핵세포로 다시 다세포로 진화했는데 생물은 생물을 먹어야 생존이 가능한 존재이기 때문에 생물에서 대상(환경)을 인식하는 의식의 출현은 필연이며 생명현상과 동시성이다.

4) 의식현상

우리 대부분은 의식(意識)이란 인간 고유의 정신 현상이라 인식하고 있는데 현재 자신이 직접 경험하고 있는 심적 현상의 총체로 정의하고 있다. 철학과 심리학에서 의식이란 꽃을 본다, 문제를 생각한다, 기쁨을 느낀다 등 개체가 현실에서 체험하는 모든 정신작용과 그 내용을 포함하는 일체의 경험 또는 현상을 말한다. 심리, 경험, 현상 등과 같은 의미로 사용하기도 하며 '깨어 있는 상태'와 동일시되고 있다. 임상심리학에서는 자신과 환경을 확실히 알고 있는 상태를 의식청명(意識淸明)이라 하며, 그 청명도나 충실도 등이 어느 정도 이상 상실된 경우를 의식장애라 한다. <동아 백과사전> 19세기 초 프랑스 생물학자 라마르크가 '생물의 복잡성이 의식의 복잡성'으로 이어지는 생물 진화론을 발표했을 때 당시 사람들은 인간이 원숭이에서 진화했다는 사실에 거부감을 가졌을뿐더러 인간 외 생물에도 의식현상이 있다는 그의 말에 조롱에 가까운 비난을 퍼부었다. 결국 그는 사람들의 조롱과 비난에 휩싸여 말년에 외롭게 살다 죽었다.

모든 식물은 물이 부족하거나 한여름 태양열이 강렬하면 시드는 현상이 나타나는데 식물학 전문 용어로 이것을 위조라 한다. 식물의 잎 뒷면에는 우리의 땀구멍 같은 기공이 있는데, 이 기공을 통해 뿌리에서 흡수된 수분을 증발하거나 식물의 수분 상태에 따라 기공을 여닫는 역할을 한다. 기공은 세포로 구성되어 있는데 수분과 온도에 민감한 단백질로 구성되어 있다. 외부 온도가 높고 습도가 낮으면 단백질이 수축하여 기공을 닫고(수분 증발을 억제하기 위하여 식물은 시든다.) 온도가 낮고 습도가 높으면 팽창하여 기공을 열어 식물 내부의 삼투압을 높여 뿌리로부터 수분흡수를 원활하게 한다. 이것은 식물이 자신과 환경을 확실히 알고 있는 의식청명이라 할 수 있다. 식물보다 동물에서 의식현상이 뚜렷하게 나타나는 이유는 식물은 생존을 위해 광합성 작용을 통해 자신의 양분을 자급자족 하지만, 동물은 식물이나 다른 동물에서 영양분을 획득하기 위해서는 의식 현상의 진화는 필연이었다. 따라서 동물에서 진화의 축은 신경계통의 발달과 뇌의 진화에 있었다.

우리가 '이것은 꽃이고 저것은 강아지다.'라고 인식할 수 있는 것은 우리의 내부 DNA에 꽃과 강아지의 정보가 축적되어 있어 공명현상을 하기 때문이다. 물질은 '공간을 갖는 응축된 에너지'로서 운동의 크기만큼(물질의 원자의 양만큼) 공명현상을 통해 대상을 인식하는데 무기물질에서는 공명현상이 화학반응으로 나타나며 동물은 오감을 통해 수신된 정보(공명현상)를 전기신호로 바꾸어 신경계통을 따라 뇌에 전달됨으로써 의식화 현상이 일어난다. 인간과 느티나무의 DNA가 약 70% 같고 강아지와는 95% 이상이 같고 침팬지와는 1.6% 차이도 나지 않는다. 즉 10개의 공간이 있는 물질은 100개의 공간이 있는 물질의 10개밖에 공명현상이 일어나지 못한다는 뜻이다. 따라서 아메바는 개미의 세상을 인식하지 못하고 개미는 강아지의 세상을 모르며, 강아지는 인간의 세계를 인식하지 못한다. 생물에서 의식의 폭은 생존할 수 있는 선택의 폭을 의미하는 것으로서 생물진화의 원동력이 된다. **생물의 복잡성이 의식의 증대로 이어지는 생물의 진화는 곧 물질 정보(의식)의 축적이다.**

우리는 생물에서 생명과 의식의 출현은 한 개의 단세포 내에서 DNA의 돌연변이와 자연선택에 의한 진화의 산물이라고 알고 있지만, 실제로 생물진화의 초기 단계에서는 두 개 이상의 정보 시스템 단세포의 키메라에 의해서이다. 오늘날 생화학자들은 빛에 감응하는 단백질, 소리에 민감한 단백질, 맛을 기억하는 단백질 등 오감을 형성하는 단백질의 존재와 이들 단백질만을 생성하는 박테리아에 관해 잘 알고 있다. 하얀 눈 위에 붉게 발광하는 '안점 박테리아'는 오늘날 우리 눈의 원조이다. 원래 식물과 동물은 하나의 생명체에서 출발했지만, 식물은 광합성 시스템을, 동물은 의식 시스템을 획득하여 진화시킨 생물이다. 따라서 의식은 축적된 정보(물질과 환경정보)와의 공명현상으로서 種의 집단 단위 또는 생명권 내에서만 생물진화가 발생한다. 즉 생명은 '정보의 물질화 현상'이며, 의식은 '물질의 정보화 현상'으로서 세포 내에서 RNA가 이 기능을 담당하며, DNA에는 정보만 저장된다. 따라서 생물에서 생명현상과 의식현상은 동시성이다.

모든 생물은 자신이 살아 있다는 사실을 알고 있어 살아가기 위해 끊임없이 외부로부터 물질과 에너지의 공급과 획득이 필연인 절대 외부 의존성 존재이다. 또한 환경에 적응하기 위해 자신의 DNA

를 바꾸기도 하는데 이것은 무기질 우주정보의 단백질 변환이었다. 생물에서 '일정 영역'의 한계성 – '폐쇄된 영역'은, 독립성과 개체성을 갖는 種의 특성이 되었으며, '개방된 영역' – '바다 생명' – 에서는 불가능한 대상을 인식하는 개체인식과 정보의 축적이 가능해짐으로써 생물은 '폐쇄된 영역' 내 '생명현상'과 '의식 현상'이 발생하는 존재가 되었다. **생명현상과 의식현상은 DNA에 의해 프로그램된 알고리즘이기 때문에 생명과 의식은 절대 개체성이다.** 생명의 복잡성이 의식의 복잡성으로 이어지는 생물의 진화는 선택의 폭의 증가이며, 이는 자유의 크기를 의미한다. **결국 생물에서 자유는 절대 개체성이다.** 진화된 것은 존재했고 진화하지 못한 것은 완전히 사라지거나 정지하는 것이다. 그 덕분에 생물에서 피라미드형 먹이사슬이 형성되어 하부구조가 넓고 상부구조가 좁아 살아남기 위해 치열한 생존경쟁이 아니라 땀 흘리는 노동이 필요하다. 우리들의 눈에 생물은 살아남기 위해 치열한 생존경쟁으로 보이는 것은 생물은 DNA에 의해 프로그램된 알고리즘이기 때문이지 선택하는 행동이 아니다. 따라서 생물에는 善과 惡이 존재하지 않는다.

4. 생물의 진화패턴

약 138억 년 전 빅뱅은 하나(전체)가 여럿(부분)으로 나누어지는 사건이었다. 전체는 창조이며 부분은 피조물로서 빅뱅은 창조와 피조물이 동시성임을 시사하고 있다. 전체는 하나로서 부분을 통해서만이 자기 인식이 가능하기 때문에 **진화는 바로 부분(피조물)을 통해 우주의 정보를 수렴하는 자기인식 과정이다.** 소립자에서 우라늄까지 물질의 출현은 우주가 팽창함에 따라 나타나는 단계 출현으로서 그 자체가 당시 우주 정보를 내포하고 있을뿐더러 앞 단계 물질의 역사이다. 예를 들면 수소 원자의 출현은 소립자에서 양자, 전자까지 축적된 역사이며 당시 우주 환경 정보를 내포하고 있다. 마찬가지로 우라늄은 모든 원자의 역사이자 당시 우주 정보이다. 따라서 **전체는 부분의 출발점이며 부분은 압축된 전체이다.** 그러나 무기질 진화의 정점에서 출현한 우라늄은 물론 모든 무기물질은 우주가 팽창함에 따라 출현과 동시에 분해 과정을 걸어왔다. 더구나 무기물질은 자체가 정보로서 물질과 정보가 분리되어 있지 않아 물질이 분해되면 정보 또한 사라졌다. 오늘날 우리들은 손톱 넓이의 메모리 칩 속에 신문지 2천5백 장 이상을 저장할 수 있음을 잘 알고 있으면서도 양평 용문사 거대한 은행나무의 그 작은 은행 알갱이 한 개에 은행나무의 정보가 저장되어 있음을 생각하지 못한다. 컴퓨터에서는 0과 1이라는 2진법을 사용하여 모든 정보를 처리하지만, 생물은 A,T,G,C 4진법으로 모든 생물을 만든다. 돌덩이 같은 삭막한 지구에 꽃이 피고 새들이 지저귀고 물고기가 헤엄치는 낙원으로 변한 것은 무기질 우주 질서의 단백질 표현이 가능했기 때문이다. 빅뱅이래 소립자에서 우라늄까지 무기질 진화는 물질과 정보가 분리되어 있지 않아 물질의 덧붙임을 통해 진화가 이루어졌지만, 생물은 물질(단백질)과 정보가 분리되어 생물의 진화는 정보의 축적으로 이루어졌다.

지구상에서는 빅뱅 이후 적어도 100억 년이 지난 뒤에 무기질에서 유기질이 출현하여 물질(생물)과 정보(DNA)가 분리된 생명체가 출현했는데 생물은 생명정보를 통해 생명의 연속성을 이어갔다. **결국 생명은 물질이 획득한 '불멸성'이다.** 그러나 처음부터 물질과 정보가 분리된 생명체가 출현한 것은 아니었다. 초기 지구의 바다는 유기물질 수프였을 것으로 보고 있는데 이들 유기물질은, 마치 빅뱅 이래 우주공간에 떠도는 소립자가 수많은 시행착오를 거쳐 서로 결합하여 양자, 전자를 만들고 다시 이들이 결합하여 수소 원자가 출현했듯이 유기물질의 덧붙임을 통해 오늘날 생명 물질을 출현시켰다고 보고 있다. 이 과정에서 유기물질은 무기물질 진화과정에서 나타나지 않는 특성이 나타났는데 특히 아미노산을 이용하여 단백질을 합성하는 과정에서 첫째, 1개의 아미노산에는 1개의 특정 효소가 관여한다. 둘째, 유기물질(단백질)은 일정 이상 커지면서 2등분으로 나누어져 생물 번식의 단초를 제공했다. 셋째, 무기질 진화에서 물질의 덧붙임이 유기질 진화에서는 효소에 의한 물질의 덧붙임으로 일어났으며 세포에서 DNA-RNA가 출현한 이후 생물은 생물을 먹어야 생존이 가능해졌다. 이것은 단순히 물질의 덧붙임으로 끝나는 것이 아니라 선택의 문제가 되었는데 동물에서 의식의 발달을 촉진하는 계기가 되었다.

오늘날 생화학자들은 위 아미노산의 첫째 특성이 RNA로 진화했을 것으로 보고 있으며 둘째 특성은 원시세포로 알려져 있는 코아세르베이트가 몸집이 커지면 이등분을 했는데 코아세르베이트 내에서 RNA에서 DNA로 진화했을 것으로 보고 있다. 원시세포 내에서 DNA-RNA의 출현이야말로 진정한 생명체의 출현이었다. 약 40억 년 전 초기 지구환경에서 무기물질에서 유기물질이 출현한 이래 원시 단세포가 출현하기까지는 적어도 5억 년 이상이 걸렸다고 보고 있는데, 초기 생물진화는 DNA 돌연변이와 자연선택에 의한 진화의 산물이기 전에 태초 개방된 영역이라는 바다 생명에서부터 두 개 이상의 정보시스템 유기물질이나 단세포의 키메라에 의해서이다. 오늘날 생화학자들은 빛에 감응하는 단백질, 소리에 민감한 단백질, 냄새를 기억하는 단백질 등 오감을 형성하는 단백질의 존재와 이들 단백질만을 생성하는 박테리아에 관해 잘 알고 있다. 하얀 눈 위에 붉게 발광하는 '안점 박테리아'는 오늘날 우리 눈의 원조이다. 원래 식물과 동물은 하나의 생명(DNA)에서 출발했지만, 식물은 광합성 시스템을, 동물은 의식 시스템을 획득하여 진화된 생물이다.

오늘날 지구상에는 수백만 종의 동식물이 살아가는데 스웨덴의 생물학자 린네(Carl von Linne 1707~1778)의 분류법에 따라 계(界) **Kingdom**, 문(門) **Phylum**, 강(綱) **Class**, 목(目) **Order**, 과(科) **Family**, 속(屬) **Genus**, 종(種) **Species**으로 분류한다. 예를 들면, 사람은 동물 계(界) **Kingdom**,

척색동물 문(門) **Phylum**, 포유 강(綱) **Class**, 영장 목(目) **Order**, 유인원 과(科) **Family**, 사람 속(屬) **Genus**, 사람 종(種) **Species**으로 분류한다. 약 40억 년간 지구 생물의 역사 중, 생물은 약 35억 년 이상을 바다에서 생활했는데 이 기간 생물의 진화패턴은 DNA의 돌연변이와 자연선택에 의한 진화가 아니라 생물과 생물 간의 Chimera 진화에 의한 동식물의 문(門) **Phylum**의 출현이었다. 약 4억 년 전 고생대 오르도비스기 중엽 최초로 육상 식물이 출현한 이래, 약 1억 년 후 고생대 데본기 초기에 곤충이 출현했는데 이들 절지동물 문(門) 곤충은 척색동물문(門) 어류로의 진화는 이미 불가능했었다는 의미이다. 문(門)에서 문(門)으로의 진화는 적어도 35억 년 이상 바다 속에서 일어났는데 이것을 Chimera 진화 시대라 한다. 대부분 생물학자들은 이 기간 동안 오늘날 **DNA-RNA**와 같은 완벽한 구조와 기능이 진화했을 것으로 보고 있다.

1) 생물의 Chimera 진화

1967년 보스턴 대학 생물학자 린 마굴리스(Lynn Margulis 1938~2011)는 '체세포 분열하는 세포의 기원에 대해'라는 제목의 한 논문을 [이론생물학 저널]에 발표했다(열다섯 번이나 거절당한 후 겨우 게재되었다고 한다.). 19세기 라마르크의 '동물철학'과 다윈의 '종의 기원'에서 진화론을 발표한 이래 우리 대부분은, 단세포에서 고등생물까지 생물의 진화는 기본으로 가지치기하는 과정 즉 공통 조상을 가진 자손들이 DNA의 돌연변이를 통해 점진적이며 단선적으로 진화함으로써 다양한 종이 출현한다고 이해하고 있었다. 그러나 린 마굴리스(Lynn Margulis)는 이 논문에서, 생물 가지들이 서로 합쳐서 새로운 종이 출현한다고 주장하였다. 즉 생물 간의 '내부 공생'에 의해 점진적이고 평면적인 진화의 과정을 제시함으로써 생물 진화론에 코페르니쿠스적 사고의 전환을 가져오게 하였다.

오늘날 우리는 식물이 낮에는 광합성을 하여 산소를 배출하고 밤에는 산소를 호흡하는 생물임을 잘 알고 있다. 우리는 오늘날 식물이 광합성을 하는 원핵생물 시아노박테리아가 DNA 돌연변이를 통해 진화한 것으로 알고 있지만, 아주 오랜 옛날 약 30억 년 전 모든 생물이 단세포일 때, 이산화탄소를 흡입하고 산소를 배출하여 광합성을 하는 시아노박테리아와 산소를 흡입하고 이산화탄소를 배출하는 호기성 프로테오 박테리아가 서로의 필요에 의해 처음에는 – 악어와 악어새처럼 – 공생을 하다가 아예 한 몸인 키메라가 되어 오늘날 식물의 원조가 되었다. 오늘날 식물이 광합성을 하는 엽록체에는 시아노박테리아의 DNA, RNA, 리보솜 등이 남아 있어 식물세포의 핵과는 독립적으로 생리작용을 수행하고 있다. 오늘날 동식물의 세포 소기관으로 존재하는 미토콘드리아는 프로테오 박테리아가 원조로 생물에서 에너지 생성과 性, 죽음에 관여하는 독립 생리기능을 하고 있다. 파란 가을 하늘 아래 붉고 흰 코스모스에는 엽록체도 있고 미토콘드리아도 있어 코스모스는 적어도 세 계통의 유전형질이 모인 키메라라고 할 수 있다. 우리 눈에 펼쳐진 넓고 푸른 숲은 사실 우글거리는 시아노박테리아의 무수한 군상들이다.

생물 간의 '내부 공생설'은 린 마굴리스(Lynn Margulis)가 처음으로 주장한 학자는 아니었다. 이미 19세기 말, 20세기 초 독일의 식물학자 쉼퍼(Schimper)와 소련의 식물학자 메레츠코프스키(Merezhkovsky)에 의해 '내부 공생설'을 제기하였으나 당시의 과학 수준으로는 이론의 실증이 불가능했으므로 무시와 반증에 타격을 입고 1960년까지 생물학계에서는 사장된 이론이었다. 20세기 후반 전자현미경과 생화학 및 분자생물학의 발달에 힘입어 오늘날 생물학자들은 엽록체와 미토콘드리아의 DNA 염기서열이 식물세포의 핵 속에 있는 DNA 염기서열보다 현존하는 시아노박테리아와 프로테오 박테리아에 더 가깝다는 사실을 입증함으로써 엽록체와 미토콘드리아가 내부 공생에서 비롯되었다는 사실을 인정하고 있다. 오늘날에도 우리는 유전공학을 이용하여 키메라 동식물을 많이 만들고 있는데 예를 들면 포마토(토마토+감자), 유전자 조작 콩이나 옥수수, 인슐린 생성 박테리아, 메탄 생성 박테리아 등이 있다. 또한 토마토 대목에 까마중을 접붙여 부정아(여러 개의 불규칙한 싹 눈)를 발생시켜 그 줄기를 자르면 한쪽은 토마토의 형질이고 다른 쪽은 까마중 형질을 갖는 키메라임을 볼 수 있다.

린 마굴리스(Lynn Margulis)에 의한 생물 간의 '내부 공생설'에 이어

제2부. 인간은 생물이다.

1980년대 중반 콜로라도 대학의 생화학자 토머스 체크(Thomas Cech)는 섬모충류 원생동물인 테트라히메나 테르모필라(Tetrahymena thermophila)의 RNA 가닥을 편집(splicing) 실험하는 중에 RNA는 다른 효소 단백질이 없어도 'RNA는 스스로 자기 자신을 자르고 붙인다'는 매우 충격적인 결론을 얻게 되었다. 여기에 식물과 동물의 DNA 염기서열이 같은 뿌리임이 밝혀짐으로써 오늘날 생화학자들은 DNA와 RNA가 초기 생명(체)의 한 개체였을 것이라고 보고 있다. 현존하는 생물의 세포 속에는 핵(핵막과 염색체, 뉴클레오솜 등이 있다.), 세포막, 그리고 여러 가지 기능을 하는 세포 물질이 많이 들어있는데 – 미토콘드리아, 골지체, 엽록체(엽록소), 리보솜, RNA, 소포체 등이다. 우리들은 핵물질과 세포 소기관이 생물 개체의 DNA 변이와 자연선택을 통해 획득한 것으로 알고 있지만, 이들 대부분이 초기 생명(체)의 한 개체였을 것으로 보고 있으며, 하나의 영역(세포)안에서 공생 또는 흡수, DNA 스와핑에 의해 – 키메라가 되어 – 원핵(단세포)생물로 출현했을 것으로 보고 있다. 당시 생태환경이 바다에 국한되었고 원핵세포와 같이 부드럽고 불완전한 생명체였기 때문에 키메라가 가능했다. 오늘날 분자 생물학자들은 생물 간의 DNA 염기서열을 분석 비교함으로써 식물의 원조를 비롯한 현존하는 모든 진핵(다세포)생물 원조 또한 약 7억 년 전 원핵(단세포)생물 간의 키메라에 의해서 출현하였으며 적어도 3~6번 이상의 키메라 과정이 있었음을 증명하고 있다.

키메라라는 말은 고대 그리스 신화에 나오는 – 머리는 사자, 몸은 염소, 꼬리는 뱀인 – 괴물 키마이라에서 유래된 말로서, 하나의 생물체 안에 유전형질이 다른 세포가 함께 존재하는 생물을 뜻하는 유전학에서 쓰는 용어이다. 고대 이집트인은 스핑크스 외에 '성스러운 황소'로 알려진 '아피스', 머리가 개나 자칼 같은 '아누비스', 머리가 독수리 형상인 '호루스' 등 키메라가 많이 알려져 있다. 우리나라에는 봉황, 청룡, 천마, 해태, 삼족오, 천록 등 상상의 동물은 많이 전해오나 키메라는 거의 없고, 불교의 사천왕 도깨비 상이나 머리는 사람이고 몸은 새인 극락조 '가릉빈가'가 유일하게 알려져 있다. 이들 키메라의 기원에 관하여 스위스 태생의 유사 고고학자 '에리히 폰 대니켄' 등은 수 천 년 전 지구를 방문한 고도의 지능을 갖춘 외계인이 만든 유전체 형상이라고 주장하기도 했다. 오늘날 대부분의 종교학자들은 이집트의 키메라 신상에 관하여 인류의 토테미즘 연장선으로 이해하고 있지만 피라미드와 스핑크스에서 먹이사슬 구조와 키메라의 연상이 우연인 것만은 아니다. 그 이상 우주의 본질을 나타내는 상징일 수도 있다는 생각이 든다. 동양에서 인면수심(人面獸心)과 같은 인간 정신 Chimera처럼 생물의 본질을 상징했을지도 모른다. 우리들은 머리는 사람이고 몸은 사자인 이집트의 스핑크스를 보고 고대 이집트 미신 신앙의 한 단면을 보듯 웃곤 하지만, 웃고 있는 우리 인간이 바로 키메라임을 잊지 않기를 바란다.

우리들은 Chimera 진화를 통해 지금까지 알지 못했던 생물진화에 관해 몇 가지 사실을 알게 되었는데, 첫째, 약 30억 년 전에 출현한 아메바는 오늘날까지도 몸의 구조나 생태가 거의 변함이 없는데, 그 이유는 이들 아메바는 일정 정도 몸이 커지면 이등분으로 분열하여 나누어지기 때문에 DNA의 정보교환이 거의 일어나지 않기 때문이다. 반면에 이들 아메바의 일부 조상들은 시아노박테리아와 프로테오 박테리아가 공생을 통해 또는 프로테오 박테리아만 Chimera 진화를 한 결과 오늘날 동식물의 원조가 되었다. **결국 어떤 형태이든 진화하지 못한 생물은 정지했다는 사실이다.** 둘째, 빅뱅 이래 소립자에서 우라늄까지 무기질 진화의 물질 덧붙임 원리가 Chimera 진화에서도 반복되어 일어났는데 단지 무기질에서 유기질로 바뀜으로써 무기질 우주 질서의 원리가 단백질로 표현되었다는 사실이다. 셋째, 약 10억 년에서 약 7억 년 전후, 삼엽충이나 굴이나 조개 같은 동물이 단단한 외투를 입고 출현했는데 이로부터 동물 간 직접 Chimera 진화가 불가능해져 DNA-RNA의 환경적응(환경의 단백질 표현)에 의한 변이를 통해 진화가 시작되었다. 따라서 Chimera 진화시기는 완벽한 DNA-RNA 형성과정이었으며 이후 생물의 진화는 문(門)에서 강(綱), 목(目), 과(科), 속(屬), 종(種)으로 이어지는 분화 진화가 시작되었다. 린 마굴리스로 대변되는 생물진화의 키메라 현상은 라마르크와 다윈에서 시작된 진화론의 가장 결정적인 과학적 증거이며 수천 년 간 인류, 특히 서양인의 세계관을 지배하고 있던 종속적인 창조론 -'神의 영역'- 이 **수평적인 창조론**으로 사고의 전환이 일어나기 시작했다.

2) 생물의 분화 진화

약 40억 년 지구 생명의 역사 중 생물은 약 35억 년 이상을 바다에서 생활하고 진화했는데 이 기간 진화패턴은 앞에서 보았듯이 Chimera 진화였다. 소립자에서 우라늄까지 무기질 진화패턴의 연속이었는데 '물질 양의 변화에 따른 물질의 질적 변화 법칙'에 따른 물질의 직접 덧붙임 진화였다. 그러나 유기질 덧붙임 진화에서는 무기질 진화패턴에서 일어날 수 없는 몇 가지 현상이 나타났는데 유기물질 스스로가 다른 유기물질과 **결합하고 스스로 자른다는** 사실이었다. 여기에는 유기물질마다 꼭 특정 효소가 관여하는데 이 현상이 오늘날 RNA의 특성으로 나타났다. 또한 환경에 적응하는 단백질은(생물의 출현) **물질의 정보화 현상(DNA)과 정보의 물질화 현상(RNA)을 통해 출현함으로써 물질과 정보가 분리되기 시작했다.** 약 35억 년 이상 바다에서 생물의 Chimera 진화과정은, 동식물의 문(門)의 출현과 오늘날 DNA-RNA의 완벽한 진화의 시기였을 것으로 보고 있다.

약 10억 년 전에서 약 7억 년 전후 삼엽충이나 굴, 조개 같은 동물은 딱딱한 외투를 입고 출현하기 시작했는데 이미 생물에서 Chimera 진화가 불가능해져 환경에 적응하기 위해 DNA 변이를 통해 생물의 진화가 시작되었다. 명실상부한 물질과 정보가 명확히 분리된 생물의 출현 시기였다. 또한 다세포 생물의 출현으로 性의 분화와 이에 따른 정보의 교류는, 보다 다양한 생물의 출현을 가능하게 했는데 DNA의 A,T,G,C 암호의 순서가 바뀌는 - 기린의 목이 길어지거나 말발굽이 한 개로 진화하는 - 소진화와 A,T,G,C 암호의 길이가 길어져 어류에서 양서류로 진화하는 대진화로 분화 진화가 시작되었다. 대진화는 性에 의한 정보의 교류와 축적으로서 당시 지구환경의 단백질 표현이며 전 단계 생물진화의 역사였다. 현존하는 단세포 생물의 100%가 원핵생물이며 진핵생물의 97%가 다세포 생물인데, 단세포 원핵생물에서 단세포 진핵생물로, 여기서 다시 다세포 진핵생물로의 진화패턴은 생물간 키메라에 의해서였다. 이후 DNA-RNA 변이에 의해 동식물 門에서 種으로 분화되는 진화패턴에는 지구상에 지권(地圈)과 수권(水圈) 위에 생명권(生命圈)이라는 생태환경을 출현시켰다.

생명권이란 지권과 수권을 내포하고 있는 생물만이 만들어 내는 영역으로서 모든 생물은 여기를 떠나서는 생존이 불가능하다. 따라서 생물의 삶과 죽음이 이 영역 내에서 일어나는데 생물은 물질이 아니라 생명 정보 DNA를 통해 생명의 연속성을 갖기 때문에 결국 DNA는 생명권 정보이다. 생물의 분화 진화는 생명권의 확대를 가져왔으며 모든 생물이 함께 진화하는 공진화의 발판을 마련하였다. 현상에서 우리는 질량의 크기를 kg으로 표현하는 물질과, J(줄) 또는 cal(칼로리)로 표현하는 에너지가 인식되는데 여기에 의식

(생명)과 정신이 포함된다. 우리는 일반적으로 물질이란 소립자, 원자, 무기 분자 등 무기질을 포함해서 유기질이나 생물과 같이 질량을 갖는 '공간을 갖는 에너지'로서 저울로 측정이 가능하나, 에너지, 의식(생명)과 정신은 저울로 측정이 불가능하다. 아인슈타인(Albert Einstein 1879~1955)의 상대성 이론에 따르면 물질과 에너지는 등가성으로서 E = mc² (E: 에너지 m: 질량 c: 속도(물질의 운동))이다. 의식과 정신은 단순히 무기 에너지의 발현이 아니라 생명 에너지와 정신 에너지의 현상으로서 그 자체가 실체로서 생명 에너지는 DNA 정보로 나타나서 생명권을 형성하여 모든 생물이 공진화를 한다. 마찬가지로 정신 에너지는 생명권 위에 정신권(精神圈)을 형성하여 인류의 문화, 문명을 출현시켰다. 언제부터 인류는 이와 같은 물질과 에너지 현상을 인식하였는지 알 수 없지만, 약 50만 년 전후 인류가 불을 이용하기 시작한 때부터 – 통나무가 타서 뜨거운 열기로 바뀌는 모습에서 – 물질과 에너지를 인식했을지도 모른다. 당시 인류는 '정적인 세계관'에서 물질과 에너지를 두 존재로 인식함으로써 이원론적 사고로 세상을 바라보기 시작했다. 그러나 물질과 에너지가 등가성이라면 이제 우리는 '물질의 정보화(DNA, 문화)'와 '정보의 물질화(RNA, 문명)를 이해함으로써 일원론 사고로 세상을 이해해야 한다. 일원론은 유물론자들에 의해 시작되었지만, 샤르댕은 물질과 정보라는 **이원론적 일원론으로** 의식(생명)과 정신을 이해했다.

5억 4,300만 년 전부터 4억 9천만 년 전 사이 화석이 처음 발견된 곳은 영국 웨일스의 캄브리아 구릉지였다. 케임브리지 지질학 교수 아담 세지윅(Adam Sedgwick 1785~1873)은 이 지층을 이 지역의 이름을 따 캄브리아기라 명명하였다. 이후 세계 곳곳에서 캄브리아기 화석이 많이 발견되었는데 특히 1907년 미국 국립자연사박물관 관장이었던 찰스 둘리틀 월컷(Charls Doolittle Walcort 1850~1927)이 캐나다 버제스 세일에서 다량의 캄브리아기 화석을 발견함으로써 고생물학계에서 캄브리아기 '생물 대폭발설'이 제기된 원인이 되었다. 오늘날 고생물학자들은 이 시기에 생물門 – 당시에는 種이었다 – 이, 다량의 대분화가 일어났으리라 보고 있다. 캄브리아기에 형성된 동물의 '독특한 몸'의 체계와 '독특한 물질대사 과정'과 성(性)의 분화는 개체(種)의 특성이자 독립성이며, 고도로 진화하기 시작한 오감의 기능과 무리 단위 내지 종(種) 단위 생태계 형성은, 정보의 인식 능력과 공유가 생존(성장, 번식)과 진화를 좌우하는 중요한 요인이 되었다. 앞에서 언급했듯이 소진화가 축적되어 대진화가 일어나는 것이 아니라, 대진화는 환경 요인에 의한 분화 진화 현상으로 보고 있어, 일반적으로 고생물학계에서 소진화는 라마르크의 '용불용설'에 가깝고 대진화는 다윈의 '자연선택설'에 가깝다고 인식하고 있다. 캄브리아기 이후 소진화에서 개체 간 '독특한 물질대사 과정'은 개체를 보다 특성이자 독립성으로 만들었다. 예를 들면, 우리의 코와 귀의 모양이 다른 것은 코와 귀를 이루고 있는 단백질의 종류가 다르기 때문인데 우리가 소의 안심이나 등심을 먹으면 위에서 소의 단백질을 아미노산으로 분해하여 각 세포로 보내져 리보솜에서 코의 세포는 코의 단백질만 만들고 귀의 세포는 귀의 단백질만을 합성한다. 만약 안심이나 등심이 소화과정을 거치지 않고 바로 우리 몸에 흡수된다면, 우리 몸의 어느 한 곳에 안심이나 등심의 단백질 키메라가 되었을 것이다. 선캄브리아기에는 이것이 가능하여 키메라 진화 현상이 일어났지만, 캄브리아기 이후 생물에는 성장단계에서 생장과 성장이 분리되어 일어남으로써 생명권 내에서 정보의 인식과 전달, 저장에 의한 유전이 생물진화에서 중요하게 부각 되기 시작했다. 특히 동물에 있어서 오감의 발달과 신경계통 및 뇌의 발달은 정보의 인식과 의식의 증대를 가져와 동물 진화의 주축이 되었다.

분화 진화 기간 생물은 생물 門에서 門으로 진화가 아니라 門에서 다양한 생물種의 출현이었으며 하등생물에서 고등생물로의 진화과정이었다. 동물에서 오감의 출현과 이에 따른 신경계통과 뇌의 진화는 의식의 발달이 진화의 주축으로 자리를 잡음으로써 생체의 복잡성은 의식의 복잡성으로 진화가 동시성으로 발생했다. 이 기간 동안 지구상에는 2번의 대멸종과 15번의 소멸종 기간이 있었는데 격렬한 지구환경의 변화 속에서도 생물은 살아남아 진화를 계속했었다. 생물은 물질(단백질)과 정보(DNA-RNA)가 분리되어 후손을 통해 정보의 연속성을 갖기 때문이었다. 분화 진화 과정에서 대진화가 일어나는 種은 당시 번성한 種에서가 아니라 가장 어려운 환경 속에서 겨우 명맥을 유지하는 種이라는 사실은, **진화에서 부**

족의 인식이 진화의 동력이었음을 시사하고 있다. 약 4억 년 전 고생대 데본기 어류의 세상일 때 오늘날 고등어, 정어리, 상어 등의 조상들, 당시 대양을 휘젓고 다니던 종들은 아직도 어류로 남아 있지만, 오늘날 망둥어처럼 갯벌의 가장자리에서 뒤뚱뒤뚱 살아가던 이들 조상의 일부는 동물보다 약 1억 년 앞서 육상한 식물들에 의해 생성된 지구의 산소를 호흡하기 시작하여 오늘날 개구리와 같은 양서류의 조상이 되었다.

척색동물門 최초의 화석인 하이코익시스나 피카이아에서 어류, 양서류, 파충류, 포유류, 영장류를 거쳐 인류까지 진화하는데 6억 년이 채 안 되었다. 이 인간에게는 약 30억 개의 DNA 정보가 있는데 생물학자들은 이 정보가 약 40억 년간 지구 생명사가 함축된 정보로 보고 있다. 지금까지 우리는 '인간은 어디서 와서 어디로 가는가?'에 대한 답을 종교와 철학에서만 찾았다. 이들은 인간만을 두고 이 문제를 해결하려는 오류를 내포했기 때문에 언제나 그 답은 神의 영역에서 찾기 마련이었다. **샤르댕은 이에 대한 답을 생물의 진화에서 찾았다. 아메바에서 인간까지 정보의 축적이, 즉 생물의 진화가 인간에 대한 답이었다.** 따라서 샤르댕 사상의 출발점은 '인간은 생물이다.'이며 그 종착점은 '인간은 생물이 아니다.'이다. Chimera 진화의 정점에서 척색동물 門이 출현했고 분화 진화 정점에서 인류가 출현함으로써 인간 약 30억 개의 DNA 정보가 정신정보로 전환되어 DNA가 아닌 정신 진화가 시작되었다. 인류에게서

새로운 인류의 출현

정신의 출현은 강생이 아니라 수백만 년 동안 평범한 원숭이들로 부터 진화한 것이다. **무기질 진화에서 진화하지 못한 물질은 완전히 사라져 흔적도 없지만, 생물의 진화에서 진화하지 못한 생물은 사라지지 않고 정지하여 소진화로 존속했다. 이것은 생명의 진화는 생명을 통해서만이 진화가 가능했기 때문이다. 그러나 인류의 정신 진화는 다시 무기질 진화에서처럼 완전히 사라지거나(罪) 살아남는(善) 양상을 띤다. 이것은 미래 세상은 우리가 상상할 수도 없는 세상이 도래한다는 것을 시사하고 있다.**

5. 인류의 출현과 진화

일찍이 고생물학자들은 몸이 유연하여 활동적이며 체형을 쉽게 바꿀 수 있는 척색동물 문(門)의 한 종(種) – 피카이아(Pikaia)에 주목을 했다. 피카이아(Pikaia)는 캐나다 버제스 세일에서 최초로 발견된 캄브리아기 척색동물 문(門)의 한 종(種)이다. 후일 중국의 더우산퉈 층에서 이보다 몇백만 년 앞선 하이코익시스(해구어, 海丘魚): 중국 운남성 곤명 남부지방에 있는 5억 4천만 년 전에 형성된 지층에서 발견된 최초의 척색(또는 척추)동물이 발견됨으로써 지금은 최고의 자리를 물려주었지만, 최초로 인류의 가장 먼 조상으로 인정받고 있었다. 약 5억 3천만 년 전, 일단의 하이코익시스나 피카이아는 어류로 진화하여 데본기 어류시대를 열었으며, 약 3억 5천만 년 전 데본기 말 – 어류에 치어 바닷가 언저리에서 근근이 살아가던 일단의 망둥이 같은 어류는 – 양서류로 진화하여 육지로 발을 딛기 시작했다. 이들 중 한 種이 우리 인류의 먼 조상이다.

선캄브리아기 약 30억 년간 바다는 현존 생물의 밑그림 그리기였다면, 캄브리아기는 현존 생물의 출발점이다. 마치 강아지가 생후 3주쯤 실눈을 가늘게 뜨고 세상을 바라보기 시작한 때이며, 생후 6개월 어린이가 '엄마' '아빠'의 얼굴을 알아보는 '낯가림'과 같이 세상을 인식하기 시작한 시기이다. 여기서부터 약 5억 5천만 년간, 지질 시간으로 볼 때는 아주 짧은 시간이지만, 변화하는 지구의 환경에 적응하여 하이코익시스에서부터 인간까지 한걸음에 진화가 이루어진 것이다. 하이코익시스나 피카이아는 오늘날 거머리 비슷한 동물로서 – 실제 거머리는 환형동물 門(문)이다. – 어류, 양서류, 파충류, 포유류, 영장류를 거쳐 인류까지 진화했다. 현생인류는, 동물 분류학상 척색동물 문(脊索動物門) 포유 강(哺乳綱) 영장 목(靈長目) 사람과(科)에 속하는 동물로, 현생인류인 호모 사피엔스(Homo sapiens)는 약 200종에 이르는 영장 목(靈長目)의 한 종(種)이다. 영장류는 포유류 중 가장 두뇌가 좋은 동물군으로, 제일 오래된 영장류 화석은 백악기 후기의 플레시아다피스(Plesiadapis) 이다. 플레시아다피스는 영장류와 흡사한 화석 포유류 중 하나로, 약 5,800~5,500만 년 전 북아메리카와 유럽에서 서식했던 일종의 다람쥐와 같은 동물이었다. 그러나 오늘날 영장류의 DNA 분자시계는(DNA에서 변이는 몇백만 년에 걸쳐 상대적으로 일정한 속도로 DNA에 집적되기 때문에(상대적 변이란 근연 종일수록 변이가 적고 먼 종일수록 변이가 많다는 뜻) DNA 내의 변화를 셀 수 있다. 이것을 시계처럼 이용하면 한 종이 다른 종으로 갈라져 나온 시기를 대강이나마 추정할 수 있다.)

영장류가 포유류에서 분화된 시기가 약 8,500만 년 전 중생대 백악기 중기를 가리키고 있다. 중생대 백악기 중기이면, 한반도의 영남과 남해안 일대의 경상계 퇴적층이 넓은 호수 밑바닥에 퇴적하고 있던 시대이며, 고성을 비롯한 남해안 언저리에서 아직도 공룡들이 뛰어 놀던 시대였다. 그러나 우리가 여기에서 간과해서는 안 될 것은, 모든 생물이 대진화의 길을 걸은 것이 아니라 아주 극소수만이 이 길을 걸었다는 사실이다. 대부분 생물은 하등생물로 남아있어 그들만의 소진화를 함으로써 오늘날 피라미드형 먹이사슬을 이루고 있다. 그렇다고 진화한 고등생물은 존재가치가 높고, 하등생물은 열등하다는 의미는 아니다. 샤르댕에게 있어서 생명은 하나이며, 생명권에서 개체(種)는 전체와 부분과의 유기적 관계이며, 독립성, 동질성, 동시성을 갖는 존재로 인식했다.

아프로아시아 육괴(아프리카와 유라시아가 합쳐진 고대륙)시대부터, 오늘날 스페인 이베리아 반도에서 그 폭이 북아프리카 사하라 사막까지, 그 길이가 동북부 시베리아에 이르는, 지금은 지중해 – 사하라 사막 – 아라비아 사막 – 이란 카비르 사막 – 아프가니스탄 고원지대 – 타클라마칸 사막 – 고비 사막 – 몽골초원과 시베리아 툰드라가 펼쳐져 있지만, 약 3천만 년 전만 해도 이 스페인 – 시베리아 벨트는 울창한 삼림지대로서 원숭이들의 낙원이었다(오늘날 석탄과 석유의 매장량이 가장 많은 곳이다.). 약 1천만 년 전후, 지구의 지각변동과 건조한 기후에 의해 삼림대가 점점 줄어들어 초원으로 변하여 사막화가 가속되었다. 원숭이들 대부분은 후퇴하는 삼림을 따라 숲속으로 들어갔지만, 병신이라 취급받던 일단의 '꼬리 없는 원숭이'들 중, 두 발로 곧게 서서 대평원을 둘러보기 시작한 원숭이가 있었다. 인류의 먼 조상의 출현이었다.

1) 오스트랄로피테쿠스(Australopithecus)의 출현과 진화

원숭이는 크게 '꼬리 있는 원숭이'와 '꼬리 없는 원숭이'로 구분되는데, 이 '꼬리 없는 원숭이'를 보통 유인원(類人猿)이라고 하며, 사람을 비롯하여 침팬지, 고릴라, 오랑우탄, 긴팔원숭이가 여기에 속한다. 고인류학자들은 약 1000만 년 전 스페인 – 시베리아 삼림벨트에서 어느 꼬리 없는 원숭이를 공통 조상으로 유인원의 조상들이 출현했다고 보고 있다. 이 중 현생인류의 먼 조상으로 진화한 유인원을 원인이라 하며, 최초로 발견된 원인(猿人)은 1924년 남아프리카 공화국 요하네스버그 위츠워터스트랜드 대학 해부학 과장으로 재직하고 있던 호주 출신 레이먼드 다트(Raymond Arthur Dart)에 의해서 알려지기 시작했다. '타웅' 아이로 우리에게 더 잘 알려진 오스트랄로피테쿠스 아프리카누스(Australopithecus Africanus)이다. 200~300만 년 전 플라이오세에 살았던 호미니드(사람으로 진화하는 꼬리 없는 원숭이라는 뜻)이다. 오스트랄로(Australo)는 남쪽이라는 뜻이며,

피테쿠스(pithecus)는 꼬리 없는 원숭이라는 뜻이다. 그래서 학명인 오스트랄로피테쿠스 아프리카누스는 '아프리카 남쪽에 사는 꼬리 없는 원숭이'라는 뜻이다. 이후 아프리카에서 발견된 모든 피테쿠스 속 앞에 오스트랄로(남쪽)의 접두사가 붙게 된 연유가 바로 이 '타웅' 아이에 의해서이다. 영장류와 비슷한 플레시아다피스(Plesiadapis)에서 오스트랄로피테쿠스로 진화하는데 약 5,000만 년이라는 기나긴 시간이 흐른 것이다.

'타웅'아이가 발견된 이후, 아프리카에서는 수많은 오스트랄로피테쿠스의 화석이 발견되었으며, 오늘날 가장 오래된 호미니드 화석은 2002년 프랑스 고고학자인 미셸 브뤼네와 그의 고고학 탐사팀(MPFT)에 의해 차드 토로스메날라에서 발견한 약 600~700만 년 된 사헬란트로푸스 차덴시스(Sahelanthropus tchadensis) 화석이다. 일명 '투마이' 라고도 하는데, 이는 차드 고란족의 언어로 주라브 사막 지역에서 가장 위험한 시기인 뜨거운 건기에 태어나는 아이에게 붙여주는 이름으로 '삶의 소망'을 뜻하는 이름이다. '투마이'가 발견된 이래, 고인류학자들은 유인원에서 호미니드의 이행시기는 적어도 1천만년 보다 더 오래전이었을 것으로 추측하고 있다. 오늘날 분자시계는 인류와 고릴라와는 약 700만 년 전, 침팬지와는 약 500만 년 전에 갈라진 시간을 가리키고 있다. 1천만 년은 인간에게 기나긴 시간이지만, 약 40억 년 생명진화사에 비하면 찰나에 지나지 않는다. 이 찰나의 시간에 모든 생물이 하나로 수렴된 생명체 – **어**

쩌면 인간은 모든 생명체의 통합체일 뿐만 아니라 약 138억 년 전 빅뱅에서부터 모든 에너지와 물질과 생명이 압축되고 축적된 존재일지도 모른다. 오늘날 인류는 넓고 멀게는 수백억 광년 떨어진 머나먼 은하의 세계를 관찰하며, 안으로는 소립자와 같은 미시의 세계를 인식하고 살아가고 있다.

인류는 직립보행을 함으로써 자유로워진 두 손으로 도구를 제작하기 시작했으며, 뇌와 척추가 일직선상에 놓여 있어 성대의 폭이 넓어 20~26가지 다른 소리를 낼 수 있기 때문에 언어로의 진화가 가능했다. 같은 조상에서 갈라진 침팬지는 너클보행을 함으로써 두 손은 앞발의 역할에 머물렀으며, 뇌가 척추에 구부러져있어 성대가 좁아 5~6가지 소리밖에 낼 수 없어 언어로의 출현이 불가능했다. 인류의 직립보행 – 언어의 발달 – 뇌의 진화는 자유로운 두 손과 언어라는 '정보의 전달 수단'과 '정보의 공유성'을 DNA가 아닌 비물질 언어를 통해 획득함으로써 침팬지와는 전혀 다른 세상을 만들기 시작했다. 중부 고속도로에서 서울 톨게이트를 지나 88 올림픽 도로에 들어서면 오른쪽에는 한강이 유유히 흐르고 왼쪽에는 상행선 넘어 사적 제267호 암사동 선사유적지가 있다. 1925년 을축년(乙丑年) 대홍수로 인해 세상에 알려졌고 여러 차례 발굴 조사를 거쳐 약 50여 기의 신석기 시대 집터와 3개의 문화층이 확인되었다. 신석기 문화층의 연대를 측정하여 약 6000년 전 유적인 것으로 밝혀졌는데 한반도의 중, 서부 지방 신석기 시대를 대표하는 빗살무늬토기를 비롯해 갈돌과 갈판, 그물추, 불에 탄 도토리 등이 출토되어 신석기 시대 사람들의 생활 문화를 추측해 볼 수 있는 중요한 사적지이다. 여기에서 10여리 한강을 따라 내려가면 123층 서울 스카이 타워가 눈에 꽉 차게 들어온다. 한민족이 암사동 움집에서 123층 서울 스카이 타워까지 오는데 약 6천 년이라는 시간이 흐른 것이다. 이 6천 년 사이 한민족뿐만 아니라 전 세계 인류는 암사동 선조들이 상상도 하지 못한 문화, 문명을 이룩한 것이다. 문화, 문명을 발생시키는 이 인류의 힘은 어디서 나오는 것인가?

오늘날 인류와 침팬지의 DNA 염기서열이 겨우 1.6% 차이로 침팬지는 동물원의 쇠창살에 살고, 인류는 우주의 주인처럼 활개치며 살아가고 있다. 이 1.6% 차이에 인류의 문화, 문명이 있다. 지구상에 인류가 출현한 이래 수만 개의 문화, 문명이 소멸하고 발생했다. 이 인류의 유산은 DNA가 아닌 정신권을 형성하여 사회유전 되었으며 생성, 성장, 소멸을 반복하면서 보다 복잡한 사회구조와 인류의 성장을 이끌어 왔다. 우리들의 조상들이 약 5백만 년 전 침팬지와 분화 진화가 시작된 이래 직립보행을 통해 자유로워진 두 손으로 도구를 제작하기 시작했으며, 이 정보는 언어를 통해 전달, 공유함으로써 DNA가 아닌 사회 유전자에 축적되어 문화, 문명을 발달시켰다. 생명현상에서 '살아 있다.'는 의미는 생물이라는 '폐쇄된 영역' 내에서 '물질을 생성하고 소비하는 현상'이다. 그러나 문화, 문명은 '개방된 영역' 내에서 '물질을 생성하고 소비하는 현상'

이다. 물론 약 1억 년 전에 출현한 벌이나 개미도 생명체 밖에서 집을 짓고 어떤 개미는 자신들이 좋아하는 곰팡이를 재배하는 농업도 하지만, 이들의 행위는 약 1억 년 전에 출현한 벌이나 개미의 습성이 거의 변하지 않고 그대로 있다. 동물에서 이와 같은 행위는 DNA에 프로그램으로 저장되어 있기 때문이지만, 암사동 움집에서 – 초가집 – 기와집 – 아파트 – 빌딩으로 이어지는 문명의 발달은 DNA 단백질 프로그램으로는 불가능하다.

우리들은 문명의 발달이 DNA 단백질 프로그램으로는 불가능하다는 사실을 잘 알고 있지만, 그 정보의 근원이 DNA 단백질이라는 사실도 잘 알고 있다. 문제는 DNA 단백질이라는 '공간을 갖는 물질 정보'가 어떻게 왜? 인간에 의해 '공간을 갖지 않은 정신 정보'로 바뀌었는가에 있다. 지금까지 인류는 '천지창조' 이래 세상은 지구가 중심이며 변하지 않는 '정적인 세계관'에서 이원론으로 세상을 이해했기 때문에 정신은 영혼(靈魂)의 발현이라고만 믿고 있었다. 이제 우리는 수백만 년 전 유인원에서 분화한 인류의 조상들이 오늘날까지 걸어온 발자취를 더듬어 봄으로써 '인간은 어디서 와서 어디로 가는가?'를 살펴볼 것이다. 샤르댕 저서 1/3이 인류의 진화에 관한 내용인 이유가 여기에 있다. 문명 이전 그들의 발자취는 화석도 중요하지만, 그들이 남긴 석기를 통해 인류의 진화과정을 유추할 수 있다. 유인원(類人猿)의 역기(礫器 – 큰 돌을 내리쳐 만든 조약돌)에서 시작된 인류의 구석기 문명은 약 1만 년 전 '신석기 문명'이 출현하기 전까지, 역기에서 '뗀석기'와 '찍개', 아슐리안 주먹도끼로 아주 느리기는 해도 기술 진보가 있었다. 또한 어떤 '목적의식'을 가지고 제작이 생명(체) 밖에서 이루어졌으며, 그 '석기 제작 기술정보'는 'DNA-RNA'가 아닌 '모방 학습'과 언어를 통해 유전되었다. 지금까지 생물의 세계에서 정보는 모두 'DNA-RNA'가 아니면 유전이 불가능한 일이었으며, 생물의 세계에서 불가능한 이 현상이 우리들의 먼 조상 오스트랄로피테쿠스 아프리카누스에게서 시작하여 그 정보가 DNA가 아닌 생명체 밖에 축적되었는데 석기의 제작과 발달이 그 직접적인 증거이다. 따라서 인류의 진화는 단순한 생물진화뿐만 아니라 정신출현의 과정이다.

2) 호모 하빌리스(Homo habilis)의 출현과 진화

　　1924년 약 250만 년 전 생활했던 '오스트랄로피테쿠스 아프리카누스'(아프리카 남쪽에 사는 꼬리 없는 원숭이) 화석이 발견된 이래 동아프리카 지구대에서는 '타웅'아이보다 더 오래된 화석이 발견되기 시작했는데 1974년 미국 인류학자 도널드 조핸슨(1943~)이 에티오피아 하다르에서 직립보행을 한 흔적을 갖는 루시라는 약 310만 년 전 생활했던 오스트랄로피테쿠스 아파란시스(Australopithecus afarensis)가 발견되었다. 1976년 메리 리키 조사단은 탄자니아 올두바이 계곡에서 남쪽으로 45 km 떨어진 라에톨리 평원에서 75개의 발자국 화석을 발견했었다. 1994년 영국의 인류학자 '미브 리키'는 케냐 카나포이에서 410만 년 전에 생활했던 오스트랄로피테쿠스 아나

멘시스(Australopithecus anamensis)를 발견했는데 이들은 직립보행이 거의 완성된 인류의 조상이었다. 오스트랄로피테쿠스는 약 200만 년간 존속됐으리라 보고 있는데 그들이 남긴 유물이란 자신들의 화석과 조잡한 석기나 조약돌을 사용한 흔적이 발견되기는 했지만, 이들의 생활사는 거의 알려진 것이 없다. 오스트랄로피테쿠스 뒤를 이어 약 233~140만 년 전 석기를 최초로 제작한 호모 하빌리스(Homo habilis)가 출현하였다.

1931년, 케냐 출생의 영국 고인류학자 루이스 리키(Louis Leakey 1903~1972)는 탄자니아 세렝게티 국립공원 동부 '올두바이 계곡(Olduvai gorge)'에서 약 200만 년 경 지층에서 50여 종의 석기를 발견했었다. 주로 짐승의 뼈에서 고기를 발라내기 위해 사용한 것으로 추측되는 '뗀석기'와 큰 뼈를 깨고 열어서 골수를 얻기 위해 사용한 주먹도끼가 주류를 이루고 있었다. 훗날 이들 석기를 제작한 자들의 화석이 1962년에서 1964년까지 루이스 리키와 그의 아내 메리 리키에 의해 탄자니아 세렝게티 국립공원의 올두바이 협곡에서 처음 발견되었다. 키는 평균 약 130~150 cm였으며 뇌 용량은 약 600~850 cc였다. 같은 사람 속(屬) 중에 가장 사람과 닮지 않았으며 호모 하빌리스는 처음으로 석기를 사용했을 것으로 추정되는 오스트랄로피테쿠스 아프리카누스나 오스트랄로피테쿠스 가르히보다 더욱 발전된 석기를 사용했다. 또한 호모 하빌리스는 다른 종류의 두 발로 걷는 호모니드와 동시대에 같이 생활했다. 그러나 그 화석들이 대표하는 인류는 오스트랄로피테쿠스와 다르다는 사실이 1964년 발표되었는데 리키는 오스트랄로피테쿠스를 발견한 호주의 해부학자 레이먼드 다트와 협의하여 학명을 짓고 이름을 호모 하빌리스(Homo habilis)라 했다. 손을 쓸 줄 아는 사람, 도구를 사용하는 사람이라는 뜻이다.

이들은 약 233~140만 년 전 제4기 플라이스토세에 살았던 사람 속(屬) 화석인류로서, 약 200만 년 전 사하라 사막 이남에서 출현하여 약 50만 년간 생존했던 현생인류의 직계 조상 고리로 보고 있다. 호모 하빌리스라고 하는 이 화석인들의 뇌용량은 더욱 커졌는데 실제로 '오스트랄로피테쿠스' 뇌의 평균 용량이 440 cc이지만, 호모 하빌리스는 640 cc이었다. 또한 도구의 제작은 직립보행에 의한 손을 자유롭게 움직일 수 있다는 사실에 근거를 두고 있으며, 뇌의 크기는 인간의 진화를 특징짓는 경향이 바로 이들로부터 시작되었다는 것이 일반적인 견해이다. 호모 하빌리스가 남긴 석기 및 조야한 형태의 역기와 날카로운 조각을 통해 초기 인류의 행동양식에 대한 중요한 실마리를 얻을 수 있었으며, 따라서 호모 하빌리스는 호모 에렉투스와 그 뒤에 나타난 인류의 특질을 어느 정도 가지고 있었다. 이들이 남긴 조잡한 석기 유물만으로 이들이 어떤 삶을 영위했는지 자세히 알 수 없지만, **인류가 '어떤 목적의식'을 가지고 석기를 제작했다는 사실은 인류가 이미 생명을 넘어 다른 세상을 향해 걷기 시작했음을 시사하고 있었다.**

제2부. 인간은 생물이다.

생명은 '폐쇄된 영역' 내 '물질을 생성하고 소비하는 현상'의 정보이지만, 짐승의 고기를 자르기 위해 뗀석기를 이용하거나 짐승의 뼈를 깨어 골수를 먹기 위해 주먹도끼를 사용하는 행위는 '개방된 영역' 내 '어떤 목적의식'을 가지고 물질을 생산하는 행위이다. 이 인류의 '물질 생산행위'는 그 근원이 DNA 정보이지만, 어떤 동물에서도 흉내 낼 수 없는 인류만의 독특한 진화의 특징을 나타내고 있다. 지금까지 고인류학에서 인류의 진화에 관해서 생물학 영역 내의 문제만을 언급했지만, **샤르댕에게 있어서 인류의 진화과정은 생물학 영역뿐만 아니라 오늘날 우리가 정신이라는 비물질 정보의 출현과 그 정보의 축적과정으로 이해했다.** 인류가 '어떤 목적의식'을 가지고 석기를 제작했다는 사실은 호랑이나 사자처럼 같은 무리가 '어떤 목적의식'을 가지고 사슴을 사냥하는 행위와는 차원이 다르다. 호랑이나 사자 같은 목적의식은 거의 같은 행위로 나타나지만, 인류의 목적의식은 행위에서뿐만 아니라 그 흔적이 생명체 밖 물질로 남겨 놓았다는 사실이다. 이것은 인류가 획득한 석기 제작 정보가 DNA가 아닌 생명체 밖 석기에 정보가 저장되기 시작했다는 의미이다. 오늘날 우리들은 석기 제작 기법은 생물유전이 불가능하다는 사실을 잘 알고 있다. 오스트랄로피테쿠스가 남긴 조약돌, 호모 하빌리스가 남긴 뗀석기와 주먹도끼에는 그들의 생활상이 축적되어 있을뿐더러 느리긴 해도 석기의 발달 과정은 인류 정신의 진화 과정을 표현하고 있다. 수백만 년 전 출현한 호랑이와 사자의 목적의식은 그 행동 방식이 오늘날에도 거의 변함이 없다. 이것은 DNA에 프로그램된 행위인 의식의 표현일 뿐이다. 인류의 석기 제작 방식과 그 발달은 다른 동물에서는 볼 수 없는 독특한 현상으로서 우리는 그들이 남긴 석기를 통해 인류 진화의 과정을 계속 추적해 본다.

3) 호모 에렉투스(Homo erectus 直立 原人)의 출현과 진화

호모 에렉투스는 신생대 제 4기 홍적세에 살던 화석인류로 호모 사피엔스의 직계 조상으로 보고 있다. 약 160만 년 전~25만 년 전까지 아메리카 대륙을 제외하고 전 지구상에서 생활했다. 이들의 화석이 처음으로 발견된 곳은 1891년 네덜란드 해부학자 외젠 뒤부아(Eugene Dubois 1858~1940)에 의해 인도네시아 자바섬 트리닐에서 발견된 약 80~120만 년 전 최초 Hominid 화석이다. 우리들에게 잘 알려진 자바원인(原人 pithecanthropus - 곧 선 꼬리 없는 원숭이 인간)이다. 이후 1929년 샤르댕을 비롯해 중국의 고인류학자 배문중과 캐나다 고인류학자 데이비드슨 블랙 등이 북경 근교의 주구점(周口店 저우커우뎬) 석회석 동굴에서 약 30~50만 년 전 생활했던 인류의 화석을 발견했었다. 이들을 북경원인(北京原人 Sinanthropus pekinensis)이라 명명했는데 오늘날에는 자바 원인이나 북경원인을 모두 Homo erectus(직립원인)라 명명하고 있다. 이 화석들은 중일전쟁 기간인 1941년에 모두 분실되었으나 주구점에서 계속 화석이 발견되었으며 이후 1951년 중국 남전의 남전원인을 비롯해 중국의 다른 지역에서도 초기 호모 에렉투스 화석이 발견되었다. 제2차 세계대전이 끝날 무렵까

지 호모 에렉투스 화석이 아시아 대륙에서만 발견되자 학자들 사이에서 호모 에렉투스는 초기 인류의 아시아적인 형태라고 생각하게 되었다. 그러나 그뒤 1936년 아프리카 탄자니아의 올두바이의 아프리칸트로푸스, 1939년 인도의 나르마다, 인도네시아 상기란의 메간트로푸스, 남아프리카의 스와르트크란스, 마다가스카르 등에서 호모 에렉투스의 화석이 발견됨으로써 초기 인류의 전 세계적인 형태라고 생각하게 되었다.

호모 에렉투스 화석으로는 대퇴골 화석이 가장 많이 발견되었는데, 대퇴골의 구조가 현대인의 그것과 매우 비슷한 것으로 보아 이들은 온전한 직립 자세를 취했던 것이 분명하므로 호모 에렉투스 즉 '**곧 선 사람**'이라 명명했다. 호모 에렉투스의 두개골 평균 용적이 1,000 cc로서 호모 하빌리스의 두개골 평균 용적이 600 cc보다는 크고 현생 인류의 1,400 cc보다는 작다. 이들의 지능이나 정신연령은 현대인의 1세 혹은 영유아의 수준으로 주로 수렵 생활을 했으며 뼈와 근육의 발달에서 이들은 이전보다 몸집이 크고 힘이 센 동물을 사냥한 걸로 추정된다. 또한 도구 제작에서 직접 떼기와 간접 떼기를 할 수 있는 능력과 집단 사냥의 확산은 기호언어나 소수의 어휘 구성으로 언어의 발달을 가져왔을 가능성이 있다. 그러나 명확한 증거는 없다. 호모 에렉투스 문화의 다른 특징은 이들의 뼈와 함께 발견된 도구인데 도구는 인간이 물질적인 주변 환경을 조절하고 조작하는 주요수단이다. 쪼개진 자갈로 만들어진 역기(礫器

)가 저우커우뎬과 베르테슈죌뢰슈의 유적지에서 많이 발견되었는데, 두 지역 모두 이른바 역기 문화가 발달했던 곳이다. 호모 하빌리스에서 시작된 인류의 구석기 문화는 200만 년이 넘는 오랜 기간 동안 지속되었으며 호모 에렉투스에서부터 최초로 표준화된 도구 제작을 시작했는데 프랑스 북부 솜주의 생아슐(St, Acheul)에서 최초로 주먹도끼가 많이 발견되어 아슐리안(Acheulian) 주먹도끼라 명명되었다. 이후 아프리카 북서부의 테르니피네에서는 전혀 새로운 종류의 석기와 연관된 호모 에렉투스 화석이 발견되었는데 이 도구들은 초기 아슐리안 공작(工作)을 대표하는 양면 주먹도끼와 스크레이퍼로 이루어진 것이다. 이것은 유럽과 아프리카 각지에서 발견되는 위대한 아슐리안 주먹도끼 문화복합체의 일부이다.

가장 특징적인 아슐리안 도구는 주먹도끼[兩面核石器]와 가로날[橫刀]도끼이다. 주먹도끼 제작기법은 100만여 년 동안 상당한 발전을 이룩했는데 인류학자들은 서로 다른 숫자나 이름을 붙여 각각의 석기 제작기법 발전단계를 구분하고 있다. 초기 아슐리안의 도구 유형들은 특히 유럽에서 아베빌리안이라고 부르며, 최후 아슐리안 단계는 미코키안이라고 부른다. 1970년대 초기만 해도 아슐리안 공작은 아프리카·유럽·중동에서 발견되었으며, 아시아에서는 콜카타에서까지만 발견되었었다. 중국 대륙을 비롯해 극동지방은 아슐리안 주먹도끼가 발견되지 않았으며 '찍개 문화'라는 석기 제작이 특징이었다. 아슐리안 주먹도끼가 오늘날 멕가이버칼처럼 주먹도끼 하나로 찌르고, 뚫고, 자르고, 벗겨내고, 흙을 파는 다용도로 사용한 반면에 '찍개 문화'에서는 각 용도마다 석기를 제작해서 사용했기 때문에 1948년 하버드대학 고고학 교수 '모비우스(H.L.Movius)는 예부터 서양인은 문명화된 종족이고 극동 아시아 민족은 열등한 민족이라는 의미에서 '아슐리안 문화'와 '찍개 문화'라는 두 석기문화로 구분했었다. 1977년 1월 미군 제2사단 소속 그렉 보웬(Greg Bowen) 하사가 한탄강 유역에서 아슐리안 주먹도끼를 발견함으로써 모비우스의 학설은 설 자리가 없어졌다. 이후 서울대학교 고고학 교수 고 김원룡 박사에 의해 연천 전곡리 일대의 수차례 발굴과정을 거쳐 3,000여 점의 석기를 발견했으며 선사유적지 사적 제208호로 지정되어 있다. 오늘날에는 중국 대륙 곳곳에서 아슐리안 주먹도끼가 발견되고 있으며 무엇보다도 아프리카 북서부의 테르니피네에서 발견된 초기 아슐리안 공작(工作)을 대표하는 양면 주먹도끼와 스크레이퍼와 거의 같은 양식을 갖고 있어, 문화의 전파인가? 아니면 동시성 문화의 발생인가? 하는 문제에 직면하고 있다. 이 문제는 인류의 출현이 아프리카 단일 기원이냐? 동시다발 기원이냐? 하는 고인류학이 안고 있는 풀어야 할 어려운 문제 중의 하나이다.

1891년 네덜란드 해부학자 외젠 뒤부아가 자바 트리닐에서 80~120만 년 전 생활했던 자바원인(原人 pithecanthropus erectus)을 발견한 이래 아시아, 아프리카, 유럽 곳곳에서 호모 에렉투스의 화석이 발견되었는데 특히 1929년 북경 근교 주구점(周口店 저우커우뗀)에서 샤르댕을 비롯해 데이비드슨 블랙, 배문중 등이 발굴한 북경원인은 약 30~50만 년 전 석회석 동굴에서 집단생활을 했으며 인류 최초로 불을 사용한 화덕을 남겨 놓았다. 오늘날에는 인류가 불을 이용하기 시작한 시기를 약 100만 년 전이라고 보고 있는데 처음에는 번갯불이나 화산에 의한 자연 불을 이용하였으리라 보고 있다. 그러나 북경원인의 화덕 불은 그들이 직접 발화했는지 알 수 없지만, 적어도 불의 중요성을 인식하여 불을 보존함으로써 필요할 때 필요한 장소에서 불을 사용했을 가능성을 보이고 있다. 인류가 불을 이용함으로써 호랑이나 사자를 대신하여 먹이사슬 최상위에 오르기 시작했으며, 보다 추운 지역으로 삶의 영역을 넓히기도 했다. 또한 불에 구운 음식은 맛이 좋아졌을뿐더러 살균작용과 부드러운 음식은 인류의 건강을 증진하였다. 호모 에렉투스에서 불을 통해 얻는 삶의 가장 큰 변화는 가족(씨족) 중심이기는 하지만, 사회성으로 나아가는 인류 최초 문화의 흔적이었다. 따라서 발견된 인류 최초 화덕은 인류의 공동 생활이라는 상징적 유물이었으며 인류의 사회형성에는 언어를 통한 정보의 전달, 공유가 필수이기 때문에 고인류학자들은 '호모 에렉투스'에서부터 본격적인 언어가 출현했을 것으로 보고 있다.

프랑스 생물학자 '라마르크'는 그의 저서 '동물철학'(1809)에서 '생물의 복잡성은 의식의 복잡성'으로 이어지는 생물의 진화 패턴에서 그 정보가 DNA에 저장되어 후손으로 이어졌다. DNA는 암호이긴 하지만, 어디까지나 '공간을 갖는 물질 정보'로서 정보의 발생, 저장, 전달이 물질을 통해서만 출현한다. 따라서 생물진화에서는 DNA 순서가 바뀌거나(소진화) 길이가 길어지는(대진화) 진화 패턴을 나타낸다. 그러나 유인원에서 '오스트랄로피테쿠스' – '호모 하빌리스' – '호모 에렉투스'로 이어지는 인류의 진화 패턴에는 생물진화에서 볼 수 없는 새로운 진화 양상이 나타나기 시작했다. 물론 인류의 진화과정도 현생 인류가 출현하기 전까지 생물진화 패턴을 따랐지만, **그들이 남긴 석기를 통해 즉 역기(礫器) – 뗀석기 – 찍개 – 아슐리안 주먹도끼로 이어지는 '어떤 목적의식'을 가지고 제작된 석기들은 DNA로 전달될 수 있는 정보가 아니었다. 호모 에렉투스에 이어 출현한 호모 사피엔스에는 이 정보가 DNA 정보가 아님을 뚜렷하게 보여주고 있다.**

4) 호모 사피엔스(Homo sapiens '슬기 사람')의 출현과 진화

　(1) 네안데르탈인(Neanderthals/Neandertals)

　호모 에렉투스와 동시대에 호모 사피엔스라는 새로운 인류가 출현했는데 그 대표적인 인류가 네안데르탈인이다. 네안데르탈인은 후기 홍적세에 유럽 대부분의 지역과 지중해 연안에 살던 원시 인류를 말하는데 네안데르탈인이라는 이름은 이 화석이 1856년 독일의 뒤셀도르프에서 그리 멀지 않은 네안더 계곡의 한 동굴에서 발견된 데 따른다. 이후 1921년에 지금의 잠비아 카브웨에 있는 브

로컨힐에서 발견된 거의 완벽한 상태의 두개골과 여러 개의 후두골은 가장 오래된 호모 사피엔스 화석 중 하나이다. 무거운 두개골은 네안데르탈인과 비슷했지만 뇌 용적과 사지 뼈는 현생 인류의 것과 거의 같았다. 이 화석은 약 18~26만 년 전의 것으로 추정되었고, 오랫동안 로디지아인(人)으로 불렸으나 일반적으로 호모 사피엔스 로데시엔시스로 분류된다. 카브웨에서 발견된 것과 비슷한 유형의 화석이 1935년 남아프리카 공화국의 케이프타운 북쪽에 있는 호프필드에서 발견되었는데, 이 화석은 약 40만 년 전의 것으로 추정되었다. 1967년 에티오피아 남부에 있는 오모 강 유역을 탐사하는 과정에서 오모 Ⅰ·Ⅱ로 알려진 2곳의 유적지에서 2개의 두개골과 많은 사지 뼈를 찾아냈다. 오모 Ⅱ에서 나온 두개골은 아주 완벽한 형태로서 아프리카의 초기 호모 사피엔스로 간주되었다.

1~7만 년 전에 있었던 유럽의 마지막 빙기인 뷔름기는 완전한 모양을 갖춘 네안데르탈인 골격이 가장 많이 발견되는 시기이기도 하다. 이런 화석을 통해 네안데르탈인의 생김새나 습성에 대해 어느 정도 알 수 있게 되었다. 이들은 작은 키에 비만하고 단단한 체격을 갖고 있었다. 두개골 부분은 길고 낮았으며 뒷부분이 넓고 납작했다. 눈두덩이가 상당히 발달되어 융기해 있고 이빨은 크고 턱뼈는 작았다. 가슴이 넓었으며 대퇴골과 전박 골격은 조금 휘어 있었다. 손발이 크고 팔다리가 두터운 편이었던 네안데르탈인은 현대인처럼 두 다리로 걸었다. 네안데르탈인은 가끔 야외에 살 곳을 마

련하기도 했지만 주로 동굴에서 살았다. 동굴 입구는 돌로 막아서 좁게 만든 경우가 많았으며, 바위로 만든 거주지도 이런 식으로 고친 흔적이 보인다. 불을 사용했으며, 염소, 작은 사슴 등과 같은 작거나 중간 크기의 동물을 사냥했고 큰 육식 동물의 주검에서 먹이를 얻기도 했다. 다양한 형태의 석기와 나무창을 만들어 썼다. 네안데르탈인은 사람이 죽으면 각각 또는 집단적으로 땅에 묻었다. 식인풍습이 짐작되는 증거가 다소 발견되었다. 때때로 사람의 뼈와 함께 동물 뼈도 발견되는데 이들 동물을 의례적으로 다룬 흔적으로 보아 원시적인 형태로나마 이들에게 종교가 있었던 것을 짐작할 수 있다.

네안데르탈인이 분류학상 어디에 속하는지는 아직도 논란이 되고 있다. 처음에는 별개의 한 종(種)으로 분류(Homo neanderthalensis)했으나 나중에는 호모 사피엔스의 아종인 호모 사피엔스 네안데르탈렌시스(Homo sapiens neanderthalensis)로 여겨지게 되었다. 그러나 일부 학자들은 처음 분류가 사실에 더 가깝다고 여기고 있다. 인류의 진화에서 네안데르탈인이 차지하는 위치 또한 뚜렷하게 밝혀지지 않았다. 아마도 그들이 흩어져 살고 있던 곳들 가운데 어떤 곳에서는 현생 인류로 흡수되었고, 또 어떤 곳에서는 그냥 절멸한 것으로 보인다. 또한 1983년, 이스라엘 케바라동굴에서 현대인의 것과 거의 비슷한 네안데르탈인의 설골(Hyoid Bone) – 혀의 근육조직과 후두를 연결해 주는 부분이 발견되면서 네안데르탈인도 언어를 가졌을 가능성을 인정하고 있다. 네안데르탈인의 화석은 유럽, 아프리카, 중동 일부 지역에서만 발굴되며 아시아 대륙에서는 발견되지 않는다. 따라서 이들이 현생 인류의 직계 조상이 아니라 멸종된 사촌으로 보고 있다.

(2) 크로마뇽인(Cro-Magnons)

크로마뇽인은 해부학적으로 호모 사피엔스에 속하는 후기 구석기(3만 5,000~1만 년 전)의 인류이다. 크로마뇽인의 화석은 1868년에 남프랑스의 도르도뉴에 있는 크로마뇽의 한 동굴에서 처음 발견되었다. 이 동굴을 조사한 사람은 프랑스의 고인류학자 루이 라르테(Louis Lartet 1840~1899)였는데, 5개 지층 중 제일 위의 지층에서 발견된 1~3만 5,000년 전의 화석인에게 크로마뇽인이라는 이름이 붙여졌다. 크로마뇽인은 건장하고 힘이 세며, 키는 166~171 cm였을 것으로 추정된다. 이들의 골격은 일반적으로 단단하고 무겁다. 이마는 곧고 바르며 이마뼈는 얇은 편이다. 두개골이 길고 좁은 대신에 얼굴은 짧고 넓적하다. 뇌 용적은 약 1,600 cc로서 현대인의 평균 뇌 용적보다 더 크다. 크로마뇽인은 판단의 기준이 될 만한 화석이 거의 남아 있지 않기 때문에 그 이상의 신체적인 특징을 놓고 어떤 평가를 하기는 어렵다. 다만 이들은 다른 초기 인류보다 키가 컸을 것으로 여겨지며, 근육도 강했을 것으로 보인다. 크로마뇽인이 인류의 진화과정에서 정확히 어디에 속하는지는 명확하지 않다.

일반적으로는 블레이드, 스크레이퍼, 엔드 스크레이퍼, 발화구(發火具)로 쓰인 도구, 정교한 골각기 등 다양한 도구들로 대표되는 오리나시안 문화와 연관된다. 이들은 또한 짐승의 가죽을 부드럽게 하는 긁개도 만들었던 것 같다. 일부 크로마뇽인은 유배석도(有背石刀)를 만들었던 그라베티안(古페리고르디안) 공작과도 관련이 있다. 암벽에 기대어 지은 달개집이나 완전히 돌로 지은 원시적인 형태의 오두막도 발견되지만, 이들의 거주지는 대부분이 돌출부가 있는 동굴이나 얕은 동굴이었다. 암굴 주거지는 1년 내내 사용되었다. 크로마뇽인은 새로운 주거지를 찾아야 할 때나 환경의 변화로 인해 이동해야 할 때를 제외하고는 한곳에 정착해 살았다. 네안데르탈인과 마찬가지로 크로마뇽인도 시체를 매장했으며 최초로 예술을 시작한 인류는 바로 이들이었다. 크로마뇽인들은 인간만이 아니라 동물들의 모습을 새기거나 조각상을 만들었다. 이들의 예술품에 나타나는 인간은 주로 가슴이 크고 엉덩이가 넓은, 임신한 듯이 보이는 여자인 것으로 보아 이 모델들은 모두 다산(多産)과 관련이 있는 것 같다. 프랑스와 스페인에 있는 크로마뇽인의 동굴에서 발견된 동물의 그림은 매우 아름답다. 이 그림들은 크로마뇽인들에게 주술적이고 제의적인 의미를 가졌다. 높은 예술적 수준으로 볼 때 크로마뇽인은 원시적인 아마추어가 아니라 다양한 예술적 매개와 형식을 실험했던 것이 분명하다. 정교하게 장식된 도구와 무기를 보면 이들이 종교적인 이유에서만이 아니라 미학적인 목적에 예술을 활용했음을 알 수 있다. 크로마뇽인이 얼마나 오랫동안 지속됐는지,

또 그들에게 어떤 일이 생겼는지는 정확히 알 수 없다. 아마도 이들은 나중에 유럽에서 살게 된 어떤 현생인류 집단에 흡수되었을 것이다. 중석기 시대(BC 8000~5000년)와 신석기 시대(BC 5000~2000년)에 살았던 크로마뇽인의 특징을 일부 가지고 있는 원시인의 화석(흔히 크로마노이드로 불림)이 발견되었다.

(3) 아시아와 오스트렐리아의 호모 사피엔스

아시아와 오스트렐리아의 호모 사피엔스 네안데르탈인과 크로마뇽인은 유럽과 서아시아에서 주로 발견되는 화석인류이지만, 동아시아와 오스트렐리아에서도 초기의 호모 사피엔스 화석이 다수 발견되었다. 전체적으로 이들은 호모 에렉투스에 속하는 지역 집단의 후손이지만, 일부 학자들은 이들을 후에 그 지역에 살게 된 인류의 직접적인 조상으로 여긴다. 아시아의 초기 호모 사피엔스 화석은 중국에서만 발견되었다. 중국 랴오닝 성[遼寧省] 진뉴 산[金牛山]에서 발견된 꽤 완벽한 상태의 골격과, 산시 성[陝西省] 다리[大荔]에서 발견된 두개골은 중기 홍적세 말의 것이다. 두 화석 가운데 더 오래된 다리의 두개골은 30세가 안 되는 젊은 남자의 것으로 밝혀졌다. 이 두개골과 유사한 특성들이 진뉴 산에서 발견된 여자의 두개골(몸체의 골격도 함께 발견됨)에서도 나타난다. 이 화석들은 약 10~20만 년 전의 것이다. 광둥 성[廣東省]의 마바[馬垻] 유적지에서는 여자의 두개골 파편이, 다른 몇 곳의 유적지에서는 이빨 화석이 나왔다. 후기 홍적세 초의 호모 사피엔스 화석들은 이보다 더 파편화되어 있으며,

중기 홍적세 화석과 가장 큰 관련이 있는 화석은 저우커우뎬, 류장강[柳江]과 라이빈[來賓]: 광시[廣西], 쯔양[資陽]: 쓰촨[四川] 등에서 발견된 것들이다. 자바 동부의 응간동에서 발견된 흔히 솔로인으로 불리는 초기 호모 사피엔스 화석은 자바 중부의 삼붕마찬 유적지에서 발견된 두개골과 같은 이행기 표본 등을 통해 훨씬 오래된 인도네시아의 호모 에렉투스 조상과 분명하게 연결된다. 오스트렐리아에서 발견된 화석들의 상대적인 순서는 분명히 밝혀졌지만 각 화석의 정확한 연대는 아직 알아내지 못했다. 트리닐의 솔로강 유역에서 발견된 삼붕마찬 두개골은 중기 홍적세의 것이다. 나중에 응간동에서 중기 또는 후기 홍적세초의 정강이뼈와 얼굴 부분이 없는 두개골이 발견되었고, 그 근처에서 다른 화석들이 발견되었다. 솔로인의 유골이 의도적으로 매장된 것도 아니고 다른 고고학적인 관련성도 없지만 이들의 행동에 관해서 얼마간 추론하는 것은 가능하다. 두개골에 난 상처를 치료한 흔적이 있는데, 남자들의 두개골보다 여자들의 두개골에서 상처가 더 많이 발견되었다. 얼굴이 없는 두개골이 한데 모아져 있는 것을 놓고 이것들이 그릇으로 쓰였다고 추정할 수 있다. 그러나 신체의 특정 부위가 제한된 수효로 발견되는 것이 죽은 자를 제의적으로 취급했기 때문인지의 여부는 확실하지 않다. 인도네시아의 자바인이 어디에선가 큰 바다를 건너 오스트렐리아 최초의 인구집단이 된 현생 호모 사피엔스와 관련이 있음은 의심할 여지가 없다. 이러한 연관성은 오스트렐리아 뉴사우스웨일스의 윌런드라 호(湖) 주변에서 발견된 3만 년 이상 된 두개골에서 확실히 나타난다. 이 남자의 화석은 두개골의 크기와 각 부위의 비율 면에서 응간동의 남자 화석과 유사하다.

(4) 아프리카의 호모 사피엔스

더 많은 화석들이 발견되고 연대 측정법이 더욱 정교해짐에 따라 사하라 사막 이남에서 발견된 40만 년 이상 된 화석들의 연대를 확정짓는 일이 가능해졌다. 연대학적으로 호모 사피엔스는 초기 원시 호모 사피엔스, 후기 원시 호모 사피엔스, 현생 호모 사피엔스 등 모두 3가지로 분류된다. 첫 번째 유형은 약 20~40만 년 전의 인류로서 카브웨인과 호프필드의 화석으로 대표된다. 약 10~20만 년 전의 인류인 2번째 유형은 오모 Ⅱ와 LH 18 두개골로 대표된다. 해부학상 현대적인 인류로 진화하는 과정은 오모 Ⅰ과 보더 동굴 표본을 통해서 관찰할 수 있다. 북아프리카의 화석 기록은 명확하지 못하기 때문에 사하라 사막 이남의 화석과 이 지역의 화석 간의 연관성을 명확히 밝히기는 매우 어렵다. 호모 사피엔스의 중심지와 현생 인류의 기원지로는 아프리카가 꼽힌다. 아프리카 이외의 지역에서 나타나는 원시인류와 현생 인류 간의 화석상의 불연속성 및 나중에 이 지역들에서 현생 인류가 출현했던 사실은 아프리카가 현생 인류의 유일한 발상지라는 추측을 가능하게 한다. 아프리카와 중동과 유럽에서는 현생 인류가 네안데르탈인을 대신하게 되었다. 그러나 이 과정 중에 이들 집단 간에 뒤섞임이 일어났을 가능성도 있다. 중동에서의 화석 기록은 분명하지 않으나 아프리카에서 중동으로 현생 인류가 이동해갔을 수도 있다. 현생 인류가 지구 곳곳으로 퍼져갈 때 어떤 지역에 국한된 원시 개체군과 퍼져 나가는 현생 개체군 사이에 일어났던 유전자 확산의 정도에 대해서는 많은 연구가 필요하지만, 분자생물학적인 연구 결과는 현생 인류가 아프리카에서 비롯되었다는 주장을 지지하고 있다.

5) 호모 사피엔스 사피엔스 - 현생인류의 출현과 진화

Australopithecus Africanus에서 현생인류가 출현하기까지 약 7屬 20種의 인류가 출현했다 멸종했는데 약 3만 년 전만해도 지구상에는 6種 이상의 인류가 살고 있었다. 프랑스의 크로마뇽인, 유럽과 서아시아의 네안데르탈인, 오늘날 고인류학에서 '호모 에렉투스'로 분류되는 동아시아의 북경원인, 인도네시아 자바섬의 솔로엔시스, 알타이 산맥의 데니소바인, 폴로렌스 제도의 난쟁이 등이다.

① 네안데르탈(Neanderthal)人
- 1856년 독일 뒤셀도르프 네안더 계곡
- 10만~3만 5천 년 전, 북유럽, 지중해 연안, 중동, 북아프리카, 서아시아
- 사냥, 동굴생활, 매장풍습, 종교흔적, 석기, 나무창

② 크로마뇽(Cro-Magnon)人
- 1868년 프랑스 지질학자 **루이 라르테**

새로운 인류의 출현

- 프랑스 남부 도르도뉴 크로마뇽 동굴에서 발굴
- 3만 5천~1만 년 전, 후기 구석기시대인
- 동굴생활, 예술활동(라스코, 알타미라 등), 시신매장, 원시종교의 출현

③ 데니소바(Denisovan)人
- 2008년 7월 알타이 산맥 데니소바 동굴
- 4만1천 년 전의 손가락뼈, 어금니 화석 발견
- 8만 년~4만 년 정까지 시베리아, 우랄 알타이 산맥, 동남아시아에 거주

④ 호모 솔로엔시스(Homo erectus soloensis)
- 1931년 독일 해부학자 구스타프, 자바 섬 솔로 강변에서 화석 발견
- 10만 년~2만 년 전, 피테칸트로푸스 에렉투스(자바원인)의 후손
- 호주원주민(애보리진) 및 동남아시아 원주민의 조상

⑤ 플로레스 제도 난쟁이(Homo ploresiensis)
- 자바 섬과 동티모르 사이 소순다 열도 플로레스 섬
- 1만 8천 년 전에 존재했던 키 1 m 정도의 종족
- 호빗족으로도 불리며 그 후손이 현재도 살아 있다.

제2부. 인간은 생물이다.

⑥ 북경원인(北京原人) Sinanthropus pekinensis(Homo erectus 직립원인)
　· 동북 아시아, 폴리네시아, 인디언의 선조

현생인류는 약 20만 년 전 아프리카 기원 단일 종족인지, 여러 인종의 교류에 의한 동시 다발기원인지 아직은 명확히 알 수 없지만, 유인원(類人猿)에서 시작된 인류의 진화는 직립보행을 통해 언어의 출현과 자유로운 두 손으로 도구를 제작함으로써 '개방된 영역'에서 '물질을 생산하고 소비하는' 문화, 문명을 출현시켰다. 뇌의 용량은 400 cc에서 1,450 cc로 확대 진화했으며 DNA 염기서열은 모든 인류가 공통으로 약 30억 개가 나열되어 있다. Australopithecus Africanus에서 현생인류가 출현하기까지 약 7屬 20種의 인류가 출현했다 멸종했는데 인류의 진화는 단선적인 진화가 아니라 이들 모든 인류의 정보가 교류 축적된 DNA으로서 직립보행, 언어의 출현, 뇌의 진화는 공통된 진화 패턴이었다. 오늘날 침팬지와는 DNA가 겨우 1.6% 차이에 이 인류의 진화과정이 있었으며 이 차이에 인류의 문화, 문명이 있다.

'떼이야르 드 샤르댕'은 인류의 문화, 문명의 출현은 바로 지구상에 현생 인류가 출현하자 DNA에 의한 생물의 진화는 끝나고 새로운 정보의 출현이라고 인식했다. 바로 인류의 정신출현이다. 생명현상에서 '살아있다.'는 의미는 생물이라는 '폐쇄된 영역'에서 '물질을 생성하고 소비하는 현상'이지만, 문화, 문명은 '개방된 영역'에서 '물질을 생성하고 소비하는 현상'으로서 그 정보가 '공간을 갖는' 물질이나 생명 정보가 아니라 '공간을 갖지 않은' 정보이다. 이 정보는 물질화함으로써 정보의 축적과 연속성을 갖는데 문화는 '물질의 정보화 현상'이며 문명은 '정보의 물질화 현상'이다. Australopithecus에서 시작된 역기(礫器) – 뗀석기 – 찍개 – 아슐리안 주먹도끼로 이어지는 구석기 문화의 변화는 생물진화에 없는 인류의 새로운 진화 양상이다. '생물의 복잡성이 의식의 복잡성'으로 이어지는 라마르크의 생물의 진화가 현생 인류에게 와서 완전히 끝나고 인간에 의해 물질의 정신화가 시작되었다.

물질은 물질과 정보가 분리되어 있지 않아 물질의 연속성이 불가능했지만, 생명은 물질과 정보를 분리 함으로써 물질의 연속성과 정보의 인식을 통해 축적이 가능해져 약 7~10억 년 전 사이 선캄브리아기부터 생물은 DNA 변이를 통해 생물의 분화 진화가 가능했다. 생물의 분화 진화는 우주 정보의 물질 정보가 DNA화 함으로써 생명권 공진화의 정점에서 출현한 인간 개체가 하나의 생명권이다. 인간 DNA 약 30억 개 염기서열은 약 40억 년간 축적된 생명 정보이며 나아가 138억 년 전 빅뱅 이래 축적된 우주 정보이다. 유리창 너머 자연이, 더 멀리 우주의 세상이 인간 내면이라는 의미이다. **결국 인간은 무엇이 없어서 무엇을 받아들이는 존재가 아니라 있어서 발현하는 존재이다.** 2000년 6월, 세계 18개국의 연구진이 참여한 **인간게놈프로젝트사업단**(Human Genom Project: HGP)과 민간기업인 **셀레라 제노믹스**(Celera Genomics)가 인간 유전자 지도의 초안 작성을 완료했다. 이 프로젝트는 1990년 미국 에너지부와 보건부에서 약 30억 달러 예산으로 발족시켜 15년간 완료를 목표로 계획되었다. 그러나 실제로는 예상보다 2년 정도 빠른 2000년에 게놈의 밑그림 염기배열(Draft)이 완성되었으며, 이후 지속적인 보강연구를 함으로써 2003년 4월 14일에 정확도 99.99%인 완성된 '드래프트'가 공개되었다. 게놈(Genom)은 유전자(Gene)와 염색체(Chromosome)의 합성어로 유전물질인 **디옥시리보 핵산(DNA)**을 뜻한다. 인간의 DNA는 4종의 염기 암호(A-T-G-C)가 약 30억 개 배열되어 있는데, 이 배열 순서가 규명된 것이다. 그러나 30억 개 가운데 어느 부분이 유전자인가를 알아냈을 뿐(염기 4개의 암호 중 3개가 1개의 아미노산을 지칭한다.) 그 유전자 정보가 무슨 뜻인지 알고 있는 것은 겨우 10% 정도이고 나머지 90% 이상은 아직도 무의식 세계이다. 오늘날 문화, 문명은 바로 이 10%의 정신화 수준이다. 만약 90% 무의식의 세계가 모두 정신화했을 때 세상은 어떤 세상이 되는지 상상도 못한다.

음간는 생물이 아니다.

제3부

제3부

인간은 생물이 아니다.

1. 인간의 형상

약 138억 년 전 태초에 조물주에서 우주복음자리 행성, 아주얼 행성에 인간의 영원이 시작되었다. 영어로 '인간'을 뜻하는 말씀의 영원은 헬라어 logos(로고스)에 근거하고 있다. 즉 생명을 갖고 있으며 BC 6세기 그리스 사상가들 헤라클레이토스는 이 생명의 영원 logos를 말씀의 영원으로 보았다. 그 자체가 생명이며 생명체가 생명과 함께 태어나 움직이지 않을 때에 움직이며 사라지지도 않고 완전한 사명의 기능을 한다. 그러나 말씀의 영원과 정보(담배질)가 분리된(담배질)이 말해의 사상자도 정보(DNA)를 통해 생명이 영원성등 이어진다. 즉 말해의 사상자 다시에 그 자식이 피고 자라고 다시가 되어 다음 세대로 대물림 한다. 수기 오직 정보가 표정이 가능한 사상자가 계산이 대응으로 다른 산물들을 움직이며 표정이 꿈 속에 2 가지에 개념이다.

제3장. 인간은 생명이 아니다.

생명에서 '같아진다.'는 의미는 생명이라는 '개체된 몸', 내에서 사물들을 생성하고 지배하는 생명이 자신에게로 서로 끊임없이 결합하여 하나로 되는 것이다. 생명의 사물들은 사로잡혀 생명 안에 결합되어 있어 따로 떼어질 수 없으며 그래서 다른 상태로 된다. 라마르크에 의하면 생명체들은 무기물의 물체들과 본질적으로 질적으로 구별될 수 있지만, 동일한 생명 시스템이 필연적으로 유지하는데 배경에 대하여 생성하여야 할 생명들은 다른 종류로 바뀌지 않고 정해진 본능이 표명되었지 생명하지 아니한다. 라마르크(Lamarck 1744~1829)는 그의 저서 '동물철학'(1809)에서 '생명은 개체된 몸이 시스템을 유지하였다. 일정이 표명이 생명하지 않지는 시스템에 개체된 몸이 아니면 야 개체가 개별된 생명 하는다. 그에게 있어서, 생명이라는 개체되 사상을 양지 않고 공장이 공장하고 공장하는

4 A.T.G.C 생명은 간단한 2가지만으로 모두 정보를 저장하지만, 모든 생명이 질서와 정향으로 개체하고 있다.

물질의 생성과 개체 조정 등 의미한다. 이 정보 공통체에서 유가 생명이 공통된의 생명이 다른 종이 확장이 아니라 장기 내에서 유가생명이 공통된 물체로 다른 공재한다. 그러나 오늘 우리는 생명을 유기물들이 만들어진 때문에 종(種)이 확장이었으며 그 생명을 그 사용하는 생명에 동용(末離), 인간에 가간(末離), 동용(末離)을 사용하는 생명들이 이해하지 공통하지 있다. 그리고 공통의 장정이 이들 상당이를 사계내려 승가하나의 생명이 모두 장이 양지 않고 공장이 온 장 장부라 사계에서 장이상을 사상하는 수 있다는 자신의 공장이 있을 공분

생육에서 꽃가지가 자라고 뿌리의 굵기 같이 굵어지는 다른 생육이 담배처럼 종류가 다르기 때문인지 아니지 아니지는 생육이 담배처럼 민들레이다. 아니지가 접붙이기 접목하여 밖의 담배가 접붙이기에 중요한 역할을 하고 가치가 있을 때, '종'의 분열이 마치 땅덩어리에 따라 나뉘는 것처럼 아니지 종 아래 소분류에 따라 민들레이도 따라 그들이 자연의 접붙여지기 위용되기 위한 자연의 파생적 가지이다.

과정에서 생물의 진화는 아지 정도의 종류에 좋게이 있다. 이는 종이 떨어진다는 데 다른 것이 있다. 마치 동이 자기이다, 사는 유기 정통하는 자연이 다르지 않지만, 세상을 바라보는 인간 시계열 생각이 수가의 경험이 '동'이라는, 를. 드는 건강이 상쇄된 공에 진화된 아무리 이유가 없다. 생물에 가 생존을 위하여 이 과정을 진화라고 한다고 하여도, 인간 아내라 탄생이 이 과정을 생물의 오류와 동위로 일기가 되기도 했다. 생물이 추어 사용이 되었다. 매이로 아내는 표리로 태도의 아아리기가 아내 마다 생산될 질 털이 기계적인이 표현 여 30여 년 것 아내마이 영도 일부 지수 생산들도 되고 볼아가다. 그러나 변주지도 가이 배제가 없고 등 터지유동도 생안가고 있다.

그들에게 유성장이 교정이나 진화하는 과정이 많기 때문에 온 배 야 35년 것이 동변한 아내는 이슬곤충은 배수영으로세, 는 지구(숙수)활경에 차용하는 생존경력의 영통으로 인정하지 된 이런 동정이 인지하지 못하는 것이 의미한다. 우리들의 생물에 지 말의 세상들이 분간하고 못하는 의미이다. 이지금 생물에서 생물의 종이 분간하고 못하고 세상의 생산되지 지해서는 우선적으로 단백질의 구조 변화가 일어나야 한다. 단백질의 구조 변화는 바로 외부 환경에 의해 결정되기 때문에 생물은 무기질 우주 질서의 단백질 표현이라 말할 수 있다. 아미노산과 아미노산이 결합하여 단백질을 만들 때 아미노산마다 특정 효소가 꼭 필요한데, 오늘날 분자생물학자들은 이들 특정 효소의 연결 고리가 RNA로 진화했고 이후 단백질을 만드는 정보만 저장할 수 있는 DNA가 출현했을 것으로 보고 있다. 아직 우리는 이 과정을 정확히 알 수 없지만, 생물은 A-T-G-C 4개의 염기 암호를 통해 변화하는 지구(우주)환경을 단백질로 표현한 물질이다. 모든 동식물의 염기 암호는 A-T-G-C로서 생명은 하나, 생물은 여럿이다. 따라서 생물에서 진화는 여럿의 생명 정보가 하나로 수렴되는 과정이었다.

약 40억 년 전 무기질의 화학적 진화에 의해 유기질이 출현했고 한 번 출현한 생명은 바다와 육지를 뒤덮어 지권(地圈)과 수권(水圈) 위에 생명권(生命圈)을 형성하였다. 생물은 이 새로운 환경에 적응하기 위해 – 새로운 환경의 새로운 단백질 표현을 위해 – A-T-G-C 염기 암호의 순서가 바뀌거나 암호의 길이가 길어짐으로써 새로운 種을 출현시켰다. 이 種은 지나온 생명 정보 위에 생명권을 포함하는 지구(우주)환경 정보의 새로운 단백질 표현의 축적으로서, 결국 생물의 진화는 '물질 양의 변화에 따른 물질의 질적 변화법칙'에 따라 의식 정보의 축적이다. 특히 생물의 분화진화에서 '질적 변화'는 암호를 이용한 정보의 축적이었다. 그러나 모든 생물이 진화를 한 것은 아니었다. 생물은 생물을 먹어야 생존(성장, 번식, 진화)이 가능하기 때문에 진화를 하지 못한 생물은 '먹이사슬'의 넓은 하부구조를 형성하고 상부구조가 좁은 피라미드형을 형성함으로써 생물은 치열한 생존경쟁이 아니라 땀흘리는 노동이 필요했다. 따라서 생명권 전체가 공진화가 가능했다. 공진화의 정점에서 출현한 인류는 개체가 하나의 생명권이다. 빅뱅이래 전체가 여럿으로 분화되고 다시 생명에서 DNA라는 정보, 여럿이 하나로 수렴되는 진화였다. 그러나 DNA 정보 자체가 물질 정보이기 때문에 인류는 언어를 통해 다시 DNA 정보를 정신정보로 전환하기 시작하였다. 샤르댕은 지구상에 인류가 출현하자 DNA에 의한 생물의 진화가 끝나고 언어에 의한 새로운 정신정보의 시대가 도래했다고 보고 있다.

인류는 척색동물門 원조로 알려진 피카이아(Pikaia)나 해구어(海丘魚)에서(5억 3천만 년 전후 캄브리아기 초기 화석으로서 오늘날 거머리 비슷한 동물인데 실제로 거머리는 환형동물 門이다.) 어류 – 양서류 – 파충류 – 포유류를 거쳐 영장류에서 인류가 출현하였다. 약 1천만 년 전 일단의 '꼬리 없는 원숭이'들 중에 너클 보행을 거쳐 직립보행을 하기 시작한 원인(猿人)은 자유로운 두 손으로 도구를 제작하기 시작했으며, 언어의 출현과 뇌의 진화를 통해 개념과 관념을 공유할 수 있는 능력을 획득하였다. 침팬지는 너클 보행을 함으로써 뇌와 척추가 구부러져 성대가 좁아 5~6가지 소리밖에 낼 수 없어 언어로의 진화가 불가능했다. 반면 인류는 직립보행을 함으로써 뇌와 척추가 일직선상에 놓여 성대가 넓어 20~25가지 이상의 소리를 낼 수 있어 언어로의 진화가 가능했다. 언어는 공기의 진동, 소리이기 때문에 자체가 '공간을 갖지 않은 정보'이며, '공간을 갖지 않은 정보의 전달체'이며, '공간을 갖지 않은 정보의 저장체'로서 인류에게 언어의 출현은 '공간을 갖는 물질 정보' 단백질에 의한 생물의 세계를 전혀 다른 세상으로 바꾸기 시작했다. 언어 자체가 흔적이 없는 소리이기 때문에 언어의 진화과정을 알 수 없지만, 그러나 언어 자체가 어떤 정보이기 때문에 인간 삶에 영향을 주어 그 흔적이 남아 있다.

약 180만 년 전 아프리카에서 출현한 호모 하빌리스(Homo habilis)는 역기(礫器: 큰 돌을 위에서 떨어뜨려 만든 조약돌)와 뗀석기(큰 돌을 다른 돌로 내리쳐 만든 날카로운 조약돌로서 가죽을 벗기거나 칼로 사용했다.)를 유물을 남겨놓았는데 '어떤 목적의식을 가지고 제작한' 인류 최초 석기 문명의 흔적이었다. 이후 출현한 호모 에렉투스(Homo erectus 直立原人)는 아슐리안 주먹도끼와 찍개문명을 남겨놓았다. '찍개'는 오늘날 자루 도끼처럼 물건을 자르는 데만 사용되었는데 아슐리안 주먹도끼는 끊고, 자르고, 긁고, 심지어 송곳으로 사용한 오늘날 '맥가이버' 칼처럼 다용도로 사용한 도구였다. 우리는 아슐리안 주먹도끼나 '찍개'를 통해 '호모 하빌리스'에서 '호모 에렉투스'로 진화하는 인류 정신의 한 단면을 엿볼 수 있는데 석기 제작과 같은 정보는 DNA가 아닌 문화, 문명을 통해 유전된다. '호모 에렉투스'는 석기 유물뿐만 아니라 약 50만 년 전에 생활했을 것으로 추정되는 중국의 주구점 석회석 동굴 주거지에서 불을 사용한 화덕 유물을 남겨놓았는데 인류는 가족(씨족) 중심이기는 하지만, 사회성으로 나아가는 인류 최초 문화의 흔적이었다. 인류의 사회형성에는 언어를 통한 정보의 전달, 공유가 필수이기 때문에 고인류학자들은 '호모 에렉투스'에서부터 본격적인 언어가 출현했을 것으로 보고 있다.

  1976년 청주 가덕면 두루봉 석회석 광산에서 약 5만 년 내지 10만 년 전에 생활했을 것으로 추정되는 한 어린이 유골이 발견된 적이 있었다. 훗날 이 유적을 처음 발견하여 신고한 '한흥문의광산' 김흥수씨의 이름을 따서 '흥수아이'로 명명했는데, 무덤 주변에서 꽃가루나 뼈로 만든 예술품을 발견했었다. 꽃가루는 들국화로 판명되었는데 '흥수아이'가 들국화가 만발한 어느 청명한 가을날 생을 마감한 사실을 말해주고 있다. 같은 시대에 서쪽 멀리 독일의 네안데 계곡에서는 네안데르탈인이라는 다른 인류가 살고 있었는데, 이들 또한 죽은 이들의 매장풍습에서 꽃가루나 석기, 뼈로 만든 장식품이 발견되었다. 당시 무덤에서 꽃다발의 흔적은 아주 오랜 옛날부터 인류는 영혼이나 저승을 통해 영생을 인식했다는 증거이다. 오늘날과 같은 과학이나 종교가 없던 시대에 어떻게 인류는 영생을 인식할 수 있었을까? 그들에게 '영생'이란 물질, 생명, 정신이라는 우주 정보의 연속성이라고는 알지 못했지만, 인간에 의한 물질의 정신화를 막연하나마 인식했었다고 보인다. 우리들에게 엑스터시(Ecstasy)란 무의식 세계의 경험을 뜻한다. 오늘날 생물학자들은 약 30억 개 인간 DNA 염기 정보 중 그 정보가 무슨 뜻인지 알고 있는 것은 10%도 안 된다고 보고 있다. 나머지는 전혀 경험해보지 못한 무의식의 세계이다.(칼 융이나 프로이드의 무의식 세계가 아니다.) 오늘날 인류의 문화, 문명은 그 10%도 안 되는 세상이라 보고 있다. 어떻게 인류에게 엑스터시가 일어날 수 있는지 아직 우리는 잘 모르고 있다. 그러나 古代로부터 인류는 오감으로만 아니라 엑스터시를 통해 현상과 자신의 내면을 인식해왔다. 따라서 인간에게 개념과 관념은 이 두 현상에 의해 형성되었을 것으로 보고 있는데 엑스터시는 대부분 인간이 경험하지 못한 세상이기 때문에 미래형이나 때로는 과거를 되살리는 현상도 있다. **인간은 무엇이 없기 때문에 무엇을 받아들이는 존재가 아니라, 있어서 '깨어나는 물질'이기 때문이다.** 따라서 엑스터시는 인간 내부와 외부와의 공명현상이다. 이것은 마치 씨앗이 싹트는 현상과 비슷하다. 씨앗은 '생명정보' DNA만으로는 싹이 트지 않는다. 적당한 외부 온도와 수분이 맞아야 싹이 튼다. 결국 생명현상은 '생명정보' DNA와 환경과의 관계현상이다. 마찬가지로 인류의 정신성장은 지식에 국한되어서는 퇴보를 면치 못한다. 엑스터시를 통한 미래의 세상을 향해야 한다.

특히 엑스터시를 통해 현세와 다른 세상을 경험한 사람들에 의해 원시종교가 출현했는데 대표적인 예가 샤머니즘(Shamanism)이다. 오늘날 우리가 말하는 계시종교란 샤머니즘과 엑스터시가 근원이라는 본질은 같지만, 계시종교는 역사성과 공유성이라는 점이 다르다. 또한 근대 과학이 출현하기 이전부터 자연철학자(과학자)들뿐만 아니라 현대 과학자들조차 '영감(靈感)'을 통해 자연법칙을 발견했는데 그 '영감(靈感)'이란 바로 엑스터시(Ecstasy)를 말한다. 왜냐하면 **자연법칙 자체가 이미 인간 내부에 존재하기 때문이다.** 인간은 누구나 작든 크든 엑스터시를 경험한다. 공상이나 상상은, 있었거나 있을 수 있는 세상이며, **우리가 없다고 하는 것은, 모른다는 의미이다.** 헤겔(Hegel)의 관념론 또한 '생명정보'의 엑스터시 철학으로 인식된다. 오늘날까지도 과학과 종교의 갈등은 과학은 오감으로 인식된 세계만을, 종교는 엑스터시(Ecstasy) 세상만을 얘기하기 때문이다. 그러나 결국 두 세상은 인간의 내면 인식이며, 오늘날 우리들은 종교의 엑스터시가 전체가 아니라 부분임을 인식할 필요가 있다.

약 1만 년 전후 목축과 농경을 시작하여 '먹거리'에서 해방된 인류는 처음으로 자신 안에 자연을 개조할 수 있는 능력을 인식했다. 유프라테스 티그리스 강 유역에서 정착생활을 시작한 일단의 인류는 '자연으로부터의 이탈'을 神의 노여움으로 인식하여 구전하여 오던 세계관을 수메르인들이 점토판에 '길가메시 서사시'에 기록함으로써 오늘날 그리스도교가 있게 한 '창세기'의 원조가 되었다. 그러나 오늘을 사는 우리들에게 이 '자연으로부터의 이탈'이, 인류의 역사를 '생명으로부터의 해방사'로 인식하기 시작함으로써 인류는 '공간을 갖는 정보' 단백질에서 '공간이 없는 정보' 정신으로 진화중이다. 결과론 인식이지만, '물질의 자기인식 과정'에서 생명은 DNA-RNA를 통해 생물을 출현시켰고, 생물은 진화를 통해 단백질 정보를 하나로 수렴했다. 그 정점에서 출현한 인류는 오감과 엑스터시를 통해 '생명권' 자체가 하나의 '인간현상' – 자신의 내면임을 깨닫기 시작했다. 그러나 100년도 못 사는 인간 개체가 살아있는 동안 약 30억 개 인간 DNA 염기 정보를 온전히 다 안다는 것은 불가능한 일이기 때문에 인류는 '정신권'을 형성하여 정신의 축적과 '연속성'을 이어갔다. 그러나 우리들 대부분은 아직도 **"저 멀리, 죽어서도 있다고 믿어야 위로 받을 수 있는 내세"**를 갈망하고 있다. 그러나 내세란 축적되는 현세이다. 샤르댕은 약 30억 개 인간 DNA 염기정보가 온전히 인식된 세상에 출현한 새로운 인류를 '오메가 포인트'라 인식했으며, 예수는 그것을 자신의 재림으로 표현했다. 샤르댕이 작고하기 30일 전에 탈고한 그의 저서 '그리스도'에서 "진실로 그리스도는 구원하신다. 그러나 우리는 즉시 덧붙여서 그리스도 역시 진화를 통해 구원되신다고 말해야 하지 않을까?" 그가 이 말을 위해 평생을 고난의 길을 걸었었다. 샤르댕의 이 말은 1살 어린이는 80살 노인보다 80년 앞선 존재라는 의미이다. 이말은 인간(인류)의 성장은 생명권 내에서 생명 성장뿐만 아니라 정신권(사회) 내에서 정신성장을 의미한다.

독일의 관념론 대철학자 헤겔(Hegel 1770~1831)은 "인류의 성장은 어린이의 성장과 같다"고 했다. 한 세대 후 같은 독일의 생물학자 헤켈(Haeckel 1834~1919)은 '개체발생은 계통발생을 반복한다'는 '발생반복설'을 주장했다. '발생반복설'이란, 인류는 척색동물門 원조로 알려진 피카이아(Pikaia)나 해구어(海丘魚)에서(5억 3천만 년 전후 캄브리아기 초기 화석으로서 오늘날 거머리 비슷한 동물인데 실제로 거머리는 환형동물 門이다.) 어류 – 양서류 – 파충류 – 포유류를 거쳐 영장류에서 인류가 출현하였다. 이 인류(생물)의 진화과정이 엄마의 뱃속에서 10개월간 반복되어 발생한다는 이론이었다. 당시 헤켈은 베를린 대학에서 의학과 동물학을 공부했으며 1862년부터 은퇴할 때까지 예나대학에서 비교해부학 교수로 재직했었다. 그의 이론은 해부학 교수로서 실험과 경험을 통해 인식된 이론이었지 단순히 관념에서 나온 이론이 아니었다. 그럼에도 불구하고 당시에나 근래까지도 그의 이론은 생물학계에서 공식적으로 인정을 받지 못했다. 그러나 오늘날 생물학에서 생물의 성장은 '개체발생은 계통발생을 반복하기' 때문이라는 사실을 알고 있으며, 생물진화의 결정적인 증거로 인식하고 있다. 헤켈의 이론이 헤겔의 사상에 영향을 받아서 형성되었는지 알 수 없지만, 한 분은 '관념론'으로 한 분은 '생물학'으로 생물의 생노병사(生老病死) 현상을 정확히 인식했다. 그러나 우리들은 지금까지 관념과 생명이라는 두 현상이 전혀 관련이 없는 세상으로만 인식해왔다. 여기에서 우리는 **'생물학에서 철학을 인식하라!'**는 샤르댕의 말에 귀를 기울이지 않을 수 없다. 생명은 A-T-G-C 4개의 암호로 된 DNA로써 인간에게는 약 30억 개의 암호가 염기로 연결되어 있다. 이것은 약 40억 년간 생물 진화사이며 약 138억 년간 무기질 우주 질서의 단백질 표현이다. 인류는 언어를 통해 이 DNA 정보를 지식화하여 뇌에 저장함으로써 관념이 발생할 수 있었다. 따라서 관념은 유물론자들이 말하는 것처럼 허구가 아니라 DNA 정보의 이미지이다. 샤르댕에게 생명과 관념은 하나의 연속된 정보 – 로고스였다. 여담이지만, 독일의 관념 철학자들 칸트나 헤겔 철학을 이해하는 길은 생물학을 공부하면 빠르다.

2. 인간의 의식과 정신 현상

생물에서 자신의 상태와 대상(환경)을 인식하는 의식현상은 본질적으로 물질의 공명현상으로서 자신의 DNA에 축적된 정보만큼만 의식현상이 일어난다. 따라서 아메바는 개미의 세상을 모르며, 개미는 강아지의 세상을 인식하지 못하고 강아지는 인간의 세상을 이해하지 못한다. 그러나 특히 동물은 다른 생물을 먹어야 생존이 가능하기 때문에 물질의 공명현상만으로는 대상을 인식하기가 어려워 오감의 출현과 신경계통과 뇌의 발달을 통해 '생물의 복잡성은 의식의 복잡성'으로 이어지는 진화가 이루어졌다. 따라서 동물의 오감은 물질의 공명현상을 전기신호로 바꾸는 장치로서 여기에는 특수 단백질이 관여하고 있다. 오늘날 우리들은 오감의 출현은 동물 개체의 DNA 변이에 의한 것으로 알고 있지만, 빛에 반응하는 단백질, 온도와 습도에 민감한 단백질, 소리와 맛에 민감한 단백질만을 생성하는 박테리아의 Chimera라에 의해서였다. 약 40억 년 지구 생명사 중 모든 생물은 약 35억 년간 바다 생활에서 Chimera 진화를 통해 오늘날 모든 동식물의 門의 원조가 완성되어 출현했다. 대부분 생물학자들은 이 기간 동안 오늘날과 같은 DNA-RNA가 완성되었을 것으로 보고 있는데 이후 약 7억 년 전후부터 모든 동식물의 진화는 DNA 변이를 통해 분화 진화를 했다. 물론 Chimera 진화과정에서도 DNA 변이를 통해 진화가 이루어졌을 것으로 보고 있지만, 그 영향은 극히 미미했을 것으로 보인다. 생물은 생물을 먹어야 생존이 가능한 존재이기 때문에 자신은 물론 대상을 인식하고 환경에 적응하기 위해 생물에서 의식의 출현은 필연이었으며 DNA에 프로그램된 절대 개체성이다.

유인원(類人猿)의 너클보행에서 직립보행(直立步行)으로 진화한 인류는 자유로워진 두 손으로 도구를 제작했을 뿐더러 언어의 출현과 진화는 '공간을 갖는 물질정보(단백질)'가 '공간을 갖지 않은 정보(언어)'로의 전환을 의미했다. 이것은 물질 정보에서 정보의 발생, 전달, 저장이 직접 물질을 통해서만 발생하기 때문에 시간과 장소라는 한정된 영역을 벗어날 수 없다. 예를 들면 흰 꽃과 붉은 꽃이 꽃가루받이를 통해 분홍 꽃을 만들 때 곤충이나 바람을 통해 수분이 일어나야 하며 수정된 씨앗은 DNA에 저장되어 이듬해 분홍 꽃을 피운다. 그러나 인간은 이 정보를 언어를 통해 공유할 수 있으며 '지식정보'로 전환하여 뇌에 축적됨으로써 DNA에 의한 생물유전이 불가능했다. 침팬지도 의식이 있어 사과를 인식할 수 있지만, 언어가 없기 때문에 침팬지마다 인식된 사과의 정의가 제각각이어서 공유된 의식이 불가능하다. 그러나 인류에게 나타나는 정신은 즉 언어로 공유된 의식으로서 인간 외부에서 발생하여 인간 내부로 동조된다. 따라서 인간의 의식은 절대 개체성에서 절대 공유성으로 전환된다. 암석과 같은 무생물은 물질과 정보가 분리되어 있지 않아 성장과 번식이라는 과정이 불가능하지만, 생물은 물질과 정보가 분리되어 있고 그 정보(DNA)에 의해 생명의 연속성을 이어간다. 무엇보다 DNA는 A,T,G,C 4개의 암호로 프로그램 되어 있어 생존과 의식현상이 절대 개체성이다. 약 1억 년 전 출현한 벌과 개미의 습성이나 생존 방식이 오늘날에도 변함없는 이유가 바로 DNA에 의해 프로그램된 알고리즘이기 때문이다. 그러나 인간의 사고와 행동은 프로그램이 되지 않은 정신에 의해서 발생하기 때문에 발전이라는 세상을 만든다.

약 6천 년 전 조상의 DNA나 우리들의 DNA의 염기서열은 약 30억 개로서 차이가 없음에도 불구하고 암사동 움집이 6천 년 후 123층 서울 스카이타워로 변한 인류의 문화, 문명의 발달은 DNA가 아닌 정신정보 축적의 결과이다. 식물은 싹이 트고 잎과 줄기와 뿌리가 무성하게 자라나는 '영양생장 기간'과 꽃대가 형성되어 꽃이 피고 열매를 맺는 '생식생장 기간'을 통틀어 성장이라고 하는데 동물의 성장도 식물의 성장 기간과 다르지 않다. 그러나 인간의 성장은 이와 같은 '생물성장'은 물론 '정신성장'을 해야 하는 존재로서 '생물성장'은 이미 프로그램되어 있어(샤르댕은 단백질 정보에 의한 생물의 진화가 인류에게서 끝났다고 보고 있다.) 잘 먹고 잘 자면 저절로 성장하지만,

'정신성장'은 프로그램이 아니라 정신권(사회)을 통해 유전된 인류의 정신정보가 자신의 선택에 따라 성장해야 하기 때문에 사람마다 삶의 모습이 달라진다. 그러나 여기 인간(인류)의 성장에는 미래를 개척해야 할 또 다른 정신 성장의 세계가 놓여 있다. 문화, 문명은 인간 개개인이 오감으로 인식(공명)된 무기질과 단백질 정보가 언어를 통해 공유된 '정신정보'로서, 인류는 이 정보를 생명(체) 밖에서 또 다른 차원의 DNA-RNA를 형성했다. 생물에서 DNA는 '물질의 정보화 현상'이며 RNA는 '정보의 물질화 현상'으로서, 생물이라는 '폐쇄된 영역' 내 물질을 생성하고 소멸하는 '생명현상'을 발생시키는 정보이다.(좁은 의미의 '생명현상'이다.) 그러나 문화, 문명은 생명(체) 밖 '개방된 영역'에서 '물질을 생성하고 소멸하는 현상'으로서, 문화는 '인류의 공유된 정신정보' DNA(설계)이며 문명은 '인류의 공유된 정신정보' RNA(제작)이다. '정신정보'는 생물유전이 불가능하기 때문에 인류는 문화, 문명을 통해 '정신정보'를 축적했으며, 정신권(사회)을 형성하여 유전함으로써 새로운 문화, 문명의 세상을 만들고 이 새로운 세상에서 새로운 인류가 출현한다는 사실을 우리들은 간과하고 있다.

3. 善과 惡의 문제

샤르댕에게 善과 惡의 문제는 인간에게만 국한된 현상이 아니라 빅뱅 이래 물질의 진화과정에서 '사라진 것'은 惡이며 '살아남은 것'은 善으로 인식했다. 빅뱅 이래 우주의 온도와 압력이 내려감에 따라 소립자의 출현에서 양자, 전자, 중성자, 중간자의 생성을 거쳐 수소 원자가 출현하기까지, 또한 수소 원자에서 양자의 덧붙임이나 원자핵 간의 결합으로 우라늄까지 물질의 출현 과정은 어떤 원리가 존재해서 그 원리에 따라 생성된 것으로 인식되고 있지만, 한 개의 물질이 출현하는 과정에서 얼마나 많은 시행착오의 결과물인지 우리들은 간과하고 있다. 따라서 惡은 사라진 물질의 세계이며 되돌릴 수 없는 물질의 세계이다. 결국 물질세계에서 현상은 善의 결과물이다. 지구상에 인류가 출현하기까지 생명의 출현과 그 진화패턴은 무기물질이 획득한 원리의 단백질 표현의 반복이었다. 그러나 생명은 물질과 정보(원리)가 분리되어 있어 정보(원리)만이 A-T-G-C라는 알고리즘으로 생물진화가 발생하기 때문에 여기에서도 시행착오는 피할 수 없었다. 그러나 오늘날 물질과 생명의 진화는 인류가 정신진화를 시작함으로써 끝났기 때문에 오늘날 善과 惡의 문제는 오직 인간에게만 나타나는 현상이다. 전통적으로 그리스도교 신학에서 善과 惡의 개념은 구약시대의 '神과의 약속' – 계명과 율법의 테두리를 못 벗어난 고정된 이분법이다. 당시 인류의 의식 수준이 '정적인 세계관'이었기 때문에 善과 惡의 개념 또한 이분법으로 해석할 수밖에 없었다. 오늘날 '동적인 세계관'에서 인식되는 善과 惡은 인간의 정신 진화상에서만 나타나는 인간 고유의 현상이다.

인간은 생물성장과 동시에 정신성장을 하는데 생물성장은 부모로부터 유전된 DNA 프로그램 성장이기 때문에 누구든지 잘 먹고 잘 자면 저절로 성장한다. 그러나 인간의 인격, 이성, 지식, 마음 등 정신정보는 생물유전이 불가능하여 문화, 문명에 축적되어 유전된 사회성을 통하여 정신정보를 습득하거나 자신의 내면을 정신화하는 성장을 한다. 인간의 내면이란 바로 DNA 약 30억 개 염기서열로서 길게는 138억 년간 축적된 우주 정보이며 짧게는 약 40억 년간 축적된 생명정보이다. 이 정보를 정신화하는 과정에서 인간은 절대 개체성인 생물성장과 절대 공유성인 정신성장 간에 생각과 행동에 언제나 의견이 일치하지 않아 선택을 하게 되는데, 선택이 공유성이면 善으로, 개체성이면 惡으로 나타난다. 그러나 善과 惡은 고정된 절대 이분법이 아니라 유동적이며 상대적인 것으로 더 善하고, 덜 善하고, 더 惡하고, 덜 惡한 스펙트럼이다. 따라서 **덜 善한 것은 더 善한 것에 비해 惡이며, 덜 惡한 것은 더 惡한 것보다는 善**이다.

무기질 세상에서 물리, 화학법칙이 생명현상으로 이어지고 생물진화 패턴으로 나타나며 인류에게는 윤리, 도덕으로 나타난다. 앞에서 언급했듯이 물질과 생명의 진화는 이미 끝났기 때문에 善과 惡의 문제는 인간 고유의 현상이라고 말했듯이 인간에게 죽음이란 생명의 끝이 아니라 罪 중에 있는 상태를 의미한다. 罪란 惡을 깨닫지 못하거나, 惡이라 인식하면서도 생각과 행동을 했을 때를 罪

라고 하는데 물질과 생명의 진화과정에서 발생하는 수많은 시행착오처럼 인간에게서 惡과 罪의 발생은 정신진화에서 필연이며 물질과 생명의 진화에서 惡은 되돌릴 수 없는 사라짐이지만, 인간의 惡과 罪는 회개를 통해 善으로 나아갈 수 있는 특징이 있다. 이것은 인류가 물질이나 생명의 진화가 아니라 '공간이 없는' 정신진화이기 때문이다. 회개 자체가 정신정보이다. 따라서 우리들이 설령 그가 창부(녀)일지라도 단죄할 수 없는 이유는 누구든지 살아있는 동안은 惡과 罪가 언제나 善으로 전환될 수 있기 때문이다. 누구든지 회개할 때는 일곱 번씩 일흔 번이라도 용서해야 하는 이유가 여기에 있다.

그리스도교에서 인간 罪의 발생은 원죄에서 비롯됐는데 원죄란 아담과 이브가 지선악과를 따먹은 첫 번째 罪를 말하는데 원죄에 의해 인간의 죽음과 고통이 발생하고 그 罪가 대대로 이어진다고 믿고 있다. 오늘날 우리들에게 이 원죄가 인간의 생물성장과 정신성장의 갈등에서 온다는 것을 잘 알고 있다. 인간에 의한 우주의 정신화가 인간 본연의 의무라면 정신화 과정에서 善과 惡의 발생은 진화과정에서 시행착오의 필연적인 현상이다. 罪는 곧 惡을 깨닫지 못하거나 인식하면서 생각과 행동이 개체성에 머무르는 상태를 말한다. 물질과 생명 진화에서 惡은 되돌릴 수 없는 사라짐이지만, 罪는 인간이 살아 있는 동안에는 회개를 통해 善으로 나갈 기회가 있다. 창세기에서 원죄에 의한 인간의 죽음과 고통의 도래는 '인간은 생물이 아니다.'라는 의식의 표현이다. 예수께서 태어나시던 당시 인류는, 동서양을 막론하고 죽음이 삶보다 더 평화로운 안식처라 인식했었다. 삶 자체가 고(苦)라 인식했으며, 죽음은 곧 고(苦)에서 해방이라 인식했었다. 그리스 철학자 '플라톤'(Platon BC 428~348)은 '죽음은 영혼이 육신으로부터 해방'이라 인식했으며, 신플라톤주의 창시자 '플로티노스'(Plotinos AD 205~270)는 '죽음은 삶보다 가치 있다.'고 죽음을 찬양했었다. 삶이 죽음보다 불확실하다고 여긴 시대였을까? 아니면 삶과 죽음을 하나의 연속성으로 인식했기 때문이었을까? 오늘날 우리들 대부분도 죽음은 끝이라 인식하거나 아니면 영원한 안식처라 인식하고 있다. 그러나 오늘날 우리는 영생이란 물질과 생명의 연속성이고 인간에 의한 정신화가 곧 부활이며 새로운 세상에 새로운 인류의 출현을 의미한다.

4. 새로운 인류의 출현

약 1천만 년 전부터 유인원에서 분화가 시작되어 오늘날 현생인류가 출현하기까지 수십 종의 인류가 출현했다 사라지곤 했는데 출현한 인류마다 새로운 인류이긴 하지만, 약 4만 년 전에 인간생물 진화가 끝나고 지금까지와 전혀 다른 환경에서 새로운 인류가 출현했다. 그 환경이란 자연환경이 아니라 문화, 문명을 통한 사회환경이었다. 문화, 문명이란 인류가 축적한 정신정보의 현상화로서 단백질 정보로는 생성하기 불가능한 세상이었다. 이것은 인류만이 아니라 지구상 모든 생물이 단백질에 의한 생물의 진화가 끝났다는 의미이다. 오늘날 메론만한 장호원 황도 복숭아를 먹고 그 씨앗을 심으면 황도 복숭아가 안 되고 개복숭아가 난다. 황도 복숭아를 계속 먹고 싶으면 개복숭아 가지에 황도 복숭아 가지를 접붙이기해야 한다. 황도 복숭아는 개복숭아의 생식세포가 아닌 체세포 변이이기 때문이다. 식물의 번식법에는 씨앗을 이용하는 방법 외에 접붙이기, 꺾꽂이, 휘묻이, 분지법 등 영양 번식법을 이용하는데 이것은 인간의 정신 정보만이 할 수 있는 식물 번식법으로서 장호원 황도 복숭아는 인류의 문화, 문명의 결과물이다.

약 6천 년 전 메소포타미아 일대에 문명을 일으킨 수메르인들의 쐐기 문자는 인간 뇌의 보조 기억장치로서 책을 만들었으며 이후 인쇄술의 발달은 정보의 생성, 전달, 저장을 쉽게 하여 정보의 공유에 크게 이바지했다. 따라서 사회는 수직 사회에서 수평 사회로 변화했으며 이로 인해 오늘날 민주사회로 나아가는 새로운 인류를 출현시켰다. 오늘날 컴퓨터의 발명으로 AI나 빅데이터가 인간을 대신함으로써 인간의 존재감이 사라지는 듯하다. 이것은 기우에 지나지 않는다. 왜냐하면 우리 인간은 현재 AI나 빅데이터가 활동하는 사회를 가정하기 때문이다. 그 사회에서 인간은 오늘날 우리가 아니라 그 사회에 적응된 인류이다. 마치 1살 어린이는 80살 노인보다 80년 앞선 존재임을 모르는 사람들의 기우이다. 단군시대 어린이나 오늘날 어린이나 30억 개 DNA를 갖고 있는 인간생물이지만, 단군시대 어린이는 돌칼이나 돌도끼를 만드는 사회에서 살았지만, 오늘날 어린이는 비행기나 우주선을 만드는 사회에 살고 있다. 이 차이는 생물학적 차이가 아니라 사회학적 차이로서 우주진화의 법칙에서 정보의 축적은 사회유전에도 통용되기 때문에 우리 안에 단군 시대가 축적되어 있다. 오늘날에도 우리들은 얕은 냇가에서 그물 없이 물고기를 잡을 때 큰 돌을 내리쳐 잡곤 하는데 이 모습은 오스트랄로피테쿠스가 역기(礫器)로 물고기를 잡던 방식이다. 현재란 축적된 과거로써 인간은 138억 년간 축적된 우주 정보이며 40억 년간 축적된 생명 정보이다. 따라서 AI나 빅데이터는 우리들의 보조 기억장치일 뿐이다. **인간(인류)은 환경에 적응하여 진화하는 존재가 아니라 환경에 발현하는 존재이기 때문에 사회환경에 따라 인간(인류) 삶의 모습**이 다르다. 오늘날 인간 DNA 30억 개 중 그 정보가 무슨 뜻인지 알고 있는 것은 겨우 10%도 안 된다. 나머지 90% 이상이 깜깜한 무의식의 세계이다. 겨우 10% 정보가 오늘날 문화, 문명 수준이다. 만약 인류가 나머지 90% 이상을 정보화하여 만든 세상은 어떤 세상일지 우리는 상상도 못 한다. 우리들은 어떤 목적을 향해 나아가는 존재이기도 하지만, 현상을 음미하여 즐길 권리도 있는 존재이다.

5. 인류의 미래

약 1만 년 전 농경과 목축을 시작한 이래 18세기 산업혁명이 오기 전까지 인류는 여전히 자연의 일부였을 뿐이다. 농업을 통해 인류는 정착 생활을 시작하고 문화, 문명이 발달했음에도 불구하고 인류의 의식주는 온전히 자연에 의존했으며 자연을 떠나서는 생존이 불가능했다. 18세기 왓트의 증기기관의 출현은 기계에 의한 의식주의 대량 생산과 대량 파괴는 지금까지 인류가 경험하지 못한 새로운 세상으로 진입하게 만들었다. 도시로의 인구 집중과 빈부의 격차는 자본에 의해 새로운 노예라고 하는 노동자가 출현했다. 또한 자연 자원의 수탈과 이로 인해 자연의 파괴는 인류의 생존을 위협할 정도가 되었다. 그럼에도 불구하고 인류의 전반적인 생활이 향상되었으며 인류가 처음으로 성장이라는 개념을 갖기 시작했다. 인류는 뇌의 정보 저장의 한계에서 글자를 발명하여 책을 만들었으며 20세기 중반 컴퓨터의 출현으로 정보의 저장은 물론 정보의 생성과 전달이 빛의 속도로 진행되기 시작했다. 21세기 AI와 빅데이터의 출현은 인류의 육체노동뿐만 아니라 정신노동을 대신하기 시작했으며 AI와 빅데이터가 인류를 대신할 거라는 우려조차 갖게 되었다. 그러나 **인간의 DNA 정보는 약 138억 년간 우주 정보이지만, AI와 빅데이터는 인류의 과거 지식의 축적이기 때문에 이들이 인류를 대체할 수 없다. 인간 자체가 '무엇이 없어서 무엇을 받아들이는 존재가 아니라 있어서 발현하는 존재'이기 때문에 새로운 인류가 연속 출현한다.**

오늘날 KSTAR(한국핵융합연구소)에서 성공한 핵융합발전으로 지금까지 인류가 상상하지 못한 새로운 시대로 접어들게 되었다. 지구상에서 인류에 의해 만들어지는 물질의 에너지원인 전기가 핵융합

발전에 의해 전기를 공기 쓰듯 쓸 수 있게 되며, 식물의 광합성을 공장에서 스위치 하나로 해결함으로써 다시 자급자족의 시대가 도래할 것이다. 이에 따라 농업이 사라지고 자신이 필요한 만큼 무엇이든지 취할 수 있는 시대가 온다. 이에 따라 인류의 생활 공간은 지구를 넘어 우주로 향하지 않을 수 없다. 생물은 DNA를 통해 생명의 연속성을 갖지만, 인간은 정신으로 연속성을 이어간다. 오늘의 내가 축적된 우주 정보라면 미래 또한 축적되는 정보이다.

6. 오메가 포인트

약 138억 년 전 빅뱅은 하나(전체)가 여럿(부분)이 되는 사건이었다. 마치 거울이 깨져 동시에 조각이 발생하는 것과 같다. 아무리 작은 조각이라도 거울은 거울이었다. 오늘날 물리학에서 말하는 Fractal 구조이다. 또한 하나는 대상이 없지만, 부분은 대상이 있어 대상을 통해 자기 인식이 가능해져 부분이 수렴됨으로써 자기 인식의 폭이 넓어지기 시작했다. 소립자에서 양자와 전자의 수렴을 통해 수소 원자가 출현하였고 수소 원자에서 양자의 덧붙임이나 원자핵의 덧붙임을 통해 우라늄의 출현은 '물질 양의 변화에 따른 물질의 질적 변화법칙'에 따라 무기질 진화의 정점이었다. 이 법칙에는 핵력, 약한 핵력, 전자기력, 중력이 작용하였다. 그러나 우주가 계속 팽창함에 따라 4대 인력이 약해져 무기물질은 출현과 동시에 분해되어 사라지기 시작하였다. 우라늄과 같은 무기질은 그 자체가 물질이면서 우라늄이 만들어지는 어떤 내력, 즉 정보를 가지고 있는데 물질과 정보가 분리되어 있지 않아 우라늄이 사라지면 정보 또한 사라진다. 고대 그리스 자연철학자 헤라클레이토스는 이 정보를 logos라 했는데 신약에서는 이것을 '말씀'으로 표현했다.

생물에서 꽃과 강아지가 다르고 우리들의 코와 귀의 모양이 다른 것은 단백질의 종류가 다르기 때문인데 단백질은 A-T-G-C 4개의 암호로 아미노산을 결합하여 만들어진다. 따라서 생물은 물질(단백질)과 정보(DNA)가 분리되어 물질이 분해되어 사라져도 정보(DNA-씨앗)를 통해 생명의 연속성을 이어간다. 생명현상에서 '살아있다.'는 의미는 생물이라는 '폐쇄된 영역' 내에서 '물질을 생성하고 소비하는 현상'을 말하며 또한 생물은 생물을 먹어야 생존이 가능하기 때문에 대상을 인식하는 '의식현상'을 의미한다. 따라서 생물은 '생명현상'과 '의식현상'을 하는 물질을 말한다. 우라늄 한 개에 약 100억 년간 무기물질 정보가 축적되어 있듯이 인간 개체의 약 30억 개 DNA 정보 속에는 약 40억 년간 생명 정보가 축적되어 있을뿐만 아니라 138억 년간 우주 정보가 A-T-G-C 암호로 축적되어 있다. 인간 개체가 한 개의 우주라는 의미이다. 예부터 인류는 '인간은 소우주이다'라고 인식했으며 '중생이 모두 부처이다'라고 했으며 '인간은 하느님의 아들이다.'라고 했다. 전체와 부분의 관계현상으로서 모자이크이면서 프렉털(Fractal) 구조이다. 따라서 빅뱅에서 전체는 창조(출발점)이며 부분은 피조물(결과물)로서 동시성이다.

 일찍이 프랑스 생물학자 라마르크(Lamarck 1744~1829)는 그의 저서 '동물철학(1809)'에서 생물은 '생명의 복잡성은 의식의 복잡성'으로 이어지는 진화를 한다고 주창하였다. 그에게 있어서 '의식의 복잡성'이란 아메바는 개미의 세상을 인식하지 못하고 개미는 강아지의 세상을 알지 못하고 강아지는 인간의 세상을 인식하지 못한다는 의미이다. 그러나 생물에서 DNA는 프로그램된 알고리즘이기 때문에 절대 개체성이다. 또한 DNA 자체가 '공간을 갖는 물질 정보'이기 때문에 정보의 생성, 전달, 저장이 물질을 통해서 구현된다. 그러나 생명은 무기물질과 달리 정보의 축적을 통해 '물질 양의 변화에 따른 물질의 질적 변화'를 유도해왔다. 결국 진화는 부분이 하나로 수렴되는 과정으로써 그 정점을 샤르댕은 오메가 포인트라 보았다. 생명진화의 정점에서 출현한 인간 DNA 약 30억 개 정보가 우주 자체였다. 따라서 물질의 오메가 포인트는 생명의 출현이었으며, 생명의 오메가 포인트는 인류의 출현이었다. 그러나 인간 DNA 정보 그 자체가 '공간을 갖는 정보'이기 때문에 인간은 언어를 통해 이 정보를 '공간이 없는 정신 정보'로 전환하기 시작했는데 이 정보는 DNA에 의한 유전이 불가능하여 문화, 문명에 축적되어 사회를 형성하여 사회유전 함으로써 DNA에 의한 생물의 유전은 끝나고 정신 진화의 꼭지점에서 새로운 인류의 출현은 필연이다. 문화, 문명의 발달에서 정보의 축적은 AI나 빅데이터가 인간

뇌를 대신하여 축적하겠지만, 이런 환경에서 출현한 인류는 오늘날의 인류는 아니다. 샤르댕은 인간 DNA 30억 개 정보가 정신화되어 하나로 수렴되었을 때 출현한 인간을 **월인간** 또는 **초인간**으로 인식했는데 오늘날 그리스도교에서는 예수의 재림으로 신앙하고 있다.

2000년 6월, 세계 18개국의 연구진이 참여한 **인간게놈프로젝트 사업단**(Human Genom Project: HGP)과 민간기업인 **셀레라 제노믹스**(Celera Genomics)가 인간 유전자 지도의 초안 작성을 완료했다. 이 프로젝트는 1990년 미국 에너지부와 보건부에서 약 30억 달러 예산으로 발족시켜 15년간 완료를 목표로 계획되었었다. 그러나 실제로는 예상보다 2년 정도 빠른 2000년에 게놈의 밑그림 염기배열(Draft)이 완성되었으며, 이후 지속적인 보강연구를 함으로써 2003년 4월 14일에 정확도 99.99%인 완성된 '드래프트'가 공개되었다. 게놈(Genom)은 유전자(Gene)와 염색체(Chromosome)의 합성어로 유전물질인 **디옥시리보 핵산**(DNA)을 뜻한다. 인간의 DNA는 4종의 염기암호(A-T-G-C)가 약 30억 개 배열되어 있는데, 이 배열순서가 규명된 것이다. 그러나 30억 개 가운데 어느 부분이 유전자인가를 알아냈을 뿐(염기 4개의 암호 중 3개가 1개의 아미노산을 지칭한다.) 그 유전자 정보가 무슨 뜻인지 알고 있는 것은 겨우 10% 정도이고 나머지 90% 이상은 아직도 무의식 세계이다. 90% 무의식 세계가 의식화 되었을 때 세상은 어떤 세상이 될는지 우리는 상상할 수가 없다.

제4부

가톨릭 프레스 기고문

1. 하나의 세상!

　唯心論(有神論)과 唯物論(無神論)에 공통점이 하나 있다. 보이는 세상과 보이지 않는 세상이다. 예로부터 인류는, 보이는 세상을 물질의 세계라 인식했고 보이지 않는 세상을 비물질의 세계 – 靈의 세계라 인식했다. 靈이 물질(현상)의 본질이며 하나의 세상을 두 개의 세계로 인식했다. 이원론이다. 반면에 唯物論은 보이는 세상을 唯心論과 같이 물질의 세계라 인식했지만, 보이지 않는 세상은 너무 크거나, 멀거나, 작아서 보이지 않는 물질이라 인식했다. 오늘날 우리들이 신앙하는 靈의 세계란 존재하지 않는다. 無神論이며 일원론이다.

　1856년 오늘날 독일의 라인라이트 인근 네안데 계곡에서 약 7만 년 전에 생활했을 것으로 추정되는 고인류 화석이 발견되었다. 약 30만 년 전에 출현하여 약 3만 년 전에 멸종된 현생인류의 사촌으로서 고인류학에서는 '네안데르탈인'이라 명명되고 있다. 이들의 화석이 발견된 곳이 주로 무덤이었는데, 무덤 속에서 꽃다발로 장식한 흔적이나 짐승 뼈로 만든 장신구가 발견되곤 했다. 이런 유적은 멀리 독일의 네안데르탈인이 아니어도 우리나라 청주에서도 발견된 적이 있었는데, 1976년 충북대학교 이융조 고고학 교수가 청주 가덕면 두루봉 석회석 광산에서 발견한 어린이 유골 주변에서 꽃가루 뼈로 만든 예술품을 발견한 적이 있었다. 훗날 이 유적을 처음 발견하고 신고한 '한흥문의광산' 김흥수 씨의 이름을 따서 '흥수아이'로 명명했는데, '흥수아이'가 살던 시대가 적어도 5만 년 내지 10만 년 전이라 보고 있다. 당시 무덤에서 꽃가루 흔적임이 발견된 것은 오늘날 전자 현미경 덕분이었다.

이들 네안데르탈인이나 흥수아이의 매장풍습에서 꽃다발로 장식하고, 죽은 이들이 평소에 사용하거나 소중하게 간직했던 물품들이 함께 매장되어 있다는 사실은, 이집트의 피라미드나 고구려 적석총에 비해 그 규모가 다를 뿐, 죽은 이들의 영생을 기원하는 매장풍습임에는 큰 차이가 없었다. 네안데르탈인과 흥수아이가 거의 같은 시대에 살고 있었지만, 인류의 종이 다르고 독일과 한반도라는 지리적 거리가 아주 먼데도 비슷한 매장풍습을 한 것을 보면, 아주 먼 옛날부터 인류는 삶과 죽음에 관해 영생을 인식했으리라 보인다.

지구상에 인류가 출현한 이래 죽음을 경험한 사람은 아무도 없다(예수의 부활사건은 신앙언어이다.). 그럼에도 불구하고 古代人들이나 우리나 영생을 염원하는 마음은 다르지 않다. 어떻게 인류는 '죽음

1. 하나의 세상!

너머의 삶'을 인식했을까? 인간에게 '죽음 너머의 삶'이 사실 존재하기는 하는 것일까? 만약 인간에게 죽음이 없었다면 오늘날 철학이나 종교가 존재하지 않았을지도 모른다. 古代人들의 매장 풍습만으로는 그들이 어떻게 영생을 인식했는지 알 수가 없다. 다행히도 약 7000년 전 유프라테스, 티그리스 강 사이 메소포타미아 유역에서 인류 최초로 문명을 일으킨 수메르인의 신화를 통해, 古代人들은 어떻게 내세를 신앙했는지 조금은 엿볼 수 있다.

BC 3,000~2,000년 경 수메르인은 풍요의 神이며, 봄이 되면 자연에 새 생명을 부여하는 힘을 갖고 있는 神, 탐무즈(수메르어 '드무즈')를 숭배하는 부활축제가 있었는데 '식물 재생 의식'으로서 봄에 생명이 되살아나는 부활축제였다. 오늘날 우리가 재배하고 있는 농작물의 種은 저마다 지구상에 출현한 원산지가 따로 있다. 밀과 보리의 원산지는 터키와 중앙아시아로서 메소포타미아 일대는 일찍부터 밀과 보리를 중요한 식량작물로 재배하고 있었다. 밀과 보리는 늦가을에 씨를 뿌리고 이듬해 초여름에 수확을 하는 한두해살이 식물이다. 탐무즈 숭배는 씨앗을 통해 연속되는 생명의 신비를 신화한 원시종교의 하나였다.

네안데르탈인과 홍수아이 시대 古代人들 또한 자연을 통해 생명의 연속성을 이해했을 것으로 보이지만, 인간은 개체의 인격이 있기 때문에 자식을 통해 생명의 연속성을 이해하기란 쉽지가 않

새로운 인류의 출현

다. 나일강 유역에 문명을 일으킨 이집트의 왕 파라오는 '육화한 神'으로 자처하여 강력한 절대 왕권으로 나라를 통치하였다. 그러나 파라오라고 죽음을 피할 수는 없었다. 그들은 '육화한 神'으로서 죽음은 '영혼과 육신의 분리'이며 '神으로서 영혼'은 저승에 머물렀다가 언제인가 다시 이승에서 부활하기 때문에 죽은 시체를 미라로 만들어 놓았다. 탐무즈의 생명의 연속성 – 부활사상이 이집트인들에 의해 죽음 – 영혼 – 저승 – 부활 – 이승으로 인간의 영생을 신앙했다. 예로부터 오늘날까지 '부활의 의미'는 저승이 아니라 이승에서 '생명의 연속성'을 의미했다.

옛날 사람들은 인간의 병(病)은 악령의 주술이라 믿고 있어 푸닥거리를 했지만, 오늘날 병이란 몸의 불균형이나 박테리아, 바이러스가 원인임을 잘 알고 있다. 우리들에게는 병이지만, 그들에게는 삶의 공간일 뿐이다. 보이지 않던 세상이 보이기 시작한 시대이다. 과학이 없던 시대에 죽음은 철학과 종교의 영역이었지만, 사실 죽음은 생물학 영역이다. 식물에는 생혼, 동물에는 각혼, 인간에게는 영혼이라는 '비물질 생명정보'가 'DNA-RNA'로서 물질이라는 것이 사실이라면 우리들의 신앙은 어디로 가야 하는가!

생물에서 꽃과 강아지가 다른 것은 단백질 종류가 다르기 때문인데, 단백질은 20개의 아미노산이라는 유기물질의 합성으로 만들어진다. 생명(體) 내에서 꽃이라는 단백질을 만드는 정보는 DNA에

1. 하나의 세상!

저장되어 있고 이 DNA 정보를 읽고 해석하여 아미노산을 합성하여 단백질을 만드는 역할은 RNA가 한다. 컴퓨터에서는 0과 1이라는 이진법 암호로 모든 정보를 처리하는데 'DNA-RNA'는 A-T(U)-G-C 4개의 암호를 이용한다. 세포 내에서 DNA 정보는 핵 속에 염색체로 존재하고 있고, 단백질을 합성하는 공장은 핵 밖 리보솜에 있기 때문에 DNA의 정보를 읽고 해석해서 리보솜에서 단백질을 합성하는 역할은 RNA가 한다. 세포 내에서 물질을 생성하는 설계가 DNA이며, RNA가 제작이다. 전문용어로 말하자면 **DNA는 '물질의 정보화 현상' – 의식이며, RNA는 '정보의 물질화 현상'으로서, 곧 'DNA-RNA'가 '생명정보' 물질이다. 결국 생물은 우주질서의 단백질 표현이며, 이것이 인류에게는 윤리와 도덕으로 나타난다. 이것이 샤르댕 사상의 핵심이다.**

암석과 같은 무기물질은 그 자체가 물질이며 정보로서 물질과 정보가 분리되어 있지 않지만, 생물은 물질과 정보가 분리되어 있어 'DNA-RNA 생명정보'를 통해 생명의 연속성을 이어간다. 즉 우라늄은 우라늄을 낳을 수 없지만, 코스모스는 씨앗 속에 'DNA-RNA 생명정보'를 통해 생명의 연속성을 이어간다. 결국 생명은 물질이 획득한 '불멸성'이며 '연속성'이다. 과학이 없던 시대 古代人들에게 생물에서 물질과 정보(생명)의 분리현상이 하나의 연속된 물질의 세계로 인식된다는 것은 불가능했다. 그들에게 현상은 '보이는 세상'과 '보이지 않는 세상' – '물질과 비물질', 이원론 세계였다. 수메르 인들이 인식한 '봄에 생명이 되살아나는 부활사상'은 저승에서가 아니라 이승에서 '생명의 연속성'을 의미했다. 이 사상이 히브리인들에 의해 '우리와 함께 하시는 하느님' 신앙으로 우리들에게 남겨졌다.

생물에서 '생명현상'이란 '폐쇄된 영역' – 생명(체) 내 '물질을 생성하고 소비하는 현상'으로서 'DNA-RNA 생명정보'의 활성을 의미한다. 씨앗은 'DNA-RNA 생명정보'만으로는 싹이 터서 자라지 못한다. 온도와 수분이 알맞아야 하며, 햇빛과 양분이 있어야 한다. 결국 '생명현상'은 개체성이 아니라, '생명정보'와 공유성(외부 환경)의 결과이다. "**그때에 주 하느님께서 흙의 먼지로 사람을 빚으시고, 그 코에 생명의 숨을 불어넣으시니, 사람이 생명체가 되었다.**"(창세2,7)

'생명현상'이 인류에 와서, 생명(체) 밖 – '개방된 영역'에서 '물질을 생성하고 소비하는 현상'이 발생했는데, 이것이 문화, 문명의 출현이다. 새나 개미나 꿀벌도 생명 밖에서 둥지를 틀거나 땅굴을 파거나 벌집을 만들지만, 약 6,000년 만에 암사동 움집에서 123층 빌딩으로 발전한 인류의 문명과는 차원이 다르다. 새들은 약 6천 5백만 년 전 멸종된 공룡의 후손으로서 새들의 둥지는 예나 지금이나 큰 발전이 없다. 개미나 꿀벌의 행동이나 집짓기 또한 마찬가지이다. 오늘날 생물학자들은 이들 현상을 단백질 프로그램으로 보

1. 하나의 세상!

고 있다. 암사동 움집에서 123층 빌딩으로의 문명의 발전은 'DNA-RNA 생명정보' – 단백질로는 불가능한 현상이다.

약 500만 년에서 700만 년 전 사이 '너클 보행'을 하는 일단의 '꼬리 없는 원숭이들' 중에 '직립보행'을 하는 유인원이 출현하였다. 이들은 자유로워진 두 손으로 도구를 제작하기 시작했으며, 머리가 척추와 일직선상에 놓여있어 성대가 넓어져 20~26가지 이상의 소리를 낼 수 있기 때문에 언어로의 진화가 가능했다. 또한 뇌의 진화는 인류가 오감을 통해 인식된 단백질의 세계 – 생명권 정보의 저장을 가능케 했으며, 뇌에 저장된 정보는 언어를 통해 정보의 공유가 가능해졌다. '폐쇄된 영역' 단백질 정보가 '개방된 영역' 정신 정보로 출현하기 시작했다. 생물의 출현으로 단백질에 의해 물질과 정보가 분리되기 시작하여 인류의 출현으로 언어와 뇌의 진화를 통해 정보만 수렴하기 시작했는데, 이 현상을 우리는 인간의 '정신현상'이라고 한다. 결국 문화는 인류가 공유한 정신 DNA이며, 문명은 공유된 정신 RNA이다.

독일의 관념론 대철학자 헤겔(Hegel 1770~1831)은 "인류의 성장은 어린이의 성장과 같다."고 했다. 한 세대 후 같은 독일의 생물학자 헤켈(Haeckel 1834~1919)은 '개체발생은 계통발생을 반복한다.'는 '발생반복설'을 주장했다. '발생반복설'이란, 인류는 척색 동물門 원조로 알려진 피카이아(Pikaia)나 해구어(海口魚)에서(5억 3천만 년 전 캄브리아기 초기 화석으로서 오늘날 거머리 비슷한 동물인데 실제로 거머리는 환형동물門이다.) 어류 - 양서류 - 파충류 - 포유류를 거쳐 영장류에서 인류가 출현하였다. 이 인류(생물)의 진화과정이 엄마의 뱃속에서 10개월간 반복되어 발생한다는 이론이었다.

오늘날 우리는 헤겔(Hegel)과 헤켈(Haeckel)에 의해 인간의 '生老病死'가 '생물성장'과 '정신성장'을 의미함을 인식하게 되었다. 생물 진화의 정점에서 출현한 인류는 개체가 하나의 '생명권'으로서, 인간DNA 약 30억 개 '생명정보'가 약 40억 년 지구 생명사의 축적된 정보라는 의미이다. 생물에서 의식 곧 생명정보는 단백질 자체이기 때문에 정보의 축적이 생물의 진화로 나타나지만, 인간은 오감으로 인식된 정보가 바로 자신의 내면(인간 DNA 약 30억 개 '생명정보')이기 때문에 단백질화가 안되고 뇌에 축적되므로 유전이 불가능하다. 인간 개체의 정신정보(영혼)는 문화, 문명을 형성하여 사회 유전을 통해 '새로운 인류의 출현'에 동참할 수 있다. '나'라는 존재는 수백만 년 간 축적된 인류의 정신정보의 결과물이다. 이미 인류는 생물을 뛰어넘은 존재가 되었다.

拜火敎를 창시한 조로아스터(Zarathustra BC 628~551경)는 古代 오리엔트 지역에 만연한 다신교를 유일신 신앙으로 개혁한 종교개혁자로서, 세상을 이승과 저승, 영혼과 육신, 善과 惡, 빛과 어두움 등 '이원론'으로 인식함으로서 원시종교(샤머니즘, 애니미즘, 토테미즘)가 근

1. 하나의 세상!

대종교로 진화하는 데 커다란 영향을 미쳤다. 그리스철학자 플라톤(BC 428~348?)은 '이원론'을 심화하여 '形而上學'을 통해 현상을 형상과 본질로 인식하였으며, 그의 제자 아리스토텔레스(BC 384~446?)는 현상을 단순히 '정적인 세계관'에서 '이원론'으로만 인식하지 않고, 질료인(因), 형상인, 동력인, 목적인 등 종합적이고 발생론 사고로 현상을 인식했다. 특히 그는 질료因을 가능태라 했으며, 형상因을 현실태로 인식했는데, 오늘날 생물학에서 가능태는 DNA로, 현실태는 RNA로 인식된다. 그들에게 'DNA-RNA' 정보는 '보이지 않는 비물질 세계'였다.

그리스 철학자 플라톤(BC 428~348)은 '죽음은 영혼의 육신으로부터의 해방'이라 인식했으며, 나아가 신 플라톤 창시자 플로티노스(BC 205~270)는 '죽음이 삶보다 더 가치가 있다.'고 까지 말했다. 그들에게 '보이지 않는 세상'이 '보이는 세상'의 본질이라 인식했으며, 아리스토텔레스(BC 384~322)는 그 본질의 근원을 자신은 변하지 않고 다른 것을 변화시키는 '부동의 원동자'로 인식했다. 영혼과 육신, 善과 惡, 빛과 어두움 등 '배화교'의 창시자 조로아스터(BC 628~551경)의 이원론이 플라톤에 의해 물질과 비물질이라는 '形而上學' 철학으로 발전했다.

오늘날 생물학자들은 약 30억 개 인간 DNA 염기정보 중, 그 정보가 무슨 뜻인지 알고 있는 것은 10%도 안 된다고 보고 있다. 나머지는 무의식의 세계이다. 오늘날 인류의 문화, 문명은 그 10%도 안 되는 세상이라 보고 있다. 오늘날 철학, 종교는 그 10%도 안 되는 세상을 완전한 세상이라 믿고 설파하고 있다. **인간은 무엇이 없기 때문에 무엇을 받아들이는 존재가 아니라, 있어서 '깨어나는 물질'이다.** 식물에는 생혼, 동물에는 각혼, 인간에게는 영혼이라는 '비물질 생명정보'가 'DNA-RNA'라는 물질이라는 사실은, 이원론에 기반을 둔 우리들의 신앙에 어떤 의미가 있는가! 보이지 않던 세상이 보이는 세상이며, 보이는 세상이 보이지 않는 세상의 시대를 살고 있다. 하느님은 무기질을 통해, 생물에서는 단백질을 통해, 인간에게는 정신을 통해 자신을 드러내신다.

"인간은 靈的인 존재가 아니라, 靈이 되는 존재이다!"

– 떼이야르 드 샤르댕 –

2. '깨어나는 물질' - 생명!

'가장 부패하기 쉽고, 가장 나약한 단백질이 어떻게 가장 단단한 다이아몬드에 바늘 구멍을 뚫을 수 있는가?' 지금까지 인류는 이 의문에 답을 얻기 위해서 '인간은 무엇인가?'라는 질문에 깊이 살펴 연구하였다. 생물은 '무기질 우주질서'의 단백질 표현이었다. 암석과 같은 무기질은 그 자체가 물질이며 자신이 형성된 어떤 내력, 곧 정보를 갖고 있으면서 물질과 정보가 분리되어 있지 않다. 그러나 생물은 단백질에 의해 물질(생물)과 정보(DNA-RNA생명)가 분리됨으로써 정보(생명)만을 통해 '불멸성'과 '연속성'을 획득한 물질이다. 생물에서 정보(생명)의 축적은 하등생물에서 고등생물로의 진화로 나타나는데 이는 '무기질 우주질서'의 단백질화한 정보의 축적으로서, 지구상에서는 초기 생물진화 패턴이 키메라(Chimera) 진화였다.

우리들은, 머리는 사람이고 몸은 사자인 이집트의 스핑크스를 보고 고대 이집트 미신의 한 단면을 보듯 웃곤 하지만, 웃고 있는 우리 인간이 바로 키메라이다. 고대 이집트인의 스핑크스 외에도

'성스러운 황소'로 알려진 '아피스', 머리가 개나 자갈 같은 '아누비스', 머리가 독수리 형상인 '호루스' 등 키메라가 많이 알려져 있다. 우리나라에는 봉황, 청룡, 천마, 해태, 삼족오, 천록 등 상상의 동물은 전해오나 키메라는 거의 없고, 불교의 사천왕 도깨비상이나, 머리는 사람이고 몸은 새인 극락조 '가릉빈가'가 유일하게 알려져 있다. 이들 키메라의 기원에 관하여 스위스 태생의 유사 고고학자 **'에리히 폰 대니켄'** 등은 수천 년 전 지구를 방문한 고도의 지능을 갖춘 외계인이 만든 유전체 형상이라 주장하기도 했다.

키메라는 그리스 신화에 등장하는 머리는 사자, 몸통은 염소, 꼬리는 뱀으로 이루어진 괴물, 그리스어 키마이라(Χίμαιρα, Khimaira)에서 유래했는데 오늘날 키메라는 하나의 생물체 안에 서로 다른 유전 형질을 가지는 세포 조직이 함께 존재하는 생물을 뜻하는 유전학에 쓰이는 용어이다. 1907년 독일 식물학자 **한스 빙클러**(Hans Winkler, 1887~1945)가 접목잡종 연구 중 그 모습에서 키메라를 연상하여 명명한 것이 처음이다. 요즘에도 토마토 대목에 까마중을 접붙여 부정아(여러 개의 불규칙 싹 눈)를 발생시켜 그 줄기를 자르면, 한쪽은 토마토의 형질이고 다른 쪽은 까마중 형질을 갖는 여러 형태의 키메라를 볼 수 있다. 오늘날에는 유전공학을 통해 동식물간 키메라를 얼마든지 만들 수 있는데, 이는 동식물의 근원이 하나라는 의미다.

오늘날 대부분 종교학자들은 이집트의 키메라 신상에 관하여 인류의 토테미즘의 연장선으로 이해하고 있지만, 피라미드와 스핑크스에서 생물의 '먹이사슬 구조'와 키메라 진화의 연상은 우연인 것만은 아니다. 그 이상 우주의 본질을 나타내는 상징일수도 있다는 생각이 든다. 샤르댕은 1906~1908년 3년간 카이로에서 물리학 교사 생활을 했었는데 특히 스핑크스의 얼굴이 남성이 아니라 여성임에 주목했었다. 가톨릭의 '성모 공경'과 어떤 연관이 있는지 알 수 없지만, 생물학을 공부한 사람이라면 양성(兩性)이 종족 번식에 절대 필요조건이라는 인식이 얇아진다. 특히 인간에게는 더더욱 그렇다.

1967년 보스턴 대학 생물학자 린 마굴리스(Lynn Margulis 1938~2011, 미국의 천체물리학자, 철학자 '칼 세이건'의 전부인)는 '체세포 분열하는 세포의 기원에 대해'라는 제목의 한 논문을 [이론 생물학 저널]에 발표하였다(열다섯 번이나 거절당한 후 겨우 게재되었다고 한다.). 라마르크와 다윈이 진화론을 발표한 이래 우리들 대부분은 단세포에서 고등생물까지 생물의 진화는 기본적으로 가지치기하는 과정, 즉 공통조상을 가진 자손들이 DNA의 돌연변이를 통해 점진적이며 단선적으로 진화함으로서 다양한 종이 출현한다고 이해하고 있었다. 그러나 린 마굴리스(Lynn Margulis)는 이 논문에서, 생물 가지들이 서로 합쳐서 새로운 종이 출현한다고 주장하였다. 즉 생물 간의 '내부 공생'에 의해 점진적이고 평면적인 축적된 진화의 과정을 제시함으로써 생물 진화론에 코페르니쿠스적 사고의 전환을 가져오게 하였다. 바로 생물의 키메라 진화이다.

　오늘날 우리는, 식물이 낮에는 광합성을 하기 때문에 이산화탄소를 흡입하고 산소를 배출하고, 밤에는 이산화탄소를 배출하고 산소를 호흡하는 생물임을 잘 알고 있다. 아주 오랜 옛날 약 30억 년 전 모든 생물이 단세포였던 시절, 이산화탄소를 흡입하고 산소를 배출하여 광합성을 하는 시아노박테리아와 산소를 흡입하고 이산화탄소를 배출하는 호기성 프로테오 박테리아가 서로의 필요에 의해 처음에는 – 악어와 악어새 같은 – 공생을 하다가 아예 한 몸인 키메라가 되어 오늘날 식물의 원조가 되었다. 오늘날 식물이 광합성을 하는 엽록체에는 시아노박테리아의 DNA, RNA, 리보솜 등이 남아 있어 식물 세포의 핵과는 독립적으로 생리작용을 수행하고 있다. 또한 오늘날 동식물의 세포 소기관으로 존재하는 미토콘드리아는 프로테오 박테리아가 원조이며, 생물에서 에너지 생성과 性, 죽음에 관여하는 독립 생리기능을 하고 있다. 파란 가을 하늘 아래 피어있는 붉고 흰 코스모스 세포 내에는 엽록체도 있고 미토콘드리아도 있어, 코스모스는 적어도 세 계통의 유전 형질이 모인 키메라이다. 따라서 우리 눈에 펼쳐진 넓고 푸른 숲은 사실 우글거리는 시아노박테리아의 무수한 군상들인 것이다.

　생물 간의 '내부 공생설'은 린 마굴리스(Lynn Margulis)가 처음으로 주장한 학자는 아니었다. 이미 19세기 말, 20세기 초 독일의 식물학자 쉼퍼(Schimper)와 소련의 식물학자 메레츠코프스키(Merezhkovsky)에 의해 '내부 공생설'을 제기하였으나, 당시의 과학 수준으로는 이론의 실증이 불가능했으므로 무시와 반증에 타격을 입고 1960년까지 생물학계에서는 사장된 이론이었다. 20세기 후반 전자현미경과 생화학 및 분자생물학의 발달에 힘입어, 오늘날 생물학자들은 엽록체와 미토콘드리아의 DNA 염기서열이 식물 세포의 핵 속에 있는 DNA 염기서열 보다 현존하는 시아노박테리아와 프로테오박테리아에 더 가깝다는 사실을 입증함으로써, 엽록체와 미토콘드리아가 내부공생에서 비롯되었다는 사실을 인정하고 있다.

현존하는 생물의 세포 속에는 핵(핵막과 염색체(DNA), 뉴클레오솜 등이 있다.), 세포막, 그리고 여러 가지 기능을 하는 세포물질이 많이 들어있는데 – 미토콘드리아, 골지체, 엽록체(엽록소), 리보솜, RNA, 소포체 등등이다. 보통 우리들은 이들 세포 소기관은 생물 개체가 변이와 자연선택을 통해 획득한 것으로 알고 있지만, 이들 세포 소기관의 대부분이 초기 생명(체)의 개체였으며, 하나의 영역(코아세르베이트라는 단백질 원시세포)안에서 이들이, 공생 또는 흡수, 스와핑에 의해 – 키메라가 되어 – 원핵(단세포) 생물로 출현했을 것으로 보고 있다. 또한 오늘날 분자 생물학자들은 생물 간 DNA 염기서열을 분석 비교함으로서, 진핵(다세포) 생물은, 약 7억 년 전 원핵(단세포) 생물 간의 키메라에 의해서 출현하였으며, 적어도 3~6번 이상의 키메라 과정이 있었음을 증명하고 있다.

약 46억 년 전, 지구가 오늘날의 모습으로 형성된 후, 약 5억 년이 지난 지구바다에서는 무기질에서 유기질이 형성되었으며, 아미노산은 스스로 덧붙임을 통해 수백만 가지 단백질을 합성하기 시작했었다. 당시 지구바다는 하나의 거대한 생명(체) 이었다. 인류는 2천 5백여 년 전 그리스 자연철학자들이 인식한 '생명의 무기질 기원'은 20세기 중반, 한 생화학자가 출현하기 전까지는 과학으로 증명할 방법이 없었다. 1953년 미국의 생화학자 '스텐리 밀러(Stanley Miller 1930~2007)'는 밀폐된 플라스크와 유리관 장치를 이용하여 그 안에 수소, 암모니아, 메탄이 가득했을 원시지구의 대기상태와 원시바다를 재현하고, 번개 대신 전기 스파크를 이용하여 생명물질 합성실험을 한 결과 일부 아미노산과 유기산이 생성된 것을 확인하였다.

실제로 오늘날 남아프리카에서 약 31억 년 전에 생성된 것으로 추정되고 있는 암석 속에서 22종의 아미노산을 검출한 바 있다. 이와 같이 유기질은, 지구가 식어져 보다 저온, 저압 하에서 외부 에너지에 의해 C, H, O, N, S 등이 '에너지 – 무기질 공진화'에 의해 암모니아(NH_3), 메탄(CH_4), 수증기(H_2O)가 생성되었고, 이들 유기분자가 '에너지 – 유기질 공진화'에 의해 단백질이 출현하여 오늘날 우리가 알고 있는 '생명 – DNA, RNA'가 출현한 것으로 보인다.

지구 생명사 약 40억 년 동안 약 35억 년 간 모든 동식물은 바다에서 젤리 같은 부드러운 몸으로 생활했기 때문에, 하나의 영역(코아세르베이트라는 단백질 원시세포)안에서 바다 생명(체)들이, 직접 공생 또는 흡수, 스와핑을 통해 키메라 진화가 가능했다. 약 5억 3천만 년 전 고생대 캄브리아기 초기에, 오늘날 지구상에 현존하는 - 학자들에 의해 분류법이 다르긴 하지만 - 이미 12개 식물門과 38개 동물門의 원조가 출현했었다. 이 시기에는 이미 절지동물門 곤충류에서 척색동물門 어류로의 진화는 불가능했다. 약 35억 년 간 생물은 바다생활을 통해 키메라에 의해 하등생물門에서 고등생물門으로 진화한 'DNA-RNA 생명정보'의 축적 - 수렴진화 패턴이었다.

약 7억 년 전 후, 특히 벌레 같은 부드러운 몸으로 생활하던 동물들이 굴이나 조개처럼 딱딱한 외투를 입고 출현하기 시작함으로써 키메라 진화 패턴이 끝나고 분화진화가 시작됐다. 이 시기에 생물은 개체만의 공간과 특성이 완전히 형성되어 물질대사를 통해 개체를 유지함으로써 다른 생물과의 직접 키메라가 불가능해졌다. 이로 인해 생물은 자신의 DNA-RNA 생성을 통해 진화가 시작되었는데 분화 진화란, 생물門에서 綱-目-科-屬-種으로 분화하는 진화로서, 오늘날 침팬지에서 인간으로 진화가 불가능한 이유이기도 하다. 이미 인간과 침팬지의 공통조상에서 분화진화가 시작되었기 때문이다.

키메라 진화에서는 'DNA-RNA'의 직접 덧붙임에 의해 진화가 발생했지만, 분화진화는 새로운 환경정보에 적응하는 생물개체의

'DNA-RNA' 변이와 性에 의한 'DNA-RNA'의 교류에 의해 진화가 일어나기 시작했다. 새로운 환경정보는 '무기질서' 환경뿐만 아니라 생태계를 포함하는'생명권'을 의미하는 것으로서, 분화진화는 새로운 환경 – 생명권에 의해 결정되었다. 마치 씨앗(생명 정보)이 외부 환경에 의해 싹이 트고 자라는 것과 같은 현상이었다. 결국 생물은 새로운 환경에 적응하여 살아가거나 진화를 했으며, 적응하지 못한 생물은 멸종되고 말았다. 그 예로 약 6천 5백만 년 전 공룡의 멸종은 급격한 지구환경의 변화에 따른 생명권 적응에 실패했기 때문이었다. 그러나 공룡의 일부 후손들이 오늘날 지구의 하늘을 새들의 낙원으로 만들었다는 사실은 **생물에서 진화와 멸종은 어떤 연관성이 있어 결국 멸종은, 새로운 세상의 출현을 시사하고 있다.**

先캄브리아기 어느 시점에서 시작된 생물의 분화진화 패턴은, 특히 동물에서 눈과 같은 오감의 출현으로 깜깜한 물질의 세상에서 처음으로 실눈을 가늘게 뜨고 아름다운 세계를 바라보기 시작한 신비스러운 사건들을 창출했다. 우리들의 눈은 메뚜기의 겹눈과 홑눈에서 진화한 눈이 아니라, 어류의 눈에서 개구리의 눈을 거쳐 다람쥐와 원숭이의 눈을 통해 진화한 눈이다. 더 나아가 오늘날 하얀 눈 위에 붉은 반점을 반짝이는 '안점 박테리아'가 우리들 눈의 원조로서, 키메라 진화에서 수렴된 척색동물門만이 분화 진화한 눈이다.

우리들 대부분은 의식(意識)이란 인간 고유의 정신현상이라 인식하고 있으며, 현재 자신이 직접 경험하고 있는 심적 현상의 총체로 정의하고 있다. 철학과 심리학에서 의식이란 꽃을 본다, 문제를 생각한다, 기쁨을 느낀다. 등 개체가 현실에서 체험하는 모든 정신작용과 그 내용을 포함하는 일체의 경험 또는 현상을 말한다. 심리, 경험, 현상 등과 같은 의미로 사용하기도 하며 '깨어 있는 상태'와 동일시되고 있다. 임상심리학에서는 자신과 환경을 확실히 알고 있는 상태를 의식청명(意識淸明)이라 하며, 그 청명도나 충실도 등이 어느 정도 이상 상실된 경우를 의식장애라 한다. 오늘날 지질학자와 생물학자, 동물학자는 암석과 식물, 동물은 소통을 한다는 사실이 잘 알려져 있다. 물론 학자들의 축적된 지식의 관찰인식이긴 하지만, 철이 녹슬거나, 식물은 물이 부족하거나 태양 빛이 강렬하면 시드는 현상이 나타나는데 이것은 학자들의 지식과는 전혀 관련이 없는 물질 자체의 상태 표현이며 정보이다. 이 정보를 물질의 의식청명 정도로 볼 수 없는 이유가 무엇인가?

　우리들은 지금까지 의식은 인간 고유의 영역이라 믿어왔기 때문에 호박덩굴이 한여름 태양빛 아래 시드는 현상을 '호박의 의식현상'이라 생각하지 못하고 있다. 식물은 잎 뒷면에 우리의 땀구멍 같은 기공이 있는데, 이곳을 통해 식물은 이산화탄소나 산소를 흡입 또는 배출하고 수분증발을 한다. 기공은 온도에 민감한 단백질로 형성된 기공세포로 이루어져 있는데 외기 온도가 높거나 수분이 부족하면 수분증발을 억제하기 위하여 기공을 닫아 잎이 수축함으로써 시드는 현상이 나타난다. 그 외 동물에서 듣고, 보고, 맛보고, 냄새 맡는 오감의 근원은 특수 단백질만 생성하는 단세포 박테리아에서 유래된 키메라이다.

분화진화에서 의식은, 모든 생물이 외부환경(무기질, 유기질 환경 - 생명권)에 적응한 단백질 구조(표현)이며 정보로서, 오감은 의식(단백질 정보)을 인식하는 통로이다. 프랑스 박물학자 라마르크(1744~1829)는 그의 저서 '동물 철학(1809)'에서 '생물의 복잡성'은 '의식의 복잡성'으로 이어지는 생물진화를 설파했었다. 이 이론에 따르면, 아메바는 개미의 세상을 인식하지 못하고, 개미는 강아지의 세계를 알지 못하고, 강아지는 인간의 세상을 인식하지 못한다. 만약 '무기질 우주질서'가 생명화하지 않았더라면, 오늘날 지구는 달 표면과 같이 삭막한 돌덩어리에 지나지 않았을 것이다. 단백질은 '물질의 의식화 현상'으로서 '깨어나는 물질' – 생명이다. 이 현상이 인간에 와서 '정신현상'으로 나타나기 시작하자 세상은 이미 생물의 세계가 아니었다.

약 2,350년 전 아리스토텔레스는 그의 저서 식물학에서 식물은 뿌리에 작은 입이 있어 '흙을 먹고 산다'고 했다. 18세기 근대 과학의 여명이 오기까지 이 말은 식물학에서 절대 진리였다. 19세기에 들어와서 식물학자들은 일정량의 흙을 화분에 넣고 식물을 재배한 후, 흙을 저울에 달아보니 흙의 무게가 변함이 없는 사실을 발견하였다. 이후 식물학자들은 식물의 광합성작용을 발견하였으며, '식물은 뿌리에 입이 있어 흙을 먹고 사는 것이 아니라, 흙속에 있는 N, P, K, Ca, B 등 식물의 양분을 선택 흡수하며 살아간다.'고 의기양양하게 아리스토텔레스의 말이 틀렸다고 천명하였다. 식물학자들은 N, P, K, Ca, B 등 식물의 양분을 비료로 만들기 시작했으며 그로 인해 비약적인 농업의 발달에 크게 이바지하게 되었다.

20세기, 여러 분야의 과학이 발달해지면서 식물학자들은 그 N, P, K, Ca, B 등 식물의 양분이 바로 지각을 이루는 흙의 한 요소임을 알게 되자 "식물은 흙을 먹고 산다."는 아리스토텔레스의 말이 옳았다는 것을 깨닫게 되었다. 그러나 아리스토텔레스의 "식물은 흙을 먹고 산다."는 말과 오늘날 식물학자들이 "식물은 흙을 먹고 산다."는 말은 같은 말이지만, 그 말에 내포하고 있는 인간 의식의 크기는 다르다. 인간의 의식은 이미 '폐쇄된 영역' 단백질 정보 – 의식이 아니다. 그리스 엘레아학파 제논(BC 495~430)의 변증법(辨證法) 성장패턴이다.

3. 정신 - 생명을 넘어서!

약 138억 년 전 '빅뱅'이래 소립자에서 시작된 '무기질 진화'가 우라늄에서 끝나고, 적어도 지구상에서 생명이 출현하는데 약 100억 년이나 걸렸다. 돌덩이 같은 삭막한 지구에 꽃이 피고 강아지가 뛰노는 낙원으로 변한 것은 '무기질 우주질서'의 '단백질 표현'이 가능했기 때문이었다. '생명'은 '무기질 세상'의 내세였다.

꽃과 강아지가 다른 것은 단백질 종류가 다르기 때문인데, 단백질은 곧 설계(DNA)와 제작(RNA)이라는 생물의 정보가 A-T-G-C 4개의 암호로 아미노산을 합성하여 만든다. 따라서 생물은 '정보의 현현(顯現)' - 성장을 통해 꽃은 꽃으로, 강아지는 강아지로 자신의 정체성을 나타낸다. 키메라(Chimera)진화 이후부터 생물은, 변화하는 지구환경에 적응하여 살아가기 위해 A-T-G-C 4개의 암호는 끊임없이 순서가 바뀌거나 'DNA 염기서열'이 길어지는 변이가 일어났는데, 생물에서 성장은 DNA-RNA 프로그램이지만, 진화는 'DNA-생명권 공진화'를 통한 생명정보(우주질서의 단백질 표현)의 축적이었다.

물질과 생명과 정신은 '복잡성의 물질적 결과'이지만, '무기질 진화'는 '물질 양의 변화에 따른 물질의 질적 변화 법칙'에 따라 '물질의 덧붙임 진화'나 '생물의 진화'는 'DNA-RNA 생명정보'의 축적이었다. 약 40억 년 지구 생명 사(史)에서 'DNA-생명권 공진화'의 정점에서 출현한 인류는 개체가 하나의 생명권이다. 유리창 너머 자연 - 생명권(무기질, 유기질 지구환경)이 인간 개체에 존재하는 약 30억 개 'DNA-RNA 생명정보'의 현상이라는 의미이다. 옛날부터 불교 철학에서는 이 현상을 '인간의 내면'이라 인식했으며, 자연을 통해 자신의 정체성을 인식하곤 했다.

아프로아시아 육괴(아프리카와 유라시아가 합쳐진 고대륙)시대부터, 오늘날 스페인 이베리아 반도에서 그 폭이 북아프리카 사하라 사막까지, 그 길이가 동북부 시베리아에 이르기까지, 지금은 지중해 - 사하라 사막 - 아라비아 사막 - 이란 카비르 사막 - 아프가니스탄 고원지대 - 타클라마칸 사막 - 고비 사막 - 몽골초원과 시베리아 툰드라가 펼쳐져 있지만, 약 3천만 년 전만 해도 이 스페인 - 시베리아 벨트는 울창한 삼림지대로서 원숭이들의 낙원이었다(오늘날 석탄과 석유의 매장량이 가장 많은 곳이다.). 약 1천만 년 전후, 지구의 지각변동과 건조한 기후에 의해 삼림대가 점점 줄어들어 초원으로 변하여 사막화가 가속되었다. 원숭이들 대부분은 후퇴하는 삼림을 따라 숲속으로 들어갔지만, 병신이라 취급받던 일단의 '꼬리 없는 원숭이들'중, 두 발로 곧게 서서 대평원을 둘러보기 시작한 원숭이가 있었다. 인류의 출현이었다.

　인류는 직립보행을 함으로써 자유로워진 두 손으로 도구를 제작하기 시작했으며, 뇌와 척추가 일직선상에 놓여 있어 성대의 폭이 넓어져 20~26가지 다른 소리를 낼 수 있기 때문에 언어로의 진화가 가능했다. 같은 조상에서 갈라진 침팬지는 너클 보행을 함으로써 두 손은 앞발의 역할에 머물었으며, 뇌가 척추에 구부러져있어 성대가 좁아 5~6가지 소리밖에 낼 수 없기 때문에 언어로의 출현이 불가능했다. 인류의 직립보행 – 언어의 발달 – 뇌의 진화는 자유로운 두 손과 언어라는 '정보의 전달 수단'과 '정보의 공유성'을 획득함으로써 침팬지와는 전혀 다른 세상을 만들기 시작했다.

　'생명현상'에서 '살아있다'는 의미는 '폐쇄된 영역'생명(체) 내에서 '물질을 생성하고 소모하는 현상'이다. 그러나 'DNA-RNA 생명정보'(씨앗)만으로는 '생명현상'이 발생하지 않는다. 모든 생물은 자신이 '살아있다'는 사실을 알고 있어 살아가기(성장, 번식) 위해 끊임없이 외부로부터 물질과 에너지의 획득과 공급이 필요한, 절대 외부 의존성 존재로서 생명은 개체성이지만, 생존은 공유성이다. 이 '생명현상'이 인류에게 와서 생명(체) 안에서는 물론, 생명(체) 밖 – '개방된 영역'에서 '물질을 생성하고 소모하는 현상'이 발생했다. 바로 문화, 문명의 출현이다. 물론 개미나 꿀벌과 같은 일부 동물에게도 생명(체) 밖에서 물질을 생산하고 사회생활을 하지만, 이는 'DNA-RNA' 프로그램(본능)일뿐, 암사동 움집을 오늘날과 같이 123층 빌딩으로 변화시킨 문화, 문명과는 차원이 다르다. 이 인류의 능력은 어디서 오는가? 이것은 무엇인가? 왜 발생하는가?

1931년, 케냐 출생의 영국 고인류학자 루이스 리키(Louis Leakey 1903~1972)는 탄자니아 세렝게티 국립공원 동부 '올두바이 계곡(Olduvai gorge)'에서 약 200~150만 년 경 지층에서 50여 종의 석기를 발견했었다. 주로 짐승의 뼈에서 고기를 발라내기 위해 사용한 것으로 추측되는'뗀석기'와 큰 뼈를 깨고 열어서 골수를 얻기 위해 사용한 주먹도끼가 주류를 이루고 있었다. 훗날 이들 석기를 제작한 자들의 화석이 발견됨으로써 '호모 하빌리스(Homo habilis)' – '손을 쓴 사람'이라 명명하였다. 이들은 약 233~140만 년 전 제4기 플라이스토세에 살았던 사람 속(屬) 화석인류로서, 약 200만 년 전 사하라사막 이남에서 출현하여 약 50만 년 간 생존했던 현생인류의 직계 조상 고리로 보고 있다. 이들이 남긴 조잡한 석기유물만으로 이들이 어떤 삶을 영위했는지 자세히 알 수 없지만, 인류가 '어떤 목적의식'을 가지고 석기를 제작했다는 사실은 인류가 이미 생명을 넘어 다른 세상을 향해 걷기 시작했음을 시사하고 있었다.

'호모 하빌리스(Homo habilis)'와 거의 동시대에 생활했을 것으로 추정되는 '호모 에렉투스(Homo erectus 直立原人)'는 약 180만 년 전 동아프리카에서 출현하여 구대륙 전 지역에 석기유물을 남겨놓았는데, 1929년 '샤르댕'을 비롯해 캐나다의 '데이비드슨 블랙'과 중국의 '배중문' 등 일련의 '고인류학자들'이 베이징 서남쪽 주구점에서 약 70만 년 전에 생활했을 것으로 추정되는 '북경원인'을 발견했었다. 이들은 석회석 동굴에서 생활을 했었는데 '찍개'라는 중기 구석기 유물뿐만 아니라 불을 사용한 화덕을 남겨놓았다. 화덕은 인류가 이미 오래 전부터 불을 이용했었다는 직접 증거로서 가족단위 내지 씨족단위 인류의 사회성을 나타내고 있는 인류 최초의 문화흔적이었다. '북경원인'이 발굴된 이후 구대륙 전 지역에서 '호모 에렉투스'의 화석과 석기유물이 많이 발견되었는데, 특히 프랑스 중부 쌩 아슐(Saint Acheul)에서 대량으로 발굴된 아슐리안 주먹도끼는 오늘날 '맥가이버 칼'처럼 다용도로 사용한 석기로서, 우리나라에서도 1978년 한탄강 유역에서 동아시아에서 최초이자 유일하게 발견됐었다(연천 전곡리 선사유적지 참고).

약 250만 년 전 '오스트랄로피테쿠스'(Australopithecus – 아프리카 남쪽에 사는 꼬리 없는 원숭이) 유인원의 역기(礫器 - 큰 돌을 내리쳐 만든 조약돌)에서 시작된 인류의 구석기 문명은 약 1만 년 전 '신석기문명'이 출현하기 전까지, 역기에서 '뗀석기'와 '찍개', 아슐리안 주먹도끼로 아주 느리기는 해도 기술진보가 있었다. 또한 어떤 '목적의식(설계 DNA)'을 가지고 제작(생성 RNA)이 생명(체) 밖에서 이루어졌으며, 그 '석기제작 기술정보'는 'DNA-RNA'가 아닌 '모방학습'과 언어를 통해 유전되었다. 지금까지 생물의 세계에서 정보는 모두 'DNA-RNA'가 아니면 유전이 불가능한 일이었으며, 생물의 세계에서 불가능한 이 현상이 문화, 문명의 근원이다.

유인원(類人猿)에서 시작된 인류 진화의 축은 '직립보행'과 '뇌의 용량'에 있었는데 '직립보행'은 자유로운 두 손(제작-RNA)과 언어(설계-DNA)를 획득했으며, 뇌는 오감을 통해 인식된 정보를 축적(동조)할 수 있었기 때문에 언어를 통한 정보의 전달과 공유가 가능했다. 우리들 대부분 지식은 암기하여 뇌에 저장된 정보라 인식하고 있지만, 인간의 뇌에는 컴퓨터처럼 '주기억장치'가 없다. 오감으로 인식된 정보가 바로 자신의 내면 - 약 30억 개 'DNA-RNA' 정보로서 '공명현상'의 결과이다. 인간의 몸은 머리끝에서부터 발끝까지 똑같은 약 30억 개 DNA-RNA 정보가 들어있는 약 50조 ~ 60조 개 단세포 결합체로서, 개개의 단세포가 '주기억장치'이다. 뇌는 수많은 뉴런을 통해 이들과 '공명현상'을 통해 동조할 뿐이다. 인간 개개인에 나타나는 이 현상을 정신현상이라 하며, 생명은 꽃을 만드는 정보(DNA-RNA)이지만, 정신은 꽃의 근원정보 이다. 결국 언어는 뇌가 동조한 정신정보의 표현력이다.

침팬지 또한 '동조현상'을 통해 사물을 인식하지만, 뇌의 용량이 작아 '공명현상'이 매우 제한적이며, 언어가 없어 정보의 공유가 거의 불가능함으로써 '사물인식'이 개체성으로서 '현상인식'에 머물러 있다. 인류의 언어를 통한 '의식의 공유성'은 바로 뇌에 축적(동조) 될 수 있어 시간개념과 관념의 형성이 가능했다. 이 '정신정보'는 곧 '무기질 진화'를 출현시킨 '우주질서의 정보'로서 '물질이 생성되고 소멸하는 원리'였다. 이 원리를 획득한 인류는 '정신정보의 공유성'을 통해 '설계정보-DNA'는 문화에, '제작정보-RNA'는 문명에 축적함으로써 인류는 스스로 자신의 삶을 개척하기 시작했다. 이미 인간은 생물이 아니었다. **샤르댕이 단백질에 의한 생물의 진화가 인간에게 와서 끝났다고 보는 이유이다.**

약 250만 년 전부터 시작된 인류의 '석기제작'은 정신출현의 출발점으로서, 정신에 의해 '물질이 생성되고 소멸하는 원리'는 곧 '우주질서의 정보'였다. 그리스 자연철학자 헤라클레이토스(Heraclitos BC 540~480경)는 이 원리를 Logos라 인식했으며, 아리스토텔레스는 자신은 변하지 않으면서 다른 것을 변화시키는 '부동의 원동자(不動의 原動子)'로 인식했다. 나아가 복음사가 요한은 '말씀'으로 인식했으며, 스콜라철학에서는 神의 본질이라 인식했다. '정적인 세계관' 시대에 살았던 이들에게 '우주질서의 정보'는 원래부터 있어 왔던 '존재'였다. 그러나 오늘날 우리들은 이 원리가 약 138억 년 전 '빅뱅'이래 '무기질 진화'가 수많은 시행착오(試行錯誤)를 거쳐 형성된 원리임을 잘 알고 있다. 약 40억 년 전 시작된 '지구 생명 사(史)'는 다시 이 원리에 따라 진행됐으며, 샤르댕이 이 원리의 근원을 온전히 이해한 것은 아니었지만, '생물의 진화'를 '정향진화'로 인식한 이유였다. 그러나 우리가 여기에서 이해할 수 없는 것은 '생물의 진화'에 수많은 혼란과 시행착오(試行錯誤)가 있었음에도 이 '원리'가 반복된다는 사실이다.

　무기질에서 물질과 정보가 하나이던 것이 생물에 와서는 물질(단백질)과 정보(생명)가 분리되어 정보(생명)만을 통해 물질의 '연속성'을 획득했다. 인간에 와서 다시 물질과 정보가 하나로 수렴되기 시작했으며, 정신은 '물질과 정보가' 하나로 통합된 '정보의 정보화 현상'으로서, 생명이 '의식이 깨어나는 암석'이라면, 정신은 '스스로 자신을 인식하는 암석'이다. **샤르댕은 일찍이 이 현상을 '물질의 인간화' – 靈으로 인식했으며, 인간은 靈의 소립자로서 '인간은 靈的인 존재가 아니라, 靈이 되어가는 존재'라 인식했다. 결국 정신은 생명의 내세였다.**

　오늘날 '인간 게놈 프로젝트'에 의해 DNA의 약 30억 개 염기서열의 구조가 규명되었지만, 그 정보가 무슨 뜻인지 알고 있는 범위는 겨우 10%도 안 된다. 그 나머지 90%는 아직도 무의식의 세계이다. 오늘날 인류가 이룩한 문화, 문명은 겨우 10%도 안 되는 의식의 세계이다. 우리가 神과 인간에 대한 정의(定義)가 불가능한 이유이다. 그러함에도 불구하고 오늘날 모든 종교와 철학은 자신들의 진리가 절대 불변하는 진리인양 믿고 설파하고 있다. 얼마나 많은 인간들이 어리석은 이들에 의해 자신의 삶의 의미도 모른 채 세상에 왔다 흔적 없이 사라지는가! 특히 자연과 인간의 내면이 동등성임을 깨달은 불교철학조차 겨우 10%도 안 되는 의식의 세계에 안

주하는 어리석은 '산속의 미신'으로 전락하고 있다.

　예수의 가르침은 그리스 철학에서 나온 말씀이 아니다. 이것을 깨닫지 못하는 오늘날 가톨릭(그리스도교)이 '서양미신'으로 전락하는 이유가 여기에 있다. 약 5천 년 전 수메르 인들이 점토판에 쐐기문자로 기록한 '길가메시 서사시'의 창조설화가 히브리인들에 의해 구약의 창세기로 우리들에게 전해졌으며, '우리와 함께 계시는 하느님'과 '하느님 나라의 완성'을 향한 희망으로 살아온, 히브리인들 삶의 전통 속에서 가르침이 나온 예수의 말씀이었다. 나아가 새로운 물질의 생성은 새로운 환경을 조성하여 새로운 인간성을 형성한다고 가르치셨다. "새 포도주는 새 부대에 담아야 한다."(마르2,22)

　강제라도 '소유의 철폐'로 평등한 세상이 오리라 굳게 믿고 있는 '마르크스주의자들'은, 인간 개개인의 약 30억 개 DNA 정보가 약 138억 년 간 축적된 '우주질서의 정보'라는 사실을 모르고 있었다. 이것은 소유가 아니라 인류의 공통된 '공유성'이다. 더구나 정신은 물질의 소산이 아니라 생명의 소산으로서 그 자체가 정보이며 인식하는 물질이다. 곧 인간과 정신은 동의어이다. 마치 코스모스가 씨앗(생명정보)을 통해 '연속성'을 이어가듯이, 인간은 씨앗(생물)이 아닌 자신의 '정신정보'를 통해 '연속성'을 이어간다. 그들은 생명과 정신의 '연속성'이라는 의미를 몰랐다. 또한 '마르크스주의자들'이 꿈꾸는 '유토피아'나 가톨릭(그리스도교)의 '완성된 하느님의 나라'는 10%도

3. 정신 - 생명을 넘어서!

안 되는 의식의 세계에서는 불가능한 세상임을 몰랐다. 먼 훗날 90% 무의식 세계가 모두 의식화 되는 그날이 오면, '유토피아' - '하느님 나라'가 완성될 것이다. 그러나 우리들은 '메시아'의 강생(降生)이 인류의 '공유성'과 동의어임을 그들에게서 배웠음을 잊지 말아야 한다.

땀 흘리는 양의 비례로 분배되는 '분배의 정의'가 결여된 자본주의는 마르크스의 예언에 따라 시장에 내다 팔 상품이 사라지면, 달리 말하자면 상품을 살 사람이 없어지면, 피 흘리는 혁명이 아니어도 사라지게 되어 있다. 그렇다고 '생태환경 운동가들'처럼 모두가 산 속으로 들어가 괭이와 호미로 땅 파고 산다고 상품이 사라지지는 않는다. 오늘날 인류는 원자단위에서 에너지의 비밀을 알고 있으며, 물 한 바가지에 한반도를 순식간에 날릴 수 있는 에너지가 숨어있음을 잘 알고 있다. 가까운 시일에 인류는 물 쓰듯 전기를 쓰는 날이 곧 온다. 식물의 광합성 작용원리를 알기 시작한 인류는 머지않아 쌀과 보리와 육류와 물고기 같은 식량뿐만 아니라, 생필품 또한 스위치 하나로 자급자족의 시대가 온다. 그러나 여기가 '완성된 하느님 나라'는 아니다. 10%도 안 되는 의식의 세계에서 바라보는 가까운 인류의 미래일 뿐이다.

인간의 고통은 부족(不足)에서 온다. 부족이 채워지면 고통은 사라진다. **가난은 부족이다. '절대가난'이나 '구조적 가난'이나 채워진 부족은 또 다른 부족을 불러온다. 욕망이 아니라 인간은 성장하기**

때문이다. 인간의 '생물성장'은 본성으로서 '개체성'이지만, '정신성장'은 사회 내에서 '공유성'을 통해 성장하기 때문에 '개체성'과 '공유성'이 언제나 일치하지 않는다. 따라서 인간은 행동할 때 선택을 하게 되는데, 인간의 이 선택능력을 우리는 이성이라고 말한다. 결국 이성은 본성을 내포하고 있는 '공유성'을 통해 형성되는 '판단능력'으로서, 이성은 언제나 '공유성'을 선택하지는 않는다. 여기에서 인간의 善과 惡이 발생하는데, 그렇다고 '공유성 선택'이 절대 善이라는 의미는 아니다. 부족(不足)은 惡이 아니라 善에서 발생해야 하며, 인간(인류)의 구원과 해방은 스스로 부족을 인식하지 않는 한, 누군가에 의해 구원되거나 해방될 수 있는 인간 구조가 아니다.

약 10만 년 전만해도 지구상에는 6種 이상의 인류가 살고 있었다. 프랑스의 **크로마뇽인**, 유럽과 서아시아의 **네안데르탈인**, 오늘날 고인류학에서 '**호모 에렉투스**'로 분류되는 동아시아의 **북경원인**, 인도네시아 자바섬의 **솔로엔시스**, 알타이 산맥의 **데니소바인**, 폴로렌스 제도의 **난쟁이** 등이다. 현생 '호모사피엔스'는 아담과 이브에 의한 단일 種이 아니라, 이들 人類種이 생물의 유전과 문화, 문명이 만들어낸 수렴 種이다. 인류는 단백질의 한계 – 폐쇄성을 벗어나 '생명권' 위에 '정신권'을 형성하여 문화, 문명을 출현시켰다. 이것은 DNA가 아닌 '정신권' – 사회를 통해 유전되었으며, 생성, 성장, 소멸을 반복하면서 보다 복잡한 사회구조와 인류의

3. 정신 – 생명을 넘어서!

정신성장을 이끌어 왔다. '나'라는 개체는 수억 년 간 축적된 생명정보로서, 수백만 년 간 형성된 '정신정보 사회'에서 삶을 영위하는 '나'만이 아닌 '나'이다. '나'라는 죽음이 '개체성'이라 인식하는 사람들에게는 천당(극락)과 지옥이 보이지만, '공유성'이라 인식하는 사람들에게는 천당 – 부처만 보인다. 아직은 인간에게 죽음은 선택이다.

"무엇이든 자신이 태어나기 전보다 조금이라도 나은 세상을 만들어 놓고 가는 것. 당신이 이곳에 살다 간 덕분에 단 한 사람의 삶이라도 더 풍요로워지는 것, 이것이 바로 성공이다."
– '랄프 왈도 에머슨'(Ralph waldo Emerson 1803~1882) 미국 개신교 목사

"내가 존재하는 이유는 나를 통해 참된 진리가 빛나는 것뿐입니다. 마지막에 나는 사라져야 합니다. 다만 그 진리가, 내가 마음을 쏟았던 사람들 속에서 계속 빛나고 있으면 되는 것입니다."
– '토마스 매터스'(Thomas Matus) 가말돌리회 수사 神父
<그리스도교의 아주 큰 전환 – 김재희 역, 대화출판사 펴냄. 본문 중에서>

4. 의식과 정신

프랑스의 박물학자 라마르크(Lamarch 1744~1829)는 식물학과 동물학을 합쳐 최초로 생물학이라 명명했으며, 그의 저서 동물철학(1809)에서 '생물의 복잡성'은 '의식의 복잡성'으로 이어지는 생물의 단계적인 진화론을 제시했다. 당시 일반인들은 물론 지질학 및 생물학을 전공하는 과학자들조차 진화를 인식하지 못한 시대에, 더구나 '의식'은 인간 고유의 '정신현상'으로만 알고 있던 당시 사람들에게 '의식의 복잡성'으로 이어지는 생물의 단계적인 진화론은 '라마르크'의 상상으로 치부하고 말았다.

우리는 지금까지 정신은 영혼이라는 비물질 기능 - 현상을 올바르게 인식하고, 유지하는 기능 - 으로서, 존재론이며 이원론인 '정적인 세계관'에서 형성된 인류의 공통된 개념이었다. 만약 현상이 '동적인 세계'에서 일원론으로 발생하는 '정신'이라면, 단순히 '영혼이라는 비물질 기능'으로 인식할 수만은 없다. 프랑스 예수회 사제이며 지질학자, 고생물학자, 고인류학자 '떼이야르 드 샤르댕

(1881~1955)'은 그의 저서 '자연 안에서 인간의 위치(1949)'에서 '라마르크'의 '생물의 복잡성'은 '의식의 복잡성'으로 이어지는 생물의 단계적인 진화론을 통해 인류에게 와서 단백질에 의한 생물의 진화가 끝나고 정신에 의한 새로운 진화가 시작되었다고 설파하였다. 그에게 있어서 의식과 정신은 연속성을 갖는 하나의 정보로서 오감을 통한 인식에서부터 출발했다.

거의 모든 식물의 잎은 한 여름 태양빛 아래에서 시들어 축 쳐지는 현상이 일어나는데, 잎사귀 뒷면에는 우리의 땀구멍 같은 기공이 있어 이곳을 통해 식물은 Co_2나 O_2를 흡입하거나 배출하고 수분이 증발하기 때문에 태양빛이 작열하면 수분증발을 억제하기 위해 기공을 닫기 때문에 잎이 시드는 현상이 일어난다. 이 기공을 여닫는 세포를 '기공세포'라고 하는데 온도에 매우 민감한 단백질로 구성되어 있다. 적어도 식물은 '기공세포'를 통해 외부 환경, 특히 온도를 인식할 수 있다. 또한 작물이 바이러스나 박테리아 세균에 감염되었을 경우 병반이 붉은 반점을 띠거나 검은 반점을 띠는데 농부는 이런 병반을 통해 작물의 병을 인식할 수 있어 살균제를 이용하여 작물의 병을 치료할 수 있다. 이것은 농부와 작물과의 의사소통의 하나이다.

연두벌레(Euglena)는 몸속에 엽록체를 갖고 있어 광합성을 하는 원생동물로서 빛에 민감한 안점을 갖고 있다. 연두벌레는 안점을 통해 빛이 밝은 곳으로 이동함으로써 활발하게 광합성작용을 할 수 있다. 안점은 빛에 민감한 단백질로 이루어져 있으며, 오늘날 하얀 눈 위에 붉은 색소를 띄는 '안점 박테리아'가 그 시원이라 보고 있다. 그 외에 동물에서 청각, 후각, 미각 등은 '소리에 민감한 단백질', '냄새에 민감한 단백질', '맛에 따라 반응하는 단백질'의 특성에 의해서 오감이 형성된다. 우리들은 지금까지 동물의 오감은 種 개체의 돌연변이에 의한 자연선택의 결과물이라고 알고 있지만, 오감의 시원은 각각 독특한 단백질만을 생성하는 박테리아의 Chimera이다.

1967년 미국의 생물학자 린 마굴리스(Lin Margulis 1938-2011, 당시 '칼 세이건'의 아내)는 <이론생물학 저널>에 열다섯 번이나 거절당했다는 자신의 논문 <분열하는 세포의 기원에 관하여 On the Origin of Mitosing Cells>에서 식물엽록체의 기원이 시아노박테리아(광합성작용을 하는 미생물 남조류)라는 사실뿐만 아니라, 진핵세포에서 호흡을 담당하는 미토콘드리아도 산소를 흡입하고 이산화탄소를 내뿜는 프로테오 박테리아에서 기원하였다고 주장하였다. 오늘날 식물의 원조는 시아노박테리아와 프로테오 박테리아의 '내부공생'의 결과임을 입증한 것이다. 다윈의 진화는 공통조상을 가진 자손들이 서로 달라지면서 기본적으로 가지치기하는 과정으로 설명되었는데, '린 마굴리스'는 가지들이 서로 합쳐져 새로운 종이 발생함으로써 모든 생물은 Chimera라고 주장하였다.

생물진화의 '내부공생설'은 19세기 말 20세기 초 독일의 생물학자 '쉼퍼(Schimper)'와 카잔대학의 생물학자 '메레츠코프스키(Merezh-kovsky)'에 의해 처음으로 제기된 학설로서 당시는 전자현미경이 아직 발명되지도 않았고 분자생물학 또한 없었던 시절이었기 때문에 가설은 한동안 논쟁을 일으켰으나, 결국 무시와 반증에 타격을 입고 60년대 초까지 생물학에서 사장된 이론이었다. 60년대 중반 주사전자현미경의 개발과 분자생물학의 발달에 힘입어 엽록체는 시아노박테리아가 기원이며, 미토콘드리아는 프로테오 박테리아의 기원임이 '분자생물학자'들에 의해 규명되었다.

지구 생명 史 약 40억 년 동안 생물은 약 35억 년 간을 바다에서 부드러운 젤리 같은 몸으로 생활을 했는데 오늘날 현존하는 모든 식물門과 동물門의 원조가 이 기간에 생물간 Chimera에 의해 진화가 일어났다. 오늘날 동물에 나타나는 오감현상은 예를 들면 고등동물의 시각은 절지동물門(곤충류)의 더듬이와 겹눈과 홑눈이 진화한 결과물이 아니라 척색동물門의 원조 화석인 피카이아(Pikaia)나 해구어(海口魚, 1999년 중국 해남성에서 발견한 가장 오래된 5억 3천만 년 전 척색동물)에는 눈을 비롯해 원시이긴 하지만, 오감이 형성되어 있었다. 피카이아나 해구어는 오늘날 거머리 비슷한 동물인데(실제로 거머리는 환형동물門이다.) 어류 – 양서류 – 파충류 – 포유류를 거쳐 영장류에서 인류가 출현하였다. 결과론 인식이기는 하지만, 척색동물門 진화의 축은 오감의 기능과 신경계통의 발달과 뇌의 진화로서 생명(체) 내 외부의 조건과 환경을 인식하여 그 정보를 축적한 데에 있었다.

　암석은 그 자체가 형성된 어떤 내력을 갖고 있는데 우리들은 보통 그 내력을 정보라고 한다. 오늘날 지질학자들은 그 정보 – 암석이 형성된 내력 – 를 정확히 읽을 수 있다. 나아가 물리학자들은 암석의 본질까지는 완벽하게 못하지만, 소립자까지 그 정보를 알고 있다. 그러나 암석과 같은 무기물질은 그 자체가 물질이며 정보이다.

　생물에서 꽃과 강아지가 다른 것은 단백질의 종류가 다르기 때문인데 단백질은 아미노산이라는 유기물질을 DNA-RNA의 프로그램에 의해 생성된다. 컴퓨터에서는 0과 1 이진법을 이용해 모든 프로그램을 실행하지만, DNA-RNA는 A-T-G-C 4개의 염기 암호를 이용해 지구상의 수백만 생물種의 단백질을 생성한다. A-T-G-C 4개의 염기 암호 중 3개가 1개의 아미노산을 지칭하기 때문에 $4^3=64$개의 아미노산을 지칭할 수 있다. 자연에서 아미노산은 약 100여 개가 존재하지만, 그 중 20개 아미노산만이 생명(체) 단백질 생성에 관여하기 때문에 A-T-G-C 4개의 염기 암호로만으로도 모든 생물의 단백질을 생성할 수 있다.

　꽃과 강아지가 되게 하는 정보는 DNA에 저장되어 있고 그 정보를 읽고 해석해서 단백질을 합성하는 역할은 RNA가 한다. DNA는 '물질의 정보화 현상'이며, RNA는 '정보의 물질화 현상'으로서 DNA-RNA 그 자체가 암호화 된 정보이다. 생물에서부터 단백질을 통해 정보(DNA-RNA)와 물질(생물)이 분리되기 시작했다. 파란 가을하늘 아래 울긋불긋 코스모스는 추운 겨울을 넘기기 위해 자신의 정보(DNA-RNA)를 씨앗에 담아 남기고 개체(생물)는 소멸(죽음)한다. 이듬해 봄, 씨앗(DNA-RNA 생명정보)은 싹이 터서 한여름 무럭무럭 자라, 파란 가을하늘 아래 울긋불긋 코스모스 꽃을 다시 활짝 피운다. 생명(DNA-RNA 생명정보)은 물질이 획득한 '불멸성'이며 '연속성'이다.

'불멸성'을 획득한 생명(DNA-RNA 생명정보)은 처음에는 Chimera를 통해, 그 후에는 생명권(생태환경) 내 '적응 진화'(생물간 정보교류)와 種내 性의 분화를 통해 정보가 교류되고 축적되어 다양한 생물種을 출현시켰다. 생명권 내 정보는 바로 단백질(생물)을 의미하는 것으로서 '라마르크'의 '생물의 복잡성'은 '의식의 복잡성'으로 이어지는 단계적 진화에서 생물과 의식(정보)은 같은 단백질을 의미했다. 즉 생물은 단백질의 세계이다.

오늘날 인류의 DNA 염기서열 정보가 약 30억 개 나열되어 있는데 침팬지와는 겨우 1.6% 차이밖에 나지 않는다. 이 1.6% 차이에 인류의 문화, 문명이 있다. 생물은 '폐쇄된 영역' 내에서 'DNA-RNA'에 의해 '정보를 축적하고 물질을 생성하고 소비하는 현상'이다. 그러나 인류는 생명(체) 밖에서도 '정보를 축적하고 물질을 생성하고 소비한다.' 물론 새들도 둥지를 만들고 개미나 꿀벌도 정교한 집을 짓고 살고 있지만, 약 1억 3천만 년 전 출현한 개미와 벌집은 오늘날과 거의 변함이 없는데, 약 6천 년 전 암사동 움집이 오늘날 123층 빌딩으로 변천한 인류의 문명과는 차원이 다르다. 개미나 꿀벌의 집짓기는 DNA-RNA 프로그램이지만, 빌딩은 단백질 프로그램으로는 불가능하다.

약 500만 년에서 700만 년 전 사이 '너클 보행'을 하는 일단의 '꼬리 없는' 원숭이들 중에 '직립보행'을 하는 유인원이 출현하였다. 이들은 자유로워진 두 손으로 도구를 제작하기 시작했으며, 머리가 척추에 일직선상에 놓여있어 성대가 넓어 20~26가지 이상의 소리를 낼 수 있어 언어로의 진화가 가능했다. 또한 뇌의 진화는 인류가 오감을 통해 인식된 단백질의 세계, 생명권 정보의 저장을 가능케 했으며, 뇌에 저장된 정보는 언어를 통해 공유됨으로써 자신이 경험하지 못한 세상에 대한 인식의 폭이 넓어질 수 있었다.

생물진화의 정점에서 출현한 인류는 개체가 하나의 '생명권'이다. 인간DNA 약 30억 개 '생명정보'가 약 40억 년 지구 생명사의 축적된 정보라는 의미이다. 엄밀히 말하자면 인간 개체가 약 138억 년 전 '빅뱅'이래 축적된 정보 – 물질이라는 의미이다. 생물의 출현으로 단백질에 의해 물질과 정보가 분리되기 시작하여 인류의 출현으로 언어와 뇌의 진화를 통해 정보만을 수렴하기 시작했는데 이 현상을 우리는 인간의 '정신현상'이라고 한다. 여기에서 '수렴되는 정보'는 'DNA-RNA 생명정보'로서 단백질이 아니라 언어를 통해 공유되는 정보이다.

생물에서 의식 곧 정보는 단백질 자체이기 때문에 정보의 축적이 진화로 나타나지만, 인간은 오감으로 인식된 정보가 바로 자신의 내면이기 때문에 단백질화가 안되고 뇌에 '지식정보'로 축적된다. 뇌에 축적된 '지식정보'는 '개방된 영역'에서 '공유성'을 통해 문화, 문명을 형성하는데 '공유된 의식'을 우리는 '정신'이라고 말한다. '정신현상' 즉 '공유되는 의식'은 인간 내부가 아니라 외부에서 발생하여 다시 인간 내부로 의식화되고 뇌에 축적되어 '지식정보'로 전환되기 때문에 우리들은 보통 '의식'과 '정신'을 같은 의미로 인식하고 있다. 그러나 의식은 어디까지나 개체성이며, 정신화된 의식은 공유성으로서 여기에서 인류의 이성이 출현하여 자연법칙이 인류에게 와서 윤리로 나타난다. 또한 인간에게 의식과 정신은 그 정보가 뇌에 축적되기 때문에 유전이 불가능하다. **인간은 생물이 아니다.**

인류는 '생명권' 위에 '정신권' – 사회성을 형성하여 '정신정보'는 DNA와 같이 문화를 형성하고 그 정보는 RNA와 같이 물질화 하여 문명을 발생시킨다. 즉 '공유된 의식' – 정신은 그 자체가 DNA이고 RNA으로서 물질도 생명도 아닌 제3의 물질 – 스스로 인식하고 깨어나는 물질이다. 약 138억 년 전 '빅뱅'이래 적어도 지구상에서 무기질에서 생명이 출현하는데 약 100억 년이 걸렸다. 다시 생명에서 정신이 출현하는데 약 40억 년이나 걸렸다. 약 40억 년 전 무기질이 탄소를 중심으로 형성된 유기질이 물질과 정보를 분리하여 물질의 '불멸성'을 획득하였다. 다시 약 40억 년 후 인류는 생명이 아닌 정신으로 '공유성'을 통해 '오메가 포인트' – 새로운 인류의 출현을 향해 새로운 물질의 진화가 시작되었다.

拜火敎를 창시한 조로아스터(Zarathustra BC 628~551경)는 古代 오리엔트 지역에 만연한 다신교를 유일신 신앙으로 개혁한 종교개혁자로서 현상인식을 '이원론'으로 재정립함으로써 원시종교(샤머니즘, 애니미즘, 토테미즘)가 근대종교로 진화하는 데 커다란 영향을 미친 종교사상가였다. 그리스 철학자 플라톤(BC 428~348?)은 '이원론'을 심화하여 '形而上學'을 통해 현상을 형상과 본질(이데아 Idea)로 인식하였다. 그의 제자 아리스토텔레스(BC 384~446?)는 현상을 단순히 '정적인 세계관'에서 '이원론'으로만 인식하지 않고, 질료인(因), 형상인, 동력인, 목적인 등 종합적이고 발생론 사고로 현상을 인식했다. 특히 그는 질료因을 가능태라 했으며, 형상因을 현실태라 인식했는데 오늘날 생물학에서 가능태는 DNA로, 현실태는 RNA로 인식된다.

플라톤과 아리스토텔레스는 오늘날 서양문화의 철학기초를 마련한 고대 그리스의 위대한 철학자들로서 특히 가톨릭의 스콜라철학이 이들의 사상에 크게 영향을 받고 있어, 오늘날 성당에서 예수의 참된 삶의 모습보다 스콜라철학이 세운 신조만을 맹신함으로써 미신으로 전락하고 있다. 물론 과학이 없던 시대에 형성된 스콜라철학이기 때문에 그 한계점을 인정할 수는 있지만, 문제는 8세기에서 17세기에 형성된 스콜라철학에 바탕을 둔 가톨릭 신학이 오늘날에도 절대 진리인양 교회가 전파하고 있다는 데 있다. 샤르댕에게 스콜라철학은 서양인들의 사상으로 하느님과 예수를 바라본 신앙철학이다.

예수께서 제자들에게 '하느님 나라'를 설파하고 계실 때 어머니 마리아와 형제들이 예수가 마귀에 들려 이적을 행한다는 소문을 듣고 걱정스러워 예수를 찾았을 때 그러자 예수님께서 당신께 말한 사람에게, **"누가 내 어머니고 누가 내 형제들이냐?"** 하고 반문하셨다. 그리고 당신의 제자들을 가리키시며 이르셨다. **"이들이 내 어머니고 내 형제들이다. 하늘에 계신 내 아버지의 뜻을 실행하는 사람이 내 형제요 누이요 어머니다."**(마태12,48-50)라고 말씀하셨다. 당시 인류의 의식수준으로 이 말씀은 '후레자식'이다. 이 '후레자식'이 어떻게 2천 년이 지난 오늘날에도 인류의 마음을 아름답게 만들 수 있는가? 아직도 우리들은 예수의 말씀을 다 알아 듣지 못하고 있다. 이 말씀은 "인간은 생물이 아니다!"이다. 어쩌면, 인류의 역사는 '생명으로부터의 해방사'임을 의미하는 말씀일지도 모른다.

5. 인간의 현상

독일의 관념론 대철학자 헤겔(Hegel 1770~1831)은 "인류의 성장은 어린이의 성장과 같다"고 했다. 한 세대 후 같은 독일의 생물학자 헤켈(Haeckel 1834~1919)은 '개체발생은 계통발생을 반복한다.'는 '발생반복설'을 주장했다. '발생반복설'이란, 인류는 척색동물門 원조로 알려진 피카이아(Pikaia)나 해구어(海丘魚)에서(5억 3천만 년 전 후 캄브리아기 초기 화석으로서 오늘날 거머리 비슷한 동물인데 실제로 거머리는 환형동물門이다.) 어류 – 양서류 – 파충류 – 포유류를 거쳐 영장류에서 인류가 출현하였다. 이 인류(생물)의 진화과정이 엄마의 뱃속에서 10개월간 반복되어 발생한다는 이론이었다.

당시 헤켈은 베를린대학에서 의학과 동물학을 공부했으며 1862년부터 은퇴할 때까지 예나대학에서 비교해부학 교수로 재직했었다. 그의 이론은 해부학 교수로서 실험과 경험을 통해 인식된 이론이었지 단순히 관념에서 나온 이론이 아니었다. 그럼에도 불구하고 당시에나 근래까지도 그의 이론은 생물학계에서 공식적으로 인정을 받지 못했었다. 그러나 오늘날 생물학에서 생물의 성장은 '개체발생은 계통발생을 반복하기' 때문이라는 사실을 알고 있으며, 생물진화의 결정적인 증거로 인식하고 있다. 헤켈의 이론이 헤겔의 사상에 영향을 받아서 형성되었는지 알 수 없지만, 한 분은 '관념론'으로 한 분은 '생물학'으로 정확히 현상을 인식했다. 그러나 우리들은 지금까지 '관념'과 '생명'이라는 두 현상이 전혀 관련이 없는 세상으로만 인식해왔다. 여기에서 우리는 **'생물학에서 철학을 인식하라!'는 샤르댕의 말에 귀를 기울이지 않을 수 없다. 그에게 있어서 '관념'과 '생명'은 하나의 연속된 정보 – 로고스(logos)였다.**

암석과 같은 무기물질은 그 자체가 물질이며 정보(암석이 형성된 어떤 내력)이기 때문에 우라늄은 우라늄으로 '불멸성'과 '연속성'이 불가능하다. 꽃과 강아지가 다른 것은 단백질의 종류가 다르기 때문인데, 생물을 형성하는 단백질 또한 탄소를 중심으로 무기질 결합체이기 때문에 그 자체가 '불멸성'과 '연속성'이 불가능하다. 그러나 아미노산과 아미노산이 결합하여 단백질을 만들 때 아미노산마다 특정 효소가 꼭 필요한데 오늘날 분자생물학자들은 이들 특정 효소의 연결 고리가 RNA로, 동시에 단백질을 만드는 정보만 저장할 수 있는 DNA가 출현했을 것으로 보고 있다. 아직 우리는 이 과정을 정확히 알 수 없지만, 생명(DNA-RNA)을 통해 물질과 정보를 분리함으로써 물질(생물)은 'DNA-RNA 생명정보'만을 통해 자신의 '연속성'과 '불멸성'을 획득했다. 단백질정보 – '공간을 갖는 정보'이기는 하지만, 생물은 스스로 정보만을 축적할 수 있었다.

　생물은 자신의 정보를 A-T-G-C 4개의 염기암호(씨앗)를 통해 자신의 '연속성'과 변화하는 지구(우주)환경에 적응하고, 모든 생물의 'DNA-RNA 생명정보'가 하나로 수렴되는 진화를 획득했다. 우리들은, 생물의 진화는 지구(우주)환경에 적응하는 생존전략의 일환으로만 인식해왔다. 약 30억 년 전에 출현한 아메바는 오늘날까지도 거의 변화가 없는 단세포동물로 살아가고 있다. 그러나 약 30억여 년 전 아메바의 원조 일부는 시아노박테리아와 프로테오 박테리아가 자신의 내부에서 공생을 한 덕분에 키메라를 통해 오늘날 식물의 원조가 되었다. 아메바는 생존을 위해서라면 굳이 진화할 아무런 이유가 없었다. 생물에서 진화는 산소와 수소가 결합하여 '물'이라는 새로운 물질을 생성하는 무기질 진화와는 차원이 다르다. 물질이 '자기인식' 여정에서 생명을 통해 생물이 출현함으로써 물질과 정보를 분리하는 데 성공하였지만, 단백질로 표현하는 세계에 머물고 말았다. 가장 부패하기 쉽고, 가장 나약한 단백질이 어떻게 가장 단단한 다이아몬드에 바늘구멍을 뚫을 수 있는가? 여기에 생물진화의 비밀이 있다.

　약 40억 년 전 생명을 통해 출현한 생물은 지구(우주)환경에 적응한 - 지구 환경 무기질 정보의 단백질 표현이었다. 한 번 출현한 생물은 바다와 육지를 뒤덮어 지권(地圈)과 수권(水圈) 위에 생명권(生

命圈)을 형성하여 지구환경정보는 생명권 정보를 포함하는 환경으로 변하였다. 생물은 이 새로운 환경에 적응하기 위해 – 새로운 환경의 새로운 단백질 표현을 위해 – 새로운 種을 출현시켰다. 이 種은 지나온 생명정보 위에 생명권을 포함하는 지구환경정보의 새로운 단백질 표현의 축적으로서, 결국 진화는 '물질 양의 변화에 따른 물질의 질적 변화 법칙'이다. 그러나 생물에서 '질적 변화'는 암호를 이용한 정보의 축적으로서, 모든 생물이 진화를 한 것은 아니었다.

생물은 생물을 먹어야 생존(성장, 번식, 진화)이 가능하기 때문에 – 실제로 무기질과 유기질의 단위당 에너지양은 1:100이다. – 진화를 하지 못한 생물은 '먹이사슬'의 넓은 하부구조를 형성하고, 진화함에 따라 상부구조가 좁은 피라미드형을 형성함으로써 생명권 전체가 공진화가 가능했다. 생물은 약 40억 년 '지구 생명사' 중 약 30억 년을 바다에서 젤리 같은 부드러운 단세포 생물로 생활했는데, 이 기간 동안 오늘날 모든 식물과 동물門의 원조가 키메라진화를 통해 완성되었다. 이후 생물의 진화패턴은 門에서 種으로 분화하는 '분화진화'로서, 모든 생물이 나름으로 진화하는 공진화 기간이었다. 피라미드형 '먹이사슬' 구조는 공진화한 모든 생물의 정보가 하나의 생물로 수렴이 가능하게 했는데, DNA-생명권 공진화의 정점에서 출현한 인류는 개체가 하나의 생명권이다. 오늘날 약 30억 개 인간 DNA 염기정보가 이를 말해주고 있다.

생물은 '개체발생은 계통발생을 반복한다.'는 생체구조 때문에 일생동안 門에서 種으로 성장하면서 아름다운 세상을 인식하며 삶을 영위하고, 새로운 정보를 축적하여 다음 세대로 유전한다. 흰 꽃과 붉은 꽃이 수분하여(정보교환) 분홍 꽃을 출현시키기도 하는데 당대에는 불가능하지만, 그 분홍 꽃은 결국 자신의 다른 모습이다. 헤겔은 "인류의 성장은 어린이의 성장과 같다."고 했다. 달리 말하면 "어린의 성장은 인류의 성장과 같다."와 같은 의미로서, 헤켈의 '개체발생은 계통발생을 반복한다.'는 '발생반복설'이다. 그러나 헤겔의 말에서 우리는, 인간은 다른 생물의 성장에서 볼 수 없는 정신(의식)의 성장을 인식한다.

약 1천만 년 전 일단의 '꼬리 없는 원숭이들' 중에 너클 보행을 거쳐 직립보행을 하기 시작한 원인(原人)은 자유로워진 두 손으로 도구를 제작하기 시작했으며, 언어의 출현과 뇌의 진화를 통해 개념과 관념을 공유할 수 있는 능력을 획득하였다. 약 180만 년 전 아프리카에서 출현한 호모 하빌리스(Homo habilis)는 역기(礫器: 큰 돌을 위에서 떨어뜨려 만든 조약돌, 1980~90년대 시위대들이 최루탄에 맞서 넓은 보도블록을 깨서 만든 조각)와 뗀석기(큰 돌을 다른 돌로 내리쳐 만든 날카로운 조약돌로서 가죽을 벗기거나 칼로 사용했다.) 유물을 남겨놓았는데 '어떤 목적의식을 가지고 제작한' 인류 최초 문명의 흔적이었다. '목적의식'은 정보(DNA)와 제작(RNA)이 동시성으로서 '공간이 없는 정보' - 정신의 본질이다. 현대를 살아가는 민주시민 정신 속에 호모 하빌리스가 자리 잡고

5. 인간의 현상

있는 것이다.

이후 출현한 호모 에렉투스(Homo erectus 直立原人)는 아슐리안 주먹도끼(우리나라에서도 1977년 한탄강가에서 발견됐었다. 연천 전곡리 선사유적지 참고)와 찍개문명을 남겨놓았다. '찍개'는 오늘날 자루도끼처럼 물건을 자르는 데만 사용되었는데, 아슐리안 주먹도끼는 끊고, 자르고, 긁고, 심지어 송곳으로 사용한 오늘날 '멕가이버'칼처럼 다용도로 사용한 도구였다. 오늘날 동아시아에서 아슐리안 주먹도끼가 발견된 곳은 한탄강이 유일한데 고인류학계에서 미스터리 중에 하나이다. 우리는 아슐리안 주먹도끼나 '찍개'를 통해 '호모 하빌리스'에서 '호모 에렉투스'로 진화하는 인류 정신의 한 단면을 엿볼 수 있다. 또한 '호모 에렉투스'는 석기유물뿐만 아니라 약 50만 년 전에 생활했을 것으로 추정되는 중국의 주구점 석회석 동굴 주거지에서 불을 사용한 화덕유물을 남겨 놓았는데(유적발굴에 샤르댕이 참여했었다.) 인류는 가족(씨족) 중심이기는 하지만, 사회성으로 나아가는 인류 최초 문화의 흔적이었다. 인류의 사회형성에는 언어를 통한 정보의 전달, 공유가 필수이기 때문에 고인류학자들은 '호모 에렉투스'에서부터 본격적인 언어가 출현했을 것으로 보고 있다.

1976년 청주 가덕면 두루봉 석회석 광산에서 약 5만 년 내지 10만 년 전에 생활했을 것으로 추정되는 한 어린이 유골이 발견된 적이 있었다. 훗날 이 유적을 처음 발견하여 신고한 '한흥문의광산'

김흥수 씨의 이름을 따서 '홍수아이'로 명명했는데, 무덤 주변에서 꽃가루나 뼈로 만든 예술품을 발견했었다. 꽃가루는 들국화로 판명되었는데 '홍수아이'가 들국화가 만발한 어느 청명한 가을날 생을 마감한 사실을 말해주고 있다. 같은 시대에 서쪽 멀리 독일의 네안데 계곡에서는 네안데르탈인이라는 다른 인류가 살고 있었는데, 이들 또한 죽은 이들의 매장풍습에서 꽃가루나 석기, 뼈로 만든 장식품이 발견되었다. 당시 무덤에서 꽃다발의 흔적은 아주 오랜 옛날부터 인류는 영혼이나 저승을 통해 영생을 인식했다는 증거이다. '홍수아이'나 '네안데르탈인'의 매장풍습은 규모만 다를 뿐 고구려 적석총이나 이집트 피라미드와 같이 영생을 위한 인류의 소망은 다르지 않았다. 오늘날과 같은 과학이나 종교가 없던 시대에 어떻게 인류는 영생을 인식할 수 있었을까?

엑스터시(Ecstasy)란 무의식 세계의 경험을 뜻한다. 오늘날 생물학자들은 약 30억 개 인간 DNA 염기정보 중 그 정보가 무슨 뜻인지 알고 있는 것은 10%도 안 된다고 보고 있다. 나머지는 무의식의 세계이다(칼 융이나 프로이드의 무의식 세계가 아니다.). 오늘날 인류의 문화, 문명은 그 10%도 안 되는 세상이라 보고 있다. 어떻게 인류에게 엑스터시가 일어날 수 있는지 아직 우리는 잘 모르고 있다. 그러나 古代로부터 인류는 오감으로만 아니라 엑스터시를 통해 현상과 자신의 내면을 인식해왔다. 따라서 인간에게 개념과 관념은 이 두 현상에 의해 형성되었을 것으로 보고 있다. 엑스터시는 대부분

인간이 경험하지 못한 세상이기 때문에 미래형이나 때로는 과거를 되살리는 현상도 있다. 인간은 무엇이 없기 때문에 무엇을 받아들이는 존재가 아니라, 있어서 '깨어나는 물질'이다. 따라서 엑스터시는 인간 내부현상이다. 그러나 씨앗은 '생명정보'만으로는 싹이 트지 않는다. 적당한 온도와 수분이 맞아야 싹이 튼다.

특히 엑스터시를 통해 현세와 다른 세상을 경험한 사람들에 의해 원시종교가 출현했는데 대표적인 예가 샤머니즘(Shamanism)이다. 오늘날 우리가 말하는 계시종교란 샤머니즘과 엑스터시가 근원이라는 본질은 같지만, 계시종교는 역사성과 공유성이라는 점이 다르다. 또한 근대 과학이 출현하기 이전부터 자연철학자(과학자)들뿐만 아니라 현대 과학자들조차 '영감(靈感)'을 통해 자연법칙을 발견했는데 그 '영감'이란 바로 엑스터시를 말한다. 왜냐하면 자연법칙 자체가 이미 인간내부에 존재하기 때문이다. 인간은 누구나 작든 크든 엑스터시를 경험한다. 공상이나 상상은 있었거나 있을 수 있는 세상이며, 우리가 없다고 하는 것은 모른다는 의미이다. 헤겔의 관념론 또한 '생명정보'의 엑스터시 철학으로 인식된다. 오늘날까지도 과학과 종교의 갈등은 과학은 오감으로 인식된 세계만을, 종교는 엑스터시 세상만을 얘기하기 때문이다. 그러나 결국 두 세상은 인간의 내면 인식이며, 오늘날 우리들은 종교의 엑스터시가 전체가 아니라 부분임을 인식할 필요가 있다.

약 1만 년 전 후 목축과 농경을 시작하여 '먹거리'에서 해방된 인류는 처음으로 자신 안에 자연을 개조할 수 있는 능력을 인식했다. 유프라테스 티그리스 강 유역에서 정착생활을 시작한 일단의 인류는 '자연으로부터의 이탈'이 神의 노여움으로 인식하여 구전하여 오던 세계관을 수메르 인들이 점토판에 '길가메시 서사시'에 기록함으로써 오늘날 가톨릭(그리스도교)이 있게 한 '창세기'의 원조가 되었다. 그러나 오늘을 사는 우리들에게 이 '자연으로부터의 이탈'은 인류의 역사는 '생명으로부터의 해방사'임을 인식하기 시작했다. 인류의 진화는 '공간을 갖는 정보' 단백질에서 '공간이 없는 정보' 정신의 진화이다.

결과론 인식이지만, '물질의 자기인식 과정'에서 생명은 DNA-RNA를 통해 생물을 출현시켰고, 생물은 진화를 통해 단백질 정보를 하나로 수렴했다. 그 정점에서 출현한 인류는 오감과 엑스터시를 통해 '생명권' 자체가 하나의 '인간현상' – 자신의 내면임을 깨닫기 시작했다. 그러나 100년도 못 사는 인간 개체가 살아있는 동안 약 30억 개 인간 DNA 염기정보를 온전히 다 안다는 것은 불가능한 일이기 때문에 인류는 '정신권'을 형성하여 정신의 축적과 '연속성'을 이어갔다. 그러나 우리들 대부분은 아직도 "저 멀리, 죽어서도 있다고 믿어야 위로받을 수 있는 내세"를 갈망하고 있다. **내세란 축적되는 현세이다.**

샤르댕은 약 30억 개 인간 DNA 염기정보가 온전히 인식된 세상에 출현한 새로운 인류를 '오메가 포인트'라 인식했으며, 예수는 자신의 재림으로 표현했다. 샤르댕이 작고하기 30일 전에 탈고한 그의 저서 '그리스도'에서 "**진실로 그리스도는 구원하신다. 그러나 우리는 즉시 덧붙여서 그리스도 역시 진화를 통해 구원되신다고 말해야 하지 않을까?**" 그가 이 말을 위해 평생을 고난의 길을 걸었었다. 1살 어린이는 80살 노인보다 80년 앞 선 존재이다.

"내가 진실로 너희에게 말한다. 너희가 회개하여 어린이처럼 되지 않으면, 결코 하늘 나라에 들어가지 못한다."(마태18,3)

"하늘나라는 겨자씨에 비길 수 있다. 어떤 사람이 밭에 겨자씨를 뿌렸다. 겨자씨는 모든 씨앗 중에서 가장 작은 것이지만, 싹이 트고 자라나면 어느 풍성귀보다도 커져서 공중의 새들이 날아 와 그 가지에 깃들일 만큼 큰 나무가 된다."(마태 13,31-32)

6. 왜, 인간은 빵만으로 살 수 없는가!

인간은 빵만으로는 살 수 없다. 때로는 친구들과 게임도 하고, 여행도 하고, 운동도 하고, 독서도 하고, 음악도 듣고, 농사도 짓고, 비행기도 만들고 기도도 해야 삶의 보람을 느낀다. 그러나 '생물의 세계'에서는 불가능한 이 '인간 삶의 보람'은 인류의 문화, 문명을 통해서만 발생한다.

중부 고속도로에서 서울 톨 게이트를 지나 올림픽 도로로 들어서면 오른쪽은 한강이 유유히 흐르고 왼쪽으로는 암사동 선사유적지(사적 제267호) 움집이 눈에 들어온다. 약 6천 년 전 우리 조상들이 한강유역에서 정착생활을 하면서 지은 움집으로서 1925년 을축년 한강 대홍수로 처음 유적지가 발견된 이래, 여러 차례 발굴과정을 거쳐 복원된 움집이다. 한반도에서 발견된 신석기시대 사람들의 최대 집단취락지로서 움집터 외 빗살무늬토기, 석기, 돌도끼 등 신석기시대 유물이 다량 출토된 유적지이다. 이곳에서 한강물을 따라 10여리 내려가면 움집과는 비교도 할 수 없는 어마어마한 빌딩이 우리들의 눈을 꽉 채운다. 123층 '서울 스카이 타워'이다. '움집'과 '롯데 월드' 사이 6천 년이라는 긴 시간이 흘렸지만, 조상들이 걸어온 발자취를 뒤돌아보면서 "왜 인류의 문화, 문명은 발전하는가?", "그 근원은 무엇인가?", "움집을 지은 조상들은 지금 어디에 계시는 것인가?"라는 의문을 떨쳐버릴 수가 없다.

16세기 코페르니쿠스(Copernicus 폴란드 천문학자, 사제 1473~1543)의 지동설을 통해 인류는 고정된 세상이 아님을 이해하기 시작했지만, 우리들 대부분은 우주적 크기의 움직임이 보여 주는 느린 속도에 속아서 인간이 진화의 도정에 서서 발걸음을 옮기고 있다는 사실을 바로 인정하는 데 큰 어려움을 겪는다. 별, 산, 생명이 걸어온 엄청난 과거 등이 한곳에 고정된 것이 아니라는 사실을 이미 인정하고서도, 우리 자신은 마치 고정되어 있는 듯 착각 속에 아직도 빠져 있다. 무엇보다 암사동 신석기시대 조상들이나 오늘날 우리들이나 생물상으로는 별 차이가 없음에도 삶의 환경이 엄청나게 다르다는 사실이 우리들을 혼란스럽게 만든다. 더구나 문화, 문명발달에 따른 인간(인류)의 성장은 1살 어린이는 80살 노인보다 80년 앞 선 존재임을 시사하고 있으며, '농경시대'와 '산업사회'와는 비교도 할 수 없는 빠른 속도의 세상의 변화에 적응하고 세상을 변화시키고 있다는 사실이다. 그럼에도 불구하고 오늘날 종교, 특히 가톨릭(그리스도교)의 요지부동(搖之不動)한 '정적인 세계관'은 세상이 무엇인가로 되어가는 '동적인 세계관'에서 살아가는 우리들의 의식을 정지시키고 있을 뿐더러 자신들조차 스스로 퇴행하고 있다. 더욱이 가톨릭(그리스도교) 신자 일부는 '서울 스카이 타워'를 두고 '21세기 바벨탑'이라 저주하고 있다는 사실에 당혹감을 감출 수가 없다.

약 138억 년 전 '빅뱅' 이래 물질 – 생명 – 정신이라는 '우주질서의 정보'는 동시출현이 아니라 순차출현으로서, '무기질 진화'의 끝에서 생명이 출현했고 '생명진화'의 끝에서 정신이 출현했다. 오늘날 인류가 이 정보의 출현과정을 이해하게 된 것은 아주 최근의 과학발달 덕분이었는데, 물질 – 생명 – 정신이라는 '우주질서의 정보'는 무기질 – 생물– 인간이라는 구체적인 물질현상으로 나타났다. 16세기 근대과학의 여명이 오기 전까지 현상을 인식하는 인류의 의식세계는, 세상은 원래부터 존재했으며 그 상태로 영원히 존재하는 '불변하는 정적인 세계관'이었다. 그러나 오늘날 우리들은 이 세상은 고정 불변하는 '정적인 세계'가 아니라 무엇인가 형성되어가는 '동적인 세계'임을 확신하기 시작한 것이다. 더구나 인간정신의 출현이 마지막이 아니라는 신념이 굳어진다.

오늘날 우리들이 많이 사용하고 있는 정보라는 말은 컴퓨터가 출현하기 전까지 서양에서도 거의 사용하지 않던 말이었다. 새로운 소식 또는 지식, 안내라는 말과 거의 동의어로 사용했었다. 오늘날 정보라는 말의 의미는 전문 분야에 따라 그 정의(定義)가 조금씩 다르긴 하지만, 모든 분야에서 '내가 알고 있는 것, 내가 알고 싶어 하는 것'이라는 포괄적인 의미를 내포하고 있다. 이 글에서 정보란, 우리들은 현상에서 저울로 무게를 측정할 수 있는 물질과 저울로 무게를 측정할 수 없는 에너지를 인식하는데, 물질은 '공간을 갖는 에너지' – 보이는 세상이며, 에너지는 '공간을 갖지 않은 물질' – 보이지 않는 세상으로서, 아인슈타인의 상대성이론 $E=mc^2$에서 물질과 에너지는 가역성이다. 이 물질 – 에너지 순환법칙에서 어떻게 물질이 에너지로 변하고 에너지가 물질로 변하는가? 에 대한 정보이며 이 과정에서 '물질의 질적 변화'에 관한 정보이다.

물질과 생명과 정신이라는 '우주질서 정보'는 '복잡성의 물질적 결과'로서 '물질 양의 변화에 따른 물질의 질적 변화 법칙'과 '물질 양의 변화가 없는 물질의 구조변화에 따른 질적 변화 법칙'에 따라 무기질, 생물, 인간이 출현했었다. 전자는 예를 들면, 무기질의 단위당 원자 수가 100개라면 생물은 1만 개, 인간은 1억 개라는 의미이다. 실제로 도봉산 바위 덩어리와 그 위를 기어오르는 개미와 단위당 에너지 크기는 1:100이다. 따라서 생물은 생물을 먹어야 생존이 가능하기 때문에 '생태계'는 피라미드 형 '먹이사슬'로 구성되어 있다. 후자는 예를 들면, 시멘트 원료인 석회석은 수 km 지하에서 높은 압력과 온도를 받아 백운암이나 대리석이라는 변성암으로 변한다. 변성암과 같은 무기질은 물리, 화학법칙에 의해 구조변화가 일어나지만, 단백질이라는 생명물질은 물리적인 높은 압력과 온도 아래에서는 파괴되기 때문에 화학법칙에 의한 구조변화가 일어난다. 약 138억 년 전 '빅뱅'이래 물질은 이 두 법칙에 따라 자신의 질적 변화를 가져왔는데 우리들은 이 현상을 '진화'라고 표현한다. 진화는 새로운 물질(생물)의 출현이며, '물질의 의식화 현상', 즉 '물질의 자기 인식 과정'이다. 그러나 물질(무기질)과 생명과 정신정보 진화의 양상이 다르며 이에 따라 생성되는 물질도 다르다.

암석과 같은 무기질은 자신이 형성된 어떤 내력, 즉 어떤 정보를 내포하고 있는데 자체가 물질이면서 정보로서 물질과 정보가 분리되어 있지 않다. 따라서 '빅뱅'이래 소립자에서부터 우라늄까지 '무기질 진화'는 직접 물질의 덧붙임과 고온 고압의 물리적인 구조변화를 통해 진화가 발생했었다. '빅뱅' 직후 수 백 기압과 수 천만도 온도 아래서 소립자가 출현하여 이들이 결합하여 양자, 전자, 중성자를 출현시켰으며, 이들이 또한 결합하여 최초의 원자 – 수소(H)를 출현시켰다. 이후 양자의 덧붙임이나 원자와 원자의 융합으로 '무기질 진화'가 발생했었다. 이 '무기질 진화'가 우라늄에서 끝나고 다른 물질과 에너지로 변화하기 시작했는데 그 과정에서 무기질은 자신의 정보 또한 상실되기 때문에 우라늄은 우라늄을 낳을 수 없었다. 결국 무기물질은 '자신의 정보 시스템'을 획득하지 못했기 때문에 개체의 연속성을 통한 불멸성과 '자기 인식'이 불가능한 물질이다.

약 46억 년 전 오늘날과 같은 지구가 형성되었을 당시만 해도 지구에는 꽃도 강아지도 인간도 존재하지 않았다. 돌덩이 같은 삭막한 지구에 형형색색 꽃들이 피어나고 그 사이로 온갖 짐승들이 뛰어다니고 숲속에서 지저귀는 새들과 온갖 물고기들이 헤엄치는 낙원으로 변한 것은 '무기질 우주질서'의 단백질 표현이 가능했기 때문이다. 생물에서 꽃과 강아지가 다른 것은 단백질 종류가 다르기 때문인데, 단백질은 20개 아미노산이라는 유기물질의 합성으로 만들어진다. 보통 '유기화합물'을 '탄소를 중심으로 생성된 물질' 또는 '생명이 만들어 내는 물질'이라고 하는데, C(탄소)를 중심으로 N(질소), O(산소), S(황), P(인) 등이 결합한 화합물로서 탄소골격의 길이나 분기의 제한이 없고 '무기화합물' 보다 복잡한 구조를 가질 수 있어 무한한 다양성과 독특한 특성을 나타낸다. 지구상에는 약 10만 종의 '무기화합물'이 존재하지만, '유기화합물'은 약 100만 종이 넘어 다양한 생물종의 출현이 가능했다.

생물은 우라늄과 달리 '자신의 정보 시스템'을 획득한 물질로서 생명(체) 내에서 꽃이라는 단백질을 만드는 정보는 DNA에 저장되어 있고 이 DNA 정보를 읽고 해석하여 아미노산을 합성하여 단백질을 만드는 역할은 RNA가 한다. 이 'DNA-RNA'를 생명(정보)이라고 하는데, '생명현상'에서 '살아 있다'는 의미는 생물이라는 '폐쇄된 영역' 내에서 'DNA-RNA'에 의해 물질을 생성하고 소멸하는 현상을 뜻한다. 컴퓨터에서는 0과 1이라는 이진법 암호로 모든 정보를 처리하는데 'DNA-RNA'는 A-T(U)-G-C 4개의 암호를 이용하여 물질을 생성하고 소멸한다. 이 과정에서 생물은 자신이 살아있다는 사실을 인식하고 있으며, 살아가기 위해 외부로부터 끊임없는 물질과 에너지의 획득과 공급이 필요한 절대 외부 의존성 존재로서 '공명현상'(오감)을 통해 대상을 인식한다. 이것을 '의식현상'이라고 하는데 '생명현상'과 동시성이다. 무기질 세상에서는 상상도 할 수 없는 '물질의 자기 인식 현상'이 생물의 가장 큰 특징이지만, '무기물질'이나 '유기물질'이나 같은 원소(원자)로 구성되어 있어 '물질 – 에너지 순환법칙'에서 벗어날 수 없다. 이 '순환법칙'에 의해 우라늄이 납으로 변환하여 반감기가 되는 데에 약 45억 년이라는 긴 시간이 걸리지만, 단백질은 상온에서도 분해되는데 몇 분이면 충분하다. 따라서 생명은 번식을 통해 물질의 연속성을 이어감으로써 인류가 출현하기 까지 약 40억 년 간 진화가 가능했으며, 물질의 '불멸성'을 획득한 정보이다.

초기 지구의 바다에서 출현한 유기물질에서 단세포 생물이 출현하기까지 약 10억 년이 걸렸는데, 여기서 다시 다세포 생물이 출현하기까지 약 10억 년이나 걸렸다. 이 기간 동안 생물의 진화는 '빅뱅'이래 소립자에서 수소 원자가 출현하는 과정과 유사한 물질의 덧붙임 현상이었다. 생물학에서 이 과정을 Chimera 진화라고 하는데 'DNA-RNA 생명정보' 또한 '유기질 덧붙임'(Chimera 진화)에 의한 결과물로 보고 있다. 이후 생물은 환경에 적응하여 살아가기 위해 A-T(U)-G-C 4개의 암호는 끊임없이 순서가 바뀌거나 'DNA 염기서

열'이 길어지는 변이가 일어났다. 이 현상을 '생물진화'에서 '분화진화'라고 하는데 '환경에 대한 적응'은 곧 새로운 種의 출현으로서 'DNA-RNA 생명정보'의 수렴이며 '물질의 자기인식 증대'였다. 일찍이 프랑스 생물학자 라마르크(Jean-Baptiste de Lamarck 1744~1829)는 그의 저서 '동물철학(1809)'에서 '생물의 복잡성'은 '의식의 복잡성'으로 이어지는 진화론을 주창했었는데 '샤르댕' 또한 그의 논리를 따라 '생물의 진화'를 '물질의 의식화 과정'이라 인식했다. 곧 생물은 '우주 질서'의 단백질 표현으로서 생물에서 진화는 '우주정보'의 '자기 인식 과정'이었다.

그러나 단백질 자체가 '공간을 갖는 정보'로서 정보의 발생(DNA-RNA의 변이)과 수렴(진화)이 생물이라는 '폐쇄된 영역' - 물질을 통해서만 발생한다. 또한 무기질에서 출현한 'DNA-RNA 생명정보' 자체가 물질이기 때문에 만약 '무기물질'인 태양이나 지구가 '물질 – 에너지 순환법칙'에 따라 에너지로 변환하여 사라진다면 영원히 사라지는 '물질정보'의 한계를 갖고 있다. '빅뱅'이래 무기질에서 적어도 지구상에서 '생명'이 출현하는 데 약 100억 년이나 걸렸다. 다시 '생명'이 출현한 약 40억 년 후 물질도 생명도 아닌 정신이라는 새로운 정보가 인간을 통해 출현했다. 생명은 '무기질 질서'의 내세였으며, 정신은 생명의 내세이었다. 그렇다면 정신은 어떤 정보인가? 또한 정신의 내세는 어떤 세상인가?

아프로아시아 육괴(아프리카와 유라시아가 합쳐진 고대륙)시대부터, 오늘날 스페인 이베리아 반도에서 그 폭이 북아프리카 사하라 사막까지, 그 길이가 동북부 시베리아에 이르기까지, 지금은 지중해 - 사하라 사막 - 아라비아 사막 - 이란 카비르 사막 - 아프가니스탄 고원지대 - 타클라마칸 사막 - 고비 사막 - 몽골초원과 시베리아 툰드라가 펼쳐져 있지만, 약 3천만 년 전만 해도 이 스페인 - 시베리아 벨트는 울창한 삼림지대로서 원숭이들의 낙원이었다(오늘날 석탄과 석유의 매장량이 가장 많은 곳이다.). 약 1천만 년 전후, 지구의 지각변동과 건조한 기후에 의해 삼림대가 점점 줄어들어 초원으로 변하여 사막화가 가속되었다. 원숭이들 대부분은 후퇴하는 삼림을 따라 숲속으로 들어갔지만, 병신이라 취급받던 일단의 '꼬리 없는 원숭이들'중, 두 발로 곧게 서서 대평원을 둘러보기 시작한 원숭이가 있었다. 인류의 출현이었다.

인류는 직립보행을 함으로써 자유로워진 두 손으로 도구를 제작하기 시작했으며, 뇌와 척추가 일직선상에 놓여 있어 성대의 폭이 넓어 20~26가지 다른 소리를 낼 수 있기 때문에 언어로의 진화가 가능했다. 같은 조상에서 갈라진 침팬지는 너클 보행을 함으로써 두 손은 앞발의 역할에 머물었으며, 뇌가 척추에 구부러져있어 성대가 좁아 5~6가지 소리밖에 낼 수 없기 때문에 언어로의 출현이 불가능했다. 인류의 직립보행 - 언어의 발달 - 뇌의 진화는 자유로운 두 손과 언어라는 '공간을 갖지 않은 정보의 전달 수단'과 이를 통한 정보의 공유성과 특히 뇌를 통한 정보의 저장(동조) 능력은 기억(과거)을 되돌릴 수 있는 '반성의식'이 가능했으며 '지식정보'를 획득함으로써 침팬지와는 전혀 다른 세상을 만들기 시작했다. '생명현상'이 인류에게 와서 생명(체) 내에서는 물론, 생명(체) 밖 – '개방된 영역'에서 '물질을 생성하고 소모하는 현상'이 발생했는데 바로 문화, 문명의 출현이다. 물론 개미나 꿀벌과 같은 일부 동물에게도 생명(체) 밖에서 물질을 생산하고 소모 하지만, 이는 'DNA-RNA' 프로그램(본능)일뿐 – 약 1억 년 전후로 출현한 개미와 꿀벌의 집은 오늘날과 거의 변함이 없다. – 암사동 움집을 오늘날과 같이 123층 빌딩으로 변화시킨 문화, 문명과는 차원이 다르다.

우리들이 보통 말하는 인간의 내면이란, 약 40억 년 지구 생명 사(史)에서 'DNA-생명권 공진화'의 정점에서 출현한 인류의 개체가 하나의 생명권이라는 것이다. 유리창 너머 자연 – 생명권이 인간 개체에 존재하는 약 30억 개 'DNA-RNA 생명정보'의 현상이며, 나아가 약 138억 년 전 '빅뱅'이래 축적된 '우주정보'라는 의미이다. 옛날부터 '인간은 소우주이다.', '중생이 부처이다.', '인간은 하느님의 아들이다.'라고 성현들이 하신 말씀이 바로 이런 의미이다. 우리들이 '이것은 꽃이다.', '저것은 강아지다'라고 인식(동조)할 수 있는 것은 우리들의 내면에 꽃과 강아지라는 생명정보가 이미 축적되어 있어 '공명현상'을 일으키기 때문이다. '동조'란 TV나 라디오에서 채널(리모컨)을 돌려 전파의 '공명현상'을 통해 원하는 방송국의 주파

수를 잡는 것을 말하는데 인문학 용어에서는 '상대의 의견을 함께 한다'는 뜻으로 사용하기도 하며, 대상의 인식이라는 뜻을 내포하고 있다. 생물에서 이 현상을 '의식현상'이라고 하는데 개체성으로서 생물의 복잡성이 의식의 복잡성으로 이어지는 생물진화에서 동물은, 자신의 내면만큼만 세상을 인식한다. 따라서 아메바는 개미의 세상을 알지 못하고 개미는 강아지의 세상을 인식하지 못하며 강아지는 인간의 세상을 알지 못한다.

인간만이 개개인이 오감으로 인식(공명)된 무기질과 단백질 '의식정보'를 언어 - 언어는 뇌가 동조한 의식의 표현력이다. - 를 통해 공유할 수 있어 꽃과 강아지라는 공통된 정의는 지식으로 전환이 가능했으며, 자신이 직접 경험한 사실이나 다른 사람의 경험을 언어를 통해 전달받은 정보를 뇌에 축적(동조)하거나 기억(동조)할 수 있어 '반성의식' - '동시성 의식'(관념)이 출현했다. 인간에게만 나타나는 이 독특한 현상을 '정신현상'이라고 하는데, 생명이라는 '공간을 갖는 물질정보'가 정신이라는 '공간을 갖지 않은 에너지 정보'로 전환하는 현상으로서 뇌에 축적된 의식이 언어를 통해 공유되었을 때 발생한다. 따라서 '정신현상'은 인간 외부현상으로서 인간 내부로 돌아와 자신의 '의식증대'로 이어지며, 외부로는 문화, 문명을 출현시킨다.

물론 침팬지도 '공명현상'을 통해 꽃과 강아지를 인식하지만(인간과 침팬지의 DNA 염기서열이 겨우 1.6% 차이도 안 된다.), 침팬지는 뇌의 용량이 적어 의식의 축적이 생존에 국한되어 있어 '반성의식'이 짧고 언어가 없어 꽃과 강아지라는 공통된 정의가 불가능하기 때문에 침팬지마다 인식(공명)된 대상의 정의가 제각각이다. 따라서 침팬지는 '의식의 공유' – '정신현상'이 불가능한 동물이다. 일찍이 샤르댕은 **"단백질(물질) 정보에 의한 생물의 진화가 인간에게서 끝났다"라고 인식했는데, 단백질이라는 '공간을 갖는 물질정보'가 인간의 오감과 뇌와 언어에 의해 정신이라는 '공간을 갖지 않은 에너지 정보'로 출현하기 시작한 것이다.**

'정신현상'에 의해 형성된 인간(인류)의 의식, 관념 또는 지식 등 '정신정보'는 자식에게 생물유전이 불가능하다. '정신정보'는 '단백질 정보'와는 달리 언어를 통해 공유된 '공간을 갖지 않은 정보' – 생명은 물질정보이지만, 정신은 에너지 정보이다. – 이기도 하지만, 인간의 약 30억 개 'DNA-RNA 생명정보' 속에 이미 그 정보가 '단백질 정보'로 축적되어 있어 유전이 불필요했다. 인간은 무엇이 없어 무엇을 받아들이는 존재가 아니라, 있어서 '깨어나는 물질'이다. '정신정보'는 생물유전이 불가능하기 때문에 인류는 문화, 문명에 축적했으며, 정신권(사회)을 형성하여 유전해왔다. 생물에서 DNA는 '물질의 정보화 현상 – 설계'이며 RNA는 '정보의 물질화 현상 – 제작'으로서, '생명현상'을 발생시키는 정보이다. 그러나 문화, 문명은 인간생명(체) 밖 '개방된 영역'에서 '물질을 생성하고 소멸하는 현상'으로서, 문화는 인류의 공유된 의식(정신)정보 DNA(설계)이며, 문명은 인류의 공유된 의식(정신)정보 RNA(제작)이다. 인류의 정신권 – 사회는 개미나 꿀벌과 같이 종(種)의 생존을 위한 집단을 의미하지 않는다. 생명을 넘어 새로운 세상을 창조하는 우주질서의 '정신정보 사회'이다.

인간(인류)은 정신이 출현함으로써 '생명권' 위에 '정신권'을 형성하여 문화, 문명이라는 새로운 환경 속에서 생물성장과 동시에 정신성장을 하며 '정신진화'라는 새로운 길을 걷기 시작했다. 생물에서 씨앗(번식)은 개체가 아니라 자신이 진화해온 과정을 'DNA-RNA' 암호로 축적된 정보이기 때문에 싹트고 자라서 꽃피고 열매 맺는 '생명현상'이 순차성으로 발현한다. 이 현상을 생물성장 또는 의식성장이라고 하는데 프로그램 되어 있어 '생물성장'은 잘 먹고 잘 자면 저절로 성장한다. 그러나 인간의 '정신성장'은 '의식현상'의 순차적인 '정신현상 과정'으로서 즉 아메바에서부터 인간까지 생명(물질)정보의 에너지 정보로의 순차적인 전환과정이다. 씨앗은 'DNA-RNA 생명정보'만으로 싹이 트고 자라서 열매 맺는 성장이 불가능하다. 온도와 습도가 알맞고 햇빛과 양분이 공급돼야 '생명현상'이 발생하여 성장한다. 따라서 생물에서 성장이란 생명권(생태계)이라는 환경 속에서 '생명정보'의 순차적인 '발현현상'으로서 '정신성장' 또한 이와 패턴이 다르지 않지만, 정신권(사회)이라는 환경 속에서 성장하며, '생물성장'은 프로그램 되어있어 개체성이지만, '정신성장'

은 프로그램 되어있지 않고 '생물성장'과 '정신성장'이 언제나 일치하지 않아 '공유성 선택'에 의해 성장한다.

    100년도 못사는 인간이 일생동안 40억 년간 축적된 '생명정보'를 모두 '정신정보'로 전환하는 삶은 불가능하다. 더욱이 '정신정보'는 '생물유전'이 불가능하기 때문에 오늘날 갓난 어린이나 단군시대 어린이나 '정신성장'의 출발은 같은 선상에서 시작한다. 그러나 '정신정보'가 축적되어 사회 유전된 문화, 문명(새로운 환경)의 차이는 새로운 인간(성)을 출현시켰다. 단군시대 어린이는 자라서 돌칼을 만들었지만, 오늘날 어린이는 '레이저 칼'을 만든다. '레이저 칼'은 수백만 년 간 축적된 인류의 '정신정보'로서 인간(인류)의 진화는 생물진화가 아니라 '정신정보'의 문화, 문명을 통한 수렴과정이다. 개인의 '정신성장'은 '수렴된 사회'에서 자기발현 과정으로서 인류가 축적해온 정신정보의 습득(동조) 과정과 '미지 의식의 정신전환과정'이라는 두 시스템이 존재한다. 지금까지 인류는 '정적인 세계관'에서 습득 과정만 '정신성장'의 모두라고 인식하고 강조했기 때문에 '미지의 단백질(물질)정보의 정신화'라는 과정은 근대 과학이 출현하기 전까지는 인식하지 못해 간과(看過)했었다. 특히 '습득성장'만이 인간 내면의 의식증대의 모든 것으로 인식함으로써 오늘날 관념 철학과 신학이 정체를 면치 못하고 있다. 전자는 개체성으로도 성장이 충분하지만, 후자는 공유성이어야 성장이 가능하다.

    2003년 4월, 세계 18개국의 연구진이 참여한 **인간게놈프로젝트**

사업단(Human Genom Project: HGP)과 민간기업인 **셀레라 제노믹스(Celera Genomics)**가 인간 유전자 지도(Draft)를 완료 공개했다. 게놈(Genom)은 유전자(Gene)와 염색체(Chromosome)의 합성어로 유전물질인 **디옥시리보 핵산(DNA)**을 뜻한다. 인간의 DNA는 4종의 염기암호(A-T-G-C)가 약 30억 개 배열되어 있는데, 이 배열 순서가 규명된 것이다. 그러나 30억 개 가운데 어느 부분이 유전자인가를 알아냈을 뿐(염기 4개의 암호 중 3개가 1개의 아미노산을 지칭한다.) 그 유전자 정보가 무슨 뜻인지 알고 있는 것은 겨우 10% 정도이고 나머지 90% 이상은 아직도 무의식 세계이다. 아무도 가본 적이 없는 이 무의식 세계에 소수의 엑스터시를 경험한 사람들만이 '무의식 세계'를 인식했지만, 그것은 어디까지나 개체성으로서, 정의된 정보가 아니었다. 오늘날 모든 종교의 '신앙 언어'가 불분명한 이유가 여기에 있다. 오늘날 우리는 인간(인류)의 '무의식 세계의 의식화 성장'은 문화, 문명의 출현과 그 성장과정이 인류의 정신성장과 동시성임을 과학을 통해 알아듣기 시작했다.

오늘날 분자생물학에서 규명한 약 10%의 유전자 정보 그 자체가 오늘날 문화, 문명을 형성해온 인류의 정신수준의 의식세계라는 의미이다. 만약 90%의 '무의식 세계'가 의식화 되었을 때 그 세상은 어떤 세상이 되는지 우리들은 상상조차 어렵다. 약 4~5만 년 전 출현한 현생인류(Homo sapiens sapiens)의 직계조상이나 오늘날 우리나 생물학으로는 큰 차이가 없는데도 인류의 정신정보는 후기 구석기 시대부터 약 1만 년 전 신석기 시대의 농경을 시작으로 근대 산업사회와 오늘날 정보화 사회라는 문화, 문명을 출현시켰다. 약 46억 년 전 지구의 환경이 '생명'을 출현시켰듯이 '생명권'이 '정신'을 출현시켰고 새로운 문화, 문명은 새로운 정신권(사회)을 형성하여 새로운 인간(성)을 출현시킨다. 따라서 인류의 역사는 억압과 착취로부터 해방사가 아니라 물질로부터 – 생명으로부터 해방사이다. 일찍이 샤르댕은 **"인간은 영적(靈的)인 존재가 아니라 영(靈)으로 되어가는 존재"** 라 인식했다.

설화이긴 하지만, 대홍수 시절 '노아'는 모든 생물을 한 쌍식 방주에 실었다. 만약 지구가 멸망한다면 오늘날 우리는 USB 1개면 충분할 것이다. 이것이 가까운 인류의 미래 정신정보 세계이다. 그러나 여기가 끝이 아니다.

7. 구원과 진화는 동의어이다.

 우리들은 씨앗이 싹트고 자라서 꽃피고 열매 맺어 일생을 살아가는 식물의 전 성장과정을 한 순간에 머릿속에 그려볼 수도 있고 (동시성 인식-과거인식), 때로는 싹트기, 자라기, 꽃피기, 열매 맺기 등 부분 성장과정을 세부적이고 집중적으로 직접 관찰할 수도 있다(순차성 인식-현재인식). 전자는 관념철학이며 후자는 과학의 모델이다. 인간은 직접 경험한 사실을 뇌에 축적(동조)하거나 다른 사람의 경험을 언어를 통해 전달받은 정보를 기억(동조)할 수 있기 때문이다. 인간에게만 나타나는 이 독특한 현상을 우리들은 '정신현상'이라 하며, 이 '정신현상'에 의해 형성된 '관념' 또는 '지식정보' 등은 자식에게 생물유전이 불가능하다. '정신정보'는 '단백질 정보'와는 달리 '공간을 갖지 않은 정보'이기도 하지만, 약 40억 년 간 'DNA-생명권 공진화'의 정점에서 출현한 인류는 개체가 하나의 '생명권'으로서 인간의 약 30억 개 'DNA-RNA 생명정보' 속에 이미 그 정보가 단백질화 되어있기 때문이다.

단군시대에 태어난 어린이나 오늘날 태어난 어린이나 생물로는 똑같다는 의미이다. 그러나 어른으로 성장하면서 삶 자체의 모든 면에서 엄청나게 다르게 나타나는데, 단군시대 어린이는 성장해서 움집이나 돌칼 돌도끼를 만들었지만, 오늘날 어린이는 성장해서 빌딩이나 우주선을 만들 수도 있다. 오늘날 우리들은 이 차이가 생물 차이가 아니라 문화, 문명 수준의 차이라는 사실을 잘 알고 있다. 물론 오늘날 사람들이 단군시대 사람들보다 윤리, 도덕으로 더 나은 삶을 영위한다는 보장은 없지만, 오늘날 대부분 종교는 특히 가톨릭(그리스도교)은, 문화, 문명의 발달에 따른 인간(인류)의 성장과는 아무런 상관관계가 없으며 오히려 인간을 타락시키고 있다고 믿고 있다. 그렇다면 왜 인류의 문화, 문명은 발전하는가? 있다면, 인간의 성장과는 어떤 상관관계가 있는가?

문화, 문명은 인간 개개인이 오감으로 인식(공명)된 무기질과 단백질 정보를 언어를 통해 공유된 '정신정보'로서, 인류는 이 정보를 생명(체) 밖에서 또 다른 차원의 DNA-RNA를 형성했다. 생물에서 DNA는 '물질의 정보화 현상'이며 RNA는 '정보의 물질화 현상'으로서, 생물이라는 '폐쇄된 영역' 내 물질을 생성하고 소멸하는 '생명현상'을 발생시키는 정보이다(좁은 의미의 '생명현상'이다.). 그러나 문화, 문명은 생명(체) 밖 '개방된 영역'에서 '물질을 생성하고 소멸하는 현상'으로서, 문화는 '인류의 공유된 정신정보' DNA(설계)이며 문명은 '인류의 공유된 정신정보' RNA(제작)이다. '정신정보'는 생물유전이 불가능하기 때문에 인류는 문화, 문명을 통해 '정신정보'를 축적했으며, 정신권(사회)을 형성하여 유전함으로써 새로운 문화, 문명의 세상을 만들고 이 새로운 세상에서 새로운 인류가 출현한다는 사실을 우리들은 간과하고 있다.

식물은 싹이 트고 잎과 줄기와 뿌리가 무성하게 자라나는 '영양생장 기간'과 꽃대가 형성되어 꽃이 피고 열매를 맺는 '생식생장 기간'을 통틀어 성장이라고 하는데 동물의 성장도 식물의 성장기간과 다르지 않다. 그러나 인간의 성장은 이와 같은 '생물성장'은 물론 '정신성장'을 해야 하는 존재로서 '생물성장'은 이미 프로그램되어 있어(샤르댕은 단백질 정보에 의한 생물의 진화가 인류에게서 끝났다고 보고 있다.) 잘 먹고 잘 자면 저절로 성장하지만, '정신성장'은 프로그램이 아니라 정신권(사회)을 통해 유전된 인류의 정신정보를 자신의 선택에 따라 성장해야 하기 때문에 사람마다 삶의 모습이 달라진다. 그러나 여기 인간의 성장에는 미래를 개척해야 할 또 다른 정신성장의 세계가 놓여 있다.

2000년 6월, 세계 18개국의 연구진이 참여한 **인간게놈프로젝트 사업단**(Human Genom Project: HGP)과 민간기업인 **셀레라 제노믹스**(Celera Genomics)가 인간 유전자 지도의 초안 작성을 완료했다. 이 프로젝트는 1990년 미국 에너지부와 보건부에서 약30억 달러 예산으로 발족시켜 15년 간 완료를 목표로 계획되었었다. 그러나 실제로는 예상보다 2년 정도 빠른 2000년에 게놈의 밑그림 염기배열(Draft)이 완성되었으며, 이후 지속적인 보강연구를 함으로써 2003년 4월 14일에 정확도 99.99%인 완성된 '드래프트'가 공개되었다. 게놈(Genom)은 유전자(Gene)와 염색체(Chromosome)의 합성어로 유전물질인 **디옥시리보 핵산(DNA)**을 뜻한다. 인간의 DNA는 4종의 염기암호(A-T-G-C)가 약 30억 개 배열되어 있는데, 이 배열순서가 규명된 것이다. 그러나 30억 개 가운데 어느 부분이 유전자인가를 알아냈을 뿐(염기 4개의 암호 중 3개가 1개의 아미노산을 지칭한다.) 그 유전자 정보가 무슨 뜻인지 알고 있는 것은 겨우 10% 정도이고 나머지 90% 이상은 아직도 무의식 세계이다.

생물 DNA는 단순히 생물의 생존을 위한 정보만을 의미하지 않는다. '무기질 진화'의 정점에서 출현한 생명물질 단백질은 그 자체가 '무기질 우주질서'가 수렴된 정보로서, 인간의 약 30억 개 DNA 염기서열은 약 138억 년 간 '무기질 우주정보'의 단백질 표현이라는 사실이다. 돌덩이 같은 삭막한 지구에 꽃이 피고 강아지가 뛰노는 낙원으로 변한 것은 '무기질 우주정보'의 단백질 표현이 가능했기 때문인데, 오늘날 분자생물학에서 규명한 약 10%의 유전자 정보 그 자체가 오늘날 문화, 문명을 형성해온 인류의 정신 수준의 의식세계라는 의미다. 만약 90%의 '무의식 세계'가 의식화 되었을 때 그 세상은 어떤 세상이 될는지 우리들은 상상조차 하기 어렵다. 또한 이곳에서 현생인류가 인간으로 영원히 존재하리라는 사실이 불분명하기 때문에 우리들에게 불안과 동시에 일말의 희망을 안겨주고 있다.

약 138억 년 전 '빅뱅' 이래, 물질-생명-정신이라는 '우주질서'의 정보는 동시출현이 아니라 순차출현으로서, '무기질 진화'의 끝에서 생명이 출현했고 '생명진화'의 끝에서 정신이 출현했다는 의미이다. 오늘날 인류가 이 정보의 출현과정을 이해하게 된 것은 아주 최근의 과학발달 덕분이었는데, 우리들은 이 과정의 의미가 무엇이며 왜 발생했는지에 관해서는 아직도 잘 모르고 있다. 그러나 우리들은 인간(인류)만이 이 비밀의 열쇠를 쥐고 있음을 알고 있으며, 이를 통해 물질과 생명의 세상과는 전혀 다른 세상을 만들기 시작했는데 이 출발점이 무기질 진화와 생명진화의 정점에서 출현한 인간(인류)의 '정신현상' 이었다.

우리들은 현상에서 저울로 무게를 측정할 수 있는 물질과 저울로 무게를 측정할 수 없는 에너지를 인식하는데, 물질은 '공간을 갖는 에너지' – 보이는 세상이며, 에너지는 '공간을 갖지 않은 물질' – 보이지 않는 세상으로서, 아인슈타인의 상대성이론 $E=mc^2$에서 물질과 에너지는 가역성이다. 무기질은 자체가 물질이면서 에너지가 물질로 형성되는 어떤 원리 – '에너지의 물질화 현상', 즉 어떤 정보를 내포하고 있는데 무기질에서는 물질과 정보가 분리되어 있지 않다. 따라서 '무기질 진화'는 '물질 양의 변화에 따른 물질의 질적 변화 법칙'에 따라 직접 물질의 덧붙임을 통해 진화가 발생했었다.

'빅뱅'이래 '무기질 진화'가 우라늄에서 끝나고 물질이 분해되어 에너지로 변환하기 시작했는데, 무기질은 이 과정에서 '에너지의 물질화 정보'를 상실하기 때문에 우라늄은 우라늄을 낳을 수 없었다. 그러나 생물은 이 정보를 터득했는데 물질이 아니라 – '물질 양의 변화에 따른 물질의 질적 변화 법칙'이 아니라, 'DNA-RNA 생명정보'로 연속됨으로써 코스모스는 코스모스를 낳을 수 있었다. 생물은 '생명정보'를 통해 '물질의 에너지 변환'에서 독립함으로써 물질에서 해방(구원)되었으며 '불멸성'을 획득한 물질이 되었다. 결국 생명에는 죽음이란 존재하지 않는다. 단지 개체가 다른 개체로 대체될 뿐이다. 또한 '빅뱅'이래 상온에서 '에너지의 물질화 원리' – '광합성 작용'을 획득함으로써 생물 스스로 '먹이사슬'을 형성할 수 있었다. 생물은 생물을 먹어야 생존이 가능하기 때문에 이것은 '생물의 복잡성'은 '의식(정보)의 복잡성'으로 이어지는 진화패턴을 가능케 함으로써 이를 통해 그 정점에서 인류가 출현했었다. 결국 진화는 정보의 축적이다.

동물에서 오감이 출현함으로써 대상을 인식하기 시작했는데, 꽃과 강아지가 다른 것은 단백질 종류가 다르기 때문이다. 단백질은 '공간을 갖는 정보'로서 정보의 전달과 교류가 공간의 한계를 갖고 있어, 자신의 단백질 정보만큼만 공명현상을 통해 대상을 인식(동조)한다. 그 결과 아메바는 개미의 세상을 알지 못하고, 개미는 강아지의 세계를 인식하지 못하며, 강아지는 인간의 세상을 알지 못한다. 인간과 침팬지의 DNA 염기서열이 겨우 1.6%도 안 되는데도 침팬지는 인간의 세상을 인식하지 못할뿐더러 침팬지 또한 오감을 통해 정보를 인식하지만, 이것을 '정신현상'이라고 하지는 않는다.

정신은, 인간이 오감으로 인식된 정보를 뇌에 축적(동조) 할 수 있어 '관념'을 형성할 수 있으며, 언어를 통해 공유할 수 있는 '공간을 갖지 않은 정보'로서 자유로운 두 손으로 생명(체) 밖에서 물질을 생성하고 소멸시키는 정보이다. 물질은 '에너지의 물질화 현상'이며, 생명은 '에너지의 물질화 현상'과 '물질의 에너지 현상' 정보를 모두 갖고 있지만, '폐쇄된 영역' 내 '물질의 생성과 소멸현상'이라는 한계를 갖고 있다. 그러나 '정신정보'는 '개방된 영역'에서 '물질의 생성과 소멸현상'이 발생함으로써 '정신정보'의 형성은 개체성으로도 가능하지만, 생물유전이 불가능하여 공유성이여야 문화, 문명(정신권-사회)에 축적되어 존속된다.

100년도 못 사는 인간이 138억 년 간 축적된 정보를 다 알고 산다는 것은 거의 불가능하다. 오늘날 인류의 정신수준은, 약 250만 년 전 호모 하빌리스부터 출현하기 시작한 정신현상이 문화, 문명에 축적되어 정신권(사회)을 형성하여 유전된 정신정보이다. 문제는 오늘날 농경시대에 출현한 모든 철학과 종교는 지금까지 인류가 축적해온 '정신정보' 내에서만 세상을 이해하고 해석하고 있다는 사실이다. 만약 90% 무의식 세계의 의식화 현상이 또 다른 인간(인류)의 정신성장의 하나라면, 과거에 축적된 '정신정보'에 국한된 성장이어서는 안 된다.

약 1만 년 전에 시작된 농경시대는 16세기 근대 과학의 여명이

7. 구원과 진화는 동의어이다.

오기 전까지 고정 불변하는 '정적인 세계관'으로서, 물질과 비물질, 영혼과 육신, 현세와 내세, 물질의 안과 밖 등 현상을 인식하는 '이원론'과 관념을 통한 '동시성 인식'이 근대종교의 특징이다. 특히 '정적인 세계관'은 모든 현상이 존재로서 인간의 의식을 정지시키고 있을뿐더러 이원론 사고를 벗어나기가 불가능하게 한다. 이원론은 '물질과 에너지' 또는 '물질과 정보'의 차이를 정확히 구분하지 못하며, '보이지 않는 세상' – 비물질의 존재가 현상의 본질이라 인식함으로써 인간의 실존을 개체성에 정지시키고 있다. 종교에서 영생이란 善과 惡에 따라 천당(극락)과 지옥의 세상으로서, 특히 가톨릭(그리스도교) 신학에서 '인간 구원'은 예수의 십자가의 희생 제물에 의한 오로지 하느님의 은총이기 때문에 믿음이 곧 구원이다.

"**누가 내 어머니고 누가 내 형제들이냐?**" 하고 반문하셨다. 그리고 당신의 제자들을 가리키시며 이르셨다. "**이들이 내 어머니고 내 형제들이다. 하늘에 계신 내 아버지의 뜻을 실행하는 사람이 내 형제요 누이요 어머니다.**"(마태12,48-50)

예수의 말씀처럼 인간은 생물에만 머무는 존재가 아니다. 정신은 무기질이나 생물의 세계가 상상도 할 수 없는 세상을 만드는 '우주정보'이다. 인간은 '생물성장'과 더불어 '정신성장'을 해야 하는 존재로서 구약시대부터 스콜라 철학까지 이 현상을 '원죄'라 인식하고 있었으며, 인간의 죄와 죽음의 근원이라 신앙하고 있다. 히브리인들은 '원죄'의 속박으로부터 구원(해방)되기 위해 메시아 – 구세주를 기다렸으며, 가톨릭(그리스도교) 신학에서는 예수를 그 메시아 구세주로 선포하고 있다. 그러나 오늘날 우리들은, '원죄'는 인간이 생물성장과 정신성장을 해야 하는 인간의 본질로서 생명으로 연속되며, 올바른 정신성장을 통해 생물은 물론 기존 '정신정보'로부터 해방된다고 보고 있다. 인간의 '올바른 정신성장'이란 인류가 축적해온 '정신정보'의 동조이며, 90% 무의식 세계의 의식화 현상이다. 오늘날 전자는 철학과 종교의 영역이며 후자는 과학의 영역이다. 그러나 '무의식 세계'의 '의식화 성장'은 어느 누구도 가 본 적이 없는 또 다른 시행착오의 길이어서 언제나 갈등이 발생한다. **"내가 세상에 평화를 주러 왔다고 생각하지 마라. 평화가 아니라 칼을 주러 왔다."**(마태10,34)

스콜라 철학에서 계시, 구원, 강생의 신앙언어가 오늘날 가톨릭(그리스도교)신학 교리의 근본을 형성하고 있는데 신학에서 계시란, 인간이 스스로 얻을 수 없는 현상에 대한 지식을 하느님께서 열어 보신다는 의미로서 불변되고 규격화한 절대 진리로 믿고 있다. 구약에서는 선지자나 예언자들을 통해 계시가 전해졌다고 믿고 있으며, 신약에서는 예수의 삶과 죽음과 부활이 계시의 원천으로서 예수는 강생(降生)한 '肉化한 神'으로 신앙하고 있다. 과학이 없던 시대에 출현한 철학과 종교의 대부분이 현상을 '동시성 인식' - 전체에서 부분으로만 인식함으로써 神 또는 부처의 개념이 나왔으며, 스콜라 철학에서 계시, 구원, 강생이라는 신앙언어가 인류의 공유성을 통한 역사성의 다른 표현임을 이해하지 못하고 있다. 결국 철학과 종교는 인류문화의 산물이다. 물론 10% 의식세계에서 인간이 '전체에서 부분'으로 또는 '부분에서 전체'로 현상을 모두 인식한다는 것은 불가능한 일이지만, 오늘날 우리들이 이것이 불가능하다는 사실을 인정만 해도 족하다.

서양 사람들은 '사람다운 사람'이라는 말을 잘 못알아듣는다. "사람이면 사람이지 사람다운 사람이 무슨 뜻이냐?"고 되묻곤 한다. 그들에게 '구원된 인간'이라 설명해야 알아듣는다. 마찬가지로 우리들은 '구원된 인간'이라는 말을 잘 못알아듣는다. '사람이 어디 구덩이에 빠졌는가? 구원되게?', '사람다운 사람'이라고 말해야 바로 알아듣는다. '구원된 인간'과 '사람다운 사람'은 인간이 보다 폭넓은 새로운 세상을 인식하는 것으로, 전자는 위에서 아래로, 후자는 밑에서 위로 현상을 인식하는 인간의 정신현상이다. 음악에서는 '대위법'을 통해서 아름다운 화음이 나온다. 과학과 종교 또한 하나의 '대위법'이다. 라틴어에서 구원 – Salvare의 어원은 축적으로서 역사성을 의미한다. 진화 또한 정보의 축적이며 역사성으로서, 결국 구원과 진화는 새로운 세상으로의 진입 – 해방이며 그것과 곧 동의어이다.

인간은 정신소립자로서, 인류의 공유된 '정신정보'는 새로운 문화, 문명을 형성하여 새로운 정신권(사회)을 만들어 새로운 인류를 출현시킨다. 이미 축적된 인류의 '정신정보'의 세계에는 우리가 설 자리가 없다.

8. 성탄! – 왜 구유인가?

　예수께서 태어나시던 당시 인류는, 동서양을 막론하고 죽음이 삶보다 더 평화로운 안식처라 인식했었다. 삶 자체가 고(苦)라 인식했으며, 죽음은 곧 고(苦)로부터의 해방이라 인식했었다. 그리스 철학자 '플라톤(Platon BC 428~348)'은 '죽음은 영혼의 육신으로부터의 해방'이라 인식했으며, 신플라톤주의 창시자 '플로티노스(Plotinos AD 205~270)'는 '죽음은 삶보다 가치 있다.'고 죽음을 찬양했었다. 삶이 죽음보다 불확실한 시대였을까? 아니면 삶과 죽음을 하나의 연속성으로 인식했기 때문이었을까? 오늘날 우리들 대부분도 죽음은 끝이라 인식하거나 아니면 영원한 안식처라 인식하고 있다.

　그 고장에는 들에 살면서 밤에도 양 떼를 지키는 목자들이 있었다. 그런데 주님의 천사가 다가오고 주님의 영광이 그 목자들의 둘레를 비추었다. 그들은 몹시 두려워하였다. 그러자 천사가 그들에게 말하였다. "두려워하지 마라. 보라, 나는 온 백성에게 큰 기쁨이 될 소식을 너희에게 전한다. 오늘 너희를 위하여 다윗 고을에서 구원자가 태어나셨으니, 주 그리스도이시다. 너희는 포대기에 싸여 구유에

누워 있는 아기를 보게 될 터인데, 그것이 너희를 위한 표징이다."그 때에 갑자기 그 천사 곁에 수많은 하늘의 군대가 나타나 하느님을 이렇게 찬미하였다."지극히 높은 곳에서는 하느님께 영광 땅에서는 그분 마음에 드는 사람들에게 평화!"(루카2,8-14) '죽음이 삶보다 가치 있다.'고 생각하며 살아가는 당시 사람들에게 '루카'는 예수의 탄생을 통해, 그것도 외양간 구유에서 성탄의 기쁨과 환호를 우리에게 이렇게 전해주고 있는 것이다.

"'나는 아브라함의 하느님, 이사악의 하느님, 야곱의 하느님이다.' 하고 말씀하셨다. 그분께서는 죽은 이들의 하느님이 아니라 산 이들의 하느님이시다."(마태 22,32-33)라고 하신 예수의 가르침 속에 루카의 '탄생 설화'의 참뜻이 있다. 이것은 인간의 탄생과 삶이 '죽음보다 가치 있는 삶'임을 예수의 삶을 통해 선포하신 것이며, 신약의 시작이었다.

인류는 약 1만 년 전부터 농경을 시작하기 전까지는 어느 동물과 다르지 않은 수렵채집 생활이었다. 그러나 약 250만 년 전 시작된 인류의 구석기 문명은 오늘날 우리들이 보기에 아주 보잘 것 없는 조약돌이지만, 인류가 어떤 목적의식을 가지고 제작한 최초의 정신현상의 증거이었다. 더구나 약 7만 년 전 삶의 영생을 기원하는 매장 풍습에서 우리는, 이미 인류는 생명을 넘어 정신의 세계에서 삶을 영위하고 있었음을 알 수 있었다. 그러나 고대인(古代人)들이 인식한 삶과 죽음의 연속성은 당시 인류의 의식수준으로는 '보이는 세계'에서 '보이지 않는 세계'로의 이행이었을 뿐, 생명에서 정신으로 진화하는 자신들의 모습을 인식한다는 것은 거의 불가능한 일이었다. 농경을 시작한 이래 본격적으로 문화, 문명을 이룩한 인류는 삶과 죽음의 연속성은 현세와 내세라는 보다 구체적인 이원론 세계로 인식하기 시작했었다. 문제는 그들에게조차 내세란 현상이 아니라 비물질의 세계 '저승'이라는데 있었다. 그들에게 현세란 저승이라는 내세로 가기 위한 임시 무대였다.

히브리인들 역시 현세란 실낙원으로 인식했지만, 저승이라는 내세는 존재하지 않았다. '우리들과 함께하시는 하느님'과 '완성된 하느님의 나라'의 도래를 기다리는 그들만의 독특한 희망을 품은 신앙이었다. BC 539년 신바빌로니아 유배에서 돌아온 히브리인들은 모세오경을 통해 자신들의 정체성을 정립하기 시작했으며, 자신들만이 하느님으로부터 선택된 민족으로서 실낙원에 구원하실 메시아가 오기를 고대하고 있었다. 그들에게 메시아는 저승이라는 내세로 구원하시는 분이 아니라 '완성된 하느님의 나라'로 - 실낙원에서 구원하실 구세주이셨다. 적어도 히브리인들에게 내세는 '완성된 하느님의 나라'를 향해 나아가는 연속되는 현세였다. 이런 점에서 조상들의 얼이 후손으로 이어진다고 신앙해온 조상숭배와 현실에 집착하는 한민족의 사상과 매우 유사했다.

예수께서 태어나시던 당시 히브리인들의 '메시아' 신앙은 로마의 억압과 착취에 고통당하는 민족의 해방자를 염원하는 신앙으로 변질되고 있었으며, 일부 히브리인들은 오리엔트 시대 만연한 '조로아스터 교(拜火敎)'의 이원론에 영향을 받아 '하느님 나라'의 도래가 현세가 아닌 저승이라는 내세를 신앙하고 있었다. 예수께서 이들에게 가르치신 첫 외침이 **"회개하여라. 하늘 나라가 가까이 왔다."**(마태 4,17)였다. '하느님 나라'가 저 멀리 저승이 아니라 지금 여기임을 일깨우신 말씀이었다. **"회개하여라."**라는 말씀은 단지 죄의 회개만이 아니라 '마음을 활짝 열고 자신의 삶의 뒤를 돌아보고 현실에 충실하라, 그리고 희망을 갖고 미래를 바라보아라.'라는 예수의 가르침은, 현세가 이어지는 '하느님 나라의 완성'을 갈망해온 히브리인들의 정통적인 신앙이었다. 나아가 **"누가 내 어머니고 내 형제들이냐?"**(마르3,33) 말씀 속에 오늘날 우리는, 이미 인류가 생명을 넘어 정신의 세계로 진화하는 존재, 즉 '인간은 생물이 아니다.'라는 것임을 일깨워 주는 가르침이다. 또한 이 말씀은 '하느님 나라'는 가족과 씨족과 민족을 넘어 전 인류의 공유성을 통해 완성된다는 가르침이셨다.

    사도 바오로께서는 코린토1서에 이런 글을 남겨놓으셨다.

내가 아이였을 때에는 아이처럼 말하고 아이처럼 생각하고 아이처럼 헤아렸습니다. 그러나 어른이 되어서는 아이 적의 것들을 그만두었습니다. 우리가 지금은 거울에 비친 모습처럼 어렴풋이 보지만 그때에는 얼굴과 얼굴을 마주 볼 것입니다. 내가 지금은 부분적으로 알지만 그때에는 하느님께서 나를 온전히 아시듯 나도 온전히 알

게 될 것입니다. 그러므로 이제 믿음과 희망과 사랑 이 세 가지는 계속됩니다. 그 가운데에서 으뜸은 사랑입니다.**(1코린13,11-13)

오늘날 우리들은 과학의 발달 덕분에 얻게 된 최신의 정보를 통해, 사람이 우주 속에서 그 비밀을 푸는 열쇠의 자리, 극점의 위치에 있다는 사실을 잘 알고 있다. **"너희는 세상의 소금이다. 너희는 세상의 빛이다."**(마태5,13-14) 그러나 우리들이 올바른 성장(善)을 통하지 않고는 이 진리를 깨닫기가 쉽지 않다. **"우리들 대부분은 우주적 크기의 움직임이 보여 주는 느린 속도에 속아서 인간이 진화의 도정에 서서 발걸음을 옮기고 있다는 사실을 바로 인정하는 데 큰 어려움을 겪는다. 별, 산, 생명이 걸어온 엄청난 과거 등이 한곳에 고정된 것이 아니라는 사실을 이미 인정하고서도, 우리 자신은 마치 고정되어 있는 듯한 착각 속에 아직도 빠져있다."** - 떼이야르 드 샤르댕

독일의 생물학자 헤켈은 '개체발생은 계통발생을 반복한다.'는 '발생반복설'을 주장했다. '발생반복설'이란, 인류는 척색동물門 원조로 알려진 피카이아나 해구어(海口魚)에서 어류 - 양서류 - 파충류 - 포유류를 거쳐 영장류에서 인류가 출현하였다. 이 인류(생물)의 진화과정이 엄마의 뱃속에서 10개월간 반복되어 발생한다는 이론이었다. 또한 이 '발생반복'은 모든 생물이 태어나자마자 일생을 통해 단계적으로 되풀이 성장하는데 '생물성장'의 근원이다. 그러나 인류에게 약 250만 년 전부터 나타난 '정신현상'은 DNA-RNA

가 아닌 문화, 문명을 통해 축적 유전되는 '정신성장'이라는 또 다른 성장을 해야 하는 여느 동물과는 다른 존재이다.

인간의 '생물성장'과 '정신성장'은 동시성으로서 스위스 발달심리학자 '피아제(Jean Piaget 1896~1980)'는 그의 '언어발달 이론'에서 '인지구조가 발달함에 따라 자기중심적 언어에서 사회적 언어로 발달해간다.'고 했다. 그러나 '생물성장'은 DNA-RNA 프로그램 - 본성이기 때문에 잘 먹고 잘 자면 저절로 성장한다. 그러나 '정신성장'은 사회성을 통해 성장하기 때문에 프로그램이 아니며, 개개인뿐만 아니라 인류 전체가 수많은 시행착오를 거쳐 성장해야 한다. 이것은 침팬지는 생명권 내에서 성장할 수 있지만, 인간은 생명권 내에서 성장은 의식의 정지를 의미한다. 정신은 곧 인간의 약 30억 개 'DNA-RNA 생명정보'의 '의식화 현상'으로서, 인류는 약 40억 년 간 축적된 생명정보를 짧은 생애동안 모두 의식화 할 수 없기 때문에 생명권 위에 정신권을 형성하여 유전해왔다.

일찍이 독일의 대철학자 헤겔은 "인류의 성장은 어린이의 성장과 같다."고 했다. 이에 따르면 고대인들의 의식수준과 구약의 히브리인들의 의식수준과 예수시대 인류의 의식수준이 다르고 오늘날 우리들의 의식수준이 다르다는 의미이다. 오늘날 어린이가 어른으로 '정신성장'하는 의식 단계이기도 하다. 프랑스 생물학자 '라마르크(Lamarck 1744~1829)'는 '생물진화 단계'에서 이 과정을 잘 설명하고 있다. "아메바는 개미의 세상을 알지 못하고, 개미는 강아지의 세계를 인식 못하고, 강아지는 인간의 세상을 알지 못한다."고 했다. 만약 어른이 어린이의 말과 생각과 판단을 버리지 않는다면, 이는 마치 스스로가 아메바나 개미나 강아지의 세상에 살고 있다는 의미이다. 이해하기가 어렵겠지만, '정신 성장'은 프로그램이 아니라 선택과 결심에 의해 성장하기 때문이다.

인간의 성장은 부족(不足)의 인식에서부터 출발한다. 그 출발점이 고통이다. 만약 누구든지 배고픈 고통을 느끼지 못한다면 죽을 때까지 음식을 먹지 않을 것이다. 인간에게 고통은 부족에서 온다. 부족이 채워지면 고통이 사라진다. 가난은 부족이다. '절대 가난'이나 '구조적 가난'이나 채워진 부족은 또 다른 부족을 불러온다. 욕망이 아니라 인간은 성장하기 때문이다. "**일곱 번이 아니라 일흔일곱 번까지라도 용서해야 한다.**"(마태18,22) 그러나 누구나 한 번 걸어 본 길은 어렵지 않게 그 길을 갈 수 있지만, 인간의 '무의식 세계'의 '의식화 현상' – '정신 현상'은 아무도 가 본적이 없는 길이기 때문에 수많은 시행착오와 갈등과 고통이 뒤따른다. 그것도 인간 개개인이 아니라 인류의 공유성을 통해 형성된다. "**내가 세상에 평화를 주러 왔다고 생각하지 마라. 평화가 아니라 칼을 주러 왔다.**"(마태10,34)

만약 인류에게 무의식 세계를 의식화 하는 정신이 출현하지 못했다면, 아직도 우리들은 침팬지의 세상에 머무르고 있었을 것이다. 오늘날 우리들의 정신수준은 수백만 년 간 축적된 인류의 '정신현상'이지만, 여기가 '완성된 하느님의 나라'는 아니다. 오늘날 우리는 대기권 밖으로 인공위성을 띄우고 먼 별나라까지 우주선을 보내고 있지만, 인간 내면에 축적된 '우주정보'에 비하면 걸음마 단계에 지나지 않는다. 인간 내면의 '무의식 세계'가 모두 의식화된 세상은 어떤 세상이 될는지 우리들은 감히 상상하기도 어렵다. 암석과 꽃과 인간을 출현시킨 물질과 생명과 정신은 '우주질서의 정보'로서 하나의 연속된 현상이었다. 약 138억 년 전 '빅뱅'이래 약 100억 년 간 생명은 무기질 세상의 내세였으며, 약 40억 년 간 정신은 생명의 내세였다. 정신의 내세는 현세의 연속성에서 오겠지만, 그 내세는 '공간을 갖지 않은 물질의 세계'일 것이다.

인류는 아주 오래 전부터 따뜻한 봄날 씨앗이 싹트고 자라 꽃피고 열매 맺는 식물의 한해살이를 통해 싹트고(탄생), 소멸하고(죽음), 다시 싹트는(부활) '생명의 연속성'을 이해하고 있었다. 그러나 과학이 없던 시대에 '생명의 연속성'은 '보이는 세계(탄생과 부활)'와 '보이지 않은 세계(죽음)'가 단절일 수밖에 없었다. 그러나 오늘날 우리들의 눈에 '죽음'은 사라지는 끝이 아니라 '물질의 정보화 현상(코스모스가 추운 겨울을 넘기기 위해 자신의 '생명정보'를 씨앗으로 남겨놓는 현상)'으로서, 결국 탄생, 죽음, 부활은 '생성'이라는 동의어이며 연속성이다.

루카의 '예수 탄생 설화'는 생명과 정신의 연속성을 통한 '인류의 구원' – 진화의 확신으로서 기쁨의 환호였다. 구유는 가난의 상징 – 부족의 인식이었다. 인류 정신 진화의 동인이며, 새로운 인류 출현의 요람이었다. 그리스도門의 시작이었다. **"두려워하지 마라. 가서 내 형제들에게 갈릴래아로 가라고 전하여라. 그들은 거기에서 나를 보게 될 것이다."**(마태 28:10)

예수의 부활은 우리들 마음속에 동조된 예수의 삶이다.

"진실로 그리스도는 구원하신다. 그러나 우리는 즉시 덧붙여서 그리스도 역시 진화를 통해 구원되신다고 말해야 하지 않을까?" – 떼이야르 드 샤르댕

9. 부활! - 썩은 송장이 되살아나다

    1856년 오늘날 독일의 라인라이트 인근 네안데 계곡에서 고인류의 화석이 발견되었는데, 약 30만 년 전에 출현하여 약 3만 년 전에 멸종된 인류의 한 종으로서, 고인류학에서는 네안데르탈인이라 명명되고 있다. 이들의 화석이 발견된 곳이 주로 무덤이었는데, 무덤 속에서 꽃다발로 장식한 흔적이나 짐승 뼈로 만든 장신구가 발견되곤 했다. 이런 유적은 멀리 독일의 네안데르탈인이 아니어도 우리나라 청주에서도 발견된 적이 있었는데, 1976년 충북대학교 이융조 고고학 교수가 청주 가덕면 두루봉 석회석 광산에서 발견한 어린이 유골 주변에서, 꽃가루나 뼈로 만든 예술품을 발견한 적이 있었다. 훗날 이 유적을 처음 발견하고 신고한 '한흥문의광산' 김흥수 씨의 이름을 따서 '흥수아이'로 명명했는데, '흥수아이'가 살던 시대가 적어도 5만 년 내지 10만 년 전이라 보고 있다. 당시 무덤에서 꽃가루 흔적은 현대 전자현미경 덕분에 알게 된 것이다.

    이들 네안데르탈인이나 '흥수아이'의 당시 매장풍습에서 꽃다발로 장식하고, 죽은 이들이 평소에 사용하거나 소중하게 간직했던 물품들이 함께 매장되어 있다는 사실은, 이집트의 피라미드나 고구려 적석총에 비해 그 규모가 다를 뿐 죽은 이들의 영생을 기원하는 매장 풍습임에는 큰 차이가 없었다. 네안데르탈인과 흥수아이가 거의 같은 시대에 살고 있었지만, 인류의 종이 다르고 독일과 한반도라는 지리적 거리가 아주 먼데도 비슷한 매장풍습을 한 것을 보면, 아주 먼 옛날부터 인류는 삶과 죽음에 관한 영생을 인식했으리라 보인다.

'영생'은 죽음의 단절에서 오는 두려움을 극복하기 위한 희망사항일까?

'영생'이라는 말은 결국 '인간 삶의 연속성'이라는 뜻인데, 그렇다면 '현세와 완전 단절'을 의미하는 죽음이 어떻게 '삶의 연속성'으로 이어진다고 믿었을까? 고대 인류에게 죽음이란 무엇이었을까? 고대인들뿐만 아니라 오늘을 사는 우리들에게도 '현세와의 완전히 단절'이라는 죽음을 이해하기란 쉽지가 않다. 종교인이 아니더라도 어른이라면 누구나 한번은 자신의 죽음에 관해 깊이 생각을 해보았을 것이다. 웃고 울고, 기뻐하고 슬퍼하고, 행복에 겨워 삶이 밝다가도 절망의 심연 속에서 헤어나지 못하는 이 존재가, 어느 날 갑자기 죽음이라는 침묵으로 우리에게 다가왔을 때 당황을 넘어 비통에 빠져 무기력을 실감한다. 대부분 사람들은 이 단절이라는 죽음 앞에서 인간이 할 수 있는 일이란 아무것도 없다고 생각하고 있다. 따라서 영생은 죽음의 단절에서 오는 두려움을 극복하기 위한 희망사항이라 생각하고 있다.

 그러나 오늘날 과학의 시대에 살고 있는 우리들에게 내세는 실재의 세상이다. 약 138억 년 전 '빅뱅' 이후, 적어도 지구상에서는 물질에서 생명이 출현하는데 약 100억 년이나 걸렸다. 다시 이 생명에서 정신(인간)이 출현하는데 약 40억 년이 걸렸다. 따라서 생명은 물질세계의 내세였으며, 정신은 생명의 내세였다. 또 다시 40억 년 후, 정신은 어떤 모습일까? 상상을 한번 해보라. 바로 우리 인류의 내세를 말이다. 고대인들로부터 인식해온 내세(영생)가 상상이나 희망사항이 아니라 실재였다.

 그러나 과학이 없던(모르는) 시대에 죽음은 '현세와의 완전 단절'로서 '죽은 시체의 연속성'으로 인식하기란 불가능했다. 그렇다면, 내세를 인식해온 고대인들은, 단절(죽음)과 연속성(영생)을 어떻게 하나로 인식했을까? 고대인들이 인식한 죽음은 '현세와의 완전한 단절' 이외에 어떤 현상도 이해하지 못했기 때문에 그들에게 영생이란 '죽은 시체의 다른 존재'로 인식한 영혼이 머무는 저승이 그들의 내세였다. 사실 죽음이란 생물학 영역이지 철학이나 신앙의 영역은 아니다. 그러나 과학이 없었던(모르던) 시대에서 죽음과 영생에 관한 정의는 철학이나 종교의 영역일 수밖에 없었다.
 생물에서는 'DNA 생명정보'를 통해, 인류는 '정신정보'를 통해 존재의 연속성을 이어간다.

코스모스는 추운 겨울을 넘길 수 없어 자신의 정보를 씨앗으로 남기고 개체는 소멸되고 만다. 이듬해 따뜻한 봄날, 씨앗은 싹이 터서 한 여름 태양빛에 무럭무럭 자라 파란 가을 하늘아래 다시 울긋불긋 코스모스 꽃을 피운다. 생물에서 죽음은 끝이 아니라 새로운 삶의 시작이다. 그러나 무생물에서는 예를 들면, 우라늄은 우라늄을 낳을 수 없어 토륨이나 플루토늄으로 붕괴되어 결국 납으로 변화되어 사라진다. 무생물(무기질)은 개체로 존속되는 '불멸성'이 불가능하다. 생물은 자신의 정보를 DNA에 담아 삶의 연속성을 이어간다. 이 DNA 정보를 우리는 '생명'이라고 하는데 '생명'은 물질이 획득한 '불멸성'이다. 결국 생물은 무생물이 아니다.

그러나 자식을 자신으로 볼 수 없는 인간은, 자신의 지식이나 인격은 자식에게 생물유전이 되지 않고 사회성으로만 유전된다. 따라서 나와 자식은 독립된 개체로서 인간은 생물이 아니다. 약 40억 년 전 생명은 무기질에서 독립된 개체가 되어 '생명은 생명을 통해 연속성'을 이어왔다. 다시 약 40억 년 후, 생명이 아닌 정신으로 연속성을 이어가는 인류가 출현했다. 생명이 생물의 정보라면, 정신은 인간의 정보로서 물질도 생명도 아닌 제3의 물질정보이다. 옛날 사람들이나 오늘날 우리들 대부분은 이 '정신정보'를 영혼이라 인식하고 있다. 문제는 이 영혼이 생물에서 'DNA 생명정보'와 같이 개체성이 아니라는데 있다.

부활사상은 영생의 종착점이 '저승'이 아니라 '보다 완성된 현세'

라는데 있다.

고대 이후, 오리엔트시대 최초로 부활사상이 출현했는데 이집트의 '미라를 통한 부활사상'과 페르시아에서 발생한 조로아스터교의 프라쇼케레티(Frashokereti)라는 2단계 종말론에 부활사상이 있었다. 히브리인들의 내세관은 '구세주 메시아'를 통해 '완성된 하느님 나라(에덴동산)'로 '현세의 연속성'에서 구원되는 구원관으로서, 저승에서 삶을 영위하는 영혼이나 부활이라는 개념이 없었다. 그러나 수천 년 후 예수의 부활사건이 있었다. 이집트, 조로아스터교, 예수의 부활사상의 공통점은 저승에서의 부활이 아니라 현세에서의 부활이다. 고대인들이 인식한 영생이 '저승에서 영혼의 영원한 삶'인 반면, 부활사상은 영생의 종착점이 저승이 아니라 보다 완성된 현세라는데 있다. 결국 부활사상은 '삶의 연속성'을 의미했다. 생물에서는 'DNA 생명정보'를 통해, 인류는 '정신정보'를 통해 존재의 연속성을 의미했다.

아예 부활사상이 없었던 히브리인들에게 예수의 부활사건은 구약과 신약을 가르는 한 획일 뿐만 아니라, 새로운 인류의 출현을 예고하는 사건이었다. 이집트나 조로아스터교의 부활사상은 개체성에 머물렀지만, 예수의 '3일 만의 부활'이란 '온전히 생물의 죽음'을 뜻하는 것으로, '인간은 생명이 아니라 정신의 연속성'으로서, 인류의 '정신정보'가 공유성을 통해 '새로운 인류를 출현시킨다.'는 예수의 가르침이었다. 당시 히브리인들은 '인간은 생물이다'라는 의식 수준이었을 뿐이었다. 예수의 부활사상은 **"누가 내 어머니고 누가 내 형제들이냐?"**(마태12,48) 말씀과 같은 맥락의 가르침이었다.

당시 과학을 모르던 고대인들과 오리엔트시대 사람들이 '생명과 정신의 불멸성'이나 '생명과 정신의 연속성'을 이해한다는 것은 불가능했기 때문에 죽음에 관한 신앙언어(영혼, 저승, 천당과 지옥, 부활, 내세)를 통해 영생을 이해하고 표현했었다. 고대인들이나, 오리엔트시대 사람들이나, 오늘날 우리나, 영생관이 다르다고 내세의 실체가 달라지는 것은 아니다. 어떤 영생관이냐에 따라 죽음과 부활과 내세관이 인간의 의식수준에 따라 개체성에서 공유성으로 달라진다. 따라서 개인의 삶뿐만 아니라 인류 전체의 문화, 문명의 수준이 달라진다. **'공유성'이란 '정적인 세계관'에서는 어느 하나를 여럿이 이용한다는 의미이지만, '동적인 세계관'에서는 여럿이 하나를 만드는 과정으로 인식된다.** 예수의 부활사건은 '동적인 세계관'에서 인류의 '공유성'을 강조한 가르침이었으며, 부활은 당시 제자들이 장소 개념으로 인식해온 저승은 존재하지 않는다는 예수의 가르침이었다. 신약성경에서 예수의 '부활사건'은 픽션으로 읽어야 그 참뜻을 알아들을 수 있다.

영생은 죽어서 가는 곳이 아니라, 살아서 누리는 것이다.

오늘날 모든 종교가 영생은 '저승에서 영원한 삶'이라는 신앙을 선포하고 있다. "저 멀리, 죽어서도 있다고 믿어야 위로받을 수 있는데 내세는 연속된 현세라고 하니… 앞으로는 하느님 나라의 완성을 위해 살아가겠습니다." 어느 신자의 독백 속에서 오늘날 가톨릭(그리스도교)의 실상을 보는 듯, 영생이 자신들만의 독점물인 양 허무한 신기루만을 설교하고 있다. 오늘날 인류가 인식해온 영생에 관해서 어느 것 하나 속 시원하게 답을 주는 종교가 없는 이유가, 과학이라는 실증학문이 없었던 시대의 언어이기 때문이다.

만약 생물학을 통해 '생명의 불멸성'과 '생명의 연속성'을 인식할 수 있다면 죽음과 연관된 신앙언어가 보다 명확하게 인식된다. '생물학에서 철학을 인식하라.'는 샤르댕의 말씀 속에 보다 명확한 죽음과 내세에 관한 정의가 내려져있다. 영혼이란 '죽은 시체의 다른 존재'가 아니라 다른 사람들에게 영향을 주는 살아있는 자의 '정신정보'이다. 오늘날 물질, 생명, 정신이 하나의 연속된 정보(말씀)로 인식한 사람들은 예수, 복음사가 요한, 그리고 '떼이야르 드 샤르댕'이 있다. 만약 누구든지 생명은 물질이 획득한 '불멸성'임을 안다면, 정신은 생명이 획득한 '불멸성'임을 쉽게 알아들을 수 있을 것이다. 영생은 죽어서 가는 곳이 아니라, 살아서 가는 곳이다.

"'나는 아브라함의 하느님, 이사악의 하느님, 야곱의 하느님이다.' 하고 말씀하셨다. 그분께서는 죽은 이들의 하느님이 아니라 산 이들의 하느님이시다."(마태 22,32)

10. 가장 위대한 생애!

"지극히 높은 곳에서는 하느님께 영광 땅에서는 그분 마음에 드는 사람들에게 평화!"(루카2,14)

- 예수를 따르는 사람들 -

"마음이 가난한 사람들"

"슬퍼하는 사람들"

"온유한 사람들"

"옳은 일에 주리고 목마른 사람들"

"자비를 베푸는 사람들"

"마음이 깨끗한 사람들"

"평화를 위하여 일하는 사람들"

"옳은 일을 하다가 박해를 받는 사람들"

"세상의 소금이며 빛인 사람들"

"자선을 베풀 때에는 오른손이 하는 일을 왼손이 모르게 하는 사람들"

"재물을 하늘에 쌓아두는 사람들"

"하늘의 새들과 들꽃보다 하느님 나라를 바라보는 사람들"

"남을 판단하지 않는 사람들"

"남에게서 바라는 대로 남에게 해주는 사람들"

"좁은 문으로 들어가는 사람들"

"여우도 굴이 있고 하늘의 새도 보금자리가 있지만
 머리 둘 곳조차 없는 사람의 아들들"

"새 포도주는 새 부대에 담을 줄 아는 사람들"

"빛은 눈이며 소리는 말씀임을 아는 사람들"

"육신은 죽여도 영혼은 죽이지 못하는 자들을 두려워하지 않는 사람들"

"평화가 아니라 칼을 주러 오신 분임을 알고 있는 사람들"

"세월호 참사, 노란 리본에서 예수를 보는 사람들"

"4대 강 몸살에 눈물을 흘리신 부처님을 본 사람들"

"하느님이 바라는 것은 동물을 잡아 바치는 제사가 아니라 이웃
 에게 베푸는 자비라는 것을 깨달은 사람들"

"사람의 아들이 바로 안식일의 주인임을 아는 사람들"

"선한 것을 마음에 쌓아두었다가 선한 것을 내놓는 사람들"

"누가 내 어머니이며 내 형제들이냐? 물음의 의미를 알고 있는 사람들"

"씨앗이 땅에 떨어져 그 열매가 삼십 배, 육십 배, 백 배를 맺는 사람들"

"가라지와 겨자씨 비유의 뜻을 알고 있는 사람들"

"오천 명을 먹이신 기적의 의미를 알고 있는 사람들"

"자기를 버리고 제 십자가를 지고 가는 사람들"

"어린아이와 같이 순수한 사람들"

"아흔 아홉 마리 양보다 길 잃은 양 한 마리 양을 찾아 떠나는 사람들"

새로운 인류의 출현

"노상 강도를 당한 신음하는 유대인(호남인)을 구원한 사마리아(영남인) 사람들"

"돌아온 탕자들"

"우리에게 잘못한 이를 우리가 용서하듯이 하느님이 우리를 용서하신다는 것을 알고 있는 사람들"

"일곱 번씩 일흔 번이라도 용서하는 사람들"

"자기에게 가장 귀한 보물을 남에게 줄 수 있는 사람들"

"남이 달라고 하면 조건 없이 내주는 사람들"

"꾸려는 사람의 청을 물리치지 않는 사람들"

"내 목숨을 다하고 뜻을 다하여 하느님을 사랑하는 사람들"

"이웃을 내 몸 같이 사랑하는 사람들"

"누가 오른뺨을 때리면 왼뺨마저 내미는 사람들"

"원수를 사랑하는 사람들"

"하느님은 죽은 이들의 하느님이 아니라 살아 있는 이들의 하느님 임을 알고 있는 사람들"

"구하라, 받을 것이다.

 찾으라, 얻을 것이다.

 문을 두드려라, 열릴 것이다."

이들이 예수를 따르는 사람다운 사람들이다!

**하느님 나라는 믿어서 가는 곳이 아니라
만들면 보이는 곳이다!**

10. 가장 위대한 생애!

제5부

〈과학을 품은 종교〉 강의록

제1강

"하느님 나라는 믿어서 가는 곳이 아니라 만들면 보이는 곳이다."

위 용어를 보면 스콜라 철학에서 찾아볼 수 없는 용어들이죠. '새로운 인류의 출현' 대신 '새로운 인류의 강생'이라 했으면 더 알아듣기 쉬울지도 모르겠습니다. "하느님 나라는 믿어서 가는 곳이 아니라 만들면 보이는 곳이다,"라는 강의 제목 또한 수녀님들에게 아주 생소한 말로 들릴 것입니다. 샤르댕 신부님은 1881년 5월 1일에 프랑스 중부 오베르뉴에서 태어나셔서 1955년 4월 10일 74세에 뉴욕에서 당시 부활 주간에 돌아가셨습니다. 예수회 사제로 철학, 신학은 물론 지질학, 고생물학, 고인류학 박사입니다. 이분의 사상을 이해하려면 신학과 과학 두 분야의 지식을 어느 정도 알아야 하는데 신학자들은 과학에 대해 잘 모르고 과학자들은 철학과 신학에 대해서 잘 모르니까 샤르댕의 사상을 알아듣기 어렵습니다. 수녀님들도 샤르댕 신부님에 관한 책을 읽었지만 도대체 무슨 말인지 감을 못 잡을 겁니다. 과학자들은 하느님과 예수님에 대해 잘 모르죠. 따라서 과학에선 세상이 '어떻게' 이뤄졌는가, 진화에서도 '어떻게' 진화했는가 하고 '어떻게'가 주 관심인데 샤르댕 신부님은 '왜'라는 질문에 관심을 가졌습니다. 창조한 그대로 살면 됐지 왜 단세포에서 복잡한 생물로 진화를 했는가?라고 '어떻게' 보다 '왜'라는 말을 항상 먼저 생각하셨습니다. 신학자들은 과학을 모르니 '왜'에 대한 답에 뜬구름 잡는 말밖에 못 합니다. 하느님이 그렇게 창조하셨기 때문에 그렇다는 것입니다. 제가 샤르댕 신부님에 대해 얘기할 때 일반인들보다 가톨릭 사제, 신자, 수녀님, 수사님들에게 설명하기가 더 쉽습니다. 왜냐하면 이 분들은 스콜라 철학, 신학은 다 아시니까 생물학 쪽만 접목해서 얘기하면 훨씬 쉬운데 일반인들은 철학, 신학 교리도 모르고 과학도 몰라서 두 개 다 통합해서 끌어나가는 게 좀 힘들어요. 다른 사람들보다 수녀님들에게 말씀드리는 게 훨씬 쉽습니다.

우리나라에 샤르댕 사상이 처음으로 들어온 것은 비공식적으로 1957년 JOC(가톨릭노동청년회)를 설립하신 박성종 프란치스코 신부님이 프랑스에서 유학을 하시고 서품을 받고 서울교구로 돌아와 JOC를 창립했어요. 그래서 노동청년회 소속 청년들한테 샤르댕 신부님에 대한 강의를 통해 한국에서 처음으로 샤르댕 사상이 알려지게 된 것입니다. 이후 60년대 초 서강대 예수회 사제들이 경향잡지에 샤르댕 사상을 기고했고 공식적으로는 샤르댕 신부님 사상을 소개하는 입문서를 번역하신 분이 은퇴하신 대구교구 이문희 대주교입니다. 이 분은 경북대 정치학과를 졸업하고 프랑스로 가셔서 신학, 철학을 공부해 1965년 서품을 받고 65년도 말에 첫 보좌신부로 제가 있던 청주교구 내덕동 주교좌성당 보좌신부로 부임했습니다. 이 분 아버님이 한솔 이효상 선생입니다. 국회의장을 오래 하셨지요. 그러니까 '국회의장 아들이 신부가 돼서 프랑스 유학을 했고, 우리 내덕동 보좌신부로 왔다' 해서 인기가 많았어요. 저는 그 때 66학번 충북대 농대를 다니며 가톨릭 대학생 운동을 하기 시작했습니다. 그때 신부님께 찾아가서 인사하고 차도 얻어 마시고 이런저런 얘기했는데 그 분이 샤르댕 사상의 대가인지는 당시에는 몰랐어요. 알았으면 물었을 텐데! 나중에 이 분이 번역한 책을 읽었지요. 1970년 초에 이효상 선생 이름으로 샤르댕 신부님의 책 「인간의 현상」, 「신의 영역」, 「우주 찬가」, 「인류의 미래」 등 네 권을 한솔 선생 이름으로 번역해서 내놓은 게 있어요. 아마 이문희 대주교가 총괄해서 번역한 것으로 알고 있습니다. 전주교구 이병호 주교도 프랑스에서 공부했는데 이문희 대주교와 이병호 주교 그리고 다른 사람들도 샤르댕에 대해 번역만 했지 직접 그 분에 대해 쓴 글이 없습니다. 아마 철학, 신학에 대해선 잘 아시지만 지질학, 생물학 부분은 잘 모르셔서 안 하신 것 같아요. 특히 이문희 대주교가 번역한 책은 샤르댕 신부님이 20~30년대 스콜라 철학에서 새로운 사상으로 넘어가기 중간 과정이라 당시 글을 읽어봐야 무슨 말을 하는지 잘 모릅니다. 모든 철학자들이 그래요. 처음에는 뚜렷하지 않고 확실하지 않으니까 모든 철학자들의 초기 서적은 장황해요. 그래서 무슨 말인지 알 수가 없습니다.

샤르댕 신부님이 돌아가시기 전에 탈고한 책이 「그리스도」예요. 이 책에 샤르댕 신부님의 사상이 함축돼 있어서 이것을 이해하면 샤르댕 사상을 이해하기 쉽습니다. 그런데 이 책을 읽는 게 요한 묵시록을 읽는 것과 똑같아요. 왜냐하면 책의 분야가 인문학으로 표현되어 있지만 철학, 신학, 인문학으로 읽으면 알아듣지 못하고 생물학 지식으로 읽어야 알아듣습니다. 여기에 '**예수님은 분명히 우리의 구세주다. 그러나 예수님은 우리를 통해 구원받아야 한다**'라는 말씀이 있습니다. 아마 스콜라 철학, 신학에서 이 얘기를 하면 종교 재판감입니다. '예수님은 우리를 통해 구원 받아야 된다'는 것은 철학, 신학으론 못 알아듣고 생물학을 공부하면 무슨 말인지 알아듣습니다. 이게 돌아가시기 30일 전에 탈고하신 중요한 책이고, 그 전에 「물질의 심장」이라고 샤르댕 신부님이 어렸을 때부터 자신의 사상을 전개한 자서전과 같은 책이 있어요. 이걸 읽어보면 어떻게 생활하셨고 어떤 과정으로 이런 사상을 가졌는지 아시게 됩니다. 다른 책은 읽어봐야 모르고 이 책을 읽어야 샤르댕 신부님이 무슨 말을 하는지 조금 이해가 갑니다.

첫 시간 강의 목적에 '하느님 나라는 믿어서 가는 곳이다'라고 보통은 알고 있는데 '만들면 보이는 곳이다'라는 말이 우리들

제1강. "하느님 나라는 믿어서 가는 곳이 아니라 만들면 보이는 곳이다."

의 신앙 언어와는 좀 다르게 들릴지도 모르겠습니다. 원래 가톨릭 신앙은 하느님과 인간에 대한 믿음, 희망, 사랑에 근원을 두고 있는데 그 중심에 나자렛 사람 예수의 삶이 있습니다. 그러나 가톨릭 신앙은 AD 313년 콘스탄티누스 1세의 밀라노 칙령에 의해 300여 년간 박해를 받던 그리스도교가 로마제국에서 신앙의 자유와 그리스도교의 권리를 보장받게 됩니다. 그래서 그리스도교가 로마 전체로 급속히 퍼져나갔는데 콘스탄티누스 황제는 그리스도교를 국교로 삼아서 국가 전체의 정신적 통일을 이루어 국가를 이끌어 나가려는 계획을 했습니다. 그런데 예수님의 신학적 해석에 대해 결정된 것이 없었기 때문에 '이 사람은 이렇게 얘기하고 저 사람은 저렇게 얘기하니까' 여기저기 교리상의 차이로 싸우는 바람에 자칫하면 제국 자체가 분열되게 생겨서, AD 325년 니케아에서 처음으로 공의회를 열었어요. 오늘날 니케아는 터키 부르사인데 지금은 아주 시골 동네이지만, 당시만 해도 황제 별궁이 있었던 곳입니다. 가톨릭에서 지금까지 제1회 니케아 공의회부터 제2차 바티칸 공의회까지 공의회가 21번 있었어요. 1회부터 8회까지는 황제가 소집했고, 9회부터는 교황님이 주교를 소집했는데 8회까지만 해도 황제가 모든 세습권과 교회권을 쥐고 있었는데 9회부터 교황이 교회뿐 아니라 세습권까지 휘어잡고 중세에 무소불위의 신정정치를 하게 된 시발점이 됐습니다.

콘스탄티누스 황제가 소집을 해서 큰 축일에 니케아 신경을 정했는데 당시 가장 중요한 게 성부·성자·성령 삼위일체를 정하는 문제였어요. 아타나시우스파와 아리우스파가 있었는데 둘 다 삼위일체는 맞는데 아타나시우스는 예수님의 신성과 인성이 있다고 주장하고 아리우스파는 인성밖에 없다고 주장함으로써 제국이 분열할 정도로 치열하게 교리 논쟁을 했습니다. 치열한 토론 끝에 아타나시우스파가 승리했고 아리우스파는 이단으로 단죄되어 추방당했습니다. 여기서 우리들이 잊어서는 안 될 것은, 아타나시우파는 성자라는 의미에 예수님뿐만 아니라 인간을 내포하고 있었다는 사실입니다. 따라서 아리우스파는 인간에게 신성을 부여한다는 자체로 신성 모독으로 본 반면에 아타나시우파는 '인간은 하느님의 아들이다.'라는 성경의 가르침을 강조한 것입니다. 만약 아타나시우파가 이단으로 단죄되었다면 가톨릭은 처음부터 이단을 안고 가는 교회가 되었을 것입니다. 아리우스파는 북아프리카를 거쳐 스페인에서 활동을 하다가 7세기경 스페인이 이슬람에 의해 정복되자 이들에게 흡수되고 말았습니다. 이후 13세기 르네상스 시대 부활하여 오늘날까지도 맹위를 떨치고 있습니다.

오늘날 우리는 성부·성자·성령·신성·인성 다섯 손가락을 합쳐 성호를 그어야 전례법에 맞습니다. 그런데 동방교회는 성부·성자·성령을 세 손가락만 사용해 십자가를 거꾸로 합니다. 원래 유대교에서 안식일이 토요일인데 가톨릭은 주일을 일요일로 바꿨지요. 또한 원래 자동차가 영국에서 나왔잖아요. 그쪽에는 오른쪽에 핸들

제1강. "하느님 나라는 믿어서 가는 곳이 아니라 만들면 보이는 곳이다."

이 있는데 18세기에 미국이 독립을 하니까 핸들을 왼쪽으로 바꿔 놨어요. 다 그런 거예요. 신약성경에 성부·성자·성령의 근거가 있는 마태오 복음 28장 19-20절 "**그러므로 너희는 가서 모든 민족들을 제자로 삼아, 아버지와 아들과 성령의 이름으로 세례를 주고, 내가 너희에게 명령한 모든 것을 가르쳐 지키게 하여라.**"라고 주님 승천 대축일 복음을 들었습니다. 근데 솔직히 말하자면, 마태오 복음이 AD 70~80년 말에 나왔는데 그땐 삼위일체 개념이 없었는데 후대 사람들이 삽입했을 거라 보는 거죠. 그래서 하느님 아버지, 예수님 성자, 예수님 승천하시고 바로 성령을 보내주셔서 어쨌든 신학 언어지만 성부·성자·성령이라는 삼위일체가 우리 안에 있었습니다. 예수님께는 인성만 있느냐, 신성도 있느냐는 두 가지 싸움 때문에 교회가 분열되는 것은 둘째치고 제국이 분열될 것 같은 걱정으로 니케아 공의회를 열었던 것입니다. 초기에는 니케아 신경만 쓰다가 10세기 오토 대제 때 사도신경으로 간략하게 하여 썼다고 합니다. 여기에 열두 개 믿음이 있지 않습니까? 1700년 전 가톨릭 믿음이 오늘날까지 그대로 이어지고 애들이나 늙은이나 관계없이 똑같은 믿음을 강요하는 신조가 됐습니다.

수녀님들, 암사동 움집 본 적 있나요? 올림픽 도로에서 중부고속도로 끝 쪽으로 가다 보면 123층 서울 스카이 타워를 지나 여기서 한 10여 리 떨어졌을까요? 6천여 년 전 우리 조상들이 움집을 짓고 살던 곳인데, 이런 빌딩으로 발전했습니다. 이것을 보고 일부 신자들은 '21세기의 바벨탑'이라고 합니다. 여기서 서울 시내를 보면 밤에 네온사인이 번쩍번쩍할 거예요. 하느님이 소돔과 고모라보다 더 더러운 세상이라 할 것이라 생각하는 사람도 있어요. 하지만 하느님께서 허락하지 않으시면, 머리카락까지 세고 있는 분이라 했는데 이런 문명이 나올 수 있을까요? 일반 사회는 이렇게 변했는데, 가톨릭은 변한 세상을 보니 이건 종말이 가까워진 세상이란 생각을 갖고 있단 말이에요. 니케아 신경에서 핵심은 믿어서 가는 곳인데 의미가 두 가지 있어요. 첫째, 살아서 가는 곳이 없고 전부 죽어서 가는 곳이고, 또 하나는 창세기에 하느님께서 세상을 창조하시고 아담과 하와가 지선악과를 따먹음으로써 세상에 죽음과 선과 악이 발생했다는 원죄론인데, 내적 실낙원으로 보고 있단 말이에요. 현세가 철저히 부정되고 내세만을 갈망하는 신앙이 형성되는 겁니다. 그러나 마태오 22장 32절 복음 말씀에 부활을 믿지 않는 사두가이들과의 대화 중 '**나는 아브라함의 하느님, 이사악의 하느님, 야곱의 하느님**'이라고 말씀하신 것은 죽은 이들의 하느님이 아니라 살아있는 이들의 하느님이라고 분명히 가르치신 거란 말이에요. 근데 사도신경 한 번 보세요. 살아서 할 게 뭐가 있는가, 죽어야만 하도록 돼있습니다.

마태오 복음을 기준으로 '가장 위대한 생애'라고 <가톨릭프레스>에 올린 글이 있어요. 신약성경에 나와 있는 마음이 가난한 사람들, 예수를 따르는 사람들을 볼 때 슬퍼하는 사람들 진복팔단부터 시작해서 제가 나름대로 선택을 해서 쭉 나열했는데 한 눈에 보면 다 아실 겁니다. 특히 공자님이나 부처님 말씀과 별 차이 없을 거예요. 근데 예수님만 특별한 말씀이 '자기에게 가장 중요한 보물을 줄 수 있는 사람들', '남에게 달라하면 조건 없이 내줄 수 있는 사람들', '사람의 청을 물리치지 않는 사람들', '원수를 사랑하라'는 것은 공자님이나 부처님도 한 적 없는 예수님의 독특한 말씀이란 말이에요. 사도신경을 하루 종일 기도해봐야 이런 사람다운 사람이 될까요? 물론 원수를 사랑하고 조건 없이 청하는 걸 줄 수 있는 사람이 되려면 지금 내 사상과 행동이 180도 변해서는 안 되고 360도로 두 번은 바뀌어야 된다고 생각합니다. 사도신경을 통해서 90도 정도는 바꿀 수 있다고 생각하는데 내가 소중한 걸 마누라나 자식도 아닌 남에게 줄 수 있냐는 것은 360도로 몇 번은 더 바뀌어야지만 가능한 인간성으로 성장할 수 있는 존재라고 보고 있습니다. 근데 사도신경을 봐선 예수님이 우리가 가르친 올바른 인간성으로 되기가 어렵단 말이에요. 그래서 지금 현재 우리 초등학생들까진 사도신경에 나오는 동정녀나 부활이나 예수님의 승천 얘기를 아름답게 신앙으로 받아들이는데, 중학생만 되도 믿자니 미신 같고 안 믿자니 불경죄 같아서 애들이 신앙적으로 '이걸 믿어야 되나' 생각합니다. 그래서 예수님께서 이 말의 의미를 가르쳤어요. 어머니하고 형제들이 찾아오니 **"누가 내 어머니고 내 형제들이냐?"** 당시 2천 년 전 동서양을 막론하고 씨족, 가족 중심인데 누가 내 어머니고 형제자매냐 하는 것은 우리나라 사람들한테 후레자식이에요.

사도신경에 나와 있는 동정녀, 부활이란 말은 생물학을 통하지 않으면 이 의미를 못 알아들어요.

생물하면 생명은 죽는다고 생각하는데 생물에는 죽음이 없습니다. 단세포 아메바는 하나가 두 개로 나뉘어서 번식합니다. 어느 순간 죽을 시간이 없어요. 생물이 죽는다는 건 교회가 겁주기 위해 만든 거지 생물에는 죽음이 존재하지 않습니다. 코스모스 보세요. 코스모스는 겨울에 얼어 죽으니까 자기가 싹틔우고 자라는 정보를 씨앗에 담아 놓잖아요. 씨앗은 두툼하게 외투를 입혀서 영하 20~30도에서도 안 얼어 죽게 돼있고 땅에 떨어져 겨울 동안 있다가 따뜻한 봄이 되면 작년과 같은 코스모스가 자랍니다. 생물은 왜 이런 씨앗으로 정보가 연속하게 돼 있는가를 생물학을 공부하면 알 수 있습니다. 신학에서 동정녀, 부활, 승천이란 말들은 오늘날 인문학으로 절대 설명이 불가능합니다. 과학, 특히 생물학을 통하지 않으면 하느님이 창조하신 이 세상의 현상을 제대로 알아볼 수 없다고 생각합니다. 그래서 첫 시간에 우린 '하느님 나라는 믿어서 가는 곳이 아니라 만들면 가는 곳'이라고 목적과 목표를 제시했습니다. 오늘날에는 수강하는 사람들의 눈으로 목적, 목표를 제시하게 돼 있어요. '만들면 보이는 곳'이라는 말은 '믿는다'는 말과 '만든다'는 말이 결국 같은 의미임을 샤르댕을 통해서 알아들을 수 있습니다. 이해할 수 있다, 행동할 수 있다, 만들 수 있다는 목적에 도달하기 위해 샤르댕의 눈으로 가톨릭의 어제와 오늘을 보고 어

제1강. "하느님 나라는 믿어서 가는 곳이 아니라 만들면 보이는 곳이다."

떻게 해석하는가를 그 다음 단계로 나갈까 생각합니다. 오늘 첫 시간 강의의 목적과 의미가 무슨 뜻이냐면, 성탄 때 산타할아버지는 굴뚝을 통해 선물을 준다 했는데, 크니까 엄마 아빠가 산타할아버지라는 걸 알게 된단 말이에요. 마찬가지로 동정녀, 부활, 승천 문제는 신앙의 언어가 어떤 의미인가를 오늘날 시대의 징표를 통해서 의미를 알아야겠다는 뜻에서 강의목적을 제시했습니다.

제2강
왜 샤르댕인가?

　원래 '회개하라'는 의미는 '마음을 활짝 열고 뒤를 돌아보아라 그리고 현재를 사랑하라, 그 다음 희망을 갖고 미래를 보라'는 의미가 있습니다. 떼이야르 드 샤르댕의 사상, '새로운 인류의 출현', 그 두 번째 시간, 지금 바로 시작합니다.

　우리는 회개하라니까 무슨 죄를 엄청 많이 지어서 죄인이니까 잘못한 걸 뉘우치라는 좁은 의미로 알고 있는데, 지난 과거를 돌아봐서 잘된 건 계속 잘 되게 하고, 못한 건 반성하고 현재에 충실하라. 그런 다음 희망을 갖고 미래를 보라는 굉장히 큰 뜻을 갖고 있는 회개(metanoia)라는 의미입니다. 그런 의미로 샤르댕의 눈으로 가톨릭의 어제와 오늘을 보는 것입니다. 샤르댕은 성 아우구스티누스나, 성 토마스 아퀴나스 같이 대 신학자도 아니고, 아시시의 프란치스코 성인처럼 겸손과 청빈을 실천한 수도자는 더더욱 아닙니다.

아프리카 공화국 도밍고회 관구장 앨버트 놀런 신부님의 책 두 권이 80년대 초에 소개됐는데 정한교 신부가 번역한 「그리스도교 이전의 예수」라는 책이 있어요. 또 요즘에는 「오늘의 예수」라는 책이 분도출판사에서 번역해서 나왔어요. 이분은 대 영성가입니다. 샤르댕 신부는 영성가도 아니고 금구(요한 크리소스토모스, 이름이 길어서 우리나라에서는 강론을 잘하신다는 의미로 金口라 부릅니다.) 성인처럼 강론을 잘하는 것도 아니었어요. 금구 성인은 강론을 잘하신 분이고 4세기 안티오키아 출신으로 나중에 콘스탄티노폴리스의 주교를 하셨습니다. 당시 교회는 부자들에게 돈을 걷어 가난한 사람들에게 나눠줬어요. 그 당시 가난을 구조적인 문제로 본 분이 이분입니다. 시혜 차원으로는 해결이 안 되니 사회의 구조적인 시스템을 바꿔야 가난하고 불쌍한 사람이 없어질 것이라고 생각해 기금을 형성하고 오늘날 현대 복지제도를 시작하신 분입니다. 가난한 사람이 얻어먹는 수준이 아니라 기금을 모아 노숙자들에게 기술 훈련 등을 시켜서 정착할 수 있도록 제도적으로 어려운 사람들을 돕는 사회 보장제도에 앞섰던 분입니다. 샤르댕 신부는 대 신학자도 아니고, 유명한 수도자, 영성가도 아니고, 대 강연자도 아니지만 제2차 바티칸 공의회 정신에 가장 큰 영향을 미친 분입니다. 그러나 오늘날 많은 신자들은 이분에 대해 잘 알지 못합니다.

제2차 바티칸 공의회를 보면 '시대의 징표'를 과학과 노동, '타 종교와의 대화와 갈라진 형제들과의 화해와 일치'에 대한 교회의 전향적인 열린 사고와 세상과의 소통으로 본 것은 바로 샤르댕의 영향이 있었습니다. 제2차 바티칸 공의회 때 기록을 하신 분이 잘 아시는 칼 라너 신부님으로 58세에 참여하셨고, 현 베네딕토 16세 교황 라칭거 신부님이 당시 37세 때 참석했고 한스큉 신부님이 35세로 전부 진보 학자들이 공의회 문헌을 작성하는 데 참여하셨습니다. 물론 진보 학자들의 사상이지만 그분들은 샤르댕의 사상에 영향을 받아서 칼 라너 신부님을 비롯해서 한스큉 신부님이 영향을 많이 받은 걸로 알고 있습니다. 제2차 바티칸 공의회 정신은 한마디로 '세상은 자비로운 하느님의 집이다' 라고까지 사고의 폭을 넓혔는데 제2차 바티칸 공의회가 있기 전 제1차 바티칸 공의회가 93년 전에 일어났습니다. 그전 19회 트리엔트 공의회가 오늘날 가톨릭이 있게 한 가장 중요한 공의회에요. 19회 트리엔트 공의회 정신은 '교회는 자비로운 하느님의 집이다'입니다. 작년까지만 해도 청주교구 본당마다 플래카드를 걸어놨어요. 근데 제2차 바티칸 공의회 정신은 '세상은 자비로운 하느님의 집이다'로 열어놨는데 우리는 트리엔트 공의회에 머물러 있습니다. 그래서 트리엔트 공의회 정신이 제2차 바티칸 공의회 정신으로 변화하는 과정에 영향을 미친 분이 샤르댕 신부님이에요. 트리엔트 공의회 정신과 제2차 바티칸 공의회 정신을 분석하면 샤르댕 신부님이 어떤 사상을 갖고 영향을 미쳤는가를 알 수 있습니다. 공의회는 주교님이 모두 한자리에 모여 신앙 문제, 교회법 문제, 전례 문제 등 모든 것을 정하는 회의였습니다. 지금까지 공의회가 21번 있었는데 니케아 신경부터 8

회까지는 황제가 소집을 했고, 그 다음부터 교황님이 소집을 했는데 8회 공의회 때 정교회 즉 동방교회가 가톨릭과 갈라졌습니다. 공의회만 이야기해도 많은 시간이 필요하겠지만 이 정도로 끝내고, 가장 중요한 제1회 니케아 신경을 만든 니케아 공의회, 19회 트리엔트 공의회, 제2차 바티칸 공의회가 오늘날 가톨릭을 있게 한 가장 중요한 공의회로 보고 있습니다. 이 세 곳의 공의회 성격을 알면 가톨릭 신학의 흐름을 알 수 있습니다.

니케아 공의회는 삼위일체론에서 예수님의 신성과 인성을 결정했던 중요한 것이고, 트리엔트 공의회는, 트리엔트는 어디 있느냐 하면 이탈리아 서북부 트리엔트, 알프스산맥 가까이 있는 아주 작은 시골입니다. 교황 바오로3세(220대)부터 율리오3세, 즉 AD 1545년부터 AD 1563년까지 18년간 했습니다. 제2차 바티칸 공의회가 4년이고 제1차 공의회는 2년밖에 안 됐는데 이건 18년, 그만큼 그 당시 이탈리아 정치사회가 혼란했기 때문에 간신히 이루어졌다 해요. 니케아 신경을 제정한 뒤로 1200년간 가톨릭은 순풍에 돛 달 듯이 잘나갔습니다. 움집과 123층 빌딩을 보시면 알겠지만, 사회는 엄청나게 변하는데 교회는 니케아 신경 1700년 전에 했던 신경 그대로 어린애나 어른에게나 똑같은 믿음을 강요하는 종교가 됐습니다. 그래서 교황이 교회와 세상을 다 지배했던 시대에 막강한 권력을 행사하고 통치하던 시절이, 트리엔트 공의회의 시대에는 안팎으로 교회가 도전을 받았습니다. 내적인 도전으로 마틴 루터의 프로테스탄트의 반란 일명 '종교 개혁', 독일의 루터, 스위스의 칼빈, 쯔윙그린, 성공회 헨리 8세 때 본 부인과 이혼하고 다른 분과 결혼하려고 교황한테 허락을 받으려 했는데 반대에 부딪혀 그걸 계기로 영국 국교가 떨어져 나갔단 말이에요. 당시 레오 10세 교황이신데 베드로 대성당을 증축하는 데 돈이 엄청 들어서 면죄부를 팔았어요. 전대사를 주는 면죄부를 발행했는데 교황청에서 발행해도 저 밑에 가면 위에서 '아' 하면 밑에선 '어'가 돼서 면죄부로 돈 장사를 하고 있는 거예요. 엄청난 죄를 지은 사람도 면죄부를 사면 죄를 사한다는 것까지 간 거지요. 돈 많은 사람은 돈 바치고 죄 사함을 받았다 하고, 하기야 그렇게 해서 마음 편하나 오늘날 고해성사를 받나 그게 그거예요. 면죄부 사서 죄사함을 받나, 고해소 가서 고해보나, 아무튼 대성당을 짓는 데 돈이 모자라니까 면죄부를 빌미로 해서 지으려는데 루터가 비텐 베르크 성당 정문에 95개 조 반박문, 대자보를 붙였습니다.

옛날에는 인쇄기가 없어서 손으로 써서 했지 않습니까? 당시 구텐베르크의 인쇄술이 없었다면 95개 조 반박문이 일회성으로 끝났을 거예요. 근데 당시 인쇄술이 발달해서 95개 조를 막 인쇄해서 사방에 널리 알리고 '찌라시'처럼 돌렸단 말이에요. 그러니까 면죄부에 관해 몰랐던 사람들이, 교황이 이렇게 해서 되겠느냐 하고 거기다 독일은 우리나라와 달리 원래 연방국가란 말입니다. 독립된 국가가 연합해서 만든 나라라 각 연합의 제후들은 힘이 있는데, 제후들은 교황청에 수입의 1/10을 바쳐야 합니다. 루터가 교황권을 완전히 무시해서 독립하니까 지원을 하는 거예요. 왜냐하면 교황청으로 세금 안 낼 수 있지, 자기 지역 내 성당, 토지 압수해서 자기 재산으로 만들 수 있지, 그래서 독일의 많은 제후들이 루터를 부채질해요. 루터는 가톨릭 신앙 문제에 대해선 큰 차이가 없어요. 단지 교황의 절대적 권한을 반대했을 뿐이지요. 당시만 해도 성경책을 전부 라틴어로 썼는데 라틴어도 인쇄기가 없어서 필사본으로 하니까 웬만한 왕이나 귀족 아니면 성경을 구할 도리가 없었습니다. 그러다 구텐베르크의 인쇄술이 발달해서 대량으로 생산하게 됐어요. 그것도 라틴어가 아닌 독일어로. 독일어로 하니까 일반인들까지도 성경을 읽기 시작했어요. 지금까지 교회에서 가르치던 대로만 신앙이라 믿고 따랐는데 성경을 통해 읽으니까 '가장 위대한 생애'하고, 니케아 신경하고 뭔가 세상이 다르다는 게 느껴졌습니다. 저는 이 마틴 루터가 잘한 건 라틴어 성경을 독일어로 번역해서 일반인들까지도 성경을 읽게 한 것이라 생각합니다. 여담이긴 하지만 구텐베르크의 금속활자가 우리나라의 금속활자가 발생지 아닙니까? 그게 몽골을 통해 아라비아 상인을 통해서 독일에 금속활자 문화가 전달된 겁니다. 우리나라에 남아있는 최초의 활자 책은 '직지심체요절'이라고 청주 흥덕사지에서 만들어진 책입니다. 프랑스인들이 갖고 갔다가 우리나라 박병선 박사라는 분이 프랑스 국립도서관 사서 생활을 하면서 발견해서 알게 됐습니다. 직지가 구텐베르크 성경보다 78년 앞서 금속활자를 썼다고 돼 있고 우리나라에 전해지진 않지만 상경예문이라는 1230년에 금속활자로 찍었다는 책이 있어요. 그리고 보면 구텐베르크보다 220년 앞서 고려에서 금속활자로 불경을 찍어냈단 말이에요. 구텐베르크는 라틴어가 아니라 당시 독일어로 성경을 찍어 내서 많은 사람들에게 정보를 공유했어요. 앞으로 계속 정보란 말을 많이 쓰게 되는데 옛날에는 왕이나 귀족이나 힘이 있는 사람이 정보를 독점했기 때문에 떵떵거리며 살았어요. 그러나 오늘날은 스마트폰 등을 통해 정보가 공유돼서 일반인 누구나 알 수 있게 대통령이 지금 어디서 어디로 가는지 페이스북에 다 나오고 그만큼 정보가 투명해지고 공유되는 시대가 왔는데, 바로 마틴 루터의 가장 큰 역할은 성경을 독일어로 찍어서 모든 사람들이 하느님과 예수님의 생활을 공유할 수 있도록 해준 것이 위대한 행동이 아닐 수 없다고 보고 있어요. 가톨릭은 내적으로 도전을 받고 있었단 말이에요.

외적인 도전으로 12~13세기에 징기스칸이 전 유럽을 초토화 했습니다. 징기스칸 몽골족을 역사서에는 훈족이라 하고, 중국 역사에선 흉노족으로 아주 흉악한 노비 같은 놈, 오랑캐를 지칭합니다. 터키족, 몽골족, 만주족, 한민족이 다 같은 종족인데 옛날 3~4세기에 훈족이 헝가리까지 침략을 해서 게르만 대이동을 시작해서 결국 게르만이 이탈리아 로마까지 쳐들어가 서로마 제국이 멸망한 원인이 훈족의 유럽 침략 때문입니다. 당시만 해도 300~400년이니까 가톨릭이 아직 공인이 안 되었던 때라 훈족이 쳐들어와도 별 영향이 없었어요. 그러나 12~13세기 징기스칸이 전 유럽을 강타했을 때는 인도까지만 자기 세상이라 생각했는데 그 너머 더 큰 세상을 알고 동방견문록을 쓴 이탈리아의 마르코 폴로가 원나라에 다녀와서 쓴 게 알려지기 시작하자 서양 사람들이 자기들 세상만, 자기들 하느님의 나라만 생각했는데 저 너머에 가톨릭도 없고, 예수도 모르는 사람들이 잘 살고 있는 세상을 본 거예요. 게다가 징기스칸이 쳐들어왔을 때 흑사병이 같이 들어왔습니다. 그래서 당시 유럽 인구의 1/3이 죽었어요. 귀족이나 주교, 추기경, 사제 상관없이 다 죽었는데 흑사병이 창궐했을 때 사람들이 두 부류로 나눠졌어요. 죽으나 사나 성당에 가서 기도하는 사람과 세균이란 걸 모르고 나쁜 공기의 전염이라 생각하고 철저히 병에 든 사람들을 격리시켰어요. 그런데 성당에 가서 기도한 사람들은 모두 죽고 격리된 사람들은 살았어요. 생활에서 과학적 인식이 싹트기 시작했고 신이 아닌 인간 스스로에 의해서 생각과 행동이 나오기 시작한 것입니다. 징기스칸의 침략으로 더 넓은 세상을 알게 되었고, 보통 때면 큰 소리치던 주교, 추기경들도 흑사병으로 죽어가니까 교회에 대한 신뢰가 땅에 떨어졌습니다. 이런 상황에서 트리엔트 공의회가 열리게 되었습니다.

르네상스(문예부흥, 부활이란 뜻)란 교황에 의한 세습권을 가지고 신정 통치를 하던 시대에 인간의 이성으로 세상을 판단하고 세상을 해석하기 시작한 운동이란 말이에요. 그래서 많은 사람들이 교회를 떠나기 시작했습니다. 그 출발점이 이탈리아 피렌체 단테의 「신곡(神曲)」입니다. 신곡이 무슨 내용이냐 하면 그 당시 동서양을 막론하고 신분 계급이 있으니까 현재에 사는 모습처럼 죽어서도 똑같은 천당, 연옥, 지옥 간다고 생각하고 있었습니다. 고구려 벽화를 보면, 얼마 전 평양 부근에서 유주자사 진이란 사람의 벽화를 발견했는데 유주는 북경, 자사는 도지사급인데 광개토대왕 시절만 해도 북경은 우리나라 땅이었어요. 유주 자사 진이란 사람이 평양에서 죽어 무덤에서 벽화가 발견되었는데 여러 나라 사신들이 벽화에 있고 태수 진이 앉아있습니다. 동서양을 막론하고 현재 살아있는 그 계급으로 죽어서도 간다고 믿고 있었습니다. 단테의 신곡에 지옥에서부터 천당까지 이어져서 보니까, 지옥에서 교황 누구누구가 단테 보고 나 좀 살려달라고 하고, 성인이라 생각했던 사람들이 살려달라고 하니까 일반인들이 깜짝 놀란 겁니다. 지금까지는 하느님 밑에 교황, 추기경, 주교, 사제, 수도자, 신자 이런 계층 구조로 생각했던 천당이 아니란 말이에요. 그것보다 이때 단테의 신곡은 라틴어가 아니라 이탈리아 토스카나 방언, 당시 지역 언어로 쓴 거예요. 그래서 마틴 루터가 라틴어 성경을 독일어로 쓰게 된 것이 단테의 신곡 영향을 받았어요. 르네상스의 영향으로 루터의 종교개혁이 나온 거예요. 내적인 도전을 얘기하다 보니까 루터 얘기가 먼저 나왔는데 유럽에서는 르네상스부터 신정 시대가 종식되고 모든 게 하느님의 이름으로 이루어지던 것을 인간 중심으로 생각하고 행동하는 운동이 일어난 겁니다. 그래서 단테의 신곡도 토스카나 이탈리아 방언으로 썼습니다. 이와 같은 소설 중에 보카치오의 「데카메론」이란 소설이 있어요. 이건 흑사병이 유럽에 들어왔을 때 열 명의 남녀가 피난해서 살면서 무료하니까 하루에 한 가지씩 백일 간 한 옛날 얘기로 돼있습니다. 여기 보면 하느님이나 천당에 대한 얘기는 하나도 없고 인간의 사랑, 욕망, 희망, 좌절 등 인간 자체의 삶의 모습만 얘기했어요. 단테의 서사시를 신곡(神曲)이라 하면, 이건 인곡(人曲)이라고 합니다. 이것도 토스카나 이탈리아 방언으로 쓰였어요. 라틴어를 쓰던 이 시대에 자기 나라의 언어로 쓴다는 건 보통 사고의 전환이 아니죠. 우리나라는 당시 세종대왕이 한글을 창제하던 시대예요. 동서양을 막론하고 인류의 의식 수준의 변화는 거의 비슷했습니다.

16세기 셰익스피어가 유명한 '로미오와 줄리엣' 같은 소설을 영어로 써서 오늘날 영어의 기반이 됐잖아요. 마찬가지로 단테의 신곡, 보카치오의 데카메론 같이 이 모든 것을 그 지역 언어로 썼다는 건 인간 중심으로 세상을 보기 시작했다. 그게 르네상스거든요. 신정 시대를 종식 시키고 합리적인 인성시대를 시작하는 것이 뭐와 같은가 하면, 그리스 철학은 항상 신화부터 시작해요. 그리스 로마 신화는 제우스부터 시작해서 세상에서 무엇을 모르면 무조건 '신의 이름으로' 했습니다. 그러나 그런 게 아니라 이 세상에 있는 것은 바로 우리가 확신할 수는 없지만, 어떤 분은 물이 오늘날 세상이 있게 한 기초라고 생각했습니다. 데모크리토스는 원자라는 말을 썼는데 물질을 쪼개고 쪼개다 보면 더이상 쪼개질 수 없는 알갱이가 있다. 이것을 '아톰'이라고 했는데 원자라는 개념이 2500년 전 자연 철학자들에게 있었단 말입니다. 르네상스는 그리스의 뜬 구름 잡는 로마 신화 시대를 종식 시키고 인간을 중심으로 한 자연철학을 시작한 시대와 거의 비슷합니다. 가톨릭의 신정정치를 종식시키고 인간중심으로 합리적인 이성으로 세상을 바라보기 시작하니까 교회가 어떻겠는가 상상을 해보세요. 당장 교회가 무너지게 생겼죠. 게다가 서로마가 멸망했다는 겁니다. 훈족의 후손 터키족이 점령해서 오스만 제국을 세우니까 터키, 시리아, 레바논, 이집트, 예루살렘 등 가톨릭 국가가 전부 다 이슬람 국가로 들어갔단 말이에요. 그러니 교황청에서 교황, 주교님들은 교회를 어떻게 생각했을지 입장도 생각하고 트리엔트 공의회를 보셔야 합니다.

그 당시 서로마 제국의 영향력에 있던 시대에 인도까지 로마의 영향이 있었단 말입니다. 그래서 유럽 사람들은 고기를 많이 먹으니까 후추를 수입하는데 후추가 유럽에는 안 나오고 인도에서만 생산됩니다. 그래서 육로를 통해 수입을 했는데 터키에 의해 후추의 수입이 딱 막히니까 여기서 배를 타고 가게 됩니다. 그렇게 항해술이 발달하기 시작합니다. 터키가 가톨릭으로 봤을 때는 엄청난 불행이지만, 유럽사람들에게는 새로운 세상을 개척하기 시작한 계기가 된 것입니다. 당시 세상이 평평해서 끝으로 가면 낭떠러지가 있다고 생각한 시대니까 멀리 항해하지 못했습니다. 포르투갈 사람들이 제일 먼저 인도에 가기 위해 아프리카를 돌아 항로를 처음으로 개척했습니다. 케이프타운, 돌아오는 데 엄청난 시간도 걸리고 풍랑도 심하니깐 여기만 돌았다 하면 거의 다 살았구나 해서 '희망봉'이라고 합니다. 이탈리아 사람 콜럼버스와 천문학자 사제 한 분이 또 있었는데 이분들은 지구는 둥글다는 생각을 갖고 있었어요. 함부로 말했다가는 종교재판에서 화형당하니까 말은 못하고 콜럼버스는 포르투갈에 가서 지구는 둥그니까 계속 가면 인도가 나온다고 했는데 벌써 희망봉 항로를 개척해서 재미를 봤기 때문에 콜럼버스 말을 안 들었어요. 스페인에 가서 이사벨라 여왕을 설득해서 대서양으로 항해를 시작한 것입니다. 콜럼버스는 대서양 서쪽으로 가면 인도가 나올 거라고 믿었는데 지금의 바하마 제도에 도착했습니다, 거기에 있는 사람들을 인디언, 인도 사람이라 믿었어요. 콜럼버스가 착각한 게 자기가 생각하는 것보다 지구가 크다는 걸 몰랐어요. 죽을 때까지도 바하마 제도가 인도라고 우기고 죽었어요. 틀림없이 인도라고 생각하고 서인도 제도라고 해서 그 사람 이름으로 아메리카가 안 되고 나중에 이탈리아 다른 항해사의 이름으로 인도가 아닌 신대륙으로 아메리카라는 이름이 됐어요. 콜럼부스 이름을 딴 건 남미 콜롬보 하나예요. 평평하다고 생각했던 세상이 대서양을 건너 수평선을 넘어도 그런 지역이 보인단 말이에요. 그래서 교회의 가르침이 얼마나 실추했겠는가 상상을 해보세요. 여기는 하느님이 창조한 곳이니까 지구는 가만히 있고 태양이 지구 주위를 돈다는 천동설이 있었는데, 코페르니쿠스는 폴란드의 사제로 지동설을 죽기 전에는 발표를 못했어요. 발표하면 화형당하니까 죽기 전에 친구에게 부탁해서 했는데 나중에 갈릴레오 갈릴레이가 망원경을 개량해서 지동설을 강조하니까 종교재판에 넘겨졌잖아요. 설득해서 지금은 이론을 얘기하면 모든 사람이 혼동하니까 지구가 돈다는 말만 취소 하라고 해서 교황과 타협해서 죽지는 않았습니다. 이분도 피렌체 사람이고, 피렌체에서 죽을 때까지 가택 연금을 당했습니다. 이와 같이 세상은 평평하고 지구 중심으로 산다고 했는데 지구는 둥글고 지구는 태양을 중심으로 하나의 행성이라는 게 밝혀지기 시작하니까 지금까지 가르쳤던 교회의 모든 교리나 신앙이 엄청나게 흔들리고 가톨릭이 망할 것 같으니까 세상을 완전히 단절시키고 트리엔트 공의회를 열었습니다.

　트리엔트 공의회에서 가톨릭 신앙의 기초적인 신조를 확정했고 오늘날 구약 46권, 신약 27권이 이때 확정됐어요. 고해성사를 포함한 오늘날 7성사가 완전히 이때 제정됐고, 병자성사를 비롯해서 성찬의 전례 때 그리스도가 완전히 현존한다는 교리도 확정됐는데 빵과 포도주는 예수님의 피요 몸이란 걸 안 믿어서 사형당한 사람들이 엄청 많습니다. 이때 성직, 혼인, 연옥, 면죄부, 성인숭배, 유해 등에 관한 교리가 트리엔트 공의회 때 결정됐습니다. 또 성직자들의 윤리개선, 신학교 설립에 대한 법령 개정 등 제2차 바티칸 공의회 이전 우리 가톨릭교회의 제반 분야를 다 트리엔트 공의회에서 결정했습니다. 트리엔트 공의회 이후 400년간 세계사나 한국사를 보면 엄청난 격동의 시대였습니다. 400년 전이면 우리나라는 임진왜란 때부터 박정희 5·16 쿠데타까지란 말이에요. 거기다 격동의 시기에 트리엔트 공의회 306년 만에 제1차 바티칸 공의회가 열렸는데 비오 9세 교황 때예요. 트리엔트 공의회를 확실히 재확인하고, 주교 공의회보다 더 위에 있는 교황의 무류성과 수위권을 비오 9세가 정합니다. 19세기 서구열강의 식민지 쟁탈이 엄청 심했는데 교회는 눈도 깜짝 안 했습니다. 그렇게 정의롭지 못한 행동에 대해 한 마디도 안 하고 서구열강 식민지에 대해 입 꽉 다물고 오히려 그리스도의 복음을 전파하기 위해 동조를 했단 말이에요.

거기다 19세기 초에 마르크스와 앵겔스의 '공산당 선언'이 1848년에 있었어요. 1차, 2차 세계대전에 히틀러가 유대인 학살하는데도 입 다물고 있고, 교회는 비오 9세를 성인으로 올렸는데 20세기에 서구열강 식민지 쟁탈과 1차, 2차 세계 대전, 마르크스, 앵겔스 사회주의가 나오도록 포용을 했더라면 19~20세기 인류의 비참한 상황은 없었을 겁니다. 물론 역사에서 가정이란 말은 할 필요 없지만 말이죠. 저는 이 사람이 틀림없이 지옥에 갔을 거라고 믿고 있습니다. 이때 과학과 유물론자들을 포용했더라면 오늘날 같은 비참한 세계사는 없을 거라고 우리가 생각하는데 이런 어려운 고통을 굳이 안 겪어도 된다 이 말이에요. 시행착오를 꼭 겪지 않고도 클 수 있는데 그 주범이 비오 9세입니다. 당시 트리엔트 공의회 이후 예수회가 중국에 진출했고 양쯔강을 중심으로 남경교구, 북경교구 두 교구가 있었는데 처음에 조선은 남경교구 소속이었어요. 1784년 이승훈 베드로 선생이 북경에 가서 구베아 주교한테 세례를 받고 돌아와 한 40년 후에 1831년 그레고리오 16세에 의해 조선교구가 설정됐는데 그 전에 예수회 중국인 주문모 신부님이 들어오셨다가 순교하시고 그 후로 파리 외방전교회 사람들이 맡았습니다. 근데 이 사람들이 철저한 트리엔트 공의회 정신으로 무장한 사람들입니다. 특히, 대전교구, 대구교구의 신자들을 보면 예수님의 사랑을 실천한 사람이 아니라 한 또래 집단으로밖에 안보여요. 뮈텔 주교가 안중근 의사가 살인 죄인이라고 고해성사도 못 받게 했단 말이에요. 트리엔트 공의회로 철저히 무장을 한 사람들이 한국 가톨릭으로 들어온 것이 가장 불행하다고 보고 있습니다. 저는 다행히도 메리놀 신부님 밑에서 교육을 받아서 이만큼 깨어있는 거지 프랑스 신부 밑에 있었으면 이만큼 사고가 열리지 못했을 겁니다. 아이러니하게도 우리는 프랑스 신부님의 사상에 관해서 얘기하는 게 여러 가지로 생각을 하게 합니다. 이와 같이 트리엔트 공의회는 안팎으로 교회가 도전을 받고 위험한 시기에 교회를 지켜야 되겠다는 신념, 그리고 지금까지 니케아 공의회 신경을 달리 해석할 수 있는 과학이 발달된 것도 아니고 '교회는 자비로운 하느님의 집이다'라고 세상을 완전히 단절시킨 교회가 바로 조선에 들어와 오늘날 한국 가톨릭의 성격이 되어있습니다. 물론 트리엔트 공의회가 안팎으로 여러 가지 교회를 지키기 위한 노력이라 생각이 들지만, 한국 가톨릭은 트리엔트 공의회 정신에 정지된 교회라고 보는 겁니다. 다행히 요한 23세에 의해 제2차 바티칸 공의회가 개최되어서 사고의 변화를 가져왔습니다. 이것에 관해서는 다음 시간에 하겠습니다.

제3강
제2차 바티칸 공의회, 시대의 징표

'교회는 자비로운 하느님의 집이다.' 트리엔트 공의회에서 강조한 신앙 언어인데 여기서부터는 '세상은 자비로운 하느님의 집이다.'라고 바뀌었습니다. 떼이야르 드 샤르댕의 사상, '새로운 인류의 출현', 그 세 번째 시간, 지금 바로 시작합니다.

지난 시간에는 트리엔트 공의회의 외적, 내적 교회의 여러 가지 어려운 상황에 관해서 얘기했습니다. 교회가 완전히 세상과 단절하고 교회만 살아남기 위한 발버둥을 치면서 근 400년간 내려왔습니다. 세상은 엄청나게 변했는데 교회는 한 발짝도 변하지 않았기 때문에 요한 23세 교황께서 1962년도에 공의회를 소집해서 제2차 바티칸 공의회를 1965년까지 4년간 열었습니다. 그동안은 과학과 노동 특히 사회주의 노동 운동이 많았고 갈라진 형제들과의 화해와 일치, 타종교와의 대화, 세상으로 열린 교회, 세상과 대화하는 교회, 그래서 '세상은 자비로운 하느님의 집'이라고 신앙의 의식 세계를 바꾸는 것이 요한 23세의 바티칸 공의회 정신이었습니다. 그러나 아직까지 한국 가톨릭교회는 트리엔트 공의회의 정신에 머물러 있지 않은가 생각이 듭니다. 제2차 바티칸 공의회가 일어나게 된 시대의 징표를 보면, 가장 먼저 18세기에 영국에서 산업혁명이 일어났습니다. 산업혁명의 동기는 지금까지 사람과 가축의 힘으로만 일하던 농업과 산업이 기계를 이용한 산업 시대로 전환된 것입니다. 구체적으로 얘기하면 한 사람이 일하는 것을 말이나 소를 이용하면 보통 30배 이상 능률이 오릅니다. 최대 50배 정도. 이걸 기계를 갖고 일을 하게 되면 사람보다 50배 100배 이상 효과를 냅니다. 특히, 그 당시 직물을 짤 때 베틀로 우리나라나 유럽이나 직물을 짰는데 증기기관을 이용해 옷을 짜니까 엄청난 양의 수확이 됐습니다. 또한 농업사회가 산업사회로 변하면서 농촌에 있던 농부와 소작인들이 대거 도시로 유입되면서 임금 노동자로 변했습니다. 생산량은 엄청나게 커졌는데도 가난은 더욱 심해졌습니다. 그래도 농경사회에서는 열심히 일하면 굶어 죽지는 않았는데 산업사회 이후는 자기 몸을 노동 임금으로 사고파니까 뼈 빠지게 일을 할수록 가난해지는 현상이 벌어졌습니다. 이게 마르크스 사상의 출발입니다. 우리나라는 아직까지 공산주의 하면 '빨갱이'라 하는데 마르크스의 기본정신은 예수님과 같이 인간에 대한 사랑으로부터 출발한 겁니다.

당시 노동자라 하면 어른 노동자가 아니라 대부분이 십대 노동자들이고 하루에 열 시간 내지 열네 시간 이상 우리가 상상할 수 없는 일을 했습니다. 열심히 일한 만큼 개인 경제 수준도 높아져야 되는데 일하면 할수록 가난해지는 현상이 산업사회에 온 거예요. 그래서 마르크스는 왜 이런 현상이 일어나느냐 그 원인을 찾으려고 연구한 결과물이 '자본론'이었습니다. 그 원인은 바로 인간의 착취, 즉 자본주의가 이윤을 남기기 위해 노동자를 착취했기 때문에 이런 현상이 발생한다고 결론을 내렸습니다. 그래서 마르크스는 재화의 소유권을 철폐해야 한다고 주장하고 운동한 것이 공산주의였습니다. 무엇보다 처음부터 세상이 생기고 세상이 발전하는 데는 물질을 통해서만 이루어진다는 사상을 갖고 있는 공산주의가 교회로서는 위험한 사상이라고 볼 수밖에 없었습니다. 서구에서는 18세기에 산업혁명에 의해 농업사회가 산업사회로 바뀌면서 마르크스와 같은 사회주의, 공산주의가 발생했습니다. 반면 중국을 비롯해 동양 쪽 인도의 불교, 유교 등 가톨릭 외의 종교를 보면 스콜라 철학이 갖고 있는 인간 본질에 대한 정의, 윤리, 도덕이 오히려 어떤 면에서는 불교철학이나 유교철학이 더 앞서 있다는 걸 발견했습니다. 그래서 우리 하느님, 예수님, 구세주만 갖고서는 인류 전체에 포교가 불가능하다는 걸 알아채기 시작했습니다.

또한 그때까지 하느님이 세상을 창조하신 이후로 세상은 평평하고 지구가 중심이고 그 주위를 태양이 돌고 있는 것으로 인식했습니다. 근데 코페르니쿠스, 갈릴레오의 천문학은 태양을 중심으로 지구가 돌고 그 너머에는 지구 같은 별들이 수백억 개가 있다는 게 발견됐습니다. 천문학에서부터 세상은 하느님이 창조한 그대로 있는 것이 아니라 무엇인가 되어가는 과정인 것을 인류는 깨우치기 시작했습니다. 지금까지의 정적인 세계관이 **동적인 세계관**으로 인류의 사고가 변하기 시작한 것입니다. 그 과정에서 핵심적인 것이 진화론입니다. 여기에 앞서서 나간 사람이 프랑스의 철학자 앙리 베르그송이란 분이 있습니다. 철학자이면서도 유일하게 노벨 문학상을 받았습니다. 이분이 글을 아주 잘 쓰시는데 「창조적 진화」라는 책이 있습니다. 어느 시점에서 하느님의 창조가 끝나는 게 아니라 지금도 우리가 하느님과 함께 창조사업에 동참해서 창조가 진행되고 있다고 생각합니다. 베르그송의 이론이 샤르댕에게 가장 큰 영향을 줬습니다. 창조적 진화론 책을 옆에 끼고 다녔다고 해요. 또 화이트 헤드라는 영국 분이 하버드 대학에서 철학을 가르치셨는데 이분도 세상은 무엇인가로 되어가는 과정이라는 생각을 갖고 있었어요. 동적인 사상으로의 전환이 샤르댕이 처음이 아니란 거예요. 천문학, 진화론, 여러 철학자들이 세상은 정지된 것이 아니라는 사실을 대부분 인식하고 있었습니다.

물리학에서 아인슈타인에게 에너지와 물질은 안과 밖이 아니라 하나라는 겁니다. $E=mc^2$이라는 상대성 이론이 무슨 얘기냐 하면 장작을 볼 때는 물질(밖)로 보이지만 태우면 사라집니다. 에너지로 사라지니까 '안'이라고 생각했어요. 옛날부터 세상을 이원론으로 인식했습니다. 영혼과 육신, 선과 악, 하느님 나라와 세상의 나라, 빛과 어둠 등 이렇게 세상을 두 가지로 해석했는데 이때부터 아인슈타인은 물질은 '공간을 갖고있는 에너지' 에너지는 '공간이 없는 물질'이라는 일원론으로 세상을 보기 시작한 것입니다. 컴퓨터나 컵이나 물질들은 저울로 잴 수 있는데 열이나 전기에너지는 저울로 측정이 안 됩니다. 옛날 사람들은 이것을 물질의 두 양면으로 봤습니다. 플라톤은 이원론을 형이상학이라 했는데 눈에 보이는 물질 안에 물질이 되는 어떤 본질이 있다고 본 것입니다. 눈에 보이는 현상은 변하고 사라지지만 그 물질이 되게 한 본질은 변하지 않는다고 본 것입니다. 아리스토텔레스는 이걸 부동의 원동자 또는 일자라고 했습니다. 스콜라 철학에선 하느님을 표현하기 가장 좋은 말이거든요. 부동의 원동자는 '나는 변하지 않고 상대를 변화시키는 것'으로 스콜라 철학에서 말하는 하느님의 절대적인 권능을 잘 표현하고 있어요. 플라톤의 형이상학이나 아리스토텔레스의 부동의 원동자는 옛날 사람들이 이원론으로 볼 때 그렇게 표현했는데 샤르댕의 눈은 일원론으로 보는 겁니다. 영혼과 육신을 그저 사람으로 인식하고, 선과 악을 두 존재로 인식했던 것을 하나의 스펙트럼으로 봅니다. 마라톤을 하는데 앞에 가는 사람이 1등이지만 10등하고 11등 사이가 멀리 떨어지면 11등 앞에는 10등이 1등이잖아요. 첫째가 꼴찌가 되고 꼴찌가 첫째가 될 거라는 예수님 말씀이 있잖아요. 선과 악이 절대적인 존재가 아닌 발생하는 과정이라는 겁니다.

토마스 아퀴나스 성인은 '악은 선의 부족이다'라고 합니다. 다시 말하면 선이 있고 덜 선하고 더 선하고입니다. 악으로 보면 아주 악한 거, 덜 악한 거, 아주 악한 거, 일원론으로 인식하면 이렇게 됩니다. 아무튼 이원론으로 세상을 보던 사람들이 물리학과 생물학에서부터 일원론으로 세상을 보기 시작했습니다. 하나 더 예를 들면 열은 물질에 들어오면 뜨거워지고 나가면 차가워지는데 현재 제자리 뛰기를 해봅시다. 선풍기가 있어도 뛰면 땀이 뻘뻘 나오잖아요. 물질이 정지하고 있을 때는 물질이고 마구 운동을 하면 에너지란 말입니다. 물질과 에너지를 구분하는 것은 물질의 운동 그 자체의 표현이란 말입니다. 운동이 거의 정지된 상태에는 딱딱한 고체로 보이지만 운동을 하면 눈에 보이지도 않는 새로운 물질이 되는 겁니다. 이게 바로 에너지와 물질은 하나라는 겁니다. 또 에너지가 물질이 되기도 하고 물질이 에너지가 되기도 합니다. 근데 교회는 이원론이나 형이상학에서 물질은 사라지고 없어지지만, 안쪽은 절대 불변의 존재로 인식하고 영혼은 하느님의 모상으로 봤습니다. 인간은 죽지만 모상은 절대불변의 영원한 존재로 인식했습니다. 근데 샤르댕에 와서는 존재를 발생론으로 인식합니다. 물리학과 진화론에서는 벌써 일원론으로 세상을 보기 시작했는데 교회에서 가르치는 사도신경의 열두 개 신조를 일원론으로 표현하려니까 거의 불가능해요.

샤르댕 신부님이 세 번이나 유배를 당합니다. 첫 번째는 1923년 몽골로, 두 번째는 1927년 중국으로, 명색은 지질학 조사 연구차 가셨지만, 실제는 로마에서 예수회 관구장한테 압력을 가해서 이 사람 불순한 사람이라 멀리 보내라고 해서 사실 유배를 보낸 겁니다. 그것이 오히려 샤르댕 신부님한테는 큰 공부가 됐습니다. 아시아의 자연을 보고 감탄을 하시고 거기서 지질학과 고생물학 발굴을 많이 했습니다. 무엇보다 베이징에서 서남쪽으로 약 50 km 떨어진 주구점에서 북경원인이라는 고인류학 화석을 발견했습니다. 약 30~50만 년 전에 석회암 동굴에서 살았던 고인류들의 화석인데 인류가 불을 이용해 화덕을 만들었던 흔적을 최초로 발견했어요. 인류가 원숭이에서 진화했다는 자체도 1920년대, 지금도 진화론 믿는 사람이 많이 없지만, 당시는 더할 것 아닙니까? 30~50만 년 전에 살았던 동굴 속에서 불을 이용했던 화덕자리를 발견했다는 것은, 물론 불을 이용해 음식을 굽고, 추울 때 따뜻하게 하고, 늑대나 호랑이가 침범하지 못하게 하는 역할을 했습니다. 무엇보다도 화덕을 이용한 생활패턴은 바로 가족중심, 씨족중심이고 하나의 사회를 형성했습니다. 사회를 형성했다는 것은 서로 의사소통을 했던 언어가 있었다는 얘기죠. 지금까지는 인류가 불을 사용했다는 증거가 없었는데 샤르댕 신부님이 주구점에서 북경원인을 발견함으로써 전 세계가 깜짝 놀랐어요. 지금은 불을 이용했다는 증거가 100만 년 전으로 거슬러 올라간다고 보고 있어요.

지금까지 세상은 정적인 세계관으로 세상을 항상 이원론으로 해석하다가 이 세계가 일원론으로 무엇인가 되어가는 동적인 세계관으로, 발생학으로 인식하기 시작했습니다. 그래서 19세기 초 프랑스에선 당시만 해도 세균이란 말을 몰랐던 시대에 커다란 상금을 걸고 어떤 주제를 냈습니다. 가톨릭에선 생명은 생명을 통해서만 연속된다고 우리에게 가르쳤는데 교회의 가톨릭을 옹호하는 과학자들은 생명은 어떤 씨를 통해서 연속된다 했어요. 예를 들어 소고기나 우유, 두부를 밖에 두면 썩는 이유를 다른 생명의 씨앗이 들어가서 썩는다고 생각했습니다. 당시 세균을 몰랐습니다. 유물론자들은 물질의 생명기원을 줄기차게 주장했어요. 무기질에서 유기질이 생기고 유기질에서 생명이 출현했다고 했지만 둘 다 증거를 댈 수 없어서 프랑스 아카데미에서 큰 상금을 걸고 확실히 증명한 사람한테 상금을 준다고 했어요. 파스퇴르라는 분이 파스퇴르 우유 있잖아요. 왜 파스퇴르 우유냐 하면 소젖에는 결핵균이 있어요. 우유는 살균을 해야 마실 수 있지 짜자마자 마시면 결핵이 생겨서 우유를 못 마셔요. 그래서 옛날 유목민들은 소젖을 못 먹었어요. 결핵균이 발생하는 것을 아니까요. 염소, 양, 말 젖은 바로 짜서 버터, 치즈, 술로 만들지만 우유는 그렇게 할 수가 없었어요. 결핵균이 있어서. 그래서 파스퇴르가 저온살균법과 고온살균법을 이용해 우유 속에 있는 나쁜 생물 씨앗을 죽이는 방법을 고안했어요. 우유를 짜면 저온살균법, 고온살균법으로 결핵균을 멸균시켜 나오니까 맘 놓고 우유를 마십니다. 이분이 유리관에 쇠고기 국물을 넣으면 공기가 있으면 나쁜 생물 씨앗이 들어가서 쇠고기가 상하니까 공기를 차단 시키지 않고 공기가 들어가면서도 쇠고기가 다른 씨앗에 의해 썩느냐를 증명하려고 했습니다. 이분이 플라스크를 오리 주둥이처럼 만들었어요. 공기가 통하고 들어오면서 나쁜 씨앗이 있었으면 여기에 걸릴 거란 말이에요. 그래서 소고기 국물은 며칠 놔둬도 안 썩어요. 그걸 잘랐더니 바로 소고기가 썩기 시작했단 말이에요. 공기에 생명의 씨앗이 있으니까 소고기를 썩게 했다고 해서 '모든 생명은 생명으로부터(Omne Vivum ex viva)'라는 확실한 증거가 나왔단 말이에요. 공기를 통하게 해서 생명이 씨앗을 걸리게 하니까 안 썩었지만, 주둥이를 자르니까 바로 썩어서 공기 중에 틀림없이 생명을 일으키는 씨앗이 있다는 게 증명이 됐습니다. 교황청에서는 파스퇴르를 성인품에 올리려 했습니다. 그래서 일반인 중에 유일하게 돌아가셨을 때 파리 노틀담 대성당에 묻힌 분입니다. 주로 추기경, 대주교, 유명한 왕족들만 묻혔던 자리인데 이분은 노틀담 대성당 지하에 묻히셨어요. 그만큼 당시 프랑스에서는 공산당 선언을 하고 유물론자들이 판치고 있을 때 파스퇴르의 증거가 나오니까 유물론자들이 찍 소리를 못합니다. 분명 생명은 물질에서 유래한다는 게 머릿속에선 되는데 증명할 방법이 없으니까요. 19세기 이후 1953년까지는 '모든 생명은 생명으로부터가' 절대 진리가 돼서 교황청에서 트리엔트 공의회를 재확인 한 거예요. 그러니까 세상과 문을 완전히 닫기 시작한 거예요.

1953년에 우리나라는 한창 6·25전쟁 막바지였죠. 미국 시카고 대학에 스탠리 밀러라는 생화학자가 있었는데 유리 상자에 지구 초기 환경이라 생각하는 환경을 만들었습니다. 지구 초기 환경에는 산소가 없고 이산화탄소가 지금보다 일만 배 이상 많았습니다. 공장 굴뚝, 자동차 배기가스로 인해 이산화탄소가 많아지니까 지구온난화가 온다는데 왜 CO_2가 많으면 지구가 점점 더워지는가 하면 CO_2가 비닐하우스 같은 역할을 합니다. 태양빛이 들어오면 바깥으로 일부는 반사되서 나가야 적당한 온도를 유지하는데 들어올 땐 들어와도 CO_2가 비닐처럼 지구를 둘러싸고 있어서 열이 나가지를 못합니다. 그래서 지구 온도가 더 올라가는 이유입니다. 화산도 많이 터지니까 유황이라든지 질소라든지 여러 가지 이런 대기만 있었습니다. 유리 상자에 그런 지구 초기의 환경을 만들고 번개 대신에 ±전기 스파크로 번개를 만든 후 며칠 뒤에 보니까 유리 상자 안에서 유기질이 생겼습니다. 단백질을 만드는 유기질 중에 아미노산이란 게 있어요. 단백질을 만드는 유기질인데 꽃과 강아지가 다르고 코의 모양과 귀의 모양이 다른 것은 단백질의 종류가 다르기 때문입니다. 얼굴이 다른 것도 제각기 갖고있는 단백질의 종류가 다르기 때문이고 단백질을 만드는 유기질이 아미노산인데 무기질에서 유기질이 생성된 겁니다. 이때부터 '모든 생명은 흙으로부터(Omne Vivum ex terra)'가 된 겁니다. 스탠리가 미국사람이지만 소련에서 대환영을 했습니다. 당시만 해도 소련은 공산주의 사회였잖아요. 소련에서 스탠리가 우상이었죠. 물질에서 생명의 출현은 이론만 있지 증명할 방법이 없었는데 생명이 생기기 전 유기질과 아미노산 즉 단백질이 생기기 전에 물질이 나왔다는 것은 물질의 생명 기원을 증명하고도 남습니다. 그래서 교황청에선 신학자들이 어떻게 생각할 거냐 창세기 때 하느님이 창조한 이래 모든 생명은 생명으로부터 이어진다고 믿어왔는데 유물론자들을 무신론자로 매도하고 반대했던 사람들이 물질의 생명기원을 증명해 보이니까 큰 일 났을 거 아닙니까? 그리고 같은 해 1953년에 꽃과 강아지가 다른 것은 단백질 종류가 다르기 때문이라 했잖아요. 컴퓨터는 0과 1 이진법으로 모든 걸 표현해요. 조그마한 메모리칩을 비트라고 하는데 불이 안 들어오면 0, 불이 들어오면 1 이진법으로 모든 걸 표현해요. 근데 생물에서 아미노산으로 단백질을 만들 때는 네 개의 암호 A-T-G-C로 모든 단백질을 만들어내요. 세포 안에 정보가 저장되어있는 주기억 장치가 있는데 그것을 DNA라고 합니다. 이와같이 DNA가 단백질을 만드는 정보를 갖고 있다는 것을 알았지만 어떤 구조인지 몰랐는데 제임스 왓슨과 프랜시스 크릭이 엑스레이를 통해 DNA구조를 완전히 규명했습니다. 아리스토텔레스는 식물에는 생혼, 동물에는 각혼, 인간에겐 영혼이 있다고 말했는데 니케아 공의회부터 지금까지 1700년간 이원론으로 잘 써먹었어요. 근데 아리스토텔레스가 말하는 생혼, 각혼, 영혼은 이원론으로 보는 본질이 아닙니다. 이것은 오늘날 DNA의 발현인 것입니다.

이원론으로 생명의 기원은 하느님의 능력에 의해 비물질 기능이라 했는데 물질에 의해서 생명이 형성되니 확 뒤집어진 거예요. 아무리 상식이 없고 복잡해도 생물학을 확실히 이해해야 샤르댕의 사상을 알아듣기 훨씬 좋습니다. DNA구조의 생명기원이 컴퓨터의 0과 1처럼 A-T-G-C 네 개의 암호로 만들어지기 시작했다는 건 비물질 기능이 없어도 생명이 나타난다는 증명이 됐단 말이에요. 영혼과 육신, 이원론으로 얘기해선 하느님과 하느님 나라를 표현할 길이 없습니다. 오늘날 컴퓨터 잘 아실 텐데 1946년에 펜실베니아 대학에서 에커트와 모클리라는 두 교수가 처음에 만든 컴퓨터가 오늘날 쓰는 계산기이잖아요. 처음 나왔을 때는 이 강의실보다 더 컸습니다. 오늘날은 더 작게 만들어집니다. 컴퓨터가 나옴으로써 우리는 압축이 무슨 의미인지 압니다. 시간의 압축, 시간의 축적이란 말을 할 수 있습니다. 아주 어렸을 때는 오늘밖에 모르고, 애들은 어제, 내일도 모르고, 두세 살 되면 내일을 이해하고, 좀 더 크면 어제도 인식합니다. 중·고등학생 되면 현재는 내가 있고 과거, 현재, 미래는 물처럼 시간이 흘러가는 거라고 인식합니다. 근데 조금 더 크면 시간이 축적된다고 생각합니다. 결국 현재는 축적된 과거입니다. 세상의 변화를 인식하는 순간을 시간으로 인식하면 시간은 흘러간 게 아니라 여기에 변화가 축적되어있다는 얘기입니다. 제가 70살인데 70살로 보는 게 아니라 138억 년 전 빅뱅 시작부터 족보가 있었다면 분자가 모이고 원자가 모여 나의 존재는 138억년 +71살이 된다는 말이에요. 트리엔트 공의회 스콜라 철학 기본 정신으로 하느님의 천지창조를 그대로 변하지 않는 정적인 세계관으로 세상을 해석하니 모든 것이 존재론입니다. 원래부터 있었던 것이지 성장해서 변한 게 아닌 존재론이었습니다. 이원론으로 선과 악, 영혼과 육신, 저승과 이승, 하느님 나라와 세상의 나라, 성과 속 얼마나 쉽게 설명이 됩니까 이원론에서는? 누구든지 아 그렇구나, 더 생각할 필요도 없이 현상을 쉽게 알아듣습니다. 그러던 것이 제2차 바티칸 공의회에서는 세상은 무엇인가로 변해가는 동적인 세계관으로 보기 시작해요. 옛날에 창세기 가르칠 때는 성경 그대로 첫 날은 빛이 생겼고 둘째 날은 뭐가 생기고 그런 식으로 가르쳤는데 80년대부터는 창조가 어느 한 시기가 아닌 과정으로 성경도 읽기 시작했습니다. 베르그송의 창조적 진화 덕분에요.

1998년도에 미국 사람들한테 진화론을 믿느냐는 설문조사를 했는데 창조론을 믿는 사람 40%, 진화론을 믿는 사람 10%, 지금도 하느님이 창조하는 과정으로 보는 사람이 45% 나왔습니다. 그러니까 성경의 창조론을 안 믿을 수도 없고, 과학적으로 진화론도 안 믿을 수 없으니까 미국 사람들은 지금도 창조되는 과정 속에 진화라는 게 있다고 이해하고 있습니다. 그러나 골수 유물론자들은 하느님이 없어도 현생이 올 수 있는 현상이 있다고 봅니다. 샤르댕의 사상에 와서는 정적인 세계관을 동적인 세계관으로 보고, 존재론을 발생론으로 보고, 이원론을 일원론으로 인식합니다. 그런데 샤르댕이 처음 만들어낸 사상이 아니란 말입니다. 아까도 얘기했지만 동적인 세계관에서 코페르니쿠스의 지동설, 물리학자들에 의해서 벌써 세상은 콜롬부스의 항해술 이런 걸 통해 무언가로 되어가고 있다고 샤르댕이 얘기 안 해도 벌써 많이 알려지고 있었어요. 발생론도 진화론을 통해서 이미 알려지고 물리학자나 유물론자들은 처음부터 마르크스를 이해하려면 일원론으로 읽어야지 이원론적인 우리 사고로 읽으면 무슨 말인지 못 알아들어요. 그런데 개별적으로 발표한 사람들은 있었지만 이걸 하나의 종합으로, 사상의 뿌리가 예수님에 있다는 걸 인식한 사람이 샤르댕입니다. 화이트 헤드, 베르그송, 마르크스, 찰스 다윈 각자 자기 나름대로 얘기했지만, 모든 걸 하나로 종합해서 그 시발점이 예수님의 가르침이라고 인식한 분이 샤르댕밖에 없다는 겁니다. 우리가 생각하기에는 지질학자, 고생물학자, 고인류학자라서 사상이 과학에서부터 시작됐다 생각하지만, 이분의 출발점은 예수님에서부터 출발했습니다.

성당 안은 거룩한 곳이고, 성당 밖은 세속이고 우리 신자들의 신앙 생활 태도가 항상 둘로 나눠지는 거예요. 성당에선 거룩한 모습, 밖에서는 다른 사람들과 똑같은 세속 생활을 해요. 그래서 스위스 발달심리학자 피아제의 언어발달 이론에 따르면 인지구조가 발달함에 따라 자기중심적 언어에서 사회적 언어로 발달해간다. 즉, 개체성에서 공유성으로 사고의 전환으로 인류가 성장합니다. 트리엔트 공의회의 스콜라 철학은 다시 말하면 개체성이고 자기중심적인 어린이 수준으로 세상과 하느님, 예수님을 해석한 철학이란 얘기입니다. 사회적 언어로 공유성을 갖고 있는 의식으로 세상을 볼 때는 동적이고 발생론적이고 일원론적으로 보인다는 겁니다. 어린애들한테는 성모님의 무염시태라든지 부활이라든지 이런 걸 그대로 가르쳐도 무방합니다. 그게 당연하고 애들 수준에 맞아요. 그러나 어른이 됐을 때는 신앙의 언어가 무슨 뜻인지 알아야 하는데 우리에게 견진성사가 있잖아요. 아주 좋은 성사가 있단 말입니다. 어렸을 때보다 조금 더 컸을 때 받는 견진성사는 스콜라 철학을 가진 트리엔트 공의회 정신의 반복이죠. 사도신경이 1700년 간 똑같았는데 글자 하나 잘못 쓰면, 가령 부활을 믿습니까? 라는 질문에서 부활을 '안' 믿습니까 '안' 자 하나만 넣어도 중세 때는 화형 당했을 겁니다. 그래서 요한 23세, 바오로 6세 교황께서 새롭게 하느님과 예수님을 해석하지 않으면 가톨릭은 살아남지 않을 거라 생각해서 공의회를 열었습니다. 공의회 정신이 많이 있는데 한국 가톨릭은 아직 트리엔트 공의회 정신에 머물러 있지 않은가 하는 생각이 듭니다. 니케아 공의회, 트리엔트 공의회, 제2차 바티칸 공의회의 흐름을 통해서 가톨릭이 흘러온 사상의 변화를 조금 이해했습니다. 이러한 사상을 샤르댕 신부님은 예수님에서부터 찾았습니다. 수고하셨습니다.

제4강
샤르댕 사상의 근원은 예수이다.

　샤르댕 신부님이 지질학자, 고생물학자, 고인류학자니까 이 분의 사상의 근원이 과학이라 생각하지만, 예수회 사제로서 이분 사상의 발생의 근원은 바로 예수님의 가르침 속에 있습니다. 떼이야르 드 샤르댕의 사상, '새로운 인류의 출현', 그 네 번째 시간, 지금 바로 시작합니다.

　샤르댕 신부님은 애초부터 스콜라 철학을 엄청 싫어했어요. 성(聖)과 속(俗), 하느님 나라와 세상의 나라, 이분법을 아주 싫어했어요. 그런데 이 이원론을 극복하기 위해서는 엄청난 시간이 필요했습니다. 예수님에 대한 신뢰를 한 번도 저버리지 않고 사제 생활을 끝까지 하신 이유는 예수님의 가르침 속에 그 모든 것이 있었다고 믿었기 때문입니다. 이원론을 극복하기 위해서는 우선 정적인 세계관에서 동적인 세계관으로 사고의 전환이 있어야 합니다. 예수님의 가르침 속에 '**새 포도주는 새 부대에 담아야 한다.**'(루카5,38)고 하신 말씀은 진보와 보수가 어떤 의미인가를 가르쳐 주십니다. 즉 새 포도주는 새 부대에 담을 수 있는 의식 수준으로 나아가는 사람으로 우리는 보통 진보라고 합니다. 그러나 새 포도주나 헌 포도주나 그냥 있는 포도주에 계속 안주하는 사람들은 보수라고 합니다. 또 아까도 말씀드렸지만 "**첫째가 꼴찌 되고 꼴찌가 첫째 되는 이들이 많을 것이다.**"(마태19,30)고 하신 예수님 말씀을 보면 세상이 동적인 즉 무엇인가로 되어 가지 않으면 이런 말을 할 수가 없습니다. 정적인, 정지된 세상에서 어떻게 첫째가 되고 꼴찌가 됩니까?

생물의 진화를 보면 이게 아주 극명하게 잘 나타나요. 개구리 잘 아시죠? 개구리는 물속에 알을 낳고 부화되면 올챙이가 되잖아요. 처음에 올챙이는 어류처럼 아가미로 호흡을 하다 개구리가 되면 허파로 숨을 쉬기 때문에 육지에서도 생활이 가능해요. 그래서 개구리를 양서류라고 하지요. 이 개구리가 어류에서 진화를 했습니다. 우리들은 보통 생물의 진화는 당시 가장 왕성한 생물군에서 진화한 것으로 알고 있는데 사실은 가장 열악한 환경에서 겨우겨우 살아가던 생물군들이 진화를 했고 왕성한 생물군은 갑작스러운 환경에 적응을 못해 멸종되곤 했습니다. 어류에서 양서류로 진화한 개구리가 대표적인 예입니다. 그러니까 한 3억 년 전 바다에 물고기만 살던 어류시대예요. 그런데 물고기가 살던 바다 갯벌 가에는 망둥이처럼 뛰어놀던 물고기들이 있었어요. 바다에는 지금의 정어리, 갈치 등이 그냥 바다를 휘저으면서 살아가는데 간신히 갯벌에서 그냥 쭈그리고 살던 망둥이들이 먼저 양서류로 진화했습니다. 동물보다 약 1억 년 앞서서 식물이 육지에 상륙을 했는데 지구 상에 벌써 산소가 많이 생기기 시작한 겁니다. 그 이전에는 바다 속에만 산소가 녹아있어서 어류가 번성했는데 이 망둥이 같은 것들이 나와서 고개를 들어 바깥에서 숨을 쉬니까 바다 속보다 훨씬 산소가 많잖아요. 이게 올챙이가 개구리로 변환하는 양서류의 출현 사건입니다. 오늘날 갈치나 고등어 조상들은 지금도 갈치 고등어잖아요. 갯벌 언저리에서 간신히 살아가던 망둥이가 양서류에서 파충류로 - 포유류 - 유인원으로 이렇게 우리 인류까지 진화한 것입니다. 망둥이와 같은 아주 꼴찌 했던 어류가 진화를 한 것입니다. 그 당시 첫째는 고등어, 정어리, 갈치 같은 어류의 조상들인데 오늘날에는 우리들 밥상에 반찬으로 올라오고 있어요.

또 그뿐만 아닙니다. 6천 500만 년 전만 해도 공룡의 시대였습니다. 공룡에 대해서 많이 들어보셨죠. 공룡의 시대 때 우리 선조들은 꼭 쥐새끼만 했어요. 그래서 공룡이 막 뛰어놀던 시대에는 그냥 땅굴에서 근근이 살았어요. 그러다가 저 큰 별똥별이 지구에 떨어지고 화산이 폭발하고 그러니까 태양이 가려져 식물이 광합성을 못하니까 식물을 먹고 살았던 공룡부터 멸종되기 시작했단 말이에요. 또 식물을 먹고 자란 공룡이 없어지니까 티라노사우루스 같은 육식 공룡이 사라지고 그러다 보니까 약 6500만 년 전엔 그냥 공룡이 완전히 멸종돼 버렸어요. 그 후손들 중 일부분이 진화한 것이 오늘날의 새입니다. 그러나 그 당시 티라노사우루스다 무슨 사우루스다 그냥 지구를 휘젓던 공룡들은 멸종하고 첫째들이 꼴찌가 되어 사라지고 땅 속에서 간신히 살던 우리 조상들은 공룡이 사라지니까 지상으로 나오기 시작해서 포유류, 또 영장류로 이렇게 다시 진화의 길을 거듭해서 오늘날과 같이 인간까지 진화를 한 거예요. 첫째가 꼴찌 된다는 말은 이 진화를 공부하면 예수님 말씀이 무슨 말인지 진짜 실감을 해요. 특히 신구약을 막론하고 가난이라는 말이 많이 나옵니다. 예수께서 탄생하신 구유 또한 가난의 상징이었습니다. 물론 가난은 못 먹고 헐벗은 착취당하는 것을 의미하지만, 그 이면에는 가장 열악한 사회환경을 인식하고 있던 가난한 사람들이 있었습니다. 따라서 가난은 물질적이나 정신적으로 부족의 상징으로서 성경에서는 부족의 인식을 강조하는 말입니다. 인간의 고통은 부족에서 옵니다. 부족이 채워지면 고통은 사라집니다. 그러나 인간에게 고통의 연속성은 특히 인간의 정신이 성장하기 때문에 오는 것이지 욕심 때문에 오는 것이 아닙니다. 불교에서는 고통을 없애기 위해 욕심을 버리라고 가르치지만, 예수께서는 고통을 극복하라고 가르치셨습니다.

또 가라지 비유 말씀 있죠.(마태13,24-30) 밀하고 가라지, 요즘 농사를 거의 안 지으니까 분간을 잘 못하는데 우리에겐 밀보다 벼농사를 많이 하니까 벼를 보세요. 벼 심으면 피라는 게 있어요. 자랄 때 처음 보면 이게 벼인지 피인지 잘 몰라요. 그런데 식물은, 여기에 벼 한 포기가 자라고 있는데 옆에 피가 한 포기 자라면 수확이 2분의 1로 줄어들어요. 식물은 정확하게 나눠 먹어요. 그래서 피가 자라는 동안에 뽑아내야 되는데 예수님은 수확할 때까지 뽑지 말라고 그러신단 말입니다. 예수님께서 농사법을 잘 모르시니까 피를 수확할 때까지 뽑지 말라고 하신 게 아닙니다. 이 비유는 인간 내면에서 발생하는 선과 악의 모습을 말씀하시는 것입니다. 이원론에서처럼 인간 내면에 선과 악이라는 두 존재가 있는 게 아니라, 인간은 자라는 동안 착한 사람이었다가도 악한 사람이 되기도 하고 또 착한 사람이 되기도 합니다. 이렇게 사람은 성장하면서 선과 악이 반복해서 연속된다는 그 말씀으로 알아들어야 합니다. 우리는 "**일곱 번이 아니라 일흔일곱 번까지라도 용서해야 한다.**"(마태18,22)는 예수님의 말씀을 되새겨보면 인간의 성장은 살아 있는 동안 수십 번 변한다는 그 얘기란 말입니다. 그런데 예수님께서는 인간의 성장에서 정신 성장을 말씀하셨습니다. "**누가 내 어머니고 누가 내 형제들이냐?**"(마태12,48) 하신 말씀은 인간은 생물이 아니라는 말씀입니다. 그러면 인간이 생물이 아니면 어떤 존재냐? 앞으로 우리는 진화론을 공부하면서 이것이 무슨 말씀인지 더 정확하게 알 수 있을 거예요. 위의 밀과 가라지 비유의 말씀에서 우리는 죽은 뒤에 심판이라고 생각하기 쉬운데 이 말씀은 어디까지나 인간의 성장을 의미하는 것이지 죽은 뒤의 삶을 말씀하신 게 아닙니다. "**하느님은 죽은 이들의 하느님이 아니라 살아 있는 이들의 하느님이다.**"(마태22,32~33)

라고 분명히 말씀하셨어요, 또한 사도신경을 보세요. 이건 죽어야 하느님 만나러 가지 살아서 만나러 가는 게 아니에요. 여기에는 이원론적이고 정적인 세계관으로 하느님과 예수님을 해석한 그리스의 형이상학 철학에 크게 영향을 받았기 때문이었습니다.

인류는 약 1만 년 전후 농경을 시작한 이래 문명을 일으키고 처음으로 자연으로부터 독립을 하기 시작했는데 샤머니즘, 토테미즘, 애니미즘 같은 원시 종교 또한 신화의 시대로 접어들었습니다. 농업은 인구의 증가를 가져와 씨족이나 부족국가에서 왕을 중심으로 보다 큰 국가가 탄생함으로써 왕의 절대 권력을 정당화하기 위해 신화가 발생하기 시작한 것입니다. 이후 황제나 왕은 신화가 아니어도 힘으로 정당한 권력을 획득할 수 있어 신화는 종교의 시발점으로만 남아 있습니다. 특히 메소포타미아 일대에 구전되어 온 창조 설화와 노아의 홍수 설화는 오늘날 그리스도교의 시발점이 되었습니다. 대략 2500년 전부터 인류는 신화의 시대를 종식하고 인간의 이성으로 세상을 해석하기 시작한 철학의 시대가 도래했는데 붓다, 공자, 소크라테스, 예수가 대표적인 성인입니다. 이분들 중 붓다의 가르침은 불교로, 예수의 가르침은 그리스도교라는 종교 형태로 이어져 오고 있습니다. 당시 농경시대 인류가 세상을 이해하는 의식 수준은 정적인 세계관에서 존재론적이며 이원론적 인식 수준이었습니다.

특히 농경시대 가장 큰 특징은 생산을 통한 성장이라는 개념이 없었습니다. 농업 생산 자체가 사람이나 가축의 힘에만 의존했기 때문에 자연재해나 병충해에는 거의 무방비 상태여서 보다 많은 생산을 통한 성장이란 거의 불가능했습니다. 당시 국가의 영토란 지금처럼 토지 개념이 아니라 황제나 왕이 통제할 수 있는 인구의 수를 의미했습니다. 당시 인류의 대부분이 종교뿐만 아니라 사회나 농업의 생산이나 분배제도에서도 종속적인 삶을 살 수밖에 없었습니다. 따라서 농경 시대 두 번째 특징은 신분제도였습니다. 또한 인류가 문명을 시작한 이래 지식 정보가 축적됨에 따라 언어를 통한 정보 전달과 뇌에 의한 정보저장의 한계를 극복하기 위해 문자를 발명함으로써 정보의 공유가 극소수에 국한되어 신분제도가 오랫동안 지속되었습니다. 이와 같은 농경시대에 출현한 종교 또한 이원론적이고 정적인 세계관을 벗어날 수 없었습니다. 그러함에도 불구하고 이 시대 종교의 공통점은 사람이 사람답게 살아가는 삶을 강조했습니다. 그러나 예수의 가르침에는 사람다운 사람뿐만 아니라 하느님 나라의 출현과 성장을 강조하셨는데 그 출발점을 인간의 사회성의 확장을 강조하셨습니다. **"누가 내 어머니고 누가 내 형제들이냐?"**(마태12,48)라고 하신 예수님의 말씀 속에 인류 사회성의 의미를 내포하고 있습니다. 그러나 종교나 철학의 목적은 대부분 보다 훌륭한 인간으로의 성장이었습니다. 인류는 18세기 프랑스 혁명이나 20세기 마르크스 혁명이 있기 전까지는 제도의 변혁을 통한 인류 성장이란 상상도 못했습니다. 게다가 과학의 발달에 의한 인류의 사고 전환이 없었다면 프랑스 혁명이나 마르크스

혁명은 불가능했을 겁니다.

　대부분의 철학과 종교는 이와 같은 농경시대에 출현했는데 오늘날 우리는 산업사회를 지나 정보화 시대를 살고 있으면서 농경시대 철학과 종교가 절대 진리인 양 추종하고 있습니다. 무슨 말이냐 하면 이원론적이고 정적인 세계관에서 일원론적이고 동적인 세계관으로 철학과 신앙을 재해석하자는 뜻입니다. 우리가 산 밑에서 세상을 보는 것과 산 정상에서 보는 것이 다르듯이 우리가 무엇인가 되어가는 세상에 살고 있다면 옛날 사람들이 못 본 세상을 보고 있다는 의미입니다. 한 예를 들면, 아리스토텔레스의 저서 <식물학>에 이런 얘기가 있어요. '식물은 뿌리에 입이 있어서 흙을 먹고 산다'고 그랬어요. 그래서 17세기 근대 식물학의 여명이 오기까지는 식물학자들한테 이 말은 절대 진리였습니다. '식물엔 뿌리가 있어서 흙을 먹고 산다.' 그런데 18세기에 식물학자들은 진짜 식물에 뿌리가 있어서 흙을 먹고 사는가 실험을 해봤어요. 흙의 무게가 100kg되는 화분에 식물을 키웠단 말이에요. 식물이 진짜 흙을 먹고 자랐으면 식물의 무게만큼 화분 흙의 무게가 적어질 거라고 예상했습니다. 그런데 식물이 자라서 재어 보니까 식물의 잎사귀, 줄기, 뿌리까지 20 kg란 말이에요. 그럼 이 흙의 무게를 재면 이론적으로 적어도 80 kg는 나와야 되는데 흙을 재어보니까 거의 그대로 100 kg예요. 흙을 측정해봤더니 식물이 있을 때와 없을 때 거의 흙의 무게가 변하지 않아요. 그러니까 식물의 뿌리는 입이 있어서 흙을 먹고 사는 게 '아니다'라는 걸 알았단 말이에요. 그래서 연구를

제4강. 샤르댕 사상의 근원은 예수이다.

해보니까 잎사귀가 광합성 작용을 해서 탄수화물을 만든다는 걸 알았습니다. 식물에는 탄수화물, 단백질, 지방 우리의 3대 영양소처럼 질소, 인산, 칼리라는 3대 영양소가 있다는 것을 알았어요. 이런 것들이 뿌리에서 흡수를 하는 것이지 흙을 먹고 사는 게 아니다. 그러니까 아리스토텔레스의 식물의 뿌리는 입이 있어서 흙을 먹고 산다는 말은 틀렸다고 확신했습니다. 그래서 질소, 인산, 칼리라는 비료를 만들기 시작해서 농업생산이 엄청 늘어났어요.

그런데 20세기에 와서 지질학자들이 지구를 이루고 있는 땅덩어리 요소들을 쭉 보니까 이 흙이라는 게 결국은 질소, 인산, 칼리, 칼슘 뭐 모든 원소가 흙의 요소라는 사실을 알았어요. 질소, 인산, 칼리도 결국은 흙을 이루는 한 요소이기 때문에 결국 아리스토텔레스가 '식물은 흙을 먹고 산다'는 말은 맞다 이거예요. 자 근데 아리스토텔레스가 말한 '식물은 흙을 먹고 산다'는 말과 20세기의 과학자들이 '식물은 흙을 먹고 산다'는 말은 같지만, 뉘앙스가 다르잖아요? 뉘앙스가 다르죠. 20세기는 질소, 인산, 칼리라는 비료를 흡수하는 과정을 인식하면서 흙을 먹고 산다는 말이니깐 아리스토텔레스가 한 말과는 질적으로 달라요. 그러나 겉으로 보기에는 똑같지요. 그러나 그 안에 포함돼 있는 의식의 폭은 달랐다 이겁니다. 이것이 인류에게 나타나는 **의식의 증대**란 말인데 생물의 진화를 공부하면 이 뜻을 쉽게 알아 들을 수 있습니다. 우리가 '세상은 하느님이 창조하신 나라다'라는 신앙 언어 속에는 세상은 하느님만 창조하신 것이 아니라 모두가 함께 뭔가 만들어가는 과정이다 이런 뜻입니다. 우리들은 지금까지 창조주와 피조물 사이는 절대 종속관계로만 신앙했었는데 약 138억 년 전 빅뱅은 하나(전체)가 여럿(부분)이 되는 사건이었습니다. 따라서 하나(전체 - 빅뱅)는 창조이며 여럿(부분)은 피조물로서 동시성입니다. 그러니 창세기의 창조와 오늘날 우리의 창조는 의식이 달라져야 하겠습니다.

제4강. 샤르댕 사상의 근원은 예수이다.

제5강
스콜라 철학에 영향을 미친 헬레니즘

 떼이야르 드 샤르댕의 사상, '새로운 인류의 출현', 그 다섯 번째 시간, 지금 바로 시작합니다.

 오늘은 스콜라 철학에 영향을 미친 헬레니즘에 관해서 공부를 하겠습니다. 그러니까 오늘은 주로 세계사가 될 것 같습니다. 고대 오리엔트 문명하고 그리스 문명이 융합된 그 문화를 우리는 헬레니즘이라고 하는데 알렉산더 대왕이 오리엔트 전체를 통일해서 마케도니아라는 나라를 세웠는데 여기서부터 헬레니즘이 시작된 것입니다.

 우리가 산에 올라가면 A 지점에서 세상을 봤을 때, B지점에서 세상을 봤을 때, 그리고 C지점에서 세상을 봤을 때, 보는 세상이 달라집니다. 이때 우리가 잊지 않을 것은, C라는 세상 속에는 A 또는 B라는 세상이 축적돼 있는 세상이란 말이에요. 그러나 우리가 현재 C에 살고 있더라도 의식 수준에 따라서 A에 사는 사람도 있고 B에 사는 사람도 있다는 걸 잊지 말아야 합니다. 특히 우리 종교에서 하느님의 창조가 어떤 의미인지 모르고 그냥 B나 A라는 옛날에 창조됐던 그 세상 그대로 오늘날 C의 사상에 살고 있는 우리들한테 그 사상을 이야기하면 참 답답한 세상이 된단 말입니다. 물론 아까도 말씀드렸지만, C에는 A나 B라는 세상도 있기 때문에 아주 거짓말은 아니에요. 그러나 이 세상이 다 합쳐진 다른 세상이 있다는 걸 우리가 이제는 깨닫고 이거를 봐야 된다는 말입니다. 그래서 우리는 지금 현재 A나 B의 시대 때 사람들이 어떻게 세상을 봤을까 그걸 공부하는 시간이란 말이에요. 오늘날 C라는 세상이 어떤 세상인가를 알기 위해서 우리는 지금 계속 과거로 돌아가는 겁니다. 과거로. 그래서 이 A나 B라는 세상이 C에 살고 있는 우리가 볼 때 미신으로 보이지만, 이것도 잘못된 생각이란 말이에요. C의 세상에는 분명히 A와 B의 세상이 존재하기 때문이지요. 이런 마음으로 오늘 이 시간 강의를 시작하겠습니다.

먼저 스콜라 철학에 관해서 설명하기 전에 일반 철학에 관해서 간단히 한번 생각해 봐야 하겠습니다. 그럼 철학이라는 게 뭐냐? 쉽게 얘기하면 철학은 진리를 탐구하는 학문이다. 이렇게 정의를 합니다. 그럼 진리가 뭐냐? 라는 질문이 뒤따릅니다. 보통 진리는 우주 질서라고 말합니다. 그러니까 쉽게 얘기하면 해는 아침에 동쪽에서 떠서 서쪽에서 지고 지구는 태양 주위를 365일 4분의 1 돌고 질서정연하게 반복되고 있는 질서를 말합니다. 이 질서를 우리는 보통 진리라고 하는데 물리에서는 물리 법칙으로, 화학에서는 화학 법칙으로, 생물에서는 생명 법칙으로, 그 질서가 아주 정확하게 질서정연하게 인식됩니다. 인간에게 와서는 이 물리, 화학, 생명 법칙이 윤리라든지 도덕이라든지 또는 계명이라든지 법이라는 걸로 나타난단 말입니다. 그러니까 해가 뜨고 지고 낙엽이 지고 봄에 새싹이 나고 이거는 우리가 오감으로 충분히 인식할 수 있다는 말이에요. 그러나 철학에서는 이 윤리 도덕 또는 계명, 법, 이거는 오감으로 인식할 수 있는 상황이 아닙니다. 이걸 우리는 지금까지 정신 현상이라고 인식했습니다. 그러면 이 정신 현상이란 무엇이냐? 에 관해 고대 철학자로부터 오늘날까지 철학자들 대부분은 이 정신 현상을 바로 비물질 개념으로만 인식하고 있단 말이에요. 그래서 고대 철학에는 과학이라는 게 없었으니까 해가 뜨고 해가 지고 이런 것들도 다 관념으로만 설명했단 말입니다. 그러니까 지구는 평평하고 이 지구 주위로 태양이 돈다는 이런 천동설을 처음에는 믿고 있었단 말이에요. 고대 철학이 다 그랬어요. 그러다가 근대 철학과 과학이 나오기 시작하면서 일반 철학은 이성으로 우주의 진리를 인식하기 시작했습니다.

유럽에서는 13~14세기부터 르네상스(문예 부흥)가 시작됐는데 당시 근대 철학의 아버지라 추앙받는 데카르트라는 철학자가 있었습니다. 여러분들도 '나는 생각한다. 고로 존재한다.'라는 이분의 말을 들었을 겁니다. Cogito Ergo sum! 이라고요. 그만큼 이분은 세상의 모든 문제를 이성으로 해석하고 풀었습니다. 그래서 이분은 철학자이기 전에 수학자였습니다. 해석 기하학의 창시자였습니다. 철학자들은 문제를 해결하는 방법으로 두 가지 방법을 썼습니다. 첫째 귀납법인데 즉 여러 문제가 있을 때 이 문제의 결과가 뭐냐 하고 토론을 해서 끄트머리에 가서 결론을 도출합니다. 이걸 귀납법이라고 해요. 피라미드식 결론 방식이라고도 하지요. 그래서 대부분의 고대 철학자는 이 귀납법을 우주의 진리를 탐구하고 인식하는 방법으로 많이 썼습니다. 그런데 데카르트 이 양반은 거꾸로 연역법이라는 해결법을 썼습니다. 1 플러스 1은 당연히 2가 맞죠. 그런데 이것은 1 플러스 1은 왜 3이 안 되느냐? 여기서부터 출발하는 겁니다. 왜 3은 안 되느냐? 1 플러스 1이 5가 되면 안 되는 이유가 뭐냐? 이렇게 문제를 여러 가닥으로 풀어냅니다. 이게 바로 연역법이거든요. 그래서 논리학에서는 결론에 도달하는 귀납법이 있는가 하면, 결론에서 다른 문제를 제기하여 결론을 확실하게 결정하는 겁니다. 이 연역법은 주로 과학에서 많이 쓰는데 왜 태양은 서쪽에서 떠서 동쪽으로 지면 안 되냐?고 문제를 제기할 수 있는 겁니다. 그러니까 연역법이라는 의식이 생기기 전에는 당연히 해는 동쪽에서 떠서 서쪽으로 지니까 그런 의문조차도 할 필요가 없었죠. 그런데 이제 연역법이 나오니까 왜 해는 서쪽에서 떠서 동쪽으로 지면 안 되냐? 이런 질문을 하는 겁니다. 그러니까 인간의 사고의 폭을 보다 더 넓게하는 방식의 한 방법으로 나타난 것입니다. 그래서 이 데카르트를 근대 철학의 아버지라고 보고 있습니다.

특히 마르크스를 대변하는 유물론자들에 의해서 생명 법칙을 물리 화학법칙의 연장선으로 인식하기 시작한 것입니다. 창조론에서는 상상도 못하는 문제 의식입니다. 그래서 이 세상은 무엇인가로 되어가는 동적인 세계관, 또 이원론을 일원론으로, 존재론은 발생론으로 서양인들의 사고를 180도로 확 바꿔놓기 시작한 사람들이 이 유물론자들입니다. 사실 유럽 사회에서 사고의 전환을 갖게 한 근거는 이 유물론자들의 힘이 굉장히 컸어요. 그러면 이 유물론자들은 어디서부터 시작했느냐 하면 오리엔트 시대부터입니다. 따라서 우리는 아주 오래된 시대부터 더듬어 보아야 될 것 같습니다. 스콜라 철학은 중세 이래 기독교 신학을 뒷받침하는 철학으로서 라틴어로 학교라는 의미입니다. 영어에서 스쿨이 여기 스콜에서 나온 말이에요. 그래서 옛날 중세 시대 때 학교에서 가르쳤던 교리 학습이 스콜라 철학입니다. 우리 어렸을 때 어린이 교리 시간에 배우던 교리가 바로 스콜라 철학입니다. 그러면 왜 가톨릭에서 스콜라 철학이 필요했냐? 이걸 좀 이해할 필요가 있습니다. 일반 철학은 이성으로 우주의 진리를 탐구하면 되는데 이 가톨릭 종교에는 철학 이전에 신앙이 있어요. 그 신앙도 계시종교라고 믿고 있으니까 그리스도교의 시작은 실질적으로 모세오경부터 시작해요. 창세기, 탈출기, 레위기, 민수기, 신명기요. 수녀님들도 잘 아시겠지만, 아까 우리들이 베르디의 오페라 히브리 노예들의 합창을 들은 것처럼 이스라엘은 두 나라로 나눠졌다가 이스라엘 왕국은 먼저 망했고 나머지 유다 부족과 벤야민 부족만 남아 있다가 신바빌로니아 나부코, 이 사람 원래 이름은 신바빌로니아 마지막 왕 네부카드네자르인데 유대 왕국을 멸망시키고 사제를 비롯하여 그 사회의 중추적인 지도자 한 이천 명을 바빌론으로 끌고 갔었지요. 거기서 한 47년간 유배 생활을 하다가 페르시아 왕 키루스에 의해 유배에서 석방되어 고국으로 돌아오지 않았습니까?

고향으로 돌아온 유대인들은 자신들의 정체성을 확립하기 위해 옛날부터 구전되어 내려왔거나 단편적으로 내려오던 성경을 이때부터 한 100년간 모세오경을 작성하기 시작한 거예요. 그렇죠? 수녀님들 구약 공부 많이 하셨으니까 잘 아실 거라 믿습니다. 그때부터 실질적으로 유대교의 시작이며 그리스도교의 시작으로 봐요. 히브리인들의 모세오경은 전부 다 인간의 이성으로 써진 게 아니라 하느님의 계시로 써진 걸로 굳게 믿고 있다는 말입니다. 그러니까 거기에는 신앙만 있으면 되는 거지 철학이라는 게 필요 없어요. 그런데 예수님 시대에 와서 우리 단군 할아버지가 한민족의 조상신이듯이 야훼는 이스라엘 민족의 조상신이었잖아요? 야훼가 예수님 시대에 와서 예수님 덕분에 전 인류의 하느님으로 커진 것이에요. 유대인들만 예수님을 믿고 따랐으면 철학 이런 게 필요 없단 말입니다. 계시종교로 내려온 그대로 믿고 따르면 되니까. 근데 예수님이 돌아가시고 로마

제5강. 스콜라 철학에 영향을 미친 헬레니즘

사람, 그리스 사람, 시리아 사람, 이집트 사람, 사방에 있던 사람들이 예수님을 믿고 따라다니는데 이 사람들은 구약을 모르잖아요. 계시라는 것도 모르니까 이 사람들한테 하느님의 천지 창조나 구원관이라든지 또는 예수님의 가르침을 가르쳐야 되잖아요. 성경이 계시라고 얘기해가지고는 그 사람들에게 설득력이 없단 말입니다. 그 당시 로마 제국 시대에 예수님이 살고 돌아가시던 그 시대 철학 사상은, 그리스 헬레니즘 철학에서 플라톤의 철학을 가지고 우주를 해석했던 그 시대예요. 그래서 그 플라톤 사상을 가지고 하느님과 예수님을 이성으로 이해하기 시작한 것입니다. 구약을 모르던 이방인들한테 천지 창조, 구원관을 설명하기 위해서 그리스 철학을 빌려오기 시작한 게 바로 스콜라 철학의 시작인데 그전에는 이걸 스콜라 철학이라고 안 하고 초창기에는 교부철학이라고 했어요.

4복음 가운데 세 복음을 우리는 공관 복음이라고 하잖아요. 그 중에 마태오 복음 사가는 유대인들이 그리스도교로 개종한 사람들을 위해서 주로 쓰였다고 그래요. 그래서 마태오 복음을 보면 예수님의 신약 성경을 구약에서 인용해서 쓴 글이 한 100개 정도 이상 돼요. 특히 마태오 복음에서 **"보아라, 동정녀가 잉태하여 아들을 낳으리니 그 이름을 임마누엘이라고 하리라."**, 마태오 1장 23절에 이렇게 나오는데 이거는 이사야 7장 14절에 있는 거란 말입니다. 그다음 **"내가 내 아들을 이집트에서 불러내었다."**고 하신 말씀이 이루어지려고 그리된 것이다. 마태오 2장 15절은 호세아 11장 1

절에 있는 말씀입니다. 또 "**라마에서 소리가 들린다. 울음소리와 애끊는 통곡 소리. 라헬이 자식들을 잃고 운다. 자식들이 없으니 위로도 마다한다.**" 하신 말씀이 마태오 2장 18절입니다. 그러니까 동방박사가 헤로데 왕에게 들르지 말라고 꿈에 천사의 말을 듣고 다른 길로 돌아가니까 헤로데가 화가 나서 두 살 이하 남자 아이들 전부 다 몰살하라고 했잖아요. 그때 나온 성경 구절이 예레미아 31장 15절에 나온 말입니다. 마태오 복음은 주로 유대인들이 그리스도교로 개종한 사람들을 설득하기 위해서 쓴 복음이기 때문에 구약에 관한 걸 많이 인용해서 썼거든요. 그러다가 마르코 복음에서는 조금 적고 루카에서는 아주 없고 요한복음은 거의 없습니다. 루카, 요한, 사도행전을 쓴 분들은 이미 그리스 신플라톤 사상으로 하느님을 보고 예수님을 해석하기 시작했기 때문입니다.

특히 루카는 바오로 사도의 제자이고 또 사도행전과 요한복음은 플라톤 사상 중에서도 신 플라톤 사상을 모르면, 요한복음을 읽기가 좀 굉장히 어려워요. 철학적으로. 요한복음에 "**한처음에 말씀이 계셨다. 말씀은 하느님과 함께 계셨는데 말씀은 하느님이셨다.**"(요한1,1)라고 굉장히 철학적으로 얘기하는데 그래서 이 교부 철학에서 이방인들에게 하느님과 예수님이 어떤 분인가를 설명하기 위해서 그리스 철학을 들여왔습니다. 그중에 그리스 철학자 플라톤이라는 분이 있었어요. 이분은 가령 사과가 여기 있으면 오감으로 인식되는 이 현상은 항상 변하니까 이것은 영원토록 가는 본질이 아닌 걸로 본 거예요. 이 사과가 되는 어떤 본질을 이데아라고 그랬는데 그러니까 이데아는 변함이 없다 이 말이에요. 천년 만년 가야 이데아는 변하지 않는다. 그러나 사과는 녹색이었다 빨갛게 됐다가 사과는 또 사그라지잖아요. 그러면 플라톤의 의식 속에는 신은 신의 이데아가 있고 사람의 이데아가 한 개, 사과 이데아가 한 개, 각각 다르게 존재한다고 보았습니다. 각각 다르면 우리 히브리인들부터 내려온 전통 하느님에 대한 사고로는 하느님은 전지전능하신 분인데 이게 신의 이데아가 다르고 인간의 이데아가 다르면 결국은 동격이 돼 버리잖아요. 우리는 피조물이고 하느님은 창조주라고 보고 있는데 이 플라톤 사상 갖고는 천지 창조나 예수님을 설명할 수가 없었습니다. 후에 플로티누스는 AD 204~270년까지 로마에 살았던 철학자인데 인도 철학도 공부했고 오리엔트 지역을 여행하면서 그리스 철학도 공부했습니다. 이 사람은 알렉산드리아 이집트 사람인데 나중에 로마에 가서 교사 생활도 했습니다. 이분은 플라톤의 이데아를 개별 물질에 있는 이데아가 아니라 이데아는 하나밖에 없다고 생각했습니다. 하나는 원래 전체를 의미하잖아요. 그러니까 전체와 부분으로 이데아를 인식하기 시작한 거예요. 그러면 전체와 부분으로 인식한 철학이 어디 철학입니까. 불교철학이 아닙니까? 이것을 신플라톤주의라고 하는 거예요. 플라톤에서는 개별 물질에 있는 이데아라고만 인식했는데 이 플로티누스부터는 이데아는 전체 이데아가 있고 부분의 이데아가 있다고 본 겁니다. 그러니까 전체와 부분을 인식할 때 이분은 모자이크로 인식한 것입니다. 이걸 범신론이라고 그러잖아요. 이때부터 교부철학은 하느님으로부터 분여, 즉 하느님의 은총으로 나눠 주신 피조물로 보기 시작했습니다.

오늘 이 시간에는 스콜라 철학에 영향을 미친 헬레니즘에 관해서 간단히 이야기를 했습니다만, 이 헬레니즘이라는 게 고대 오리엔트, 오리엔트란 말은 해 뜨는 곳이란 의미예요. 그러니까 서양 사람들에게는 그 당시에 오리엔트는 지금 중동 지방밖에 몰랐습니다. 그리스 사람들은 한 단계 높게 철학 쪽으로 문명을 만들었는데 그 문명을 두 개 합쳐서 헬레니즘이라고 하고 그 헬레니즘에서 교부철학이 나왔고 그 다음에 스콜라 철학이 나왔습니다. 교부철학이 나온 이유가 하느님과 예수님을 이방인들에게 설명하기 위해 그리스 철학을 차용했는데 특히 신플라톤 사상을 이용했습니다. 이후 중세에 들어와서 교부철학에 아리스토텔레스의 사상을 접목하여 스콜라철학을 탄생시켰습니다. 스콜라철학과 교부철학의 가장 큰 차이점은 플라톤과 아리스토텔레스와의 사상 차이입니다. 아리스토텔레스 사상이 플라톤 사상보다는 동적인 세계관이었지만, 과학이 없던 시대인지라 그 한계가 있었어요. 그게 바로 오늘날 스콜라 철학의 한계를 나타내고 있습니다.

제5강. 스콜라 철학에 영향을 미친 헬레니즘

제6강
인류의 출현과 문명, 그리고 진화

　우리들이 과거의 사상을 읽을 때는 과거 인류의 수준으로 읽어야지 오늘날 우리 수준으로 읽으면 시시해서 읽기가 어렵습니다. 그분들이 그 사상을 내놓기 위해서 얼마나 힘든 노력을 했는가를 이해해야 합니다. 그래서 구약을 읽을 때도 그렇고 스콜라 철학을 읽을 때도 그 당시의 사고로 돌아가서 읽어야지 그분들이 무슨 말을 하는가를 알아들어요. 그 다음에 오늘날의 나는 어떻게 보는가 다시 생각해서 스콜라 철학을 이해하는 방식으로 읽어야 됩니다. 문명이라는 게 역사 시대부터 시작된 게 아니라 역사 시대 이전에 시작했던 것으로 이해해야 합니다. 이걸 우리는 선사시대라고 하는데 선사시대 다음에 고대 오리엔트 문명, 또 이 오리엔트 문명에서 헬레니즘이 나온 과정을 이해해야지만 스콜라 철학이 어떻게 나왔고 어떻게 됐는가를 좀 더 자세하게 이해하리라 생각이 되어 오늘은 선사시대부터 이야기하고자 합니다.

새로운 인류의 출현

역사 구분을 할 때 어떻게 구분을 하는지 고민한 1836년 덴마크의 고고학자 '위르겐센 톰센'이라는 분이 있었어요. 이 분은 역사시대를 석기 시대, 청동기시대, 철기시대로 구분했어요. 석기시대는 또 영국의 고고학자 '존 러벅'이라는 분이 다시 구석기시대, 신석기시대라고 구분했습니다. 구석기시대는 돌을 주워서 그대로 사용하거나 돌을 깨서 사용했습니다. 그래서 이걸 타제석기시대라고도 했습니다. 그러다가 이제 돌을 의도적으로 갈아서 석기를 사용하기 시작했는데 이 시대를 신석기시대라 구분했습니다. 약 200만 년 전부터 1만 년 전까지는 구석기시대라 했고 신석기시대는 약 1만 년 전부터 시작했습니다. 신석기시대는 이와 같이 돌을 갈아서 썼어요. 이것은 돌로 만든 바늘이에요. 이거는 그물추, 고기 잡을 때 쓰는 그물추예요. 요건 잘 아시다시피 맷돌이잖아요. 맷돌. 이건 신석기시대 유물 중에 대표적인 유물인데 이게 빗살무늬 토기거든요. 이건 암사동 유적지에서 나온 거예요. 오늘날 우리 그릇은 밑이 판판한데 저것만 뾰족하게 돼 있잖아요. 왜냐하면 이 시대 사람들은 강가나 바닷가에서 살았다는 얘기예요. 그러니까 모래땅에다 놓으니까 평평할 필요가 없이 그냥 모래에다 푹 꽂아주면 안전하니까 이 시대 토기들은 밑이 다 뾰족하게 돼 있어요. 또 기하학적으로 빗살무늬로 돼 있는데 요거는 물론 보기 좋게 하기 위해서이기도 하지만 이걸 들으려면 손잡이가 없잖아요. 밋밋하면 잘 미끄러지니깐 그냥 보기도 좋고 또 실용적으로 들기 좋도록 이렇게 빗살무늬로 돼있는데 그 다음에 나온 토기는 무늬가 없는 민무늬 토기예요. 왜

제6강. 인류의 출현과 문명, 그리고 진화

냐하면 민무늬 토기부터 손잡이가 생기기 시작했기 때문이에요. 그리고 토기 바닥이 평평해지기 시작했습니다. 강가나 바닷가에서 보다 단단한 흙이 있는 육지로 생활터전이 넓어졌다는 의미입니다. 빗살무늬 토기와 민무늬 토기가 신석기시대 대표적인 유물입니다.

신석기시대 다음에 청동기시대가 왔습니다. 청동은 구리거든요. 구리는 전기선, 전화선처럼 붉은색 띠는 금속이에요. 이 순수한 구리는 이빨로 깨물면 이빨 자국이 날 정도로 물러서 전기선으로나 쓰이지 이걸 칼이나 농기구 같은 도구로 못 써요. 그래서 구리에다가 주석을 합금한 것이 청동이고 이 구리에 아연을 합금한 것이 황동인데 합금을 하면 단단한 구리가 됩니다. 구리의 합금에는 이 두 가지가 있는데 먼저 나온 것이 청동입니다. 이 사진은 고조선 단군 할아버지가 세운 고조선 시대에만 나오는 비파형 단검입니다. 그 다음에 이것은 새형 동검이나 구리 거울인데, 이 새형 동검은 우리 한반도에서만 나와요. 비파형은 만주하고 남한 일대에서 발견되는데 새형 동검은 주로 남한에서만 나오니까 한국형 청동이라는 말을 씁니다. 이 구리 거울은 옛날에 유리를 아직 몰랐던 시대인지는 모르지만 어쨌든 거울이에요. 그런데 주로 이게 제사장들이 쓰던 유물이에요. 청동기시대가 언제부터냐 하면 각 나라 각 지역마다 다른데 대개 BC 6천년부터 BC 1천 년까지. 그러니까 3천 년 전부터 8천 년 전 사이를 청동기시대라고 보고 있습니다.

새로운 인류의 출현

구리를 사용하던 시대 다음이 철을 이용한 철기시대입니다. 그러니까 지금부터 3천 년 전부터 철을 이용했는데 땅속에는 구리보다 철이 굉장히 흔해요. 그리고 구리를 캐려면 땅속 깊이 들어가야 되고 또 순수한 구리는 약해서 무기나 다른 용기를 못 만들기 때문에 주석이나 아연을 합금해야 합니다. 그런데 철은 합금이 필요 없이 그대로 사용해도 단단하고 또 지구상에 구리보다 엄청 많이 있어요. 그러면 왜 흔하게 있는 철보다 귀한 구리시대가 먼저 왔느냐? 하면 구리가 녹는 온도는 $1,083°C$인데 철은 $1,538°C$가 됩니다. 우리가 장작을 때면 최고 $1,350°C$까지 올라가요. 그래서 백자나 청자를 구울 때는 이 장작을 때서 만들지 않아요. 백자는 한 $1,300°C$까지 올라가야 된다고 해요. 청자는 한 $1,200°C$, 그러니까 옛날에는 장작만 때던 시대니까 철광석이 녹을 수가 없어요. 이 철광석을 녹이려면 풀무질을 하고 또 그 당시 석탄을 모르니까 숯이나 이런 걸 더 이용해서 온도를 적어도 $1,600~1,700°C$로 해야지만 철광석이 녹는단 말입니다. 지금이야 뭐 $500°C$ 정도 온도를 올린다는 건 식은 죽 먹기지만, 옛날 사람들 한 번 생각해 봐요. $500°C$라는 온도를 올린다는 건 아마 엄청난 시간이 필요해서 한 몇 천 년이 지나야 되지요. 마치 오늘날 우리가 $1억°C$의 온도를 300초만 유지하면 핵융합 발전을 할 수 있는데 이제 겨우 30초만 지속할 수 있거든요. 옛날이나 지금이나 새로운 세상으로의 전환에는 엄청난 시간과 노력이 필요했습니다.

구리시대는 아마 전 세계 다발적으로 출현한 것으로 보고 있으며 고고학자들은 구리의 발견은 농경민이 아니라 유목민들에 의해서 발견됐을 거라 추측하고 있습니다. 유목민들은 밤에 추우니까 모닥불을 많이 피우잖아요. 모닥불 주위에 돌을 이렇게 올려놓고 모닥불을 피우는데 그 장작불에 구리 광석은 녹는단 말이에요. 그러니까 모닥불 주변을 둘러쌓은 돌중에 구리가 녹아 흐른 후 나중에 보니까 돌보다도 더 단단한 어떤 것이 있다는 걸 발견한 것이 바로 구리란 말입니다. 금속도 몰랐던 시대에 어떻게 주석이나 아연을 합금할 줄 알았느냐. 이것 또한 우연의 일치라고 봅니다. 다행히도 구리 광산에서 구리가 나오는 데는 주석이 같이 따라 나와요. 그러니까 구리하고 구리 광산 주위에 주석이 섞여 있었던 거예요. 합금 또한 우연한 발견으로 보는 겁니다. 구리는 옛날에 아까 보다시피 청동 검이나 구리 거울 이런 것을 제사장이나 귀한 사람들만 사용했지 일반인들이 이걸 가지고 쟁기를 만들거나 농기구를 만들거나 하는 건 거의 없었고 신석기에 같이 사용됐을 거라고 보고 있습니다. 실질적으로 쟁기 만들고 괭이 만들고 삽 만들고 하는 시대는 철기시대입니다. 우리나라에서 특히 청동기시대의 대표적인 유물이 고인돌이에요. 우리나라에는 전 세계 고인돌의 80%가 있습니다. 그래서 이 고인돌과 또 비파형, 세검형 청동이 발견되는 유물이 있는 곳을 단군 할아버지가 세운 고조선 영역이라 보통 보고 있어요. 이건 북방식 고인돌이고. 저 순천이나 고창에 유네스코로 등재돼 있지 않습니까. 고창에 가면 이거보다 납작하게 돼 있는

새로운 인류의 출현

남방식이 있습니다. 청동기시대 때 대표적인 유물이 고인돌이에요. 아까 빗살무늬 토기가 신석기 때 고유 유물이듯이 고인돌은 청동기시대 유물이지요. 그러면 이러한 인류의 문명이 언제부터 시작됐는가하면 문명은 인류의 출현과 거의 동시로 보고 있는 겁니다.

인류는 우리가 생각하는 것보다 아주 오래 전부터 출현했다고 보고 있어요. 지금은 아프리카와 유럽 사이에 지중해가 있는데 옛날에는 지중해가 없었어요. 같이 붙어 있었던 땅덩어리였어요. 아프로아시아 육괴라고 그랬는데 옛날에는 스페인 이베리아 반도에서부터 남쪽으로 사하라 사막에서 서북쪽으로 시베리아까지 3천만 년 전만 해도 울창한 숲이었어요. 지금 이 지역은 다 사막이 됐잖아요. 사하라 사막, 아라비아 사막, 고비 사막, 타클라마칸 사막, 몽고 초원. 3천만 년 전만 해도 울창한 숲인데 원숭이들의 낙원이었대요. 원숭이는 꼬리 있는 원숭이가 있고 꼬리 없는 원숭이 두 종류가 있어요. 대부분의 원숭이는 꼬리 있는 원숭이인데 시베리아 스페인 벨트에서는 삼림이 울창하니까 꼬리 있는 원숭이들이 생활하기가 훨씬 편했단 말이에요. 그런데 꼬리 없는 원숭이들은 병신 취급한 겁니다. 원숭이에게 꼬리가 있다가 진화해서 꼬리가 없는 건지, 애초부터 꼬리 없는 것부터 출현했는지 아직은 확실히 모르지만 어쨌든 그 당시에는 꼬리 있는 원숭이들이 꼬리 없는 원숭이를 병신 취급 했단 말이에요. 그 꼬리 없는 원숭이를 유인원이라고 하는데 여기에는 침팬지, 보노보, 고릴라, 오랑우탄, 긴팔원숭이가 있어요. 이 꼬리가 없는 원숭이가 사람의 원조라 봅니다. 꼬리가 없잖아요. 꼬리 없는 원숭이를 그리스어로 피테쿠스라고 그래요. 최초의 유인원 인류의 조상으로 여겨지는 꼬리 없는 원숭이 화석이 발견된 곳은 남아프리카 공화국입니다. 1923년 남아프리카 공화국의 요하네스버그의 해부학자 '레이먼드 다트'에 의해 석회석 채석장에서 발견된 것입니다. 이름을 오스트랄로피테쿠스 아프리카누스라고 명명했는데 일명 '타웅' 아이라 했습니다. '오스트랄로'라는 말은 남쪽이라는 뜻이에요. 그래서 아프리카 남쪽에 사는 꼬리 없는 원숭이라는 뜻입니다. 이후에 발견된 피테쿠스 종 앞에는 오스트랄로라는 접두사가 꼭 붙어있습니다. 꼬리 없는 원숭이가 인간으로 진화해가는 과정에 있는 유인원을 영어로는 '호미니드'라고 해요. 이후 아프리카에서 피테쿠스 종이 많이 발견되었습니다. 이들은 넉클 보행을 했는데 석기를 사용한 흔적은 없었어요.

오스트랄로피테쿠스 아프리카누스 다음에 출현한 인류가 누구냐 하면 돌을 깨면 좀 날카롭다는 걸 알게 된 인류가 있었어요. 이들을 호모 하빌리스라고 했습니다. 자연 상태에 있는 돌은 풍화되어서 이렇게 동글동글하지만, 돌과 돌을 부딪쳐 깨면 날카로운 조각이 나옵니다. 이 날카로운 돌조각으로 짐승의 가죽을 벗기거나 고기를 자를 수 있었습니다. 이 석기를 뗀석기라고 했는데 최초로 뗀석기를 만든 사람이 약 180만 년 전에 아프리카에 살던 호모 하빌리스입니다. 이들은 뗀석기 외에도 짐승의 뼈를 깨서 골수를 먹기 위해 주먹도끼도 사용했습니다. 우리들이 호모 하빌리스에 주목하는 가장 큰 이유는 인류가 최초로 어떤 목적의식을 가지고 도구를 제작했다는 사실입니다. '어떤 목적의식을 가진 행위'는 피테쿠스나 오늘날 우리들이나 무서운 짐승이 공격하면 무의식적으로 조약돌을 던지거나 나뭇가지를 휘두르는 본능적인 행위와는 질적으로 차원이 다른 행위였습니다. 이 질적인 행위는 어느 날 갑자기 출현한 행위가 아니라 오스트랄로피테쿠스 아프리카누스의 조약돌에서 적어도 100만 년 내지 200만 년이라는 시간이 필요했습니다. 오늘날 고인류학자들의 대부분이 호모 하빌리스를 인류 정신의 출발점으로 보고 있습니다. 그러나 호모 하빌리스가 온전히 곧게 서서 걸었다는 증거는 없습니다.

호모 하빌리스와 거의 동시대에 온전히 곧게 서서 걷기 시작한 인류가 출현했습니다. 고인류학에서는 호모 에렉투스라 하는데 샤르댕 신부님이 북경 주구점에서 발견한 북경 원인이나 뤼젠 뒤보아가 발견한 자바 원인이 '곧선 사람' 호모 에렉투스이지요. 이들 이전의 인류를 원인(猿人)이라고 원숭이 원자를 쓰지만, 호모 에렉투스부터는 원인이라고 근원 원(原)자를 쓰는데 현생인류의 직계 조상이라는 의미입니다. 이들이 남긴 석기 유물 중에 주먹도끼가 있는데 이걸 프랑스 상뜨 아슐린 성인의 고장에서 많이 발견되어서 아슐리안 주먹도끼라고 했습니다. 이 아슐리안 주먹도끼는 자르기도 하고, 긁기도 하고, 구멍 뚫을 때도 쓰고, 오늘날 맥가이버 칼처럼 다용도로 사용했던 모양입니다. 그런데 우리 동양 쪽은 인도까지는 이 아슐리안 주먹도끼가 발견됐는데 중국 대륙과 한반도에서는 발견이 안 되었어요. 아슐리안 대신 찍개라고 하는 주먹도끼만 발견됐습니다. 아슐리안에 비해서 뭉뚝하고 투박해서 무엇을 자르는 도끼 역할만 했습니다. 아슐리안 주먹도끼는 아주 날카롭고 보기도 좋고 여러 방면으로 사용한 반면 찍개는 뭉뚝하고 도끼로만 사용해서 그 당시 하버드 대학 교수 '모비우스'라는 사람이 1848년에 이 아슐리안 주먹도끼가 발견되는 인도, 서부 유럽 사람들은 문명이 앞선 사람들이고 동양 쪽에는 찍개만 발견되는 열등한 문화라고 했습니다. 아슐리안 도끼가 발견되는 이 서부 지역이 훨씬 문명이 앞선 곳이라고 했습니다. 그런데 중국을 비롯한 동양 쪽은 열등한 찍개 문화라고 했어요. 동양을 얕잡아보는 그런 이론이 나왔는데 여기가 어디냐면(지도를 가리키며) 한탄강 아시죠? 이 한탄강은 여기 멀리서 보면 저기 강이 있는지 없는지 잘 모릅니다. 평야지대 급경사 밑으로 강이 흐르고 있어 가까이 가서 보지 않으면 멀리서는 강이 있는지도 몰라요. 우리 금강이나 낙동강은 멀리서 봐도 이렇게 둑이 있고 강물이 보이는데 한탄강은 그냥 평평한 들판 밖에서는 안 보여요. 2십만 년 내지 3십만 년 전 오늘날 황해도 신원군 신정리라는 곳이 있는데 거기서 화산 폭발이 일어나 용암이 한탄강으로 흘러가서 이게 다 용암 지대예요. 1977년도에 '그렉 보웬'이라는 미군 하사가 있었는데 한탄강에 데이트하러 나왔다가 이상한 주먹 도끼를 주워온 겁니다. 근데 보웬은 학교 다니면서 고고학을 전공했습니다. 고고학자 눈에 이거 동양 쪽에서 못 보던 아슐리안 주먹도끼가 여기서 발견되니까 깜짝 놀란 거예요. 그때부터 서울대학이나 연세대학 두 곳에서 발굴하기 시작해서 오늘날 연천 전곡리 선사 유적지(사적 268호)가 됐습니다. 그래서 고고학 지도에 보면 서울은 없어도 연천 전곡리는 표시가 나와요. 그러니까 유럽 사람들이 자기들만 아슐리안 도끼를 사용하는 줄 알았는데 한반도에서 발견되니까 깜짝 놀랐습니다. '그렉 보웬' 덕분에 '모비우스'의 이론이 한순간에 사라진 겁니다. 그럼 이 아슐리안 주먹도끼가 문화 전파냐 그곳에서 발생한 거냐 아직도 결론이 안 나있어요.

호모 에렉투스가 아슐리안 주먹도끼나 찍개라는 석기 유물을 남겼을 뿐만 아니라 사르댕 신부님에 의해 발견된 북경원인들은 석회석 동굴에서 생활하면서 화덕 자리를 남겨 놓았습니다. 인류가 불을 사용한 최초의 흔적이었습니다. 인류가 불을 이용했다는 것은 음식을 익혀 먹었을 뿐더러 무서운 짐승으로부터 해방을 의미했습니다. 이때부터 인류는 먹이사슬의 맨 꼭대기에 서기 시작한 것입니다. 또한 따뜻한 불은 인류의 생활 터전이 보다 추운 곳으로 확장되었음을 의미했습니다. 북경원인들이 마찰열을 이용하여 직접 불을 발생시켰는지는 확실히 알 수 없지만, 동굴에서 불을 이용한 삶은 씨족 간의 사회성을 더욱 밀접하게 함으로써 인류가 보다 인간으로의 진화에 박차를 가한 원인이 되었습니다. 오늘날 고인류학에서 인류가 화산이나 번개에 의한 자연 상태의 불을 이용한 때가 적어도 1백만 년 전이라고 보고 있습니다. 북경원인들이 약 50만 년 전후에 살았던 인류이기 때문에 적어도 그들은 마찰열을 이용하여 불을 발생시켰을 가능성은 충분합니다. 오늘날 우리들은 철기시대에 살고 있기 때문에 석기시대는 먼 옛날 조상들의 생활방식이라고만 생각하고 있지만, 오늘날에도 우리들이 냇가에서 돌을 이용해 물고기를 잡거나 80년대 민주화 운동 당시 최루탄에 맞서 넓은 보도블록을 내리쳐 조약돌을 만들어 사용하지 않았습니까? 이 행위는 구석기 사람들과 다르지 않습니다. 우리들은 시간이란 냇물처럼 흘러간다고 생각하고 있는데 시간은 흐르는 게 아니라 축적됩니다. 우리들의 내면에 구석기시대가 축적되어 있다는 의미입니다. 빅뱅 이래 축적된 시간은 진화의 형태로 나타났습니다.

호모 에렉투스 다음으로 네안데르탈인, 크로마뇽인 등 새로운 인류의 조상이 출현했습니다. 네안데르탈인은 약 30만 년 전에 주로 서북부 유럽에서 살았던 인류 조상인데 약 3만 년 전에 멸종된 우리의 사촌이지요. 크로마뇽인은 약 3만 년에서 3만 5천 년 전에 출현해서 1만 5천 년 전까지 남부 유럽 프랑스, 스페인 지역에서 주로 살았던 사람들이었습니다. 네안데르탈인은 크로마뇽인들이 출현하자 약 3만 년 전에 멸종한 걸로 보고 있어요. 지금 현재 우리들의 핏속에는 네안데르탈인들의 약 4%가 유전되고 있다고 보는 사람들도 있어요. 특히 네안데르탈인들이 최초로 발견된 곳이 독일인데 1856년 독일 네안데 계곡이라는 곳에서 발견됐습니다. 이들은 약 7만 년 전에 살았었는데 우리가 잊어서는 안 될 것은 이들은 사람이 죽으면 매장을 했습니다. 매장하면서 죽은 사람이 사용했던 생활용품을 함께 매장했습니다. 생활용품이라야 그 당시에 사용하던 돌도끼, 손도끼 또 뼈로 만든 가공품 등이었어요. 그들의 무덤 주변의 흙을 전자 현미경으로 검토한 결과 무덤에서 꽃가루가 발견됐습니다. 무덤 속에 꽃가루가 있다는 의미는 죽은 이들의 내세를 인식했다는 증거로 보입니다. 네안데르탈인뿐만 아니라 우리나라 청주에서도 꽃가루가 발견된 무덤이 발견되었습니다. 1976년 충북대학 고고학자 이융조 교수가 석회석 동굴에서 어린아이 뼈를 발견했어요. 무덤에서 부장품이 나오고 또 꽃가루도 발견했습니다. 그 석회석 광산 전무 이름이 김흥수 씨인데 이 유적을 처음 발견하고 신고한 분으로서 이 어린이의 이름을 이분의 이름을 따서 '흥수 아이'라고 했습니다. 약 5만 년 내지 10만 년 전에 살았던 우리 한민족의 조상이에요. 고인류학자들은 네안데르탈인들에 의해 언어가 발달했을 것으로 보이는 설골 화석을 발견하기도 했습니다. 네안데르탈인뿐만 아니라 흥수아이의 무덤의 꽃가루 흔적만으로 그들이 어떻게 내세를 인식했는지 알 수 없지만, 호모 에렉투스보다 현생 인류에 가까운 진화임이 분명해졌습니다.

네안데르탈인 다음으로 지구상에 출현한 인류의 조상에 크로마뇽인이 있는데 프랑스 남부 크로마뇽 계곡에서 발견됐습니다. 이들은 키가 크고 예술성이 뛰어난 사람들이었습니다. 우리가 잘 알고 있는 라스코 동굴, 알타미라 동굴의 그 벽화가 그들이 남겨 놓은 유물입니다. 그 그림을 보면 오늘날의 화가의 그림과 분간이 어렵습니다. 대략 1만 5천 년 전으로 보고 있는 이 라스코 동물벽화와 알타미라 벽화는 프랑스와 스페인 사이에 피레네 산맥이라고 있는데 라스코 동물벽화는 프랑스 쪽에 있고 알타미라 벽화는 스페인 서북쪽에 있습니다. 크로마뇽인도 물론 매장하고 아슐리안 도끼를 사용했지만, 이 당시 벌써 화살을 이용해서 동물을 사냥했던 벽화가 알타미라에 나타나 있습니다. 알타미라 벽화를 통해서 인류의 예술적, 미적 감각이 오늘날의 미적 감각과 거의 차이가 없는 순수 예술작품일 수도 있고 또 주술적, 즉 종교적인 어떤 행사로도 보고 있는 거예요. 그러니까 사냥감을 많이 잡게 해달라고 기도하거나 그런 동굴이었을 거라고 본단 말이에요. 그러니까 아주 원시 종교의 출발점을 우리는 알타미라 동굴이나 라스코 동굴 벽화를 통해서, 인류는 벌써 만 5천 년 내지 3만 년 전에 원시 종교가 시작됐음을 이분들이 남긴 벽화를 통해서 알 수 있단 말입니다. 이와 같이 네안데르탈인, 크로마뇽인을 학명으로 호모 사피엔스라고 합니다. 이 사피엔스란 말은 지혜로운 사람이다 그런 뜻인데 현생 인류인 우리는 호모 사피엔스 사피엔스라고 합니다. 지혜로운 것이 한 번 더 있어요. 그러면 현재 우리의 호모 사피엔스 사피엔스는 언제부터 지구상에 출현했는지 고인류학자 간에 의견이 일치되지 않고 있습니다. 어떤 분은 아프리카 기원의 단일 종족이라고 하고 어떤 분은 동시다발적 출현이라고 주장하고 있습니다.

새로운 인류의 출현

약 3만 년 전까지만 해도 6종의 인류 종이 살고 있었어요. 그러니까 북유럽의 네안데르탈인, 그다음에 남유럽의 크로마뇽인, 우리 동아시아 북경원인, 자바원인, 자바 섬의 솔레인시스, 자바 원인의 후손으로, 그 다음에 알타이 산맥의 데니소바인, 그다음에 그 플로렌스 제도와 하와이 제도의 난쟁이 등이 있었습니다. 약 1만 년 전에 와서 신석기시대가 되면서 농경과 목축이 시작됐는데 이미 오늘날 우리의 현생 인류가 출현하기까지는 최소 7속 20종 인류가 출현했다 멸종했어요. 우리 현생 인류는 아담과 하와 두 사람의 후손이 아니라는 말입니다. 그러니까 이 동양의 북경 원인과 서양의 네안데르탈인의 처음으로 올라가면 한 조상이 될지는 모르겠지만 가까이에서는 전혀 다른 종족이라고 말하는 고고인류학자들이 점점 더 많아지고 있습니다. 현생 인류에게는 생명 정보 DNA가 30억 개가 있어요. 그런데 이걸 분석해보면 침팬지와는 약 1.6% 차이밖에 안 나요. 이 차이에 인류의 문화 문명이 있습니다. 그런데 문화 문명을 발생시키는 이 능력을 정신 즉 영혼이라는 비물질 개념으로만 우리는 이해를 하고 믿어왔단 말입니다. 우리가 이제 진화를 통해서 이거는 비물질 기능이 아니라 물질 그 자체다 이렇게 지금 주장하고 있습니다. 다음 시간부터 이제 본격적으로 생물학을 통해서 정신이 무엇인가 알겠지만, 어쨌든 이 1.6% 차이에 인류의 문화 문명이 있다는 것입니다.

침팬지는 너클 보행을 합니다. 이렇게 네 발로 걷잖아요. 그러니까 앞발이 자유롭지못해 손으로 진화를 못했습니다. 그런데 인간은 직립보행을 함으로써 앞발이 자유로워져 손으로 진화가 가능해져 도구 제작을 할 수가 있었어요. 인류는 손재주로 도구를 제작했지만, 침팬지는 네 발로 걸어 다니니까 간신히 일어나서 돌 던지고 작대기 던지는 수준밖에 못됐습니다. 그 차이가 있죠. 다음에 침팬지는 너클 보행을 하니까 머리하고 척추가 이렇게 구부러져 있어요. 그러니까 여기 성대가 좁아지잖아요. 성대가 좁아지니까 다섯 가지 내지 여섯 가지 소리밖에 못 내요. 그런데 인류는 직립보행을 하니까 척추와 뇌가 일직선으로 똑바로 서니까 성대가 넓어져 성대를 조절하면 20 내지 26가지 소리를 낼 수가 있어요. 그럼 스물에서 스물여섯까지는 뭡니까. 가나다라 알파벳과 똑같잖아요. 그러니까 인류는 언어로 진화가 가능했던 거예요. 침팬지는 언어로 진화를 못한 거지요. 다음에 또 뭐가 다르냐 하면 인류의 뇌는 1,450cc로 뇌 용량이 큽니다. 그러나 침팬지는 400에서 500cc밖에 안 돼요. 그러니까 오스트랄로피테쿠스 아프리카누스의 뇌 용량과 같아요. 어떻게 보면 침팬지는 수백만 년 전에 오스트랄로피테쿠스 아프리카누스에서 정지돼 있는 겁니다. 그런데 어떤 사람들은 오늘날 만약 인류가 이와 같은 유인원에서 진화했으면 지금 침팬지에서 인류로 진화해야 되지 않느냐 이런 질문을 많이 하는데 이미 생물의 진화에서 인류와 침팬지는 분화진화 과정이기 때문에 침팬지에서 인류로의 진화는 불가능합니다.

침팬지와 DNA 1.6% 차이에 인류는 직립 보행, 자유로워진 두 손, 언어의 진화, 뇌의 진화로 침팬지와 인류가 갈라진 근본 원인입니다. 그래서 우리가 오리엔탈 문명을 얘기할 때는 이와 같이 인류의 출현부터 구석기 때 오스트랄로피테쿠스가 조약돌을 쓴다든지, 호모 하빌리스의 뗀 석기, 뗀 석기를 사용했다는 건 의식적으로 날카로운 돌을 만들었다는 의식 수준으로 커졌다는 얘기죠. 그다음에 아슐리안 도끼, 그다음에 찍개 문화 이런 것이 발달했고 그 다음에 네안데르탈인, 또 크로마뇽인에서 인류는 내세를 인식하기 시작했다. 그러니까 영혼이 천당 가고 지옥가고 하는 건 오늘날 우리 얘기가 아니라는 말씀입니다. 벌써 십만 년 전부터 우리의 조상들은 인간은 죽으면 저승에 간다고 알고 있었습니다. 그럼 어떻게 이 분들은 이걸 인식했을까? 이제 다음 주에 본격적으로 이걸 우리가 공부하게 됩니다. 그래서 동방 오리엔트 문명 이전에 인류의 출현과 문명을 이해해서, 이 문명이란 건 지금 현재 내 안에 축적돼 있다는 것을 생각하면 좋겠습니다.

제7강
고대 오리엔트 문명

　고대 오리엔트 문명이 오늘날 가톨릭이 있게 한 근본이라 생각합니다. 세계사에서 4대 문명에 대해 많이 배우셨죠? 먼저 메소포타미아 문명, 이집트 문명, 인더스 문명, 황하 문명 그러나 오늘날 역사학자들은 이 4대 문명 외에 스물 몇 가지 문명이 동시에 발생했을 것으로 보고 있습니다. 4대 문명의 공통점을 보면 북반구에 있다는 거예요. 두 번째는 큰 강을 끼고 있다는 겁니다. 메소포타미아는 유프라테스강, 티그리스강, 이집트는 나일강, 인도의 인더스강, 황하의 황하강이 있습니다. 오늘날 공통점은 온대 지역으로서 사막 한가운데 강이 흐르고 있다는 사실입니다. 그런데 6천 년 전만 해도 이 지역은 전부 다 초원 지대였습니다. 이것이 점점 사막화 되서 오늘날에는 강만 남아 있습니다. 이와 같이 지금은 사막 한 가운데 흐르는 문명 지역인데 그 당시에는 기후가 가장 좋아 살기 좋고 풀이 우거졌던 그런 지역이었습니다. 서양 사람들은 오리엔트가 해가 뜨는 쪽이라고 했는데 당시 인더스강밖에 몰랐으니까 서양에서 볼 때는 오리엔트가 여기란 말입니다. 여기에 보면 비옥한 초생달이란 지역이 있는데 터키에는 타우르스 또는 티로스 산맥이 있어요. 그리고 이라크하고 이란 사이에 산맥이 있는데 그게 자그로스 산맥입니다. 이곳을 비옥한 초생달 지역이라 합니다.

비옥한 초생달 지역에서 수메르 문명하고 이집트 문명이 발생한 것입니다. 유프라테스강과 티그리스강 사이를 메소포타미아라고 하는데 그리스말로 강과 강 사이라는 뜻입니다. 유프라테스에서 인류 최초로 문화 문명이 일어난 곳이 바로 수메르 문명입니다. 수메르인들은 어떤 사람들이냐 하면 셈족이나 햄족 또는 아리안족이 아니고 어떤 종족인지 분명하지 않지만 머리카락이 우리 동양인처럼 까맣고 눈이 까만 사람이라고만 전해지고, 어떤 종족인지 알 수 없다고 보고 되어있습니다. 그런데 수메르인들이 이라크의 자그로스 산맥에서 아래쪽으로 내려와 메소포타미아 쪽으로 들어오기 시작했다고 하는데 여기에는 이미 원주민들인 셈족 계통의 종족들이 살고 있었습니다. 히브리인들의 조상들도 있었겠죠? 그들이 이곳에서 살고 있을 때 수메르인들이 약 6천 년 전에 자그로스 산맥을 통해서 쿠웨이트쪽으로 들어와 메소포타미아에 정착하기 시작했습니다. 이들이 우리에게 전해준 유산 중에 가장 중요한 것이 글자였습니다. 유프라테스, 티그리스강은 범람이 심하니까 황토가 많이 쌓였습니다. 이 황토로 판을 만들어서 송곳으로 글자를 쓰기 시작했어요. 쐐기 문자라고 하는데 처음에는 상형 문자를 쓰다가 나중에는 소리글자로 쓰기 시작했습니다. 이 사진은 소리글자로 쓴 쐐기 글자들인데 인류 최초의 글자입니다. 인류가 글자를 쓰기 시작했다는 것은 이미 우리 뇌가 지식을 축적하는 데 한계가 왔을 만큼 사회가 복잡했다는 의미입니다. 그 한계를 이제 문자를 통해서 책을 내기 시작했어요. 그만큼 정보의 양이 많아지기 시작한 거예요. 이 쐐기 문자가 오늘날 영어 알파벳의 원조입니다. 수메르인들의 활동 무대가 메소포타미아인데 지중해 해변가에는 페니키아인이라고 해양 민족들이 살고 있었어요. 그 사람들이 수메르인들의 쐐기 문자를 이용해서 abcd 알파벳을 만들어서 오늘날까지 전해져요. 그러니까 미국, 영국, 이탈리아, 스페인, 독일, 러시아 등 전 유럽 나라가 자신들의 글자가 없는 나라예요. 이 페니키아인들이 만든 알파벳을 이용하는 국가이지요.

수메르인들은 쐐기 문자를 쓰기 시작했는데 오늘날 우리들은 모세 오경에 나오는 창세기 1장부터 13장까지의 설화가 히브리인들의 하느님 계시인 줄만 알았습니다. 그런데 사실 이 창조 설화는 메소포타미아에서 구전되어 온 것을 BC 2000년 길가메시라는 왕이 서사시에 써 놓았어요. 길가메시 서사시라고. 이 길가메시 서사시에 창조 설화와 노아 홍수 얘기가 있는 거예요. 물론 수메르인들은 유프라테스, 티그리스강에 살았던 사람들이 아니라 이민 온 사람들이에요. 이미 그곳에는 셈족이 살았던 곳이니까 그 전설은 수메르인들의 전설이 아니라 그 셈족이나 원주민들의 설화일지도 몰라요. 옛날 세계사에는 그 창세기 얘기가 길가메시 서사시에 다 나왔는데 오늘날에는 하나도 안 나오고 노아 홍수 얘기만 있어요. 노아 홍수만 길가메시 서사시에 있다고 나오는데 창조 설화는 길가메시 얘기에 안 나오더라고요. 요즘 세계사에는 왜 그런가 제 개인적으로 생각해 보니까 아무래도 한국에 벌써 가톨릭이나 개신교 영향이 굉장히 크니까 이게 아마 빠지지 않았는가 이런 생각을 해요. 우리 어렸을 때 세계사 속에는 길가메시 얘기가 아담과 하와 이름만 달랐지 같았어요. 첫째 날은 빛이 있어라 둘째 날은 하늘과 땅이 갈라져라. 셋째 날은 뭐라 뭐라 같았어요. 그다음에 에덴동산에서 지선악과를 따먹어서 에덴동산에서 내쫓긴 줄거리는 똑같았어요. 그다음에 노아 홍수 얘기도 물론 똑같고. 그래서 오늘날 성경학자들은 아까 얘기한 유대인들이 BC 586년에서 BC 539년 47년간 신바빌로니아로 유배됐을 때 그걸 알았는지 아니면, 이 히브리인들도 셈족의 일족이니까 구전되어왔는지 그걸 확실히 알 수가 없어요. 우리는 알 수 없지만 어쨌든 길가메시에 섞여 있던 그 창세기의 노아 홍수 이야기를 바빌론에서 돌아와서 그때부터 히브리인들의 정체성을 확립하기 위해서 만든 게 모세 오경이라 이 말입니다. 창세기, 탈출기, 레위기, 민수기, 신명기 모세오경은 바빌론에서 풀려나와서 약 1백 여 년 간 BC 400년 경에 모세 오경이 완성됐다고 보고 있어요.

만약에 길가메시 서사시가 없었더라면 또 히브리인들이 모세오경을 통해 창세기의 설화를 성경으로 전해주지 않았다면 오늘날 가톨릭이 있었을까 이런 생각도 해보게 됩니다. 그래서 수메르인들은 우리하고 가장 밀접한 얘기인 창세기와 노아 홍수를 기록으로 남겨 놓은 최초의 인류입니다. 이 길가메시 서사시는 나중에 그리스에서 트로이 전쟁을 서사시로 쓴 오디세이 서사시가 있는데 그것보다 약 1500년 앞선 유명한 서사시입니다. 우리가 36년간 일제 합병됐을 때 엄청난 고통을 당했는데 히브리인들은 47년간 고통을 당했습니다. 원래 전통적으로 히브리인들은 12지파로 나눠져 있었지요. 그 당시 히브리인들은 아시리아나 바빌로니아나 페르시아처럼 큰 민족 집단이 아니라 여러 종족이 합쳐진 떠돌이 집단 이런 정도였다고 전해지고 있거든요. 그래서 이 유대인이 바빌론에서 돌아왔을 때부터 구전되어 내려오거나 여기저기서 단편적으로 전해져 내려온 구약을 취합해서 모세오경을 작성하여 히브리인들의 정체성을 확립하는 계기가 되었습니다.

AD 1230년 고려시대 일연 스님이 삼국유사를 쓸 때 단군 할아버지 얘기가 있어요. 정사를 쓰신 김부식 선생의 삼국사기에는 단군 할아버지 얘기가 없어요. 그 당시에 고려는 원나라의 부마 나라가 됐단 말이에요. 그러니까 왕도 옛날에는 태종, 세종. 이렇게 종이나 조를 써야 되는데 조나 종도 못 쓰고 충렬왕, 충숙왕, 공민왕, 우왕이라고밖에 못썼습니다. 왜냐하면 고려가 원나라 부마니까.

그래서 일연 스님은 한민족의 정체성을 정립하기 위해서 단군 할아버지의 설화를 삼국유사에 썼단 말이에요. 이와 같이 히브리인들이 바빌론 유배에서 돌아온 후로 자신들의 정체성을 확립하기 위해서 만든 것이 모세 모경이에요. 이 모세오경 중의 첫 번째 창세기가 바로 길가메시 서사시에 쐐기 문자로 쓰여 있던 그 설화란 말입니다. 오늘날 우리는 성경이 하느님의 계시로 씌어졌다고 믿고 있습니다. 사실 구약 성경은 한민족과는 아무런 관련이 없는 역사서입니다. 그들이 말하는 계시란 오늘날 우리들이 볼 때 히브리인들의 하느님에 대한 말씀의 역사로 보는 겁니다. 그들은 성경을 하느님의 계시로 신앙했기 때문에 히브리인들은 선택된 민족이라고 자부하고 있었습니다. 여기서 히브리인들이 선택된 민족이라는 것은 다른 민족이 인정해 줘야 선택된 민족이지 자칭 나는 선택된 민족이다, 라고 하는 것은 누구든지 할 수 있는 거죠. 그렇지 않아요? 하느님이 너희들을 선택했다고 다른 민족이 인정을 해줘야지 나는 선택된 민족이다 이렇게 자칭하는 것은 선택이 아니란 의미입니다. 그래서 구약에서 말하는 계시와 선택이라는 말은 좀 더 폭넓게 생각해야 된다고 봅니다. 수메르인들은 우리가 바벨탑이라고 하는 신전을 지어 하늘에 제사를 지냈어요. 이 신전을 지구라트라고 하는데 거기에는 돌이 귀하고 황토가 많으니까 다 흙으로 지은 신전이었습니다. 그런데 구약에서는 이 바벨탑을 인간의 욕망으로 나타내기 때문에 모든 민족의 언어가 달라지기 시작했다고 말하고 있습니다. 유다 민족들이 바빌론에 가서 엄청난 고생을 하면서 이

걸 지었을 거란 말이에요. 그러니까 이 바벨탑에 대해서, 즉 지구라트에 대해서 좋은 감정이 하나도 없어요. 그 사람들한테는 그런 역사적 사건을 갖고 있다는 사실을 알고 있어야 바벨탑의 의미를 이해할 수 있습니다.

유프라테스, 티그리스강은 이집트 나일강과 달리 한 번 홍수가 났다 하면 어느 쪽으로 강물이 바뀌는지 감을 잡을 수가 없어요. 나일강의 홍수는 항상 어떤 패턴으로 발생해서 홍수의 양이나 강의 물길이 정해져 있어 홍수 이후 컨트롤하기가 아주 쉬운데 유프라테스, 티그리스강은 홍수의 양이 얼마나 될지 또 물길이 어디로 갈지 종잡을 수가 없는 곳이에요. 그래서 여기에 살고 있는 사람들의 의식 속에는 자연에 대한 두려움과 자연을 만들어 낸 신에 대한 공경과 두려움이 있었어요. 그래서 이 이란, 이라크, 페르시아 일대의 왕들은 절대 왕권이 아니라 하느님을 대신하는 대리자, 신의 대리자로 생각했어요. 이와 같이 수메르인들 지역은 절대 왕권이 아니라 신으로부터 권한을 받은 대리자로 생각했어요. 그리고 우리는 히브리인들이 유일신을 우리에게 전해준 사람으로 알고 있지만, 이 지역 도시마다 신을 숭배했는데 각자가 믿는 신이 단일신이라 생각했었습니다. 단일신은 바로 히브리인들에 의해서가 아니라 이 지역에서 살고 있던 사람들의 하느님에 대한 인식이었어요.

또한 이 수메르인들이 오늘날까지 우리에게 남겨준 문화 중에 알파벳도 있지만 60진법이 있습니다. 한 시간은 60분, 1분은 60초. 이 60진법은 이 사람들이 만든 겁니다. 또 각도도 1°는 60분. 1분은 60초 이렇게 각도도 60진법입니다. 이 분들은 우리들에게 60진법을 전해줬고 수레바퀴, 또 수메르인들은 유프라테스강으로 진입할 때 이미 청동기를 가지고 들어옵니다. 그 당시에 선주민들은 신석기 시대밖에 안 됐는데 수메르인들이 들어올 때는 벌써 청동기를 사용했다는 거예요. 그래서 이 수메르인들이 현재 우리 인류에게 남긴 유산은 아주 대단한 것입니다. 특히 서양 사람들한테. 무엇보다 우리 가톨릭과 가장 밀접한 창세기 설화 또 노아 홍수 이야기는 유배에서 돌아온 유다인들이 자기들의 정체성을 확립하기 위해 모세오경에 이것을 인용한 것으로 봅니다. 그러면 왜 메소포타미아에서 오늘날 전해지는 창조 설화가 생겼을까 처음 깨달은 사람들은 지질학자들이에요. 오늘날 메소포타미아 지역 대부분이 사막이지만, 수메르인들이 들어올 때만 해도 울창한 숲이 있는 살기 좋은 지역이었습니다. 그러니까 지금도 이 일대는 석유가 펑펑 쏟아지고 있잖아요. 석탄은 식물이 땅속에 묻혀 탄화됐을 때 석탄이 되는데 식물이나 동물을 먹고 석유로 똥을 싸는 박테리아가 있어요. 석유를 만드는 박테리아가 있단 말이에요. 울창한 숲이었기 때문에 지금도 그 땅속에 석유나 석탄이 많이 매장되어 있습니다. 지질학자들이 처음에는 에덴동산 같은 곳이었는데 지구의 기후 변동에 의해서 점점 사막화가 되어 실낙원으로 변하니까 여기서 아마 창조 설화가 나오지 않았겠느냐 지질학자들은 그렇게 보고 있습니다.

제7강. 고대 오리엔트 문명

아무튼 창조 설화와 노아 홍수 이야기는 바로 유프라테스 티그리스강 메소포타미아서 오래전부터 내려왔던 설화라는 것을 우리가 알아야 합니다.

다음에 나일강 문명인데 히브리인은 셈족인데 비해서 이집트인은 셈족과 사촌 간인 햄족이라고 해요, 지금 현재 이스라엘, 사우디아라비아, 이라크, 시리아 이 일대는 대개 셈족들이 살았고 지금 이란은 셈족하고 또 다른 유럽 아리안 종이에요. 그러니까 옛날 페르시아는 아리안인들이 세운 제국이었어요. 이집트는 나일강을 중심으로 문명이 이루어졌는데 나일강의 발원지는 빅토리아 호수라는 세계에서 두 번째 큰 호수입니다. 제일 큰 호수가 러시아의 바이칼 호수라고 그러죠. 바이칼 호수가 제일 크고 그다음에 큰 호수가 빅토리아 호수입니다. 여기서부터 나일강이 흘러 내려오면서 이루어진 문명이 이집트 문명인데 보통 BC 3500년에서 4천 년, 그러니까 지금부터 약 5~6천 년 전에 문명이 시작됐다고 보는 것입니다. 아까도 말씀드렸지만, 이 나일강의 홍수는 일정한 패턴을 가지고 범람했기 때문에 언제 홍수가 나고 언제 비가 오고 비의 양이 어느 정도고 똑똑한 사람들은 그걸 알고 있었기 때문에 나일강 홍수를 지배한 사람들이 이집트의 실권을 갖게 된 거예요. 그 정보를 알고 있는 사람들이 이집트의 왕 파라오라고 하는데 그들은 절대 왕권을 갖고 있었어요. 그래서 자신들은 신이 인간으로 변한 육화한 신으로 군림했어요. 가톨릭 신학에서 예수님을 육화한 신으로 표현하잖아요. 이 육화한 신이라는 말이 여기서 나오기 시작한 것입니다. 이집트 사람들은 파라오는 육화한 신이니까 이 세상에 살다가 죽으면 영혼은 저승에 갔다가 나중에 다시 살아난다고 믿었습니다. 그러니까 시체를 썩지 않게 미라로 만들어 놨습니다. 부활 사상입니다.

인류에게 부활이라는 말이 처음으로 나온 것은 이집트인에 의해서가 아니라 수메르인들이었습니다. 수메르인들은 밀과 보리가 봄에 씨앗에서 새싹이 돋아나는 것을 보고 생명의 연속성을 부활이라고 했습니다. 부활은 어느 특정한 사람만이 아니라 모든 사람들의 일반적인 삶의 연속성으로 믿었습니다. 그들에게 죽음은 끝이 아니라 후손을 통해 새로운 삶을 산다고 믿었습니다. 그래서 수메르인들은 BC 3500년 경에는 봄이 오면 '드무즈'라는 부활축제를 지냈습니다. 이 부활 사상이 이집트의 파라오에 의해 영혼과 육신이라는 이원론적 세계관으로 바뀌어 미라 부활 사상을 낳았습니다. 인간은 식물의 씨앗과는 다른 인격이 존재함으로써 이집트의 부활 사상은 인격의 연속성으로 표현한 것입니다. 파라오에 의해서 시작된 미라 부활 사상은 시간이 흐르면서 귀족들도, 파라오도 인간인데 그러면 자신들도 부활한다고 믿었습니다. 그래서 중세 이집트 시대에는 귀족들도 부활하기 위해서 미라를 만들었어요. 이집트 후기에는 일반 서민들도 파라오나 귀족이나 자신들과 똑같은 눈, 코 가진 인간이니까 저 사람이 부활하면 나도 부활한다. 그래서 나중에는 일반인까지 미라를 만들었습니다. 이집트의 부활 사상은 페르시아의 조로아스터에 의해 오늘날 종말론적 부활 사상으로 신앙하여 그리스도교에 전해진 것입니다. 이들 부활 사상의 가장 큰 특징은 세상이 완성되었을 때 이 세상에서의 부활이었습니다. 이 사람들이나 오늘날 부활 사상의 가장 큰 의미는 저승에서 부활이 아니라 이 세상에서 살아나는 것이었습니다. 저승이 좋으면 왜 이 세상에 부활하느냐 이 말이에요. 그러나 히브리인들은 이 세상을 실낙원으로 보고 있는데 바로 이 실낙원을 낙원으로 만들어주는 메시아를 기다리고 있었습니다. 그들에게는 이원론적 부활 사상이 없었습니다. 여기에서 우리들이 잊어서는 안 될 것은 예수님의 부활 사상은 이원론적 부활 사상이 아니라는 데 있습니다. 수메르인, 히브리인들의 생명의 연속성이라는 부활 사상과 이집트와 조로아스터교의 이원론적인 부활 사상이 함께 전해 내려왔습니다.

다음 이집트는 우리에게 구약의 탈출기 무대였습니다. 역사적으로 히브리인들과 종족이 같은 셈족이 약 BC 1,680에서 1,580년까지 100년간 이집트를 지배한 적이 있었어요. 역사적으로 볼 때 100년간 어떻게 소수의 셈족 히브리인들이 그 거대한 문명을 일으켰던 이집트를 정복을 했느냐 하면, BC 1,680년이니까 지금부터 3,680년 전 이집트는 당시 청동기 문명이었어요. 그런데 셈족 히브리인들은 철기 무기로 이집트를 정복했습니다. 아직 청동기시대에 지금의 터키 아나톨리아 중앙 지방에 히타이트족이 있었는데 철을 제일 먼저 발견했습니다. 약 4,000년 전에 다른 나라는 청동기를 쓸 때 철을 발명해서 철제 무기를 만들어 사용했습니다. 지난번에도 얘기했지만 이 청동기는 귀하니까 모든 병사들이 다 창칼을 못 만들었어요. 장군이나 몇몇 지도자들이나 갖고 나머지는 모두 다 석기 무기를 사용했던 그 시대 때 힉소스는 벌써 모든 병사들이 다 철기를 가지고 무장을 하니까 이건 게임이 안 된 겁니다. 오늘날 원자 폭탄이 있는 나라하고 없는 나라하고 싸우는 거랑 똑같은 겁니다. 오늘날 우리는 청동기와 철기시대 차이를 감을 잘 못 잡는데, 2차 대전 말엽 미국이 히로시마와 나가사키에 원자 폭탄을 떨어뜨려서 바로 일본이 항복하지 않았어요? 그러니까 청동기시대와 철기시대의 전쟁이 원자탄이 있는 나라와 없는 나라와의 전쟁이라 보면 돼요. 그래서 오랫동안 거대한 문명을 가진 이집트를 소수의 셈족의 일종인 힉소스가 약 100년간 지배했습니다. 역사적으로 힉소스가 100년간 이집트를 지배했던 사실이 있기 때문에 탈출기의 원형이라고 보고 있는 겁니다. 그래서 이집트는 오늘날 가톨릭에서 부활 사상이라든지 육화한 신이라든지 또는 탈출기의 원형을 제공한 나라이기도 합니다. 물론 탈출기는 단순히 역사적 사실이라기보다는 히브리인들의 하느님에 대한 신앙의 여정으로 보는 것이 더 올바른 시각이라 봅니다.

또 하나 이집트인들이 우리에게 전해준 게 바로 스핑크스예요. 스핑크스는 머리는 사람이고 몸은 사자인 키메라라고 하잖아요. 원래 키메라라는 말은 그리스 신화에 나오는 키마이라고 얼굴은 사자, 몸은 염소, 꼬리는 뱀 이런 괴물이 있었는데 이걸 키마이라라고 합니다. 오늘날에는 유전학에서 쓰는 말인데 한 생명체에서 두 개 이상의 생명체가 합쳐져 있는 걸 키메라라고 해요. 그런데 사실 우리 인간이 바로 키메라예요. 이제 생물학을 공부하겠지만, 키메라는 어떤 괴물이 아니라 생물이 진화하는데 있어서 생물과 생물이 서로들 합치지 않으면 진화가 안 돼요. 키메라 진화라고, 다음에 다시 자세히 얘기하겠지만, 이 스핑크스를 비롯해서 그리스에는 키메라가 많아요. 황소 같은 아피스 또 개나 자칼 머리를 갖고 있는 아누비스 또 독수리 머리를 갖고 있는 호루스 등 키메라 상이 많은데, 우리나라 불교의 사천왕보면 왜 도깨비 상이 있지 않습니까? 또 가릉빈가라는 게 있어요. 가릉빈가는 머리는 사람이고 몸은 새, 극락조라고 하는 새가 있어요. 서양에서 이건 스타벅스 로고 싸이렌이에요. 동양에서 키메라는 거의 전해진 것이 없습니다. 특히 우리나라는 봉황, 청룡, 천마, 해태, 삼족오, 천록 이런 상상의 동물은 전해오지만 이집트를 비롯한 오리엔트 지역에는 키메라가 많이 전해지고 있습니다. 키메라는 오늘날 유전학이나 진화론에서 중요하게 다루고 있어 언급을 하는 겁니다. 이 키메라 사상 또한 그리스 기원이 아니라 수메르인들의 유산입니다. 오늘날 창세기, 노아 홍수, 육화한 신, 부활 사상, 모세, 탈출기 등 가톨릭 신앙의 원류가 이 오리엔트 수메르인과 이집트인들의 문명에서 출현했음을 잊지 않아야 합니다. 깨어 있는 신앙인은 교회 쇄신을 위해 함께 노력합니다.

제8강

샤르댕에게 스콜라 철학은 미완성 철학

고대인들에게 부활이라는 건 저승에서 부활이 아니라 이 세상에서 부활이라는 의미입니다. 저 세상이 좋으면 왜 이 세상에서 부활하느냐? 부활의 의미는 바로 이 세상이 더 중요한 곳이라는 의미가 아닙니까? 떼이야르 드 샤르댕의 사상, '새로운 인류의 출현', 그 여덟 번째 시간, 지금 바로 시작합니다.

지난 시간에 고대 오리엔트 문명을 통해서 수메르 문명과 이집트 문명 중에서 오늘날 스콜라 철학에 영향을 미친 부분에 관해서 말씀드렸습니다. 특히 메소포타미아 수메르인들이 우리가 알고 있는 창조 설화와 노아 홍수의 설화를 길가메시 서사시로 점토판에 기록해 전해왔기 때문에 오늘날 그리스도교의 원류로 보고 있는 것입니다. 티그리스, 유프라테스강은 홍수가 언제 어떻게 어느 방향으로 일어날지 모르는 그 자연의 위력, 자연의 힘이 엄청 크다는 걸 실감했던 사람들이라 절대 왕권이 없었고 왕은 신의 대리자로 생각했어요. 자연을 통해 신의 위력을 경험한 사람들이라 신의 위대함을 인식한 이들에 의해서 유일신 사상이 나온 것입니다. 그다음에 이 사람들은 우리에게 알파벳과 60진법을 전해 주었습니다. 특히 60진법은 천문학에서 사용한 셈법인데 이들은 태양력을 사용했다고 합니다. 또한 이들이 남긴 부활 사상이 생명의 연속성이었다면, 이집트와 페르시아의 부활 사상은 인간의 인격에 주목함으로써 생명의 연속성을 넘어 이원론적 세계관으로 부활을 이해하고 있었습니다. 이 두 부활 사상이 예수에 의해 "마음을 열고 뒤를 돌아보아라,(잘한 것은 더욱 잘 되게 하고 잘못한 것은 고치고) 현재에 충실하라! 그리고 희망을 가지고 미래를 바라보아라!"고 메타노이아로 부활 사상을 하나로 통합했습니다. 그러나 당시 사람들은 예수의 말씀을 온전히 알아듣지 못해 성경에는 페르시아 이원론 부활사상으로 표현했습니다.

유대인들이 유배갔던 신바빌로니아 이전에 바빌로니아가 있었는데 이 바빌로니아에서 그 유명한 함무라비 법전이 인류 최초의 성문법으로 전해져 왔습니다. 그러나 이미 수메르인들은 점토판에 법령을 기록하여 사용했습니다. 그러니까 이 함무라비 법전은 바로 수메르인들이 남겨놓은 점토판에 새겨놓은 법전을 토대로 해서 만든 것이었습니다. 그래서 모세 십계명이라는 것도 결국은 아까도 말씀드렸지만 1, 2, 3, 세 계명만 제외하고는 인류 보편적인 법이란 말입니다. 시나이산 가시덤불에 하느님이 내려와서 얘기를 안 해도 동서양을 막론하고 다 똑같이 도둑질하지 말라, 살인하지 말라, 남의 아내를 탐내지 말라 등 이런 것들은 인간의 보편적 윤리관이지 꼭 하느님이 시켜야 아는 게 아니란 말입니다. 그러니까 우리는 이 신앙 언어를 오늘날에는 어떻게 해석하는가를 생각해봐야 합니다. 그런데 일부 개신교 신자들은 구약을 글자 한 자 한 자가 모두 다 계시를 통해서 쓰여진 글자라 믿고 있습니다. 그래서 글자 한 자만 바꾸면 큰일 나는 줄 알아요. 이 사람들은. 수녀님들 한번 생각해보세요. 저 나무나 들의 풀이나 돌맹이 하나에서라도 하느님 계시가 없는 것 하나만 있으면 대봐요. 하느님 계시가 없는 곳이 없단 말입니다. 왜 꼭 성경만 하느님 계시냐? 이거는 히브리인들이 자기들의 정체성을 남한테 내놓기 위해서 하느님의 계시된 말씀, 선택된 민족이라 한 것이지요. 세상 어디 하나 하느님 계시가 없는 것 한 군데만 대보세요. 그래서 일부 학자들은 모든 민족은 나름으로 구약이 있다고 말합니다. 우리가 예수님의 사상을 받아들이기 전이 우리의 구약이란 말입니다. 근데 이 개신교 신자들은 아브라함의 자손, 이사악의 자손, 좔좔 족보를 다 외우면서 단군 할아버지 얘기하면 귀신같은 얘기라고 한단 말이에요. 이래서 되겠어요? 어떤 나라에나 가서 좋으냐 나쁘냐 따지기 전에 그 나라의 환경에서 자랐던 사상, 문화, 문명을 하느님께서 어떻게 하셨는가 이걸 우리가 더 생각을 해야 된다는 말입니다. 그러니까 이 서양 사고를 제대로 못 받아들이니까 지하철 앞에 가면 '예수 천국 불신 지옥' 이렇

제8강. 샤르댕에게 스콜라 철학은 미완성 철학

게 외치고 있습니다. 이 사람들은 예수님이 누군지도 하느님이 누군지도 모르는 사람들입니다. 우리가 지금 고대 오리엔트 문명과 또 그리스 철학을 계속 공부하는 이유가 바로 오늘날 우리 가톨릭이 가지고 있는 스콜라 철학의 사상이 어디서 왔느냐? 또한 계시가 무엇을 의미하는가를 알고자 하는 것입니다. 오늘날 우리에게 계시는 인류가 축적한 하느님의 진리로 보는 것입니다. 계시는 위에서 볼 땐 계시죠. 밑에서 볼 때는 공유로 보이는 것입니다. 예수님 또한 강생이란 위에서 내려다 봤을 때는 강생이지만, 밑에서 볼 때는 새로운 인류의 출현으로 보이는 것입니다. 그러니까 강생이나 출현을 같은 의미로 알아듣기 위해서는 오늘날 생물학의 언어를 이해해야 합니다. 즉 구원과 진화라는 말을 같은 의미로 알아듣기 위해서는 인문학 용어로는 절대 이해하지 못합니다.

히브리인들이 우리에게 전해 준 이 구원 개념에는 역사성이 있다는 의미입니다. 시간에 대한 인류의 개념이 어떻게 변천했느냐에 따라 역사라는 의미도 달라졌습니다. 시간에 대한 어린이의 의식 확장을 살펴보면 아주 어렸을 때는 오늘밖에 모릅니다. 어제도 내일도 모릅니다. 조금 자라면 어제를 압니다. 조금 더 자라면 내일이라는 미래도 이해를 하지요. 그러나 어린이에게 시간은 강물처럼 흘러가는 것으로 이해합니다. 그래서 오늘은 어제와 관련이 없는 시간이고 내일도 오늘도 관련이 없는 시간으로 인식합니다. 그러나 지질학자들은 지층이 쌓이는 긴 시간을 인식함으로써 시간이란 흘러가는 것이 아니라 축적된다는 사실을 알았습니다. 따라서 인류는 역사 또한 지나간 과거의 사건이 아니라 현재에 축적된 사건이라는 사실을 이해하게 되었습니다. 그러나 여기서 우리가 잊지 않아야 할 것은 인류의 성장은 어린이의 성장을 되풀이한다는 사실입니다. 다시 말하자면 옛날 사람들의 역사 개념이 오늘날 우리처럼 축적된 과거라는 시간 개념이 아니라는 사실입니다. 따라서 그들에게 계시와 구원이란 독립된 사건으로 인식하기 때문에 하느님의 손길이라 인식하지 않을 수 없었습니다. 라틴어에서 구원이란 말은 'Salvare' 인데 그 어원이 축적이라는 사실은 시간의 흐름만을 인식한 것은 아니었을 것으로 봅니다. 그러나 대부분 사람들은 시간은 흘러가는 것으로 인식하고 있었기 때문에 그들에게 시간의 축적을 이해하기 위해 계시나 구원이란 언어가 필요했습니다. 특히 정적인 세계관에서 동적인 세계를 이해하기 위해서는 일원론적 세계관은 필연이었습니다.

페르시아인들이 우리에게 가장 큰 영향을 준 것이 바로 이원론 세계관이었습니다. BC 1800년 경, 그러니까 지금부터 약 4천 년 전 페르시아에는 불을 숭배하는 종교가 있었는데 조로아스터교라고도 하고 마즈다교 또는 인도에서는 파시교라고도 합니다. BC 7세기에서 6세기에 그 사람들 말로 하면 짜라투스트라라고 하는데 이것을 영어로 조로아스터라고 해요. 이 종교가 당나라에 전해져 배화교라고 했습니다. 그들이 불을 숭배한 것은 불에는 빛과 따뜻한

열이 있잖아요? 빛은 항상 어두움을 밝게 비춤으로써 인간 삶을 명랑하고 희망을 갖게 하여 선을 향하게 합니다. 또한 불의 따뜻하고 온화한 온기는 화합을 상징했습니다. 그래서 조로아스터교는 유일신의 상징으로 불을 숭상 했습니다. 오늘날에도 올림픽 성화나 성당 감실의 붉은 등은 이들이 남긴 유산입니다. 이 조로아스터교는 당나라에서는 배화교라고 했습니다. 우리나라에 배화교가 전파되었다는 기록은 없지만, 흔적은 남아 있어요. 왜 옛날에 부엌에 보면 조앙신 있죠? 조앙신은 부엌을 관장하는 신이기도 하지만, 옛날에 성냥이 귀할 때 불씨를 부엌 한 가운데 모셔놓던 화덕 자리가 있어요. 이곳에 불씨를 모셨는데 조앙신이라 했습니다. 무엇보다도 이들이 우리에게 남긴 유산은 이원론 세계관이었습니다. 샤머니즘, 토테미즘, 애니미즘과 같은 원시 종교에는 철학이 없고 신앙만 있었기 때문에 세상을 해석하지는 않았습니다. 그러나 원시 종교가 진화함에 따라 세상을 해석하고 신앙하는 근대 종교가 출현했는데 정적인 세계관에서 존재론은 영혼과 육신, 내세와 이승, 선과 악, 빛과 어둠과 같이 세상을 이원론적으로 해석할 수밖에 없었습니다. 조로아스터교에서부터 세상을 이원론으로 보기 시작한 철학이 나왔습니다. 특히 수메르인들의 생명의 영속적인 부활 사상과 이집트인들의 이원론적 부활사상을 결합하여 프라쇼케레티(Frasho-kerati)라는 2단계 종말론를 설파했습니다. 종말론의 제1단계는 개개인이 죽으면 저승에 가서 선을 행했으면 천당에 가고 죄를 지었으면 지옥으로 떨어져 고통을 받다가 세상이 선한 신에 의해 완성이 되었을 때 천당에 있던 사람들은 영생으로 부활하고 지옥에 떨어져 있던 사람들은 부활하지 못하고 영원히 사라진다고 신앙했습니다. 그리스도교 교리에서 1단계는 사심판이라고 하고 2단계는 공심판이라 합니다. 신약에 나타나는 예수의 부활 사건은 바로 프라쇼케레타라는 2단계 종말론의 표현이었습니다.

조로아스터 페르시아 문명은 오늘날 스콜라 철학과 가톨릭 신학에 가장 큰 영향을 미쳤습니다. 그러니까 오늘날 철학, 신학에서 나오는 이원론은 바로 조로아스터, 짜라투스트라에서부터 시작됐다는 겁니다. 이건 예수님 사상도 아니고 어떤 성인의 사상도 아니란 말입니다. 그러나 사도 바오로나 요한복음을 쓴 분이나, 서간을 쓴 분들은 신플라톤주의자입니다. 이 신플라톤주의자들이 이원론에서 파생된 형이상학에 바탕을 두고 하느님과 예수님을 해석한 거란 말이에요. 물론 플라톤의 형이상학이 조로아스터의 이원론보다 동적인 세계관을 지향하지만, 오늘날 우리들의 의식으로는 한계점을 느끼는 겁니다. 우리는 그리스 신화나 그리스인들의 철학이 이 사람들 고유의 유산이라 생각하는데 이들은 약 BC 2천 년경 옛날 유고슬라비아에서 이 발칸 반도로 내려온 마케도니아인들인데 이때는 이미 크레타섬에는 수메르, 이집트 문명을 받아서 일단의 기존 섬 주민들이 크레타 문명을 일으키고 있었어요. 이 사람들이 북쪽에서 내려올 때는 신화도 없고 철학도 없던 완전히 야만인이었습니다. 이들이 마케도니아 산악 지역에서 내려와서 보니까 오리엔트에는 앞선 문명인이 살고있는 거예요. 여기에 머리는 소고 몸은 사람인 키메라를 보세요. 이것은 이집트에서는 아피스라고 하는데 이게 그리스에 와서 미노타우로스로 바뀌었어요. 미노타우로스라고 그래서 미노아 문명, 또는 미케네 문명이라고 합니다. 여기 미노타우로스 신화가 있는데 한번 자세히 보세요. 그리스인들이 미노타우로스를 죽이는 장면이거든요. 이건 뭐냐 하면 고대 크레타 문명을 갖고 있던 종족들이 그리스인들에 의해 제압됐다는 얘기예요. 크레타 기존의 문명을 그리스인들이 제압해서 자기들의 문명을 발생시키기 시작한 게 바로 그리스 신화예요. 그럼 그 그리스 신화가 어디서 나왔느냐 하면 바로 수메르인들의 신관에서 나왔습니다. 수메르인의 신관은 도시마다 숭배하는 신들이 있고 신들 중에 제일 높은 신을 숭배했습니다. 인류에게 신은 오직 하나라는 유일신 사상이 나오기 전까지 다신 사상에서 단일신 사상이 먼저 나왔습니다. 그래서 수메르인의 신관은 애니미즘의 다신 사상에서 진보된 단일신 사상이었습니다. 이 단일신 사상이 그리스인에게 전해져 제우스가 되었고 제우스가 로마에 전해져 주피터가 되었지요. 아테나가 전쟁과 지혜의 여신인데 이거는 로마에서 미네르바 신으로 바뀌어요. 다음에 헤라, 제우스의 아내 출신의 여성이 이제 신들의 여왕이에요. 요건 로마에 가서 주노가 되었습니다. 또 아프로디테 미의 여신, 사랑과 다산의 여신이 로마에 가서 비너스가 되었습니다. 이와 같이 그리스나 로마의 신화나 철학은 오리엔트 문명과 종교 사상을 받아들여 자신들의 문화와 문명으로 바꿔 놓은 겁니다.

새로운 인류의 출현

BC 9세기에서 BC 6세기까지 지중해 연안은 그리스 식민지인데 이 발칸 반도는 산악지대이기 때문에 평야가 거의 없으니까 그 지역별로 나라가 생길 수밖에 없어요. 산악 지역이니까 그게 폴리스예요. 그들이 뭐 굉장히 어떤 민주주의 정신이 있어서 독립해서 폴리스를 만든 게 아니라 산악지형으로 떨어져 있으니까 폴리스로 된 겁니다. 여기에서 철학자들이 많이 나와서 민주정치가 이루어진 것입니다. 내가 그리스를 비하하는 것이 아닙니다. 우리나라 사람들은 그리스 신화와 철학은 그 사람들 고유의 문명이라고 생각하는 게 답답해서 그럽니다. 마찬가지로 히브리인들이 전해준 구약성경도 이게 전부 다 신의 계시로 전해진 게 아니란 말이에요. 오리엔트 시대부터 하느님의 진리를 인류가 모아놓은 거란 말입니다.

이것은 그리스의 대표적인 유산 파르테논 신전이죠. 올림푸스에 있는 신중의 신이 제우스인데 이 제우스는 이 올림푸스 산에서 살았기 때문에 거기에 신전을 세운 겁니다. BC 600경 그리스는 이런 신화시대를 종식하고 철학 시대를 열었는데 자연을 인간의 이성으로 이해하기 시작한 과학자이며 철학자들이었습니다. 신화는 하나의 종교에 예속된 신앙이기 때문에 세상에 관해 어떻게라는 질문은 있어도 왜라는 질문은 없습니다. 종교의 신앙은 신에 의한 믿음이기 때문입니다. 그러나 철학은 이성으로 세상을 이해하고자 왜라는 질문을 합니다. 이들은 오늘날 과학자들처럼 자연의 근원과 생성을 神에 의해서가 아니라 하나의 자연의 질서로 본 겁니다. 이들을 자연철학자들이라고 했는데 오늘날 터키의 밀레토스 지역에 서 살았기 때문에 밀레토스학파 또는 이오니아학파라고 했습니다. BC 600경 헤라클레이토스는 세상은 불에 의해 시작되었다고 믿었 습니다. 그의 사상은 페르시아 조로아스터 배화사상에서 온 것입 니다. 또한 그는 자연 현상을 일으키는 보편적인 원리, 또는 어느 것이나 적용할 수 있는 보편적인 원리를 logos라고 했는데 플라톤 에게 와서 logos는 이데아로 인식했습니다. 요한복음 1장에서 말씀 으로 표현함으로써 가톨릭에서는 하느님으로 신앙했습니다. 오늘 날 우리는 이 logos나 이데아(idea)를 정보로 인식하고 있습니다.

　　탈레스는 모든 현상의 근원은 물이라고 보았습니다. 이 세상이 어떻게 생겼는가? 해와 달이 어떻게 생겼는가? 그러니까 완전히 인 간 이성으로 모든 현상을 설명할 수 있다고 믿었습니다. 그의 사상 으로 오늘날 철학자들의 대부가 되었습니다. 아낙시만드로스는 천 문학의 창시자로서 공기가 모든 현상의 근원이라고 했습니다. 데 모크리토스는 물질을 자르고 자르고 잘라서 더이상 잘라질 수 없 는 것을 아톰이라고 했는데 오늘날 원자 개념을 벌써 생각을 한 거 예요. 그다음에 피타고라스에 의해 기하학이 발달했습니다. 또 엠 페토클레스라는 분은 물, 공기, 불, 흙 이런 것들이 모든 현상의 근 원이라고 했습니다. 당시에는 과학이라는 학문이 없었기 때문에 이들을 자연 철학자라고 합니다. 이와 같이 물리학, 천문학, 수학, 기하학 등은 수메르인과 이집트인들이 해놨던 걸 그리스인들이 발전시킨 겁니다. 이 자연 철학자들이 신화시대를 종식시키고 인간 이성으로 현상을 이해하기 시작한 것이 바로 르네상스의 정신이거든요. 르네상스라는 의미가 바로 그리스 자연 철학자들처럼 중세 가톨릭 중심의 신의 세계에서 이성으로 세상을 이해하기 시작한 겁니다. 그러나 그 당시에는 과학이 발달되지 않아 현상의 근원이 물이나 불이라고 얘기해야 증명할 길이 없잖아요. 그러니까 이건 하나의 공상 얘기밖에 더 돼요? 실질적으로 보이는 건 증명할 길이 없는 허무한 이론밖에 안 되거든요. 그래서 자연이 아니라 인간 중심으로 돌아와서 인류 도덕을 올바르게 하는 것이 더 옳다고 나온 철학이 소피스트 시대에요. 소크라테스부터 그리스 자연철학에서 소피스트 시대로 넘어가서 플라톤의 형이상학을 낳았습니다. 자연 철학자들은 현상의 근원을 물질이라고 인식했는데 플라톤의 형이상학은 현상의 근원을 이데아로 보았고 헤라클레이토스의 logos를 물질의 안과 밖이라는 이원론적 사고의 '안'을 이데아로 인식했습니다. 당시 정적인 세계관에서 존재론은 이원론으로밖에 설명이 안 되었습니다. 조로아스터교의 이원론이 플라톤의 형이상학이라는 보다 사고가 깊은 철학으로 바뀌었지만, 이것 갖고는 세상을 제대로 표현하지 못하니까 세상을 일원론으로 해석하기 시작했는데 플로티노스에 의해 현상을 전체와 부분으로 이해하기 시작한 것이 신플라톤주의입니다. 이 신플라톤주의는 전체와 부분으로 하느님을 하나로 인식하기 시작하니까 가톨릭에서 충분히 창세기의 하느님을 창조주로 받아들일 수 있는 철학이된 것입니다. 그래서 신플라톤주의가 가톨릭에 들어와서 사도 바오로나 아오스딩 성인에 의해 교부 철학이 됐고 이 교부 철학이 후에 아리스토텔레스의 사상을 들여옴으로써 스콜라 철학이 완성됐습니다.

유럽 사람들은 르네상스 12세기 13세기 그 전까지만 해도 아리스토텔레스나 히포크라테스, 아르키메데스 등 그리스 철학이 있다는 것을 몰랐어요. 7세기부터 교회에서 특히 그리스 자연철학 사상을 금서로 책정하여 약 6백 여년간 유럽에서 그들의 저서가 사라졌습니다. 이 책들을 아라비아인들이 가져가서 아랍어로 번역해서 과학을 발달시켰습니다. 이것이 중세 때 다시 로마에서 라틴어로 번역되어 12세기, 13세기에 가서 그리스에 이러한 철학자, 과학자가 있었다는 걸 알기 시작함으로써 지동설이 나오고 과학이 시작된 겁니다. 그래서 심하게 이 중세 시대를 암흑시대라고 하잖아요. 암흑시대라고 하는 이유가 과학으로 볼 땐 암흑시대이지만 인간의 의식 성장을 주도한 철학에서는 암흑시대는 아니었다고 보고 있는 겁니다. 스콜라 철학은 신학을 설명하기 위한 그 나름대로의 어떤 가치는 있다고 봅니다. 즉 가톨릭에서 신앙만이 아니라 인간 이성으로 신앙을 하기 시작한 원인을 제공했었습니다. 당시 정적인 세계관에서 현상을 존재론으로 이해하는 이원론적 사고는 오늘날 동적인 세계관에서 일원론적이고 발생론적인 사상으로 볼 때 미완성된 사상이었음에는 틀림이 없었습니다. 문제는 가톨릭의 스콜라 철학과 신학을 절대 진리로 신앙했기 때문에 오늘날 많은 문제들을 야기하고 있습니다. 특히 가톨릭에서 聖과 俗이라는 신앙관은 샤르댕이 평생 타파하고자 한 가장 큰 이원론적인 신앙을 견지하고 있습니다. 여기에 샤르댕의 동적이고 발생론적인 일원론이 그의 진화사상에 의해 그 진가를 발휘하게 되는 것입니다. 샤르댕에게 있어서 구원과 진화는 동의어입니다.

제9강
고대인들이 인식한 죽음과 내세관

 인간에게 만약에 죽음이라는 게 없다면 아마 하느님도 안 찾고 종교라는 것도 존재하지 않았을 거라는 생각을 합니다. 우리가 알다시피 인류는 약 1천만 년 전부터 유인원으로부터 진화하기 시작했거든요. 특히 석기의 문명을 더듬어 보면서 인류의 진화 과정을 약간 봤는데 이 분들이 죽음과 내세에 관해서 어떻게 생각했을까에 관해서는 네안데르탈인부터 유물이 나오기 시작한 걸 보면 압니다. 네안데르탈인들은 바로 독일의 네안데 계곡에서 약 30만 년 전에 출현해서 약 3만 년 전에 멸종된 우리 사촌인데 이들은 사람이 죽으면 무덤을 만드는 매장 풍습이 있었습니다. 이 네안데르탈인들은 약 7만 년 전에 살았던 분들이에요. 전 세계적으로 요 까만 표시된 것이 오늘날 네안데르탈인들의 유골이 나오는 곳인데 우리 동아시아에서는 네안데르탈인들의 유골이 전혀 발견되지 않아요. 이들은 주로 석회석 동굴에서 생활을 했는데 이때부터 생활 공간과 사람들이 죽으면 매장을 하는 공간을 분리함으로써 삶과 죽음의 분리를 인식했을 것으로 보입니다. 특히 이들은 죽은 이들을 묻으면서 살아생전 생활했던 석기라든지 또는 뼈로 만든 예술품이라든지 이런 것들을 묻어놨습니다. 오늘날 무덤에도 많은 부장품이 발굴되잖아요. 이집트의 피라미드나 고왕들의 무덤이나 우리나라 왕릉에서도 많은 부장품이 나왔습니다. 이 부장품은 죽은 이들이 저세상에서 사용하리라 믿기 때문이라 보입니다. 무엇보다도 네안데르탈인들의 무덤 주변에서 꽃가루 미화석이 발견되었는데 사람이 죽었을 때 꽃으로 장식하거나 부장품을 함께 매장했다는 것은 죽은 다음의 내세를 염원하는 마음이었을 겁니다. 네안데 계곡에 살던 이분들은 약 7만 년 전이니까 아마 이보다 더 먼 때부터 인간은 죽음에 대해서 내세를 생각하고 영혼이라는 것을 생각했다고 보고 있습니다.

네안데르탈인뿐만 아니라 우리나라에서도 꽃가루 미화석이 발견된 적이 있었습니다. 청주에 두루봉이라는 산에 석회석 광산이 있습니다. 이 석회석 광산에서 어린이의 유골이 발견됐습니다. 이 유적을 처음 발견한 사람은 한흥문의 광산 전무 김흥수 씨가 신고를 해서 발굴하게 됐는데 그래서 그 어린이를 흥수아이로 명명을 했어요. 이 흥수아이는 대개 5만 년 전에서 약 10만 년 전 사이에 살았던 인류인데 주변에 보면 이렇게 뼈로 만든 유물들이 나오고 또 여기서도 꽃가루 화석이 발견된 거예요. 무덤 주변에서. 이분이 처음으로 유적지를 신고하신 김흥수 씨예요. 광산에서 그런 유적이 나오면 신고를 해야 하는데 발굴을 시작하면 광산이 문을 닫을 정도로 시간이 오래 걸리기 때문에 웬만하면 사람들은 신고를 안 합니다. 근데 이분도 아마 고민을 많이 했던 모양입니다. 신고를 안 하자니 그렇고 하자니 광산이 문을 닫을 지경이 됐단 말입니다. 그래도 이분이 신고를 했기 때문에 오늘날 홍수아이가 탄생하게 된 것입니다. 지금 이 홍수아이의 뼈 일부를 프랑스 고고학 대학에 연대를 측정하려고 보냈더니 그 사람들은 이 홍수아이는 고인류가 아니라 현생인류라고 했습니다. 그런데 홍수아이는 네안데르탈인은 아니에요. 고인류학자들의 일부는 홍수아이는 북경원인의 호모 에렉투스의 진화된 현생인류로 보고있는 겁니다. 지금 고인류학에서 이 홍수아이가 굉장히 이슈가 되는 이유는 만약 홍수아이가 5만 년 내지 10만 년 전 인류라면 이건 네안데르탈인은 아니고 현생인류도 아닌 중간 골격을 갖고 있어요. 만약 이 홍수아이가 호모 에렉투스의 후손이라고 볼 때는 유럽에서 고인류학자들이 말하는 현생인류의 단일종을 완전히 뒤집는 유적이 되는 겁니다. 유럽 사람들이 동아시아 쪽은 미개하기 때문에 찍개 문화만 있다고 했는데 연천에서 아슐리안 도끼가 나오는 바람에 깜짝 놀란 거예요. 마찬가지로 이 홍수아이의 고인류학적 근거가 완전히 규명이 되면 고인류학의 역사를 다시 써야 할지도 모릅니다. 이미 5만 년, 10만 년 전에 우리 인류의 조상들은 인간이 죽으면 하늘나라에 간다고 생각을 했다는 말입니다. 사실 이 죽음이라는 거는 현세와는

새로운 인류의 출현

완전히 단절이잖아요? 완전히 단절인데도 어떻게 죽음을 연속되는 생명으로 생각했는지 알 수는 없지만, 아무튼 우리가 말하는 저승이라든지 영혼이라는 개념은 오늘날의 우리들의 개념이 아니다 이 말입니다. 동서양을 막론하고 이와같이 오랜 옛날부터 죽음과 영생과 영혼에 관하여 영혼이란 죽은 시체의 다른 존재로 생각했을 거란 말입니다.

네안데르탈인들이 살던 유럽의 서남부에는 3만 5천 년에서 1만 년 전 사이에 살았던 크로마뇽인들에게도 물론 매장 풍습이 있었는데 네안데르탈인들이 남겨놓지 못한 아주 중요한 유적을 그분들이 남겨놓았습니다. 바로 벽화이죠. 프랑스의 라스코 벽화나 스페인의 알타미라 벽화를 보면 미술적인 가치보다도 하나의 주술적인 즉 동물을 사냥하는 데 다치지 않고 많이 잡히라고 주술적인 종교 형태가 크로마뇽인들로부터 시작됐다고 보고 있는 것입니다. 네안데르탈인이나 홍수아이 시대는 매장 풍습이 있다는 건 확신이 되지만, 어떤 종교 형태라는 그 흔적을 알 수 없는데 이 크로마뇽 시대부터는 이와같이 어떤 주술적인 하나의 원시 종교 형태로 인류가 나타나기 시작했단 증거란 말입니다. 그래서 이와같이 우리는 네안데르탈인이나 또는 크로마뇽인을 통해서 수만 년 전부터 인류는 죽음과 영생과 내세에 관해서 어떤 형태로든지 알고 있었던 것으로 보입니다. 이걸 우리는 원시 종교라고 하죠. 이 원시 종교의 특징은, 오늘날 종교는 그 종교의 이론이 있고 사상이 있고 또 종교 생활과 실제 생활이 분리되어 있는데, 원시 종교의 가장 큰 특징은 문화의 영향을 받지 않고 또 자연 현상을 숭배하는 종교라는 것이 특징이고 또 세속 공동체와 종교 공동체가 분리되어 있지 않았습니다. 옛날에 고구려 시대 때 영고라든지 이런 추수감사절에는 모든 부락민들이 함께 여러 날 술 마시고 춤추면서 축제를 즐겼습니다. 이와같이 삶과 종교 생활이 분리돼 있지 않았어요. 근데 오늘날 우리는 스콜라 철학 이후부터는 종교와 생활이 분리되기 시작했지 않습니까?

원시시대 때 종교를 보면 잘 아시다시피 먼저 샤머니즘을 들 수 있습니다. 주로 동북아시아, 시베리아, 만주. 우리나라에는 이 샤머니즘이 널리 퍼져 있습니다. 우리는 샤머니즘을 무당이라고 하지요. 한자에서 巫자가 이 巫 자거든요. 하늘과 땅을 이어주는 사람이라는 뜻입니다. 이 샤만이라는 말은 원래 퉁구스 말인데 모든 것을 잘 아는 사람이라는 뜻입니다. 우리 한국어는 우랄 알타이 퉁구스어족이라 하잖아요? 그런데 우리나라에서의 무당은 신내림을 받은 사람을 무당이라고 하지요. 강신무가 있고 강신무가 아니고 세습적으로 이어지는 세습무가 있고 또 남자 무당을 박수무당이라고 합니다. 무당을 보면 신내림이라는 것은 엑스터시를 말하는 것입니다. 엑스터시는 우리 보통 사람으로서는, 경험하지 않은 사람은 이것을 도저히 이해 못해요. 프로이트나 칼 융이 의식과 무의식이라는 용어를 제일 많이 먼저 사용했는데 칼 융이나 프로이트의 무의식은 우리가 경험했던 것이 내 안에 깊숙히 들어가 있기 때문에 보통 인식되지 않는 걸 무의식이라고 하는 거예요. 칼 융이나 프로이드는 의식은 현재에서 오감으로 완전히 인식되는 세상의 의식이지만, 샤머니즘에서 말하는 엑스타시에서 무의식이라는 의미는 이들과 전혀 다른 의미입니다. 생물학을 공부하면 좀 더 쉽게 이해하는데, 인간에게는 단백질 정보가 약 30억 개가 있어요. 오늘날 우리가 전기를 만들고 프로젝트를 만들고 생활하는 우리의 문화 문명은 이 30억 개 중에 10%도 그 정보가 무슨 뜻인지 모르는 세상이란 말입니다. 나머지 90% 이상 그 정보는 그게 무슨 세상인지 모릅니다. 생물학이나 엑스타시가 말하는 무의식은 바로 이 세상을 얘기하는 겁니다. 프로이트나 칼 융이 말하는 무의식이 아니고 샤머니즘이에서 엑스터시라는 의식은 바로 현재 세계에 도래하진 않았지만 분명히 있는 그 세상에 대한 경험을 말합니다. 그러니까 어떤 분들은 예수님은 무당 중에 왕 무당이라고 하기도 합니다. 우리 대림절 첫 주 전에 마지막 주일에 왕 중의 왕을 기념하잖아요. 왕 중의 왕이 아니라 무당 중에 왕 무당의 출현으로 보는 겁니다. 그래서 엑스타시 하는 정도에 따라서 예수님처럼 왕 무당이 있고 아주 저 밑에 무당도 있고 그렇습니다. 그래서 어쨌든 이 시베리아 동북아에서부터 샤머니즘이 시작되서 오늘날 바이칼 호수에 알혼 섬이란 게 하나 있는데 그 섬에 가면 옛날부터 시베리아 전통 무당이 있다고 해요. 그래서 이 샤머니즘을 무당이라고 해서 미신이라고 무시하면 안 된다는 말입니다. 이 샤머니즘을 미신이라고 매도하면 우리 종교의 근본 출발점을 잃어버리는 거예요. 즉 이 사람들이 말하는 무의식의 세계는 아직 인류가 경험하지 못한 세상을 어떤 형태로든지 경험했다는 얘기예요. 그걸 경험하지 않은 사람은 도저히 이해를 할 수가 없죠. 그러니까 이런 훌륭한 샤머니즘은 예수님같이 모든 인류를 위해서 사신 훌륭한 샤머니즘이 있는가 하면 자기 자신의 이익을 위해서 사람들을 이용한 사람들도 많습니다.

다음은 원시 종교에 애니미즘이 있습니다. 정령신앙이라고 하는데 우리나라에는 당산나무에 울긋불긋한 리본 달아놓고 빌고 그러잖아요. 그러니까 모든 사물에 신이 들어 있다고 믿은 거예요. 이게 다신교의 출발점인데 우리도 각 사람마다 수호천사가 있다고 믿고 있잖아요. 이 수호신 사상이 바로 정령신앙에서 온 거예요. 모든 사물에 다 신이 깃들어져 있다고 믿는 겁니다. 이것이 장승으로 나타나거나 서낭당 있잖아요. 우리나라 서낭당. 그리고 또 불교에서는 이게 산신각으로 변하죠. 단군을 믿는 사람은 삼성각이라고 합니다. 불교에 있는 산신령은 산신각인데 이 산신각 중에 충청도 이남에서는 산신각의 신이 삼신할머니 여자로 나와요. 애기를 낳게 해주는 삼신할머니예요. 또 우리 어렸을 때 보면 할머니는 장독대에 촛불 켜놓고 쌀 조금 하고 물 정안수 떠놓고 빕니다. 그런데 이걸 다 미신이라고 칩시다. 그러면 미신이면 왜 성모 석고상 앞에서 빕니까? 이게 미신이면 왜 석고상에 비느냐고요. 대학입시 때 대구 팔공산에 가면 사람들이 구름같이 모여 돌부처에 자식이 대학입시에 합격하게 해달라고 빕니다. 돌부처에 비나 석고 성모상에 비나 당산간에서 비나, 정안수를 떠놓고 비는 거나, 이것은 뭐냐. 예수님이 우리한테 가르쳐주셨어요. 예수님은 자신의 능력으로 또 내 위대한 힘으로 너를 낫게 했다 그런 적 없잖아요. 네 믿음이 널 낫게 했다. 바로 너한테 모든 게 있다. 그 얘기에요. 예수님이 우리한테 가르친 게. 그러니까 정안수 앞에 비는 거는 이 물이 무슨 능력 있어서 나를 낫게 한 게 아니라 내 안에 있는 걸 끄집어내는 겁니다. 성모상 석고에 무슨 힘이 있어서, 루르드의 물이 무슨 효험이 있어 병을 낫게 합니까? 내 안에 낫게 할 수 있는 힘을 대상을 통해서 끄집어낸 겁니다. 그러니까 우리가 성당에 가서 성체 앞에서 기도하나, 장독 앞에서 기도하나 본질적으로 예수님이 우리한테 가르치신 그거는 너희들한테 모든 게 있다는 겁니다. 그것을 끄집어내는 방식이 다를 뿐입니다. 오늘날 과학에서 모든 물질에는 그 물질이 형성되는 어떤 정보가 있다고 보고 있습니다. 그 정보가 애니미즘에서는 신령으로 인식한 겁니다.

다음에 토테미즘 신앙이 있는데 인류는 처음에 수렵 생활을 했는데 동물들에 대한 신앙이 나왔을 것으로 보고 있습니다. 토템이란 말은 원래 이 인디언들의 언어인데 어떤 부족이나 씨족들의 상징으로 신을 믿는데 이건 인디언들 장승이에요. 그러니까 이 장승 속에 이런 동물형을 만들어 신앙을 했습니다. 이걸 토테미즘이라고 하는데 이집트에 많이 나오는 키메라 아피스라든지 호루스라든지 스핑크스라든지 이런 형태로 토테미즘 사상이 나타나거든요. 우리나라에도 단군 신화에 곰이 100일간 마늘만 먹고 여자가 돼서 나왔잖아요. 그것은 곰을 토템하는 민족과 호랑이를 토템하는 민족과 경쟁 중에서 곰 민족이 이겼다 그 얘기예요. 그래서 이 곰은 우리나라에서 곰이라는 동물을 상징하기도 하지만 원래 북쪽이라는 의미도 있다는 거예요. 북쪽. 고마루, 곰나루. 이런 곰이 들어갔단 말은 그 동네 보면 남쪽에 있는 동네가 하나도 없고 북쪽에 있는 동네예요. 곰은 동물 곰이 아니라 북쪽에서 내려온 민족이라는 의미를 갖고 있습니다. 인간은 죽어도 죽은 게 아니라 그 어떤 존재가 살아 있을 거라는 어떤 믿음을 갖고 영생을 인식한 것은 오늘날 종교가 만들어낸 것이 아니라는 뜻입니다. 네안데르탈인이나 홍수아이처럼 몇십 만년 전부터 인류는 영생에 관해서 확실히 인식한 겁니다. 결국 샤머니즘, 애니미즘, 토테미즘은 인류가 영생을 바라는 희망이 원시 종교 형태로 나타난 겁니다. 문제는 오늘날 과학은 그 영생에 대한 신앙이 희망사항이 아니라 실제로 인류가 걸어야 할 길임을 제시하고 있다는 사실입니다. 다음 시간부터는 생물에 관해서 공부하겠지만, 생물 자체가 연속성이라는 것을 이해하면 옛날 사람들은 과학이 없던 시대 때 그걸 모르니까 단순히 영혼이라든지 또는 저승이라든지 또는 부활이라든지 이런 다른 의미로 불멸성과 연속성을 이해했을 거라고 보고 있습니다.

원시 종교는 여기에 어떤 이론이나 사상이 전혀 개입되지 않고 샤머니즘, 애니미즘, 토테미즘 같이 자연과 인간이 함께, 또 공동체와 종교라는 게 구분되어 있지 않아요. 그런 순수한 원시의 종교 형태에서 한 발짝 들어가서 종교를 시작한 것이 바로 수메르 문명이라 보고 있습니다. 우리가 지난 시간에 수메르 오리엔트 문명을 얘기했습니다만, 이라크와 이란 사이에는 자그로스 산맥이 있으며, 이라크하고 터키 사이에는 토로스 산맥이 있습니다. 그래서 이렇게 꼭 초생달 같은 비옥한 땅을 오리엔트라고 합니다. 유프라테스, 티그리스강 사이 메소포타미아에 수메르인들이 문명을 일으켰습니다. 이 사람들이 우리에게 남긴 유물 중 하나가 글자란 말입니다. 쐐기 문자. 강에서 내려오는 점토가 많으니까 점토를 만들어서 작대기로 쐐기문자를 발명했습니다. 이분들이 일찌감치 쐐기 문자를 만들었기 때문에 이분들이 어떻게 살았는 가를 오늘날 알고 있습니다. 만약 이분들이 쐐기 문자를 안 남겨놨으면 아마 몰랐을 거예요. 원래 19세기 전까지는 수메르인이라는 사람이 있는 줄도 몰랐었어요. 그런데 구약에 보면 우르라든지 바빌론이라든지 니네베라든지 수사라든지 이런 구약의 도시들의 이름이 이 일대에 나오거든요. 그러니까 고고학자들이 이 구약을 유물론자들이 지어낸 얘기라고 하니까 실질적으로 확인하기 위해서 발굴을 시작했습니다. 이 일대를 고고학자들 특히 프랑스, 독일 계통 고고학들이 대거 발굴했습니다. 우르는 아브라함이 태어난 곳이란 말이에요. 우르라는 지역이 나오니까 우르를 발굴하기 시작하니까 위에서부터 자꾸 파고 나니까 유적이 나오고 이런 점토판에 쓴 쐐기 문자가 나오기 시작한 겁니다. 우르는 아브라함이 BC 약 2천 년에 살았는데 바로 이 우르는 이거보다는 더 2000년 내지 2500년 이상 전에 생겼

제9강. 고대인들이 인식한 죽음과 내세관

단 말입니다. 고고학자들은 구약의 성경을 증명하기 위해서 이 일대를 발굴하기 시작했는데 구약의 세계보다도 더 몇천 년 전에 문명이 있다는 것이 발견된 것이 바로 수메르인들이었다고 합니다. 그래서 수메르인들에 대한 종교, 사상, 신전, 신화 이런 여러 가지가 어떻게 오늘날 전해 왔는가를 알 수 있었습니다.

제10강
고대 오리엔트 시대 내세관

　사실 우리는 하느님을 유일신으로 믿지만, 우리 한번 반성해봅시다. 우리는 인간의 하느님으로 신앙하지 강아지의 하느님이라고 생각해본 적이 있나요? 민들레의 하느님이라고 생각해본 적이 있나요? 우리는 인간만의 하느님을 믿고 있지 우주 전체의 하느님, 즉 아직도 우리는 유일신까지 못 가고 있습니다. 떼이야르 드 샤르댕의 사상, '새로운 인류의 출현', 그 열 번째 시간, 고대 오리엔트 시대 내세관, 바로 시작합니다.

　수메르 문명은 이 비옥한 초생달 지역에서 제일 먼저 출현했고, 그 다음에 아카드 문명이 일어났는데 아카드 문명은 셈족에 의해서 발생했습니다. 물론 수메르인들이 처음 들어왔을 때 이 일대는 셈족 또는 햄족 원주민들이 이미 살고 있었던 곳이거든요, 근데 문명은 수메르가 먼저 일으키고 그 다음에 아카드, 셈족 등의 문명이 일어났고 다음에 바빌로니아, 아시리아 등 옛날 바빌로니아 문명들이 메소포타미아에서 발생하고 또 사라졌습니다. 문명에 관해서는 지난 시간에 얘기했기 때문에 오늘은 이 문명 속 내면적 정신세계와 신앙과 종교에 관해서 우리가 공부하는 게 좋겠습니다. 특히 이 일대는 옛날부터 터키 아나톨리아고원이나 티그리스 유프라테스강 일대에 보리와 밀의 원종이 있는 곳이지요. 밀, 보리는 우리나라 말이 아니에요. meal, barley라고 그 지역 언어입니다. 옛날 우리나라에서 보리는 대맥이라고 하고, 밀을 소맥이라고 했습니다. 쌀도 인도 사람들 말이에요. 그러니까 벼는 인도나 동남아시아가 원산지이고, 이 일대는 밀과 보리의 원산지입니다. 이 일대에서 문명이 빨리 출현한 가장 큰 원인이 바로 밀과 보리 등 먹거리를 재배할 수 있는 조건이 되었기 때문입니다. 만주하고 한반도 일대는 콩과 들깨의 원산지입니다. 그리고 한민족만 전 세계에서 유일하게 먹는 작물이 들깨예요 들깨. 그러니까 만주에 가서도 들깻잎 먹느냐 안 먹느냐에 따라서 중국 사람이냐 한민족이냐 분간이 되는 거예요. 다른 나라 사람들은 들깨 안 먹어요. 또 들깨도 없어요. 그런데 이 들깨 속에 요즘에 유명한 뭐냐 오메가 3라고 하나 오메가 3 기름이 들어가 있는 유일한 식물이에요. 그래서 들깻잎과 들깨는 우리 조상 때부터 많이 먹는 작물이지요.

이건 여담이고, 물론 수메르의 신은 다신교에요. "다신교" 그러니까 정령신앙이 다신 사상이 아닙니까? 이 정령신앙은 모든 자연 물질엔 영이 있다고 믿었는데 수메르인들에게 와서부터는 이것을 의인화해서 신화로 만들었습니다. 즉 당시의 신은 바로 그 지역을 설립한 지배자들을 대상으로 한 신화로 봐야 되는 거예요. 그러니까 우르에 가면 우르를 지키는 神이 있고 바빌론이면 바빌론을 지키는 神이 있고 각 神이 다 있어요. 그러니까 다신교지요. 그러나 그 神 중의 우두머리 神이 항상 있어요. 그리스 신화의 제우스처럼. 그래서 우리가 다신교라고 하니까 이 신도 믿고 저 신도 믿고 한 것 같으나 실질적으로는 그 신중에 우두머리가 항상 있어요. 그게 단일신 사상입니다. 단일신이 유일신이 아닙니다. 우리들은 하느님을 유일신으로 믿고 있지만 인간만의 하느님을 믿고 있지 우주 전체의 하느님임을, 아직도 우리는 유일신까지 못 가고 있는 거예요. 우리는 단일신을 믿고 있는 겁니다. 구약 창세기에 하느님이 태초에 세상을 창조할 그때 하느님은 야훼가 아니고요 엘로힘이라고 하잖아요. 야훼가 아니란 말예요. 이 엘로힘이라는 말은 단수가 아니고 복수입니다. 수메르인들의 다신교는 여러 신이 있지만, 그 중에 우두머리 신이 있어 단일신 사상이 나오게 되었습니다. 엘로힘은 바로 단일신 사상에서 나온 말입니다. 따라서 수메르 종교에서부터 샤머니즘, 애니미즘, 토테미즘이 신화로 발전해서 신을 숭상하는 종교로 자리 잡기 시작한 겁니다. 이 사람들은 6×6=36, 3천 6백 개의 신이 있었대요. 신들이 많은데 바로 그리스나 로마 시대 신화의 근원이 바로 여기란 말이에요. 예를 들어서 수메르인들의 풍요로운 여신, 이난나는 바빌론에서는 이쉬타르로 바뀌는 거예요. 그다음에 그리스로 가서는 아프로디테로 바뀌고 로마에 가서는 비너스로 바뀌었습니다. 그리고 이 인간화된 신은 전쟁의 여신이기도 해서 그리스의 아테네 신이 되었습니다. 이것이 15세기 영국 프랑스 100년 전쟁에 프랑스의 성녀 잔다르크가 바로 이 사상에서 나온 겁니다. 오늘날 페르시아 지역은 이슬람교가 장악하고 있기 때문에 신화의 흔적이 거의 없어요. 대신 페르시아는 이런 신화보다는 조로아스터교가 오늘날 우리한테 영향을 더 많이 주고 있습니다. 정령신앙이나 다신신앙을 오늘날 우리들의 눈으로 보면 현상(물질)이 되는 원리 또는 정보를 영(靈)으로 인식한 것으로 보는 겁니다.

이것은 길가메시 서사시를 썼던 왕입니다. 이 왕의 상징은 황소였다고 합니다. 머리는 사람인데 몸은 황소인 반인반수 이런 키메라가 동물만큼 많았다는 거예요. 우리는 키메라 하면 그리스 어원에서 나와서 이집트의 키메라만 생각했는데 여기서부터 시작된 겁니다. 이 황소가 이집트로 가서는 아피스로 변했잖아요. 그다음에 그리스 가서는 미노타우로스, 여기 그리스인들이 미노타우로스가 원주민들을 장악하는 그림입니다. 이와 같이 그리스, 로마, 유럽인들의 신들은 바로 이 수메르인들에서부터 유래됐습니다. 특히 수메르인들한테 An이라는 하늘의 남신과 Ki라는 대지의 여신이 있는데 당시에 수메르인들의 우주관은 하늘과 땅의 신이 결합된 세계관이었습니다. 여기는 An 세상이고 땅은 Ki의 세상인데 이 Ki 밑에 지하 세계가 있어요. 이 지하 세계가 구약에서 히브리인들한테 쉐올로 나타납니다. 그리스에서는 하데스라고 했습니다. 많이 들어 봤을 거예요. 쉐올이나 하데스. 조로아스터교에 가서는 이것이 천당, 연옥, 지옥으로 완전히 장소적 개념으로 바뀌었습니다. 오늘날 그리스도교에서 바로 조로아스터교의 저승이라는 개념이 나왔습니다. 바로 네안데르탈인이나 홍수아이는 사람이 죽으면 막연하게 어디론가 간다고 믿었는데 이때부터 완전히 저승이라는 장소 개념이 수메르인들의 Ki의 지하 세계에서부터 시작된 겁니다. 그래서 오늘날 그리스도교에서 말하는 천당, 연옥, 지옥은 바로 이 조로아스터교의 Ki의 지하 세계가 장소적 개념으로 굳어지기 시작했단 말입니다.

루카 복음에서 라자로와 부자 얘기가 있지 않습니까? 라자로도 죽고 부자도 죽었는데 부자가 지옥에 빠져서 저 위 천당에 있는 라자로를 보고 애원하지 않습니까? 그러니깐 벌써 히브리인들의 중간 시대 때는 벌써 쉐올, 하데스가 지금과 같은 천당, 지옥이라는 완전한 개념은 없지만 하여튼 저승이 장소적 개념으로 굳어지기 시작한 것이 바로 Ki의 지하 세계에서부터 시작된 거란 말입니다. 수메르인들에게 지구라트라는 신전이 있었습니다. 그러니까 Ki라든지 An이라든지 아난이라든지 각 지역별 신들을 지구라트라는 신전에 모시고 숭배하기 시작한 겁니다. 여기서 우리가 알아야 할 것은 샤머니즘, 토테미즘, 애니미즘은 신들과 함께 생활하는 사람인데 여기서부터는 신들을 집 안에 가두기 시작한 겁니다. 히브리인들이 야훼를 가둬두기 시작한 것이 바로 솔로몬의 성전이에요. 그렇지 않아요? 신을 집 안에 가두기 시작한 겁니다. 수메르인이 이 지구라트에 모시는 신은 바로 당시의 지배층의 왕이라는 얘기입니다. 말로는 신의 이름으로 명령을 하지만 결국은 지배층들의 명령이란 말이에요. 오늘날 가톨릭의 사제가 신의 이름으로 모든 종교활동을 장악하고 있지 않습니까? 이게 바로 완전히 정보를 갖고 있는 지배층들의 명령입니다. 물론 이게 전부 나쁘다 그런 의미는 아니에요. 하여튼간에 우리가 살아가는 데 이러한 쪽의 사상을 이해하고 가자는 얘기입니다. 이것이 이집트에 가선 아부심벨 신전이 되었습니다. 나일강 상류에 아스완 댐을 막는 바람에 묻히게 생겼어요. 그러니까 전 세계의 사람들이 이집트에 원조를 해서 이 신전을 그대로 번쩍 들어올려서 60 m 위로 다시 만들어 놓은 겁니다. 이와 같이 이 시대부터 즉 인류의 문명이 시작할 때부터 신들을 집 안에 가두기 시작해서 그 신이라는 건 결국은 지배층들의 명령 계통이라는 말입니다. 이건 그리스의 파르테논 신전이죠? 파르테논. 판테온이라고 했었는데 판테온의 판이란 말은 전부라는 뜻이고 테온은 신이라는 뜻입니다. 그런 파르테논 신전, 신화만이 아니라 이와 같이 신전의 전파는 즉 신전을 만드는 양식의 전파가 아니라 인류 사상의 전파 즉 신을 가두는 신앙의 형태입니다.

우리는 예수의 부활 사상이 그리스도교의 전유물인 줄 알고 있지만, 이 부활 사상은 수메르인들의 탐무즈라는 신에서 나온 사상입니다. 탐무즈라는 신은 아주 잘 생겨서 여신들이 서로 차지하려고 싸우는 과정에서 죽었어요. 싸우는 과정에 죽었는데 어떻게 어떻게 해서 다시 살려 놨는데 겨울에는 이쪽 여신으로 가서 살고 봄에는 이쪽 여신으로 가서 살았답니다. 이쪽 봄은 바로 땅이란 말입니다. 코스모스 같은 1년생 식물은 겨울에 얼어 죽었다가 봄에는 씨앗으로 다시 살아나잖아요. 탐무즈는 바로 식물 재생의 상징이에요. 그래서 봄에는 전 수메르인들이 봄을 맞이하는 축제를 했다는 거예요. 그러니까 식물은 겨울엔 분명히 얼어 죽거든요. 그런데 봄에는 또 살아나거든요. 이걸 부활이라고 해서 탐무즈 신화가 나왔는데 이 부활 사상은 바로 이 탐무즈에서부터 시작한 거예요. 수녀님들은 주로 인문학을 통해서 하느님과 예수님에 대해 공부를 했기 때문에 생물학을 처음부터 얘기하면 너무 딱딱할 것 같아서 인문학적으로 이 흐름을 완전히 이해하시면 그다음 생물학은 조금만 해도 바로 알아듣기 때문에 일부러 생물학 강의는 조금만 시간을 잡아놨습니다. 생물로 보면, 코스모스가 겨울엔 얼어 죽지만 봄에 다시 싹이 나는데 바로 식물은 씨앗을 통해 연속되는 겁니다. 자신의 싹트고 자라나는 이 씨앗 정보가 오늘날에는 DNA라고 하는데 자기의 DNA를 씨앗으로 남겨놓은 겁니다. 이 탐무즈 신화 얘기는 오늘날 식물이 죽고 개체는 사라지고 다시 봄에 싹트는 정확하게 오늘날 식물의 식생을 잘 얘기하고 있습니다. 수메르인들은 밀과 보리를 농사지음으로써 식물의 재생을 잘 알고 있었습니다. 그러니까 신화라는 건 결국 현상을 의인화해서 설명하는 거란 말이에요. 해가 동쪽에서 떠서 서쪽으로 진다고 오늘날은 과학으로 얘기를 하지만, 옛날에는 과학이 없던 시대니까 태양신은 동쪽에서 올라와서 서쪽으로 진다고 이런 식으로 표현한단 말이에요. 그러니까 옛날의 신화는 현상을 신으로 의인화하여 설명하는 것이 신화입니다. 따라서 수메르인들에게 부활 사상은 생명의 연속성을 의미했습니다.

그런데 수메르인들의 탐무즈 신화가 이집트에 가면 오시리스 신화라는 부활 사상으로 바뀌었습니다. 탐무즈 신화하고 비슷해요. 그런데 탐무즈에서는 작물이 재생하는 것을 부활이라 했는데 이집트에 와서는 부활 사상이 완전히 달라졌어요. 인간은 식물과 달리 인격이 있잖아요? 아버지의 인격이 자식에게 유전되는 게 아니잖아요. 그러니까 이집트의 파라오는 자신을 육화한 신으로 자처해서 자신은 죽어서 저승에 갔다가 때가 되면 부활하기 때문에 자신의 시신을 미라로 만들어 놓았습니다. 작물의 연속성과 인간의 연속성이 다르다는 것을 인식한 것입니다. 이 사상이 페르시아에 전해져 인간의 영혼과 육신, 선과 악, 이승과 저승이라는 이원론적 세계관이 출현한 것입니다. 페르시아 조로아스터교에서는 프레쇼케로티라는 제2단계 종말론에서 부활 사상이 있는데 사람이 죽으면 그 영혼이 생전의 선한 삶에 따라 천당이나 지옥에 있다가 세상이 선한 신에 의해 완성되었을 때 천당에 있던 영혼은 부활하지만 지옥에 간 영혼들은 영원히 사라진다고 믿었습니다. 오늘날 그리스도교에서 사심판(개개인이 죽었을 때 천당이냐 지옥이냐 받는 심판)과 공심판(세상 종말에 천당에 있던 영혼들의 부활) 교리는 바로 조로아스터교에서 유래된 것입니다. 당시 예수의 부활 사상은 인간은 생명이 아니라 정신으로 연속되는 존재임을 설파했지만, 초기 특히 예수의 삶을 함께 직접 경험하지 못한 그리스도교 신자들은 예수의 부활 사상을 이해하지 못했기 때문에 페르시아 조로아스터교의 프레쇼케로티라는 제2단계 종말론 부활 사상으로 이해한 것입니다. 이와 같이 예수님이 3일 만에 부활하셨다는 그 부활 사건은 바로 수메르인들로부터 내려온 생명의 연속성과 이집트의 인격이 있는 인간의 연속성을 의미했지만, 그 당시에는 과학이 없으니까 이걸 현상으로 설명할 수 없으니까 '3일 만에 부활하셨다'는 신앙 언어로 표현한 것입니다.

오늘날 우리는 생물학을 공부하면 부활이 어떤 의미인가를 확실히 이해할 수가 있단 말입니다. 그래서 수메르인들이 오늘날 우리 인류에게 전해준 여러 가지 사상은 특히 종교로 전해진 사상은 그 뿌리가 바로 수메르인들 특히 지난 시간에도 얘기했지만 우르크의 왕 길가메시라는 사람이 하나의 긴 서사시를 남겨놓았는데 길가메시 서사시라고 합니다. 거기에 창세기 설화와 홍수 설화가 있는데 이 창세기와 홍수 설화를 에리두 창세기라고 하는데 에리두가 어디냐면 BC 3천 년에 이 에리두 지역이 먼저 여기에 있는 우르 있지요. 우르가 있는데 우르에서 약 30리 떨어진 곳에 에리두가 있어요. 에리두. 여기에 길가메시 서사시의 점토판이 여기에 보관되고 있었는데 바깥으로 유출이 안 됐었대요. 그런데 서기관 중에 쿠무 드 아크 그 사람 이름도 전해져 왔어요. 쿠무 드 아크라는 사람, 그리고 니푸르라는 곳이 있어요. 요게 니푸르예요. 여기에 있는 서기관이 이 에리두 서사시에 있는 창세기 설화, 홍수 설화만 따로 사본을 만들어서 니푸르로 빼가지고 와서 나중에 발각돼 이 서기관은 사형을 당했다 그래요. 다시 에리두로 갔는데 이걸 니푸르 사본이라고 해요. 에리두 창세기를 니푸르 사본이라고 하는 거예요. 여기 우르에서 한 30리 떨어진 곳이 에리두이고, 요게 니푸르. 요게 에리두 창세기 니푸르 사본 점토판에 있는 글이에요. 그리고 이 길가메시에는 우르크의 왕이 황소로 상징되는 사람인데 이 사람들은 황도 12궁, 황도라는 건 뭐냐하면 태양이 1년 동안 이렇게 도는 별의 길을 얘기하거든요. 그거를 12 황도라고 하는데 이 12 황도 이름이 전부 다 저기 짐승 이름이에요. 우리도 자축인묘진사오미신유술해 12개잖아요. 황소 자리, 염소 자리, 뱀 자리 이 사람들이 만들어 놓은 거예요. 그러니까 우리는 12시, 12진법 그걸 다시 60으로 60진법으로 이 사람들이 만들어놨습니다. 이스라엘이 몇 지파입니까? 12지파. 바로 이 12라는 그 진법이 바로 이 사람들한테서 시작된 거란 말입니다. 그래서 오늘날 요거는 2003년 2004년에 에리두 유적지를 발견해서 찍은 사진입니다. 그런데 지금 완전히 사막이 됐죠. 그 당시만 해도 큰 숲과 풀이 우거졌던 낙원이었단 말입니다. 그러니까 메소포타미아 지역에서 지난 시간에도 얘기했지만, 이 일대는 진짜 에덴동산이었는데 기후가 건조해지면서 점점 더 이렇게 황폐해 가는 걸 원주민들이 구전을 통해서 전했을 거라 생각합니다. BC 3천 년에 에리두는 아주 아름다운 도시였는데 지금 완전히 사막이 됐습니다. 실락원이 됐단 말입니다. 그래서 에덴, 에리두, 발음이 좀 비슷하잖아요. 바로 에덴은 이 에리두 지역을 얘기한다고 어떤 성경학자들은 얘기하고 있습니다.

이제 이집트의 종교로 보면, 그러니까 유프라테스, 티그리스강의 홍수는 얼마만큼 언제 비가 많이 와서 물줄기가 바뀌는지 예측할 수가 없던 지역이에요. 그러니까 자연의 위력을 굉장히 실감하면서 살았던 사람들이라 이 지역의 왕들은 절대 왕권을 행사할 수가 없었습니다. 수메르인들의 왕은 신의 대리자로 인식한 반면에 이집트 파라오들은 이집트 나일강의 홍수량이나 나일강이 흐르는 그 물줄기가 일정하게 패턴이 있단 말이에요. 그래서 그 정보를 알고 있는 집권 세력들이 그걸 이용해서 절대 왕, 그러니까 육화한 신으로 군림했습니다. 바로 우리 가톨릭 신학에 나오는 예수님이 육화한 신이라는 말은 다 여기서 나온 겁니다. 육화한 신이라는 거. 그래서 이집트는 절대 왕권이고 이 사람들은 탐무즈의 부활 신앙을 오시리스 신화로 탈바꿈해서 미이라를 만들어 언젠가는 다시 부활한다고 믿고 있었습니다. 근데 부활하기 전까지 사람들은 저승으로 간다는 겁니다. 지하 세계에 있다가, 그러나 파라오는 육화한 신이기 때문에 그 사람들한테는 하데스, 쉐올 개념이 아니라 신이니까 하늘나라 천당에 머물다가 때가 되면 부활한다는 신앙이었습니다. 그러니까 걔네들한테는 하데스나 쉐올 개념이 없어요. 파라오는 육화한 신이니까 죽어도 지하로 갈 수는 없잖아요. 그게 이집트 종교의 특징이란 말입니다. 이제까지 얘기했지만, 키메라를 우리는 그리스 신화에서 나온 얘기라고 보지만, 바로 수메르인들한테서 이 키메라라는 신앙이 나왔습니다. 키메라는 우리나라 장호원에 가면 황도 복숭아라고 있어요. 복숭아 중에서 제일 늦게 수확되는 품종이지요. 그러니까 9월 초, 중순부터 대개 추석 전에 메론만해지는 황도 복숭아인데 이 황도 복숭아를 먹고 씨를 심으면 그 씨가 황도 복숭아가 안 되고 개복숭아가 됩니다. 개복숭아가. 그래서 황도 복숭아를 계속 먹고 싶으면 그 씨앗을 심으면 안 돼요. 그 씨앗은 개복숭아가 돼버려요. 그니까 개복숭아에다가 황도 복숭아를 이렇게 접붙이기를 해야 돼요. 요게 키메라예요. 요즘에는 유전자 조작을 통해서 그 뭐 콩을 크게 하거나 유전자 조작 식품이 많이 나오잖아요? 그거는 이 접붙이기를 하는 게 아니라 직접 DNA를 그 식물의 정보 DNA의 고리가 있는데 이 고리를 접목시키는 거예요. 그것도 키메라란 말입니다. 키메라. 그래서 이제 키메라는 생물을 우리가 공부할 때 아주 귀가 따갑게 더 많이 나올 겁니다. 이집트의 스핑크스, 아피스, 아누비스, 호루스 이게 전부 다 수메르인들의 신화에서 유래된 것입니다. 앞으로 생물학을 공부하면 알겠지만, 육화한 신과 키메라는 동의어입니다.

새로운 인류의 출현

다음에 이젠 페르시아 조로아스터교 배화교를 좀 더 이해해야 하는데 지난 시간에 거의 다 얘기했으니까 여기서는 뭐 특별히 더 얘기할 거 없지만, 그러니까 이 수메르, 이집트, 그리스의 종교는 신전으로 모든 백성들을 집중시켜서 숭배하는 사상을 확인했는데 여기는 어디까지나 신앙만 있어요, 신을 설명하거나 어떤 신전을 설명하는 어떤 교리적인 건 없었단 말입니다. 그런데 페르시아 조로아스터교에서부터는 이 신앙을 철학으로 해석하기 시작했습니다. 그래서 이 조로아스터교를 근대 종교의 출발점으로 보고 있단 말이에요. 그러니까 수메르나 이집트에서는 저 나무는 하느님이 만들었어. 무슨 신이 만들었어. 무슨 신이 만들었어 하니까 이론이 필요 없는데 조로아스터교에서는 저것이 왜 저기에 있느냐 철학이 들어오기 시작하니까 세상을 두 개로 인식하는 즉 이원론 사상이 바로 이 조로아스터교에서 나온 겁니다. 영혼과 육신, 선과 악 세상을 이렇게 두 가지로 분리하니까 훨씬 세상을 이해하기가 쉽단 말입니다. 사람이 죽으면 하늘나라로 간다거나 영혼이라는 말을 구체적으로 했단 말입니다. 또 선, 악 또는 천당 , 지옥, 이승, 저승, 하나님 나라, 이 땅의 세상, 이게 무슨 얘기인지 몰랐는데 이원론으로 해석하니까 세상이 아주 쉽게 이해가 된단 말입니다. 그래서 바로 조로아스터교가 우리에게 전해준 가장 중요한 것은 바로 이원론으로 세상을 보기 시작했다는 것입니다. 특히 이 사람들한테 또 부활 사상이 있단 말이에요. 그러니까 사람이 개별적으로 죽으면 잘한 사람은 천당 가고 잘못한 사람은 지옥 가는데 그다음에 이 사람들이 완전히 세상이 완성됐으면 다시 부활해서 선한 사람은 선한 신과 같이 살지만 지옥에 갔던 사람은 완전히 소멸돼요. 소멸 2단계. 그러니까 우리 가톨릭에서 말하는 사심판, 공심판과 똑같아요. 하나도 틀리지 않아요. 사심판, 공심판 얘기가 이 조로아스터교에서 나온 거예요. 자 그런데 탐무즈를 제외하고 이집트의 미이라 부활 사상이나 조로아스터교의 부활사상을 보면, 부활은 저승에서 부활이 아니라 현세로 돌아오는 게 부활이란 말이에요. 우리가 생각하기에는 저승이 더 좋을 것 같아 저승에서 부활을 해야 되는데 이 부활 사상은 현세로 돌아온다는 의미란 말입니다. 도대체 무슨 뜻이냐? 구약에서는 여기는 실락원이라고 우리 가톨릭은 보고 있는데 왜 이 실락원에서 부활을 해야 되느냐? 그래서 이 부활은 이집트나 조로아스터교에서는 바로 현재, 그러나 탐무즈의 부활은 봄에 현재에서 살아나는 부활이란 말이에요. 그러니까 이집트나 조로아스터교보다 굉장히 앞서서 부활의 의미를 얘기하는 거예요. 탐무즈는. 여기에서 유대인들의 예수님의 부활 사건이 나오는데 바로 우리는 3일 만에 썩은 송장이 일어난 걸로 완전히 사실적인 걸로 성경에 나와 있단 말이에요. 이 의미를 다음 시간에 우리가 한 번 훑어봐야 할 필요가 있습니다.

그다음에 이제 그리스 철학은 또 저번 시간에 이야기했지만, 플라톤 갖고는 가톨릭을 다 해석할 수 없으니까 신플라톤. 플라톤의 형이상학은 바로 조로아스터교의 이원론을 철학적으로 해석한 거란 말이에요. 좀 더 깊이, 형이상학으로. 그러나 이 사람 플라톤이 말하는 이데아는 정령에서 조금만 생각을 하면 돼요. 즉 개개인의 이데아를 생각해요. 그 정령 시대 때 보면 모든 사물이 신이 있다고 믿었잖아요. 그게 플라톤의 이데아에요. 그러니까 신의 이데아 따로 있고 인간의 이데아가 따로 있고 강아지 이데아가 따로 있고 코스모스 이데아가 따로 있다. 그러니까 그렇게 신의 이데아, 인간의 이데아가 떨어져 있으면 히브리인들은 하느님은 절대 신인데 플라톤 사상 받아들일 수가 없어요. 받아들일 수가 없단 말이에요. 그런데 다행히도 로마 시대 때 플로티노스가 이 플라톤의 이데아는 플라톤에서 한 개로 인식한 것을 하나로 인식한 겁니다. 이건 뭐냐. 이 플로티노스는 전번 시간에 얘기했지만 불교 철학을 공부했던 분이니까 세상을 전체와 부분으로 인식하니까 전체 이데아 하느님이 하나, 그런데 전체와 부분으로 얘기할 때 이분의 전체와 부분은 모자이크식이란 말이에요. 모자이크. 그러니까 나는 포도나무요. 너희는 가지다. 이건 완전 신플라톤 사상이에요. 나는 포도나무요 너희는 가지다. 그 얘기는 바로. 전체와 부분을 모자이크로 인식했지만, 그래도 플라톤의 원래 이데아보다는 훨씬 하느님과 현상을 이해하는 데 더 가깝단 말이에요. 그래서 사도 바오로나 아오스딩 성인은 이분들의 신플라톤 사상으로 가톨릭 신학을 해석했습니다.

아리스토텔레스는 플라톤의 제자이면서도 플라톤이 정적인 세계관으로 세상을 인식한 반면, 아리스토텔레스는 오늘날 같은 동적인 것은 아니지만. 그래도 동적으로 세상을 인식하기 시작했으니까 플라톤 사상은 하느님의 은총으로 우리가 거룩하게 된다는 사상이지만, 아리스토텔레스는 우리가 하느님한테 가까이 가야지만 우리가 거룩하게 된다. 엄청난 차이란 말입니다. 후대로 갈수록 특히 수도원을 통해서 교부들이 우리에게 전해준 하느님의 은총으로 우리가 구원된다고만 생각했던 것이 중세를 지나면서 토마스 아퀴나스 성인에 의해서 우리는 하느님께 가까이 가야지만 더 많은 은총을 받을 수 있다는 이 두 흐름을 가톨릭은 다 갖고 있다는 말입니다. 그러니까 트리엔트 공의회는 첫 번째 플라톤 교부들의 철학을 강조한 부분이라 이 말입니다. 특히 프로테스탄트는 일치 플라톤주의자들입니다. 믿으면 구원받는다. 이게 바로 플라톤 사상인데 아리스토텔레스에서는 그 말이 아니란 말입니다. 내가 하느님께 가까이 가야 더 많은 은총을 받을 수 있다는 얘기다 이 말입니다. 그래서 스콜라 철학이 형성되어 가는데 이 모자이크로 생각하고 있던 불교철학이나 신플라톤에서 예수님에 대해 설명을 했으면 오늘날 가톨릭은 존재하지 않았을 겁니다. 예수라는 존재가 없어요. 예수님이 인식한 세상은 모자이크가 아닙니다. 요거는 점심 먹고 다음 시간에 하겠습니다. 수고하셨습니다.

제11강
구약과 신약, 그리고 현대 과학이 말하는 내세

떼이야르 드 샤르댕의 신학 사상, '새로운 인류의 출현', 그 열한 번째 시간, 구약과 신약, 그리고 현대 과학이 말하는 내세, 지금 바로 시작합니다.

지난 시간까지 우리는 오리엔트와 헬레니즘, 종교의 흐름을 고대인들부터 죽음과 영혼 또는 하느님에 관한 사상의 흐름을 한 번 훑어봤습니다. 오늘날 가톨릭은 바로 모세오경부터 시작한다고 해도 과언이 아닌데 이 모세오경을 만든 히브리인들의 역사를 통해서 또 히브리인들 중에 예수님이 태어나시지 않으셨다면 오늘날 가톨릭이 존재하지 않았을 겁니다. 그러면 우리가 예수님이 태어나시기 전 구약과 예수님이 태어나신 신약이라고 구분하는 그 성격을 이 기회에 확실히 좀 더 안 다음 이것이 오리엔트 시대의 하느님과 종교 사상과 어떻게 연관이 있는 것인가 아니면 가톨릭이 말하는 계시 종교라는 의미가 어떤 의미인가를 이해함으로써 보다 넓게 하느님의 말씀을 알아차리고 사고의 폭을 넓히는 시간으로 생각하면 좋겠습니다. 잘 아시다시피 히브리인들의 신앙은 유일신이라고 말하고 있습니다. 앞 장에서도 말씀드렸지만, 고대인들에게 유일신이라는 것은 오늘날 우리가 생각하는 유일신보다는 많은 신들 중에서 신이라는 의미가 큰 단일신입니다. 그러면 단일신과 유일신의 차이가 무엇이냐 하면, 단일신은 정령신앙에서 오는 다신 사상에서 제일 우두머리 신을 단일신이라고 합니다. 그러나 유일신은 '모든 것의 모든 것'이라는 것처럼 전체를 의미하는 신입니다. 당시 인류의 정신 수준은 정령신앙에서 다신 사상으로 발전하여 여기서 단일신 사상을 이해하는 정도였습니다. '모든 것의 모든 것'이라는 유일신 사상은 훗날 신학자들이 히브리인들에게 붙인 신앙이었습니다.

창세기에서 말씀드렸지만, 이 사람들이 유일신이라고 했지만 창세기 초창기에 그들의 신은 야훼가 아니라 엘로힘이었습니다. 하느님이라는 엘로힘은 복수입니다. 단수는 엘인데 히브리인들은 자신들의 신을 유일신이라고 하면서 왜 복수인 엘로힘으로 말씀하셨을까 이걸 한 번 생각해 봐야돼요. 성경학자들은 엘로힘이라고 말하지만, 이것을 단수로 해석해왔기 때문에 그렇다고 합니다. 수메르인들의 종교에서 보시다시피 여러 신들 중에 항상 우두머리 신이 있었단 말이에요. 그것은 바로 유일신의 사상으로 오는 과정일 뿐입니다. 그러니까 아마 히브리인들도 우리가 오늘날 애기하는 유일신이라는 그러한 사상까지는 못 갔고 많은 신들 중에서 신, 단일신이었습니다. 나중에 모세의 이집트 탈출 이후부터 엘로힘 대신 야훼라는 말을 썼죠. 히브리인들은 하느님에 대한 정의를 할 수가 없었어요 또 오늘날도 하느님을 정의하라면 못 하잖아요. 그러니까 노아 홍수나 호렙산에서 모세에게 나타나신 하느님이 I am who I am. '나는 있는 나다' 이렇게만 대답했지 누구라고 애기를 안 했단 말입니다. 그러니까 이 야훼라는 말은 성경학자들의 말씀이 그 놀라운 사건을 봤을 때 놀라운 그 야~~ 하는 놀라운 형용사라는 거예요. 하느님의 이름이 아니라 그것이 나중에 야훼로 하느님을 대신하는 이름이 됐습니다. 아마 그 말이 정답일 것 같아요. 야훼라는 게. 그러나 이 야훼라는 이름이 절대 유일한 하느님으로 신앙하지만, BC 3세기부터는 이 야훼란 말을 못쓰고 엘로힘이라는 말을 다시 썼습니다. 왜 야훼라는 말을 못 썼냐하면 하느님을 뜻하는 야훼 같은 말씀은 저 높이 지존하신 절대 하느님이기 때문에 함부로 말할 수 없다고 했습니다. 그런 히브리인들의 마음 때문에 AD 3세기까지는 야훼란 말을 안 썼다고 합니다. 다시 엘로힘을 썼다고 그래요. 이와같이 히브리인들이 하느님에 대한 인식도 처음부터 절대 한 분이신 하느님으로 신앙한 게 아니었습니다. 구약의 야훼는 이스라엘 민족의 조상신이지 다른 민족의 신은 아니었잖아요. 다른 민족을 쳐부수고 죽이고 한 그를 신이라 썼어요. 우리 단군 할아버지가 우리 한민족의 조상신이듯이 그런 의미로 우리가 야훼나

제11강. 구약과 신약, 그리고 현대 과학이 말하는 내세

엘로힘을 봐야지 오늘날 같은 절대 유일한 하느님으로 생각하지 못했습니다. 아까도 말씀드렸지만 우리도 인간의 하느님만 생각했지 모든 것의 모든 하느님으로 생각하는 사람들은 드뭅니다. 강아지의 하느님, 민들레의 하느님, 코스모스의 하느님으로 생각하지 못하는 우리들은 아직 거기까지 미치지 못하고 있다 이 말이에요. 그러니까 우리도 솔직하게 얘기해서 유일신을 믿고 있다고 자부할 수도 없다 이 말입니다. 유일신 사상은 예수님부터 시작했다고 봐야 합니다.

구약은 바로 아브라함부터 시작했는데 아브라함은 원래 우르에서 살았지요. 여기 우르에 살다가 하란으로 가서 한 10여년 간 산 다음에 부족을 데리고 가나한 땅으로 갔다가 이집트로 갔다가 다시 이집트에서 가나안 땅으로 돌아오는 긴 여정을 했습니다. 이 우르에서 하란까지가 한 1천 km 된다고 하니까 우리나라 부산에서 저 신의주까지 거리 정도 됩니다. 구약에서 아브라함이 하란으로 가서 하란에서 하느님의 부름을 받아서 가나안 땅으로 떠난다고 이야기를 하는데 아브라함이 우르에서 태어나고 여기서 한 60세 때 하란으로 출발했을 거라고 보고 있어요. 그러니까 아브라함이 BC 2200에서 2100년 이 사이에 우르를 출발한 걸로 보고 있는데 왜 이때 아브라함이 하란으로 떠났을까 역사적인 사건을 보면 알 수 있습니다. 메소포타미아에는 먼저 수메르인들이 문명을 일으켜 한 5~600년 지난 다음에 아카드라는 민족이 있는데 이들은 셈족이에요 셈족. 셈족이 있었어요. 그러니까 원래 셈족은 메소포타미아 북쪽에 주로 살았는데 아브라함 시대에 우르까지 셈족이 살았습니다. 이 아카드 문명 시대 때 셈족이 이 메소포타미아 전체에 퍼졌다고 보는 거예요. BC 2200년 경 지금의 터키 산악지대에는 쿠르드족이 있어요. 쿠르드족. 그런데 그 당시에 산악 족속 쿠키가, 즉 쿠르드족이 이 메소포타미아를 점령해서 아카드인이나 수메르인들이 한 백년간 식민지 생활을 하고 있었어요. 그러니까 이때 셈족들은 옛날 고향으로 돌아갔던 것 같아요. 근데 셈족 일부는 하란 쪽으로 북쪽이 원래 셈족의 고향이니까 갔을 거라고 보고 있습니다. 이 하란에서 다시 아브라함은 가나안 땅을 향해서 부족을 데리고 내려간 것으로 보고 있습니다. 역사적으로 볼 때 그렇습니다. 그러나 성경에 보면 하느님의 부르심으로 새로운 가나안 땅으로 갔다고 보고 있습니다.

아브라함이 히브리인들의 조상으로서 당시에 수메르인들이나 또는 조로아스터교나 이집트 사람처럼 영혼이나 부활이나 저승이라는 이원론적 세계관이 아니라는 데 종교적인 특징을 나타내고 있습니다. 구약성경의 창세기에 보면 아담이 930년 살았어요. 그렇죠. 그다음에 셋이 912년, 에노스가 905년, 노아가 950년, 모세가 120년, 욥이 140년 이상. 이 의미는 뭐냐 그 당시에 히브리인들의 사상은 아담, 하와가 지은 죄 때문에 에덴동산에서 내쫓겼기 때문에 세상은 실낙원이라 믿고 있었습니다. 언젠가는 하느님에 의해서 에덴동산으로 되돌아가는 것이 그들의 내세였습니다. 이것은 세상의 연속성을 통해 하느님 나라의 완성을 의미하는 그런 내세관이었지 개인이 죽은 후 영혼이 저승에 갔다가 부활하는 그런 신앙이 아니라, 자식들을 통해서 자신의 모습이 이어진다고 믿고 있었습니다. 우리들 한민족의 조상들하고 비슷해요. 조상 신을 믿는 사람이었어요. 히브리인들도 초창기에는 그 사상이에요. 그러니까 초창기에는 영혼이나 부활이나 저승이라는 개념이 없었습니다. 이 세상에서 하느님 나라의 완성은 새로운 에덴동산으로 돌아가는 것이 이들의 내세관이었습니다. 그러니까 아브라함의 그 사상은 오리엔트 시대 때 영혼, 저승, 부활이나 이런 이원론적 세계관이 아니고 오늘날 일원론적 세계관을 가진 굉장히 혁신적인 사상이란 말이에요. 아브라함이 신앙의 선조라고 내세우는 가장 큰 이유가 바로 여기에 있단 말입니다. 원래 부활사상이 처음으로 나온 곳이 바로 메소포타미아였습니다. 생명의 연속성을 부활이라고 믿었습니다. 그러나 이집트나 조로아스터교에서 부활 사상을 이원론적으로 신앙했지만, 부활은 현세로의 부활이라는 의미에서 현세의 완성이라는 공통점을 갖고 있습니다.

이와 같이 아브라함 시대부터 히브리인들의 내세는 현세에서 완성된 하느님 나라로 구원되는 것이었습니다. 그러나 이집트 탈출기 이후부터는 욥의 얘기도 있었지만 쉐올이, 그니까 수메르의 여신 지하 세계를 하데스라 했는데, 지옥으로 변질됐습니다. 다음에 부활이라는 개념을 히브리인들이 신앙하기 시작했는데 저승이라는 것은 현세가 아닌 어떤 다른 장소 개념으로 오염되기 시작한 겁니다. 히브리인들의 후반기에, 아브라함의 세상의 연속성이라는 혁신적인 사고가 모세 이후부터 솔로몬 시대에 와서는 히브리인들의 사상이 완전히 이원론적 사상으로 퇴보한 거예요. 그럴 때 예수님이 이 세상에 오신 겁니다. 불교철학이나 신플라톤주의에서는 세상을 전체와 부분으로 모자이크로 인식을 해요. 전체와 부분을 모자이크로, 그런데 예수님의 사상을 깊이 보면 전체와 부분으로 인식하지만, 단순히 모자이크가 아니었습니다. 여기 인형을 보세요. 이거 많이 보셨죠? 러시아 마트로시카 인형, 큰 인형에서 똑같은 인형이 계속 이어지잖아요. 이걸 fractal 구조라고 해요. 그러니까 너희들은 하느님의 아들이다. 그렇게 말씀하셨죠. 모자이크로는 전체와 부분을 다 이해 못하는 거예요. 다음에 예수님께서 너희는 빛과 소금이다. 소금이 싱거우면 무엇으로 짜게 할 거냐? 하셨습니다. 또 예수님께서 많은 병자를 고치고 악령을 쫓아내시고 이런 역할을 할 때 아까도 말씀드렸지만 내 능력으로 너를 낫게 하겠다고 그런 말 한 번도 한 적이 없어요. 바로 너희 안에 병을 낫게 또는 병을 심하게 할 수도 있는 능력이 너희들한테 있다. 이걸 강조하신 거란 말입니다. 그러나 바빌로니아 유배에서 돌아온 이후부터 이스라엘 민족을 구원해주는 메시아사상이 나오기 시작합니다. 아주 전지전능하고 새로운 메시아가 이 세상에 오셔서 이스라엘 민족을 다시 에덴동산으로 데려갈 거라고 굳게 믿고 있는데 예수님이 와서 하시는 말씀이 하느님의 나라는 너희들이 서로 도와서 만들어라 하신 겁니다. 히브리인들이 예수님의 말씀을 못알아 들은 겁니다. 히브리인들이 수메르 메소포타미아를 떠날 때 아브라함의 사상은 기존의 종교하고는 전혀 다른 새로운 신앙을 갖고 있던 분들로 보이는 거예요. 이것이 바빌로니아 유배시대부터 조로아스터교와 같이 이원론 종교 사상으로 돌아간 것으로 봅니다. 예수님께서는 아브라함 시대 신앙 정신으로 돌아가도록 강조하신 것으로 보입니다.

사르댕은 이 사상의 흐름을 오리엔트, 헬레니즘이나 스콜라 철학이 아니라 과학의 언어로 표현하기 시작했습니다. 사르댕의 저서 한 70% 이상이 지질학, 진화론, 고생물학, 고인류학에 관한 책입니다. 그러면 과학에서 내세를 어떻게 보느냐? 내세를 알기 위해서는 먼저 우주의 시작을 알아야 했습니다. 그래서 창세기의 창조설화가 생긴 겁니다. 과학에서 우주의 시작은 빅뱅으로 보고 있습니다. 약 138억년 전 거대한 폭발이 일어나 우주가 시작됐다고 과학자들은 보는데 이것을 빅뱅이라 했습니다. 빅뱅을 처음 이론으로 내신 분은 러시아 '알렉산드로 프리드만'입니다. 원래 아인슈타인의 상대성 원리 안에 빅뱅 개념이 있었는데 아인슈타인은 우주가 정지된 상태라고 고집을 부리는 바람에 자기 스스로가 우주 상수를 도출했는데도 그걸 포기해버렸어요. 우주는 그 자체로 정지된 상태로만 봤는데 '알렉산드로 프리드만'은 우주가 팽창한다는 걸 수학적으로 증명했습니다. 이분은 37살에 돌아가셨어요. 너무 일찍 돌아가셨기 때문에 이분의 이론이 널리 알려지지 않았어요. 거의 같은 시대에 벨기에의 '조르주 르메트르'란 분이 있어요. 이분은 벨기에 예수회 사제였습니다. 그는 처음에 계란만한 우주가 폭발하여 팽창하기 시작했다고 보았습니다. 빅뱅을 우리가 보통 우주의 시작이라고 말하는데 그러면 우주가 시작되기 전에는 뭐가 있었느냐? 우주가 복잡해요. 그러니까 현상의 시작이라고 이해하는 게 훨씬 알아듣기 쉬워요. 그래서 '조르주 르메트르'는 빅뱅이라는 말을 안 하고 무슨 말을 썼냐 하면 'The day without yesterday'라고 했어요. '어제가 없는 오늘' 멋있는 말이지요? 이 분은 사제니까 철학과 신학을 아는 분이니까 이런 깊은 말을 하실 수 있었습니다. 그래서 여기에 관해 '존 파렐'이라는 분이 이분에 대해서 쓴 책이 우리나라에도 번역되서 나왔습니다. <빅뱅, 어제가 없는 오늘> 이런 제목으로 나왔는데 틈나면 이 책을 한번 읽어보시면 좋겠습니다. 이와 같이 빅뱅이 시작됐을 때 그 빛이 가까이는 굉장히 밝지만 빛이라는 건 멀리 갈수록 흐리잖아요. 그러니까 빅뱅 초기에 생긴 빛이 오늘날 포착되는 거에요. 미국의 전파 망원경이 그 빛을 포착할 수 있었습니다. 또 조르주 르메트르는 빅뱅 이론을 수학적으로 풀어낸 것뿐만 아니라 우리가 블랙홀이라는 말 들어봤죠. 별이 죽으면 무게가 엄청 무거운 별로, 검은 세계의 별로 변하는데 중력이 하도 세니까 그 옆을 지나가는 모든 것은 흡수해버리는 블랙홀이라는 별이 있어요. 이것을 수학적으로 블랙홀을 도출해낸 분이 바로 사제 '조르주 르메트르'입니다. 이후 우주가 팽창한다는 사실이 '허블-르메트르의 법칙' 으로 고정되었습니다. 20세기 중반 소련 태생 미국 핵물리학자 '조지 가모프'가 '마이크로파 배경복사 이론'을 제시했으며 1965년 미국의 천문학자 '아노 펜지어스'와 '로버트 윌슨'이 '마이크로파 배경복사' 를 발견함으로써 빅뱅 이론이 완성되었습니다.

　빅뱅은 하나(전체)가 여럿(부분)으로 창조되는 사건으로서 창조와 피조물이 동시성이라는 사실입니다. 다시 말하자면 대폭발에 의해 우주가 팽창함에 따라 역동작으로 소립자라는 물질이 출현하여 덧붙임을 통해 양자, 전자가 출현하였고 다시 이들 양자, 전자가 결합하여 수소 원자를 탄생시켰습니다. 수소 원자는 다시 핵융합을 통해 헬륨을 출현시켰고 이후 원자의 핵융합이나 양자의 덧붙임을 통해 우라늄까지 물질진화가 발생했습니다. 물질과 물질이 결합하는 데는 핵력, 약한 핵력, 전자기력, 중력이 작용하여 오늘날의 우주를 형성하였습니다. 그러나 물질진화의 마지막에 우라늄이 출현한 이래 물질은 우주가 계속 팽창함에 따라 물질은 분해과정을 거치기 시작한 것입니다. 우주 팽창력이 물질을 구성하는 4대 힘보다 크기 때문이라 보입니다. 물질은 그 자체가 형성된 어떤 원리 또는 정보를 갖고 있지만, 물질이 분해됨으로써 정보 또한 사라집니다.

　자 그러면 과학에서 내세라는 건 뭐냐? 적어도 지구상에서는 이 물질에서 생명이 출현하는데 약 백억 년 걸렸어요. 그러면 산소, 수소, 탄소 이런 물질에서 생명이 출현하는 데는 100억년이 걸렸는데 이 물질의 세계에 있을 때 내세는 생명의 출현이에요. 과학에서 내세는. 그다음에 요 생명에서 인간이 갖고 있는 정신이 출현하는 데 40억 년이 걸렸단 말이에요. 그랬을 때 이런 나무나 강아지나 이런 생명들의 내세는 뭐냐 인간의 출현이란 말입니다. 그럼 현재 우리는 앞으로 사십억 년 후 인류의 내세는 어떤 세상인가 한번 상상을 해봅시다. 지금 우리 가톨릭을 비롯한 모든 종교가 내세를 얘기할 때는 개체성만을 강조해요. 우리가 강아지의 내세를 생각해 본 적 있습니까, 고양이의 내세를 생각해 본 적 있어요? 그러다 보니 범신론자라는 얘기를 듣습니다. 우리가 말하는 내세는 나 정태옥이라는 영혼이 살다 죽어서 천당간 다음에 정태옥이라는 것이 부활하는 그런 세상은 없다 이 말이에요. 그러니까 내세를 개체성으로 믿는 사람일수록 천당과 지옥으로 인식합니다. 그러나 내세가 공유성으로 보이는 사람한테는 천당밖에 안 보입니다. 내가 죽으면 내 영혼은 천당 갔다가 부활하면 정태옥이라는 내가 부활한다고 나만 생각할 때는 천당과 지옥이 보이는 겁니다. 그러나 내세와 영혼이 하나의 공유성으로 보이면 모든 게 천당으로 보입니다. 이게 과학이 보는 내세예요. 자 그럼 우리는 여기서부터 출발을 해서 생명이 출발하고 생명은 다시 정신으로 출현하는 이 과정을 한 10여분 쉬었다가 다음 시간에 계속하겠습니다.

제12강
생명은 물질이 획득한 '불멸성'

생명에서 인간 정신이 출현하는 데 사십억 년이 걸렸습니다. 인간 DNA 속에는 생물의 정보가 30억 개가 있는데 여기에는 40억 년간 생물들이 지나온 모든 과거가 축적되어 한 개체로 출현한 겁니다. 그러니까 인간 개개인이 전체 40억 년간 생명사예요. 떼이야르 드 샤르댕의 사상, '새로운 인류의 출현', 그 열두 번째 시간, '생명은 물질이 획득한 불멸성이다.', 지금 바로 시작합니다.

앞에서 말씀드렸지만, 현상에서 물질, 생명, 정신이 인식되는데 이것은 우주 자신을 표현하는 정보로서 동시출현이 아니라 단계출현이라는 사실을 알게 된 것은 현대과학의 발달 덕분이었습니다. 따라서 물질에서 생명이 출현하는 데 지구에서는 적어도 100억 년이 걸렸습니다. 현상에서 예나 지금이나 우리들은 사람, 소나무, 강아지, 코스모스, 물고기, 호랑이 등 이런 것들은 살아있는 생명체니까 생물이고 돌, 광물, 도자기, 유리, 금속 등은 무생물임을 잘 알고 있습니다. 그럼에도 불구하고 우리들 대부분은 생물과 무생물은 전혀 다른 물질과 원리에 의해 출현된 존재로 인식함으로써 물질에서 생명이 출현했고 생명에서 정신이 출현한 우주정보의 연속성을 이해하지 못하고 있습니다. 우주정보의 연속성이란 약 138억 년 전 빅뱅 이래 우주가 팽창함에 따라 생성되는 우주정보의 다양성을 의미합니다. 빅뱅 직후 소립자에서 우라늄까지의 물질 진화에서 물질은 그 물질이 형성되는 어떤 정보(logos)를 내포하고 있는데 그 자체가 물질이면서 정보로서 물질과 정보가 분리되어 있지 않습니다. 따라서 우주가 팽창함에 따라 물질 간 결합력을 이루고 있는 핵력, 약한 핵력, 전자기력, 중력이 약해져 물질은 분해과정을 거칩니다. 그런데 물질은 물질과 정보가 분리되어 있지 않아 물질이 분해되면 정보 또한 사라지므로 우라늄은 우라늄을 낳을 수 없습니다. 그러나 모든 생물은 자식을 낳음으로써 생명의 연속성을 이어갈 수 있습니다. 그래서 옛날 사람들은 생물과 무생물을 전혀 다른 존재로 인식함으로써 '생명현상'은 비물질의 기능으로 보았습니다. 따라서 그리스 철학자 아리스토텔레스는 식물에는 '생혼', 동물에는 '각혼', 인간에게는 '영혼'이 존재한다고 믿었습니다. 그러나 오늘날 생물학에서 '생명의 물질 기원'과 '생명의 연속성'을 증명함으로써 20세기 중반까지 인류의 정적이고 이원론적인 세계관이 동적이고 일원론적 세계관으로 바뀌게 되었습니다.

19세기 프랑스 사회는 천지창조에 의한 생명의 기원을 주장하는 존재론(生氣論)과 생명의 물질 기원을 주장하는 발생론(機械論)의 갈등이 격렬하여 사회가 혼란에 빠지자, 프랑스 아카데미에서는 공기를 차단하지 않고 '생명 기원'에 관한 명확한 실증을 하는 사람에게 거액의 상금을 걸었습니다. 당시 프랑스 사람들은 쇠고기 수프가 자연 상태에서 썩는 이유가, 존재론자들은 생명의 씨앗이 공기를 통해 전염되었기 때문에 썩는다고 주장했으며, 발생론자들은 그 자체에서 생명이 발생하여 썩는다고 주장했습니다. 그 당시만 해도 세균이라는 미생물을 알지 못했습니다. 우리나라식으로 말하자면 된장 항아리에 구더기가 생기는 것은 파리가 된장에 알을 낳았기 때문이라는 사실과, 된장 자체에서 구더기가 발생한다고 주장한 것과 같은 논지의 논란이었습니다. 오늘날 세균학의 아버지라 추앙받는 프랑스 생화학자 루이 파스퇴르(Louis Pasteur 1822~1895)는 플라스크 주둥이를 S자 모양으로 만들어 그 안에 쇠고기 수프를 넣고 가열한 다음 상온에서 며칠간 방치해두었다가 S자 모양의 플라스크 주둥이를 자르자 쇠고기 수프가 부패하기 시작하는 것을 확인했습니다. 이것은 공기 중의 균이 S자 모양의 플라스크를 통과하지 못하다가 주둥이를 자르니까 바로 세균에 감염되어 수프가 부패하기 시작한 것입니다. 이 실험을 통해 '루이 파스퇴르'는 거액의 상금을 받은 것은 물론 발생론자들의 '물질의 생명기원설'을 일거에 일축하게 되어 **모든 생명은 생명으로부터**(Omne Vivum ex viva !)라는 유명한 말을 남겨 놓았습니다. 발생론자들은 '루이 파스퇴르'의 실험을 반박할 실증이 없어 20C 중반까지 생물학뿐만 아니라 철학, 신학 분야에서도 존재론(천지 창조론)과 이원론 신앙관이 주류를 이루게 되었습니다.

1920년대 구소련의 생화학자 오파린(A.I. Oparin)과 영국의 생화학자 홀데인(J.B.S. Haldane)에 의해 '생명의 물질 기원설'을 제기하기 시작했는데, 오파린에 의하면 초기 지구의 환경 아래서 무기질이 화학결합을 통해 유기물질이 출현했으며 이들 유기물질의 결합을 통해 생명체가 출현했을 것으로 주장하였습니다. 그러나 1953년 시카고大 화학, 생물학자 스탠리 밀러(Stanley Miller 1930~2007)는 이들의 이론에만 머물지 않고 유리 플라스크 실험 장치에 초기 지구환경을 조성하여 실험을 한 결과, 생명체의 구성 성분인 4개의 아미노산(글리신, 알라닌, 베타알라닌, L-아스파르산)과 포름알데히드, 시안화물 등의 유기분자들이 검출되었습니다. 이후 여럿이 유사한 실험을 통해 밀러가 실험한 것과 다른 성분(메테인, 암모니아의 비율이 더 적은 성분)으로도 유기분자가 생성된다는 사실이 입증되었습니다. 이에 발생론자들은 '모든 생명은 생명으로부터'(Omne Vivum ex viva !)가 아니라 "모든 생명은 흙으로부터!(Omne Vivum ex terra !)"라고 쾌재를 불렀습니다. '스탠리 밀러'의 실험은 2천5백 년 전 그리스 자연 철학자들이 신화시대를 종식하고 인간의 이성으로 세상을 인식하기 시작한 것 이상으로 생물학에서뿐만 아니라 철학, 신학에서 인류 정신 진화의 변곡점이 되었습니다. 이 변곡점은 코페르니쿠스의 지동설이나 앙리 베르그송의 창조적 진화를 통해 인류의 정적인 세계관에서 동적인 세계관으로의 전환을 넘어 이원론 세계관에서 일원론 세계관으로 전환되는 커다란 변곡점이었습니다. 오늘날 우리들은 똥, 오줌, 낙엽, 퇴비, 깻묵 등 생명체가 만들어 내는 물질을 유기물질이라고 합니다. 이 유기물질은 탄소를 중심으로 무기 원소가 결합된 분자물질이라는 특성을 갖고 있습니다. 생명체를 보면 몸의 한 70%가 물입니다. 물과 같이 탄소를 포함하지 않은 물질을 무기물질이라고 하는데 암석이나 광물과 같은 무생물체를 구성하는 물질입니다. 그러나 생명체는 유기물질과 무기물질의 혼합체로서 그 구성 원소가 수소에서부터 우라늄까지 모든 무기 원소가 관여한다는 사실이 증명된 것입니다. **결국 무생물은 생물의 모태**였습니다.

돌덩이 같은 삭막한 지구에 꽃이 피고 다람쥐가 뛰어다니고 새들이 지저귀는 낙원으로 변한 것은 무기질 우주질서의 단백질 표현이 가능했기 때문입니다. 오늘날 과학에서 어떻게 무기질에서 유기질로, 다시 유기질에서 생명이 출현했는가에 관해서 어느 정도 설명을 할 수가 있습니다. 그러나 왜 무기질에서 유기질로 다시 유기질에서 생명이 출현했는가에 관해서는 정답이 없습니다. 다만 이 과정에서 하나의 법칙을 발견했습니다. 즉 "물질 양의 변화에 따른 물질의 질적 변화 법칙"이었습니다. 예를 들면 단위당 무기질의 원자 수가 100개라면 단위당 유기질의 원자 수는 1만개입니다. 하등생물에서 고등생물까지 이 법칙을 따라 진화가 발생했습니다. 또한 생물에서 꽃과 강아지가 다른 것은 단백질의 종류가 다르기 때문인데 단백질을 합성하는 아미노산의 양뿐만 아니라 단백질의 구조변화에 따라 종류가 달라집니다. 무기질에서 구조변화는 외부 압력에 의해서만 가능하지만, 단백질의 구조변화는 외부환경에 따라 스스로 자신의 구조를 변화시키기 때문에 **생물은 무기질 우주질서의 단백질 표현**이라 말할 수 있습니다. 특히 단백질은 상온에서 분해가 빠르기 때문에 생물에서는 단백질의 생성과 분해가 연속적으로 나타나는데 생물에서 이 현상을 성장이라고 표현합니다. 따라서 생물에서 물질의 생성과 소멸이라는 연속성은 A-T-G-C 4개의 암호로 프로그램되어 있습니다. 자연상태에서는 약 500종의 아미노산이 있는데 그중에 20개 만이 생물의 단백질 합성에 관여합니다. 세포 내에서 단백질의 정보는 DNA에 저장되어 있고 단백질을 합성하는 공장은 리보솜이라고 하는데 DNA는 세포의 핵 속에 있고 리보솜은 세포질 속에 산재해 있기 때문에 DNA 정보를 읽고 해석해서 리보솜으로 가져와 단백질을 만드는 암호는 RNA라고 합니다. 따라서 DNA-RNA는 생물이 되기 위해 물질이 획득한 암호라 할 수 있습니다.

코스모스는 추운 겨울을 넘길 수 없어 자신의 정보(DNA)를 씨앗에 남겨 놓고 개체는 시들어 죽습니다. 이듬해 따뜻한 봄날 씨앗은 싹이 터서 자라 다시 파란 가을 하늘 아래 울긋불긋 코스모스의 자태를 뽐냅니다. 또한 붉은 꽃과 흰 꽃은 서로 수분을 교환함으로써 당대에는 불가능한 분홍 꽃을 나타내기도 합니다. 개체의 연속성과 性을 통한 정보의 교류는 생물과 무생물의 가장 큰 차이점입니다. 그렇다면 왜 생물은 씨앗을 통해 '생명의 연속성'을 이어가는가 하는 의문이 생깁니다. 생물의 무생물에 나타나지 않는 두 가지 현상을 먼저 이해해야 그 답이 나옵니다. 생물에만 나타나는 '생명현상'과 '의식현상'입니다. '생명현상'이란 생물이라는 '폐쇄된 영역' 내에서 물질을 생성하고 소비하는 현상이며, 생물은 생존을 위해 끊임없이 외부로부터 물질과 에너지를 획득하거나 공급받아야 하기 때문에 환경과 대상을 인식하는 '의식현상'의 출현은 필연입니다. 다시 말하자면 생물은 생물을 먹어야 생존이 가능한 존재라는 사실입니다. 생물에서 '생명현상'과 '의식현상'은 동시성으로서 DNA 프로그램에 의해 발현하기 때문에 유기물질에서 DNA 출현과정과 그 원리를 이해하면 생물이란 무엇인가에 대한 답이 나옵니다. 여기에 관해서는 다음 시간에 자세히 설명하기로 하고 오늘 이 시간에는 생명에 관한 인류의 의식과정을 먼저 이해하는 것이 좋겠습니다. 과학이 없던 옛날에 생명을 비물질의 기능으로 이해함으로써 정적이고 이원론 세계관으로 세상을 이해했습니다.

인류의 문명사에서 부활이라는 언어가 처음으로 등장한 것은 약 5천 년 전 오리엔트 시대 수메르인들의 '드무즈' 신화에서부터입니다. '드무즈'는 성장과 풍요의 신으로서 '드무즈'가 지상 세계에 있을 때는 봄과 여름에 해당되는데 모든 생물이 왕성하게 성장하는 시기입니다. 그러다가 '드무즈'가 지하세계로 끌려들어가는 때는 가을과 겨울에 해당되는데 이때는 만물의 성장이 멈추는 시기로서 사계절의 특성을 신화로 표현한 것입니다. '드무즈'는 봄이 되면 자연에 새 생명을 부여하는 힘을 갖고 있어 수메르인들은 3~4월에 '드무즈'를 맞이하는 부활축제를 벌였었습니다. 약 1만 년 전후 인류는 농경을 시작한 이래 밀이나 보리의 씨앗을 통해 생명의 연속성을 경험함으로써 '생명의 불멸성'을 인식하기 시작했는데 수메르인들의 세계관이나 종교관은 현세에서 풍요로운 삶의 연속성을 추구했습니다. 거의 같은 동시대에 나일강의 문명을 일으킨 이집트의 파라오는 '육화한 神'으로 자처하며 죽은 뒤 때가 되면 다시 세상으로 부활하기 때문에 자신의 시신을 미라로 만들어 놓았습니다. 고왕국 시대에는 파라오나 왕족들만 미라를 만들었지만, 중왕국이나 신왕국 시대로 내려오면서 미라에 의한 부활 사상을 귀족이나 일반인들도 신앙함으로써 자신들의 미라를 만들어 놓았습니다. 저승으로부터의 이집트의 부활 사상은 페르시아의 예언자 조르아스터에 의해 '프레쇼케러티'라는 2단계 종말론 사상으로 이어졌는데 조르아스터교는 불을 숭배하는 단일신교로서 선과 악, 영혼과 육신, 이승과 저승, 천당과 지옥 등 이원론적 세계관을 가진 인류 최초의 종교였습니다. '프레쇼케러티'라는 2단계 종말론 사상이란 개인이 죽으면 그 영혼은 선과 악의 삶에 따라 천당과 지옥으로 떨어져 있다가 세상이 선신에 의해 완성되었을 때 지옥에 떨어진 영혼은 영원히 사라지고 천당에 올라간 영혼은 종말에 부활하여 영원히 살아남는다는 신앙이었습니다. 조르아스터의 '프레쇼케러티'라는 2단계 종말론 사상은 오늘날 그리스도교의 부활신앙으로 이어지고 있습니다. 그러나 예수의 부활 사상은 '드무즈'의 생명의 연속성이라는 부활사상과 종말론적 부활 사상이 결합된 사상으로서 이원론 세계관이 아니라 일원론 세계관에서 부활 사상이었습니다. 그러나 당시 제자들은 그의 부활사상을 이해하지 못해서 종말론적 부활사상을 신약 성경에 남겨 놓았기 때문에 아직도 우리들 대부분은 이 부활 신앙을 갖고 있습니다. 이제 오늘날 우리는 과학을 통해 생명의 출현과 연속성을 이해함으로써 예수의 참된 부활 사상이 무엇인가를 확인하고자 하는 것입니다.

"누가 내 어머니고 누가 내 형제들이냐?"(마태 12,48) 예수의 이 말씀 속에는 단순히 생물학적인 인간의 삶과 죽음을 넘어 새로운 세상을 설파하신 것입니다. '떼이야르 드 샤르댕'은 이 새로운 세상을 이해하기 위해 먼저 '인간은 생물이다'라는 인식의 출발점에서 마지막으로 '인간은 생물이 아니다.'라는 결론을 내렸습니다. 우리들도 샤르댕의 논지를 따라 생명의 출현과 진화과정을 통해 인류의 진화과정과 정신의 출현을 살펴볼 것입니다.

제13강
생명은 하나, 전체이며 생물은 여럿, 부분이다.

　찰스 다위니즘들이 말하는 적자생존이란 치열한 생존 경쟁을 해야 살아남는다는 말입니다. 그러나 생물에서 피라미드형 먹이사슬의 하부가 넓고 상부가 좁기 때문에 생물은 땀 흘리는 노동이 필요한 것이지 나 살기 위해서는 다른 생물을 죽일 필요가 없어요. 생물은 경쟁에서 살아남으라고 하느님이 창조한 게 아니라는 말입니다. 이 뜻은 또 뭐냐하면 **'생명은 하나, 전체이며 생물은 여럿, 부분이다.'** 라는 뜻입니다. 떼이야르 드 샤르댕의 사상, '새로운 인류의 출현', 그 열세 번째 시간, 지금 바로 시작합니다.

　17세기 영국의 자연철학자 로버트 훅(Robert Hooke 1635~1703)에 의해 자신이 만든 최초의 현미경으로 코르크 조각을 관찰함으로써 생물의 실체가 밝혀지기 시작했습니다. 그는 코르크의 작은 방을 라틴어로 cell(세포)이라 명명했는데 이후 현미경의 발달에 힘입어 19세기 독일의 식물학자 마티아스 슐라이덴(Matthias Schleiden 1804~1881)과 동물학자 테오도르 슈반(Theodor Schwann 1801~1882)은 모든 동식물이 하나의 세포라는 최소 단위로 이루어져 있다는 세포설을 발표했습니다. 또한 세포 내에서 생명 정보가 저장되어있는 곳은 세포핵 내 염색체로 발견되는데 이것을 DNA라고 합니다. 그러나 세포 내에서 아미노산을 결합하여 단백질을 만드는 공장은 리보솜이라고 하는데, 리보솜은 세포핵 밖 세포질 속에 분산되어 있습니다. 예를 들면 설계도를 작성하는 회사의 본사는 서울에 있고 설계도에 따라 기계를 제작하는 공장은 수원에 있다는 의미입니다. 따라서 세포 내에서 DNA의 정보를 읽고 해석해서 리보솜으로 가져와 단백질을 합성하는 역할을 하는 것은 RNA가 한다는 사실도 알게 되었습니다. 오래전부터 생물학자들은 유전물질이 세포핵 속에 DNA 상태로 존재한다는 사실을 알고 있었지만, 그 구조와 기능에 관해 오랫동안 오리무중에 있었습니다. 1953년 영국의 생물학자 제임스 왓슨(James Watson 1928~)과 프랜시스 크릭(Francis Crick 1916~2004)에 의해 DNA 이중나사 구조가 밝혀지고 1965년 미국의 생화학자 R. W. 홀리(Robert William Holley 1922~1993)에 의해 RNA의 분자구조와 기능이 밝혀짐으로써 생명체 내에서 RNA에 의한 화학반응을 통해 물질 생산과정은 프로그램에 의한 알고리즘(연속반응)이라는 특성을 가지고 있다는 사실을 알게되었습니다. 제임스 왓슨과 프랜시스 크릭은 1962년에, R. W. 홀리는 1968년 노벨 생리, 의학상을 수상했지요.

DNA는 A(아데닌), T(티민), G(구아닌), C(시토신)이라는 4개의 염기 암호로 구성되어 있는데 A 반대쪽에는 꼭 T이, G 반대쪽에는 꼭 C 이, 반대로 T 반대쪽에는 A이, C 반대쪽에는 G이 연결되어 지퍼처럼 맞물려 왼쪽으로 나선형을 이루고 있습니다. 이것은 정보의 유출을 막는 장치의 하나로 보입니다. 이에 비해 RNA는 A, U(우라실), G, C으로 구성되어 있는데 DNA의 T 대신 U로 대체되어 있으며, 기능에 따라 나선형 또는 외가닥으로 되어 있습니다. DNA의 A, T, G, C 4개의 염기 암호 중 3개가 1개의 아미노산을 지칭하기 때문에 4의 3승 즉 64개의 아미노산을 지칭할 수 있습니다. 단백질에 사용되는 아미노산은 20개이기 때문에 4개의 암호만으로도 수백만 종류의 단백질을 만들 수 있는 것입니다. 컴퓨터는 0과 1 이진법으로 모든 정보를 처리하지만, DNA-RNA는 A, T(U), G, C 4개의 암호로 모든 생명 정보를 4진법으로 처리합니다. 암석과 같은 무기물질은 자체가 물질이면서 정보로서 물질이 사라지면 정보 또한 사라지기 때문에 우라늄은 우라늄을 낳을 수 없습니다. 그러나 생물은 물질과 정보가 분리되어 물질이 사라져도 정보는 DNA-RNA를 통해 생물의 연속성을 갖습니다. '가장 부패하기 쉽고, 가장 나약한' 단백질이 DNA-RNA를 통해 생물의 연속성을 갖는 가장 큰 이유는 결과론적 인식이지만, '물질의 정보(의식)화'를 통해 그 정보가 축적됩니다. 이것을 생물에서 진화라고 하는데 DNA의 A,T,G,C 암호의 길이가 길어지거나 암호의 순서가 바뀌는 현상을 말합니다. 따라서 생물은 '생물의 복잡성은 의식(정보)의 복잡성'으로 진화가 일어납니다. '생명은 하나다.'라는 말은 모든 동식물의 DNA가 A, T, G, C

제13강. 생명은 하나, 전체이며 생물은 여럿, 부분이다.

4개의 암호로 구성되어 있다는 의미입니다.

생명체의 최소 단위를 세포라고 하는데 세포 내에는 오늘날 우리가 세포 물질이라 알고 있는 – 예를 들면, 핵산을 비롯해 DNA, RNA, 아미노산, 리보솜, 엽록소, 미토콘드리아 등등 – 원시 생명(체)이, 엄밀히 말하자면 여러 가지 유기물질이 각각 바다라는 영역 내에서 생성되고 소멸되었습니다. 당시 원시 바다 자체가 하나의 생명체였다는 말입니다. '개방된 영역'이라는 '바다 생명'내에서 유기물질이 출현한 약 10억 년 전후, 오늘날 원시세포로 알려져 있는 코아세르베이트에 이들 유기물질이 모여 '폐쇄된 영역'이라는 한 개의 단세포 생물들이 무수히 출현하기 시작한 것입니다. '개방된 영역'에서 '폐쇄된 영역'으로 – 전체에서 부분이 출현한 것입니다. 마치 빅뱅 이래 소립자에서 수소가 출현하는 과정을 되풀이하는 로고스(Logos)였습니다. 이것은 부분이 합쳐 전체를 이루는 모자이크 구조뿐만 아니라, 전체는 부분의 출발점이며 부분은 압축된 전체로서 프렉털(Fractal) 구조(러시아 인형 마트로시카 구조처럼 물질구조의 연속성을 의미합니다. 즉 커다란 다이아몬드나 분자 한 개의 다이아몬드나 그 구조가 같습니다.) 입니다. 즉 생명은 전체 – 하나이며, 생물은 여럿 – 부분입니다. 따라서 **생명은 물질이 연속성을 획득한 정보이며, 생물은 생명 정보가 만들어 낸 단백질의 세계입니다.** 오늘날 생화학자들은, RNA는 효소의 결합체로서 생명체 내에서 RNA에 의한 화학반응은 프로그램에 의한 알고리즘(연속반응)이기 때문에 RNA가 생명의 출발점으로 보고 있습니다. 결국 생명체는 A, T, G, C 4개의 암호로 프로그램 된 알고리즘이라 말할 수 있습니다. 최초의 생물은 핵이 없는 원핵세포로서 오늘날 우리가 박테리아로 알고 있는 생명체들이죠. 이들 세포에서 핵이 있는 진핵세포로 다시 다세포로 진화했는데 생물은 생물을 먹어야 생존이 가능하기 때문에 생물에서 대상(환경)을 인식하는 의식의 출현은 필연이며 생명현상과 동시성입니다.

우리 대부분은 의식(意識)이란 인간 고유의 정신현상이라 인식하고 있는데 현재 자신이 직접 경험하고 있는 심적 현상의 총체로 정의하고 있습니다. 철학과 심리학에서 의식이란 꽃을 본다, 문제를 생각한다, 기쁨을 느낀다 등 개체가 현실에서 체험하는 모든 정신작용과 그 내용을 포함하는 일체의 경험 또는 현상을 말합니다. 심리, 경험, 현상 등과 같은 의미로 사용하기도 하며 '깨어 있는 상태'와 동일시하고 있습니다. 임상심리학에서는 자신과 환경을 확실히 알고 있는 상태를 의식청명(意識淸明)이라 하며, 그 청명도나 충실도 등이 어느 정도 이상 상실된 경우를 의식장애라 합니다. 19세기 초 프랑스 생물학자 라마르크가 '생물의 복잡성이 의식의 복잡성'으로 이어지는 생물 진화론을 발표했을 때 당시 사람들은, 인간이 원숭이에서 진화했다는 사실에 거부감을 가졌을 뿐더러 인간 외 생물에도 의식현상이 있다는 그의 말에 조롱에 가까운 비난을 퍼부었습니다. 당시 사람들은 그만큼 의식은 인간 고유의 영역이라 믿고 있었습니다. 결국 그는 사람들의 조롱과 비난에 휩싸여 말년에

제13강. 생명은 하나, 전체이며 생물은 여럿, 부분이다.

외롭게 살다 죽었습니다. 모든 식물은 물이 부족하거나 한여름 태양열이 강렬하면 시드는 현상이 나타나는데 식물학 전문 용어로 이것을 위조라합니다. 식물의 잎 뒷면에는 우리의 땀구멍 같은 기공이 있는데, 이 기공을 통해 뿌리에서 흡수된 수분이 증발하거나 식물의 수분 상태에 따라 기공을 여닫는 역할을 합니다. 기공은 세포로 구성되어 있는데 수분과 온도에 민감한 단백질로 구성되어 있습니다. 외부 온도가 높고 습도가 낮으면 단백질이 수축하여 기공을 닫고(수분 증발을 억제하기 위하여 식물은 시든다.) 온도가 낮고 습도가 높으면 팽창하여 기공을 열어 식물 내부의 삼투압을 높여 뿌리로부터 수분흡수를 원활하게 합니다. 이것은 식물이 자신과 환경을 확실히 알고 있는 의식청명이라 할 수 있습니다. 식물보다 동물에서 의식 현상이 뚜렷하게 나타나는 이유는 식물은 생존을 위해 광합성 작용을 통해 자신의 양분을 자급자족하지만, 동물은 식물이나 다른 동물에서 영양분을 획득하기 위해서는 의식 현상의 진화는 필연이었습니다. 따라서 동물에서 진화의 축은 신경계통의 발달과 뇌의 진화에 있었습니다.

우리가 '이것은 꽃이고 저것은 강아지다.'라고 인식할 수 있는 것은 우리의 내부 DNA에 꽃과 강아지의 정보가 축적되어 있어 공명현상을 하기 때문입니다. 물질은 '공간을 갖는 응축된 에너지'로서 운동의 크기만큼(물질의 원자의 양만큼) 공명현상을 통해 대상을 인식하는데, 무기물질에서는 공명현상이 화학반응으로 나타나며, 동물은 오감을 통해 수신된 정보(공명현상)를 전기신호로 바꾸어 신경계통을 따라 뇌에 전달됨으로써 의식화 현상이 일어납니다. 인간과 느티나무의 DNA가 약 70% 같고 강아지와는 95% 이상이 같고 침팬지와는 1.6% 차이도 나지 않습니다. 즉 10개의 공간이 있는 물질은 100개의 공간이 있는 물질의 10개밖에 공명현상이 일어나지 못한다는 뜻입니다. 따라서 아메바는 개미의 세상을 인식하지 못하고 개미는 강아지의 세상을 모르며, 강아지는 인간의 세계를 인식하지 못합니다. 생물에서 의식의 폭은 생존할 수 있는 선택의 폭을 의미하는 것으로서 생물진화의 원동력입니다. 생물의 복잡성이 의식의 증대로 이어지는 생물의 진화는 곧 물질 정보(의식)의 축적입니다.

우리는 생물에서 생명과 의식의 출현은 한 개의 단세포 내에서 DNA의 돌연변이와 자연선택에 의한 진화의 산물이라 알고 있지만, 실제로 생물진화의 초기 단계에서는 두 개 이상의 정보(의식)시스템 단세포의 키메라에 의해서입니다. 오늘날 생화학자들은 빛에 감응하는 단백질, 소리에 민감한 단백질, 맛을 기억하는 단백질 등 오감을 형성하는 단백질의 존재와 이들 단백질만을 생성하는 박테리아에 관해 잘 알고 있습니다. 하얀 눈 위에 붉게 발광하는 '안점 박테리아'는 오늘날 우리 눈의 원조입니다. 원래 식물과 동물은 하나의 생명체에서 출발했지만, 식물은 광합성 시스템을, 동물은 의식 시스템을 획득하여 진화된 생물입니다. 따라서 의식은 축적된 정보(물질과 환경정보)와의 공명현상으로서 種의 집단 단위 또는 생명

제13강. 생명은 하나, 전체이며 생물은 여럿, 부분이다.

권 내에서만 생물진화가 발생합니다. 즉 생명은 '정보의 물질화 현상'이며, 의식은 '물질의 정보화 현상'으로서 세포 내에서 RNA가 이 기능을 담당하며, DNA에는 정보만 저장됩니다. 따라서 생물에서 생명현상과 의식 현상은 동시성입니다.

모든 생물은 자신이 살아 있다는 사실을 알고 있어 살아가기 위해 끊임없이 외부로부터 물질과 에너지의 공급과 획득이 필연인 절대 외부 의존성 존재입니다. 또한 환경에 적응하기 위해 자신의 DNA를 바꾸기도 하는데 이것은 무기질 우주정보의 단백질 변환이었습니다. 생물에서 '일정 영역'의 한계성 – '폐쇄된 영역'은, 독립성과 개체성을 갖는 種의 특성이 되었으며, '개방된 영역' – '바다 생명' – 에서는 불가능한 대상을 인식하는 개체인식과 정보의 축적이 가능해짐으로써 생물은 '폐쇄된 영역' 내 '생명현상'과 '의식현상'이 발생하는 존재가 되었습니다. 생명현상과 의식현상은 DNA에 의해 프로그램된 알고리즘이기 때문에 생명과 의식은 절대 개체성입니다. 생명의 복잡성이 의식의 복잡성으로 이어지는 생물의 진화는 선택의 폭의 증가이며, 이는 자유의 크기를 의미합니다. 결국 생물에서 자유는 절대 개체성입니다. 무기질 진화는 그 자체가 살아남는 존재였으며 진화하지 못한 것은 완전히 사라졌습니다. 그러나 생물에서는 사라지지 않고 진화하느냐, 정지하느냐입니다. 그 덕분에 생물에서 피라미드형 먹이사슬이 형성되어 하부구조가 넓고 상부구조가 좁아 살아남기 위해 치열한 생존 경쟁이 아니라 땀 흘리는 노동이 필요한 것입니다. 우리들의 눈에 생물은 살아남기 위해 치열한 생존 경쟁을 하는 것으로 보이는 것은 생물은 DNA에 의해 프로그램된 알고리즘이기 때문이지 선택하는 행동이 아닙니다. 따라서 생물에는 善과 惡이 존재하지 않습니다.

빅뱅은 하나 전체이며 물질은 여럿, 부분이 되는 현상입니다. 마찬가지로 생명은 하나 전체이며 생물은 여럿, 부분으로 나뉘어 있습니다. 전체는 자신을 인식하는 의식이 불가능하지만, 부분은 대상을 통해 자신을 인식할 수 있습니다. 따라서 물질과 생물은 보다 복잡한 물질의 출현을 통해 보다 복잡한 의식 현상을 가집니다. 그러나 무기질 물질은 그 자체가 물질이면서 정보(의식)로서 물질과 정보가 분리되어 있지 않지만, 생물은 물질(단백질)과 정보가 분리되어 정보를 통해 생물의 연속성을 이어갑니다. 이 과정에서 생물은 물질과 정보가 DNA A-T-G-C 4개의 암호로 프로그램되어 있습니다. 이 A-T-G-C 4개의 암호의 순서가 바뀌거나 그 길이가 길어지는 현상을 진화라고 합니다. '라마르크'의 **'생물의 복잡성은 의식의 복잡성'으로 이어지는 진화**입니다. 이것은 부분이 결합해서 하나의 전체를 나타내는 것으로서 무기질에서는 우주 전체로 나타나지만, 생물에서는 DNA A-T-G-C 암호로 나타납니다. 다시 말하자면 생물 진화의 정점에서 출현한 인간 개체는 DNA A-T-G-C 암호가 약 30억 개 나열되어 있는데 이 정보가 바로 우주 전체를 표현하는 것입니다. 오늘날 우리들은 손톱 넓이의 메모리 칩 속에 신문 2천 5백 장을 저장할 수 있음을 잘 알고 있습니다. 컴퓨터는 0과 1이라는

제13강. 생명은 하나, 전체이며 생물은 여럿, 부분이다.

2진법을 사용하기 때문입니다. 마찬가지로 생물은 우주의 정보를 DNA A-T-G-C 암호로 표현한 것이라 할 수 있습니다. 따라서 생물에서 진화란 부분이 하나로 수렴되는 과정입니다. 그러나 생물 또한 그 정보 DNA가 물질이기 때문에 인간과 인간이 결합하기 위해서는 DNA 정보로는 불가능합니다. 이제 우리는 생물의 출현과 인간의 진화 과정을 통해 우주 정보가 '공간을 갖는 정보' DNA에서 '공간을 갖지 않은 정보'로의 전환를 이해할 필요가 있습니다. 여기에 관해서는 다음 시간에 공부하겠습니다.

제14강
생물의 진화 패턴

    떼이야르 드 샤르댕의 사상, '새로운 인류의 출현', 그 열네 번째 시간, 생물의 진화 패턴, 지금 바로 시작합니다.

    DNA하고 RNA가 세포 내에서 어떤 구조, 기능을 하는지 어느 정도 이해했으리라 믿습니다. DNA는 물질의 정보화 현상으로서 그 물질이 어떤 물질이고 어떻게 만들어지는가 그 과정의 정보를 저장하는 장소란 말입니다. 또 이 정보를 물질로 만드는 것이 바로 RNA입니다. 바로 RNA는 정보의 물질화 현상입니다. DNA는 정보를 저장하는 기능이기 때문에 함부로 정보를 유출시킬 수 없으니까 두 줄로 맞물려서 나선형으로 이렇게 꼬여서 실타래처럼 되어 있습니다. 이 RNA는 DNA 정보를 읽고 해석하여 리보솜으로 가져와 단백질을 만들기 때문에 이렇게 외가닥으로 돼 있습니다. DNA에 있는 티민이 RNA에서는 우라실이라는 물질로 하나가 다르고 나머지는 같습니다. 그러나 암석 같은 무기질은 그 자체가 물질이 고 정보이기 때문에 물질과 정보가 분리가 돼있지 않아 물질이 사 라지면 정보도 사라집니다. 그런데 생명체에 와서는 물질이 만들어 지는 정보가 DNA로 따로 있고 그 정보를 물질로 만드는 RNA 과 정이 분리돼 있어 DNA-RNA를 우리는 생명정보라 합니다. 생물에 서 번식은 바로 DNA-RNA 생명정보를 씨앗으로 남겨놓는 현상을 말합니다.

그래서 나중에 보면 이 두 현상이 우리 사회에서 이렇게 다른 형태로 나타난단 말입니다. 물질의 정보화 현상, 정보의 물질화 현 상. 그래서 DNA의 순서가 좀 바뀌면 멘델법칙과 같은 변이가 나 오지만, 이 길이가 길어지는 것이 진화라고 했습니다. 그래서 지금 까지는 다윈의 진화론처럼 진화라는 것이 단세포에서부터 시작해 서 돌연변이 즉 DNA 자체의 돌연변이에 의해서 생물의 여러 형태 의 진화가 이게 나뭇가지처럼 이렇게 진화했다고 배웠는데, 1967년 에 린 마굴리스라는 분이 미국의 메사츄세츠 대학의 생물학 교수 인데, 이 분이 식물에나 동물에나 단세포가 있을 때는 두 세포들이 악어와 악어새 아시죠? 공생이라는 거. 악어는 고기를 잡아먹으면 이빨에 많이 끼니까 아무래도 입을 딱 벌리면 새들이 날아와서 악 어 이빨 사이에 고기를 쪼아서 먹는 악어새와 공생이란 말입니다. 또 콩과 뿌리혹박테리아라는 게 있어요. 뿌리혹박테리아는 뿌리에 동글동글하게 박테리아가 기생하는데 공기 중에는 70%가 질소예요. 질소는 식물들이 빨리 자라게 하는 양분 중에 하나인데, 기체 질소로는 식물에게 아무 소용없어요. 공기 중에 아무리 질소가 많아도 사용 못해요. 요거를 고체로 만들어서 액체 상태로 돼야지만 식물이 흡수해서 살아날 수 있습니다. 이 박테리아가 공기 중의 질소를 빨아들여서 액체 질소를 만들어서 콩에 공급을 하는 거예요. 그래서 콩은 웬만한 나쁜 땅에서도 잘 자라요. 그 대신 콩에서 만들어진 탄수화물 양분을 박테리아가 먹고 산다 이 말입니다. 그래서 콩하고 박테리아는 서로들 공생이라고 합니다. 이와 같이 처음에 단세포 이전부터 모든 생물은 서로들 필요에 따라서 공생을 하다가 하나의 생명을 만들어 즉 키메라라는 거예요. 그것을 린 마굴리스가 1967년에 미국 이론 생물학 저널에 발표하려고 논문을 보냈는데 열다섯 번이나 퇴짜를 맞았어요. 진화라는 건 DNA 돌연변이에 의해서 진화하는 것이지 어떻게 생물가지와 가지가 결합해서 진화를 하는가 이해를 못했습니다. 그러나 내부 공생설이라는 것은 19세기 말 20세기 초에 독일의 두 생물학자가 이론적으로 발표를 했습니다. 독일에 쉼프라는 분이 있었어요. 이 분이 처음으로 식물에 있는 엽록체가 내부 공생부터 시작했다고 이론을 제기하기 시작했고 러시아의 메르트코프스키라는 분이 쉼프의 이론을 확대해서 발표했는데 그 당시는 전자현미경도 없고 이것을 실증할 방법이 없어 1965년도까지는 생물학에서 사장된 이론이었어요. 내부 공생설이라는 건 하나의 상상이다 이거예요. 린 마굴리스는 미국의 유명한 천문학자인 칼 세이건의 첫 번째 부인이었어요. 이 사람의 내부 공생설이 어떻게 성공했냐면, 60년대 초부터 전자현미경이 발견됐단 말입니다. 그 전자현미경에 의해서 세포를 더 자세히 살펴보니까 내부 공생설이 맞았다는 얘기입니다.

오늘날 식물을 보면 낮에는 햇빛을 이용해서 광합성 작용을 하기 때문에 이산화탄소를 흡수하고 산소를 내보내고 밤에는 산소를 들여 마시고 이산화탄소를 내보내요. 그런데 낮에 만들어내는 산소가 밤에 흡수한 산소보다는 훨씬 많으니까 수풀이 있는 곳에는 산소가 많이 발생하는 겁니다. 그러니까 나무가 산소 생산 공장이라고 하는 이유는 이와 같이 식물은 산소를 흡수 안 하는 게 아니라 밤에는 산소를 흡수하고 낮에는 산소를 만들어내고 이산화탄소를 흡수합니다. 동물은 공기 중에 산소를 들여 마시고 이산화탄소를 내뿜어 줍니다. 그러니까 식물은 이산화탄소를 가지고 낮에는 햇빛을 이용해서 탄수화물을 만드는 거예요. 이와 같이 식물에는 두 가지 형태, 즉 이산화탄소를 흡수해서 녹말을 만드는 과정과 밤에 산소를 흡수하는 과정이 있습니다. 이것은 대청댐이나 이런 댐에서 녹조류가 많이 발생하는데 하나하나의 요 조그만 클로렐라라는 단세포 진핵생물, 식물이에요. 그러면 여기에 엽록체가 있죠. 그리고 미토콘드리아라고 산소를 만드는 공장이 있어요. 요 미토콘드리아는 산소를 만드는 공장이고 엽록체는 반대로 이산화탄소를 흡수하고 산소를 내뿜는 역할을 하는 거란 말입니다. 그러니까 엽록체만 있는 박테리아와 미토콘드리아가 있는 박테리아를 전자현미경으로 보면, 엽록체에도 자체적으로 DNA, RNA가 있어요. 미토콘드리아 자체 안에도 DNA, RNA가 있습니다. 그래서 생물학자들이 핵 속에 있는 DNA하고 미토콘드리아에 있는 DNA하고 비교해 보니까 전혀 다른 생명체라는 것을 알았습니다. 이게 무슨 말이냐 하면, 우리가 생명사 40억 년 동안 거의 35억 년을 바다 속에서 살아왔어요. 육지에 나온 건 겨우 4억 년밖에 안 됐어요. 그러니까 거의 35억 년 이상을 바다에서 생활했는데 그 당시의 생물들은 원핵생물이었어요. 처음에는 동물이나 식물이나 아주 부드러운 원핵생물이었단 말입니다. 자 요거는 아까 녹조류라고, 녹색 세균 시아노박테리아라는 원핵생물이에요. 이것은 프로테오 박테리아라는 원핵생물인데, 요거는 엽록체가 있어서 광합성 작용을 하는 원핵생물이에요. 그러니까 산소를 내뿜고 이산화탄소를 들여 마신다는 말입니다. 프로테오 박테리아는 반대로 산소를 흡수하고 이산화탄소를 내뿜는단 말이에요. 그러니까 박테리아하고 요 박테리아하고 서로들 필요에 의해서 가까이 있잖아요. 요거는 산소를 만들고 이산화탄소를 흡수하고. 반대로 요거는 산소를 들여 마시고 이산화탄소를 내뿜고 서로들 필요로 하잖아요. 그러니까 서로를 필요로 하는 것이 옆에 같이 가까이 살게 됐다. 그러던 것이 아메바 같은 단세포 원핵생물이 시아노 박테리아를 잡아먹었을 거란 말이에요. 이 잡아먹는다는 것은 결국은 단백질 덩어리와 단백질 덩어리가 합쳐지는 거란 말이죠. 요거는 프로테오 박테리아 요거는 이산화탄소를 내뿜고 이거는 산소를 내뿜는다 이 말이에요.

그러니까 요 안에서 살다 보니깐 요거는 또 다른 하나의 아메바 또 다른 단세포 원핵생물입니다. 여기서 같이 생활하다가 오늘날의 식물의 원조가 된 거예요. 전자현미경이 안 나왔다면 이것을 발견하지 못했을 거예요.

오늘날 식물의 엽록체는 바로 시아노박테리아이고, 프로테오박테리아가 오늘날 미토콘드리아가 된 거예요. 여기에도 DNA가 따로 있어요. 그리고 이거 자체적으로 번식도 합니다. 물론 중요한 정보는 식물의 핵 DNA로 다 이전되어 있고 번식 또는 광합성 작용하는 그런 중요한 것만 이 엽록체의 DNA에 남아 있습니다. 미토콘드리아도 마찬가지입니다. 중요한 건 핵 속의 DNA로 옮겨지고 산소를 만드는 중요한 기능만 미트콘드리아의 DNA에 남아 있습니다. 이게 오늘날 전자현미경이 없었으면 이 비밀을 알 수가 없어요. 그러니까 모든 생물은 키메라예요. 35억 년간. 그래서 생물진화는 DNA 변이에 의한 진화가 아니라 생물과 생물 간에 서로들 합쳐진 키메라에 의해서 진화가 된 겁니다. 이해가 갑니까? 다시 이 세포 안에는 여러 가지 기능을 갖고 있는 세포 물질이 많이 들어 있습니다. 우리들은 처음에 단세포에서 아주 하등의 DNA 변이에 의해서 점점 고등 생물로 진화했다고 믿었습니다. 어떤 유기 물질이 점점 더 결합하고 해서 이게 만들어진 거란 말이에요. 그래서 오늘날 이 세포라는 것은 바로 모든 작은 생명체의 집합체라 이 말입니다. 유기질 집합체로 이 단세포가 나온 거예요. 이걸 키메라 진화라고 해요. 이것을 처음으로 쉼퍼나 메르스코프스 같은 생물학자가 이론적으로 발표는 했지만 이걸 증명할 방법이 없어 1965년도까지만 해도 사장된 생물학 이론이었는데 1967년에 린 마굴리스에 의해서 전자현미경을 이용해서 생물 간의 키메라를 발견한 것입니다.

생물에서 키메라 진화가 결국은 인간에게는 뭘로 나타났느냐 하면 사랑이에요. 사랑이 뭡니까? 불쌍한 사람 이렇게 도와주는 게 사랑이 아니죠. 그건 자비죠. 저 사람과 나하고 하나가 되어 합치는 게 사랑입니다. 인간에게 와서 DNA 정보가 정신화함으로써 사랑은 정신의 결합을 의미했습니다. 예수님의 말씀은 사랑 아닙니까? 인간에게는 사랑이 키메라로 나타나는 겁니다. 모든 생물이 키메라예요. 스핑크스, 황소 같은 이런 이집트, 수메르인들이 만들었던 키메라가 우리 인류의 머릿속에는 이 진리로 들어가 있단 말입니다. 우리는 머릿속에 진리가 있어 지금은 우리가 과학적으로 이렇게 끄집어내지만, 그 당시에는 스핑크스나 호루스나 이런 형태로 끄집어낸 거라 이 말입니다. 지난 몇 시간 동안 수메르인부터 시작해서 키메라에 관해서 많은 얘기를 했는데 이 키메라의 출발점이 바로 여기 초기 생물진화에서 뚜렷이 나타나는 겁니다. 여기서 우리 하나 더 봅시다. 자! 수소하고 산소하고 결합해서 물이라는 H_2O를 만들잖아요. 이게 키메라란 말입니다. 화학에서의 키메라라는 말입니다. 전혀 다른 두 원자가 전혀 다른 물이라는 세상을 만들잖아요. 138억 년 전 빅뱅이래 물질의 결합은 보다 간단한 구조에서 보다 복잡한 구조로의 결합을 나타내는데 우리는 이것을 진화라고 합니다. 단지 생물에서는 물질과 정보가 분리되어 정보의 축적을 통해 진화가 발생했는데 초기 생물의 진화는 DNA-RNA의 완벽한 출현을 위해 키메라 진화는 필연이었습니다. 라마르크나 찰스 다윈은 생물이 35억 년 바다 생활을 할 때에 생물의 진화, 즉 키메라 진화는 생각도 못한 거예요. 그러니까 다윈 진화론에 나뭇가지가 뻗어가듯이 이렇게 단선적으로 진화할 거라 생각했는데 이게 생물과 생물이 서로들 결합을 해서 새로운 생물이 만들어졌다는 거는 생물진화에서 코페르니쿠스적 사고 전환이에요. **오늘날 키메라 진화시대를 DNA-RNA가 완성되는 기간으로 보고 있습니다.**

5억 4천만 년 전 지질 시대를 캄브리아기라고 하는데 이때는 이미 벌레 같은 부드러운 동물들이 조개 또는 굴이나 삼엽충처럼 딱딱한 외투를 입고 출현했어요. 그전에는 아주 부드러운 벌레 같은 거니까 서로들 DNA를 흡수, 스와핑 등 여러 가지 형태로 할 수 있었는데 이때부터는 동물들이 딱딱한 외투를 입고 출현하니까 키메라가 불가능해진 거예요. 캄브리아기 이전 시대를 우리는 보통 선캄브리아기라고 합니다. 이 기간을 보통 35억 년으로 잡습니다. 이때까지의 진화는 키메라 진화예요. 물론 DNA 변이도 약간의 변이진화도 있었겠지만 기본적으로는 키메라 진화예요. 그러나 캄브리아기 시대부터는 키메라가 불가능해졌습니다. 생물의 분류법에서 제일 위가 식물계와 동물계로 분류합니다. 그다음 제일 위에서부터 문(門)에서 강(綱), 목(目), 과(科), 속(屬), 종(種)으로 이어지는 분화진화가 시작되었습니다. 사람을 보면 동물계란 말입니다. 동물 중에 척추가 있는 문(門)이에요. 척색 동물 문 그 다음에 척색동물 문 중에 젖을 먹고 자라나는 동물이니까 포유강(綱). 그러나 물고기들은 같은 척추동물이지만 젖을 먹고 자라는 게 아니잖아요. 우리는 젖을 먹고 자라니까 포유강. 그 다음에 포유강 중에 머리가 영리해지기 시작한 설치류 종류가 있는데 이걸 영장목(目)이라고 그래요. 영장목. 그 다음에 그 영장목 중에 꼬리 없는 원숭이, 유인원 과(科). 그 다음에 오스트랄로피테쿠스 같은 사람 속(屬), 호모사피엔스 같은 사람 종(種)으로 분화되었습니다. 그러니까 종과 종간에 번식을 할 수가 없는 건 속이에요. 인류는 지금 70억 인구인데 아프리카에 사는 사람이나 우리나라에 사는 사람이나 어디에 사는 사람이든 결혼을 하면 우리는 자식을 낳을 수가 있으니까 같은 한 종이다 이렇게 봅니다. 그래서 선캄브리아기 때 조개나 굴 같은 딱딱한 외투를 입고 나오기 시작할 때는 이미 오늘날 38개 동물 문(門)과 식물문(門)이 출현했습니다. 요게 히드라인데 요거는 강장동물이에요. 또 불가사리 잘 아시죠? 불가사리, 성게 같은 거, 불가사리는 극피동물 문이에요. 그 다음에 오징어 또는 조개는 연체동물이라 그래요. 동물 문에서. 그 다음에 회충, 요충 같은 건 선형동물이라 그래요. 또 지렁이, 거머리, 이런 건 환형동물 문이라고 합니다. 곤충은 절지동물 문이라 그래요. 절지동물 문. 그런데 지금까지 다윈은 가장 하등 동물의 해면동물에서 강장동물이 나오고 여기에서 극피동물이 나오고 다음에 원색동물, 척추동물이 이렇게 진화해서 출현했다고 했습니다. 그러나 동식물 문이 선캄브리아기 땐 이미 수평적으로 출현했습니다. 그러니까 이미 여기서부터는 생물문이 다 출연했기 때문에 강장동물이 진화해서 척추동물로 진화는 불가능해진 겁니다. 키메라 진화에서 이미 어떤 건 강장동물 문이 됐고, 어떤 건 원색동물 문이 됐고 어떤 건 척추동물 문이 됐어요. 키메라 진화에서 이미 문의 출현이 끝났어요. 그러니깐 이런 곤충이나 오징어나 불가사리나 이런 것들이 죽었다 깨어나도 인류로 진화는 못한다 이 말입니다. 오늘날 침팬지에서 인간으로 진화가 불가능한 이유가 이미 인간과 침팬지는 같은 조상에서 분화진화가 시작되었기 때문입니다. **오늘날 키메라 진화시대를 DNA-RNA가 완성되는 기간으로 보고 있습니다.**

키메라 진화는 생명체가 모아지는 진화인데 문(門)이 출현함으로써 여기서부터는 계(界), 문(門), 강(綱), 목(目), 과(科), 속(屬), 종(種)으로 분화되기 시작했습니다. 이걸 분화진화라고 합니다. 그러면 왜 분화진화가 일어났는가 하는 의문이 발생합니다. 이 분화진화에서는 DNA의 A-T-G-C 암호의 길이가 길어지는 진화라 생각하면 돼요. 그러면 이 DNA의 길이가 길어지는 변이는 어디서 오느냐 하면 외부 환경에서 온단 말입니다. 약 4억 년 전부터 생물은 바다에서뿐만 아니라 육지와 공중에도 번성함으로써 지권(地圈)과 수권(

水圈) 위에 생명권(生命圈)을 형성하였습니다. 이 DNA의 변이는 자기 혼자 어떤 돌연변이에 의해서 생물이 나타나고 한 게 아니라 바로 전체 생태 환경 영향에 따라서 모든 생물이 함께 진화하는 공진화가 시작된 것입니다. 공진화는 모든 생물이 개체적으로 함께 진화한다는 뜻이 있고 여기에 하등 생물에서 고등 생물까지 진화과정의 끄트머리에 인류가 출현했는데 즉 생명권 전체 꼭대기에 모든 생명정보가 압축돼서 인간에게 나타난 것입니다, 그러니까 인간에게 DNA 정보가 30억 개가 있다고 했는데 DNA 30억 개는 지구 생명사 40억 년이 축적된 정보라는 얘기입니다. 우리 사람 하나하나의 생명 정보가 전체 먹이 사슬의 암호라는 의미입니다. 그러니까 인간의 내면이란 건 뭐냐. 저 바깥 유리창 넘어 보이는 자연 상태가 바로 인간의 내면이라는 겁니다. 40억 년 생물 진화사 정점에서 인류가 출현했는데 이것은 바로 하나의 DNA의 생명권 공진화에 의해서 이루어지는 것이지 인간 개체 하나하나의 세포가 돌연변이에 의해서 나뭇가지처럼 갈라져서 이렇게 단선적으로 진화한 것이 아니라는 겁니다.

돌덩이 같은 삭막한 지구에 꽃이 피고 다람쥐가 뛰어노는 낙원으로 변한 것은 무기질 우주질서의 단백질 표현이 가능했기 때문입니다. 지구상에는 약 10만 종의 무기질 종류가 있지만, 유기질의 종류는 100만 종이 넘습니다. 이 뜻은 무기질이 만들어지는 원리가 생물에서는 유기질로 표현함으로써 그 정보를 DNA에 저장할 수 있고 또한 이 정보를 교환, 전달, 저장함으로서 생물의 복잡성은 의식의 복잡성으로 진화가 가능했습니다. **생물에서 물질과 정보의 분리는 물질이 획득한 불멸성**입니다. 약 40억 년 생명사 중에 약 35억 년 이상이 DNA 4개의 암호 A-T-G-C가 완성되는 시기였으며, 이 기간동안 생물은 Chimera 진화를 통해 동식물의 문이 출현하여 분화진화가 시작되었습니다. 분화진화는 다양한 생물의 출현을 가능케 했으며 생명권 내 정보의 수렴이 인간에게 집중된 것은 척색동물 문 자체가 Chimera진화의 정점이었기 때문입니다. 따라서 생물에서 '생명현상'과 '의식현상'이 출현함으로써 생명진화의 정점에서 출현한 인간은 '생명현상'과 '의식현상'을 생명체 밖에서 구현함으로써 생물과는 전혀 다른 세상을 만들기 시작했습니다. 이에 샤르댕은 지구상에 인류가 출현함으로써 단백질에 의한 생물의 진화가 끝나고 인류에 의한 새로운 진화가 시작되었다고 강조했습니다. 이제 우리는 포유류에서 인류가 출현하기까지의 과정을 이해함으로써 인간의 실체를 직시하고자 합니다. 다음 시간부터 인류의 출현과 진화과정을 살펴보겠습니다.

제15강

인간은 생물이 아니다.

　샤르댕 사상을 이해하는 첫 걸음이 인간은 생물이다 입니다. 인간이 생물이라는 말 그 속에는 인간 개체가 40억년간 생명사가 축적된 존재, 즉 유리창 너머 보이는 자연이 바로 인간 내면이란 뜻이에요. 떼이야르 드 샤르댕의 사상, '새로운 인류의 출현', 그 열다섯 번째 시간, '인간은 생물이 아니다.', 지금 바로 시작합니다.

　"사람이 빵만으로 살지 않고 주님의 입에서 나오는 모든 말씀으로 산다는 것을 너희가 알게 하시려는 것이었다."(신명 8,3)

　"사람은 빵만으로 살지 않고 하느님의 입에서 나오는 모든 말씀으로 산다."(마태 4,4)

　지난 주일이 성체성혈대축일이었죠? 네~ 복음의 핵심이 사람은 빵만으로 살 수 없다는 신명기 말씀부터 예수님이 사십 일간 광야에 있을 때 악마가 돌을 가지고 빵으로 만들어라 하니까 '사람은 빵만으로 살 수가 없다'고 하셨습니다. 우리는 지금까지 성체와 성혈은 플라톤 이론에 있어서 이데아로 생각했습니다. 바깥은 변하지만 변하지 않는 그 본질을 성체는 예수님의 몸, 성혈은 예수님의 피로만 인식을 했는데 결국 이 말씀은 '인간은 생물이 아니다.'라는 의미에요. 성모님의 무염시태, 예수님의 부활 사건이야기 이런 모든 것들이 인간은 생물이 아니다라고 이해를 해야지 인간이 생물이라는 걸 전제하고 이 신앙 언어를 해석하려니까 동정녀가 어떻게 애를 뱄느냐?, 어떻게 썩은 송장이 되살아나느냐? 어떻게 밀떡과 포도주가 인간인 예수님의 몸과 피가 되냐고 생물학적으로만 이해를 하려고 하니까 더 이상 의미를 못 알아들어요. 예수님 말씀의 핵심은 인간은 생물이 아닌 것으로 이해를 해야 됩니다. 물질에서 생명이 출현했고 인간에 의해 생명에서 정신이 출현한 것입니다. 그러니까 인간은 생물에서 정신으로 진화해야 하는 존재라는 의미입니다.

동서고금을 막론하고 인간은 동물과 다르다는 사실을 잘 알고 있었습니다. 인간의 인격, 이성, 양심 등 동물에서는 나타날 수 없는 독특한 특성이 인간을 보다 인간답게 만든다고 생각했습니다. 그렇다면 인간의 이 독특한 특성은 어디에서 오는가? 인류의 오래된 의문의 하나였습니다. 동양에서는 인간 자체가 그런 특성을 나타내는 존재로 인식하는 반면 서양 사람들은 인간의 내면에 영혼이 존재하기 때문이라고 믿고 있었습니다. 특히, 그리스도교 신앙은 천지창조의 설화에서부터 시작되었기 때문에 인간의 독특한 특성은 하느님이 창조한 당연한 피조물로 생각하고 있었습니다. 그러나 오늘날 생물학에서 이와 같은 인간의 독특한 특성은 인간도 생물이라는 영역에서 출발하여 현상을 인식하는 새로운 정신 정보의 일환으로 이해하기 시작했습니다. 앞 시간에 얘기했지만, 물질에서 생명이 출현했고 생명에서 정신이 출현한 우주 정보가 인간에게는 종합적으로 출현했다는 사실입니다. 오늘 이 시간에 우리는 생물의 진화과정에서 인류의 출현과 그 진화과정을 살펴봄으로써 인간의 독특한 특성의 출현 과정을 이해하고자 합니다.

일찍이 고생물학자들은 몸이 유연하여 활동적이며 체형을 쉽게 바꿀 수 있는 척색동물 문(門)의 한 종(種) – 피카이아(Pikaia)에 주목을 했습니다. 피카이아는 캐나다 버제스 셰일에서 최초로 발견된 캄브리아기 척색동물 문의 한 종입니다. 후일 중국의 더우산퉈 층에서 이보다 몇백만 년 앞선 하이코익시스(해구어(海丘魚):중국 운남성 곤명 남부지방에 있는 5억 4천만 년 전에 형성된 지층에서 발견된 최초의 척색(또는 척추)동물이 발견됨으로써 지금은 최고의 자리는 물려주었지만, 최초로 인류의 가장 먼 조상으로 인정받고 있었습니다. 약 5억 3천만 년 전, 일단의 하이코익시스나 피카이아는 어류로 진화하여 데본기 어류시대를 열었으며, 약 3억 5천만 년 전 데본기 말 – 어류에 치어 바닷가 언저리에서 근근이 살아가던 일단의 망둥이 같은 어류는 – 양서류로 진화하여 육지로 발을 딛기 시작했습니다. 이들 중 한 種이 우리 인류의 먼 조상이 된 것입니다. 중생대 공룡의 시대에 땅속 어두운 동굴 속에서 근근이 살아가던 포유류 중 일단의 두더지 같은 영장류가 약 6천 5백만 년 전 공룡이 멸종된 이후 지구상에 번성하기 시작했습니다. 최상의 포식자 공룡이 멸종되자 포유류가 번성하기 시작한 것입니다. 이들 중 한 종이 원숭이로 진화하여 인류까지 진화를 한 것입니다.

옛날에는 아프리카, 아시아, 유럽이 한 덩어리로 붙어 있었고 지중해가 없었습니다. 아프로아시아 육괴라고 했는데 그 폭이 스페인에서부터 사하라 사막까지, 길이는 서북쪽으로 오늘날 제트 기류가 흐르는 이 지대가, 지금은 지중해, 사하라 사막, 이란 사막, 이라크 사막, 고비 사막, 또 타클라마칸 사막, 몽골 초원이 펼쳐져 있습니다. 오늘날에는 거의 사막화 지대인데 3천만 년 전만 해도 울창한 삼림지대였습니다. 그러니까 요 일대는 오늘날 석유가 많이 나오잖아요. 석유, 석탄이 거의 이 일대에 다 묻혀 있어요. 이 울창한 산림지대가 당시에는 원숭이들의 낙원이었습니다. 원숭이들은 꼬리 있는 원숭이하고 꼬리 없는 원숭이가 있었는데 이 삼림지대에서는 꼬리 있는 원숭이가 살기가 더 유리했습니다. 꼬리를 가지고 나무에 걸고 앞발은 손으로 사용하여 열매를 따먹기도 했습니다. 반면에 꼬리 없는 원숭이는 병신 취급을 당했습니다. 그런데 약 1천만 년 전부터 지구의 기후 변동이 시작되면서 이 일대의 삼림지대가 점점 줄어들자 대부분 원숭이들은 후퇴하는 삼림속으로 들어가고 꼬리 없는 원숭이들만 두발을 까치돋움하며 대평원을 바라보기 시작했습니다. 삼림지대가 사바나 지역이나 초원 지대로 넓어지니까 꼬리없는 원숭이들이 생활하기가 훨씬 더 편리해지게 된 겁니다. 침팬지, 보노보, 고릴라, 오라우탕, 긴팔 원숭이 등 꼬리없는 원숭이들의 무대가 시작된 겁니다. 인류의 먼 조상 또한 꼬리 없는 원숭이에서 진화한 것입니다.

오늘날 DNA 분자시계는 인간과 침팬지와의 분화시기를 약 5백만 년을 가리키고 있습니다. 또한 인간과 침팬지의 DNA는 1.6% 차이도 나지 않는데 이 1.6% 차이에 인류의 문화, 문명이 있습니다. 어떤 이유인지는 몰라도 침팬지는 5백만 년 전 상태에서 진화가 정지되었고 인류의 조상들은 진화를 계속했다는 사실입니다. 인간과 침팬지의 진화에서 가장 큰 차이점은 침팬지는 너클 보행을 벗어나지 못했는데 인류는 직립보행을 함으로써 자유로워진 앞발은 손으로 진화하여 도구의 제작이 가능했으며, 뇌와 척추와 일직선 상에 놓임으로써 성대가 넓어져 20~26가지 이상의 소리를 낼 수 있어 언어로의 진화가 가능해졌습니다. 침팬지는 너클 보행에서 벗어나지 못했기 때문에 앞발이 손으로 진화가 불가능했을 뿐더러 뇌와 척추가 구부러져 있기 때문에 성대가 좁아 5~6가지 소리밖에 낼 수 없어 언어로의 진화가 불가능했습니다. 무엇보다도 인류의 뇌의 진화는 침팬지가 상상도 하지 못하는 세상을 만들었습니다. 오늘날 현생인류의 뇌의 평균 용량이 1,450 cc인데 반해 침팬지의

제15강. 인간은 생물이 아니다.

뇌의 용량은 400 cc로서 인간과 침팬지의 삶의 차이가 뇌의 용량에서부터 달라지기 시작한 것입니다. 고인류학자들은 인간이 침팬지와 분화진화가 시작된 이후 적어도 300백만 년 이상이 지난 후에야 온전히 직립보행을 하기 시작했다고 보고 있습니다. 이 인류의 먼 조상을 호모 에렉투스(Homo erectus 直立原人)이라 하는데 샤르댕 신부님이 1928년 중국의 주구점에서 발굴한 베이징 원인이 바로 호모 에렉투스였습니다. 이 주구점에서는 인류가 최초로 불을 사용한 화덕이 발견되기도 했습니다. 인류가 불을 사용한 흔적은 인류의 문명이 시작되었음을 알리는 증거였습니다.

약 4만 년 전만 해도 인류는 여느 짐승과 다르지 않은 삶을 영위했을 것으로 보고 있습니다. 그나마 인류는 불을 사용함으로써 호랑이나 늑대나 사자들과 같은 무서운 포식자들을 제압할 수 있게 되어 동굴에서 움집으로 삶의 생활공간이 바뀌게 되었습니다. 인류가 움집에서 삶을 영위했다는 것은 자신들이 원하는 장소에서 살아갈 수 있는 선택의 폭이 넓어졌다는 것입니다. 알타미라 동굴벽화나 라스코 동굴벽화는 이 시대 인류가 남겨놓은 유물의 하나입니다. 이들의 동굴벽화는 오늘날 화가 못지않은 수준으로 평가되고 있습니다. 이 시대에 이미 인류의 정신은 오늘날의 정신수준에 도달했을 것으로 보고 있습니다. 이들과 우리들의 차이는 단지 인류가 축적한 문명 속에 살고 있다는 사실입니다. 이 문명의 차이는 여느 짐승들이 상상도 할 수 없는 세상이었습니다. 중부 고속도로에서 서울 톨-게이트를 지나 올림픽 도로로 들어서면 오른쪽은 한강이 유유히 흐르고 왼쪽으로는 암사동 선사유적지(사적 제267호) 움집이 눈에 들어옵니다. 약 6천 년 전 우리 조상들이 한강유역에서 정착생활을 하면서 지은 움집으로서 1925년 을축년 한강 대홍수로 처음 유적지가 발견된 이래, 여러 차례 발굴과정을 거쳐 복원된 움집입니다. 한반도에서 발견된 신석기시대 사람들의 최대 집단취락지로서 움집터 외 빗살무늬토기, 석기, 돌도끼 등 신석기시대 유물이 다량 출토된 유적지이지요. 이곳에서 한강물을 따라 10여 리 내려가면 움집과는 비교도 할 수 없는 어마어마한 빌딩이 우리들의 눈을 꽉 채웁니다. 123층 '서울 스카이 타워'입니다. '움집'과 '서울 스카이 타워' 사이 6천 년이라는 긴 시간이 흘렀습니다. "왜 인류의 문화, 문명은 발전하는가?", "그 근원은 무엇인가?"라는 의문을 떨쳐버릴 수가 없습니다.

생명현상에서 '살아있다'는 의미는 생물이라는 '폐쇄된 영역' 내 '물질을 생성하고 소비하는 현상'을 뜻합니다. 여기에는 대상과 자신의 상태를 인식하는 '의식현상'을 내포하고 있습니다. 그러나 인간은 생명체 밖에서도 '물질을 생성하고 소비하는 현상'이 나타납니다. 즉 인류의 문화, 문명입니다. 물론 새나 벌이나 개미 같은 곤충들도 생명체 밖에서 집을 짓고 어떤 개미는 자신들이 좋아하는 곰팡이를 재배하기도 하지만, 이들이 약 1억 년 전에 출현한 곤충들의 습성은 오늘날까지도 변화가 없습니다. 왜냐하면 이들 습성이 DNA에 알고리즘으로 프로그램되어 있기 때문입니다. 그러나 인류의 문화, 문명은 보다 복잡해지고 다양해지는 발달의 연속입니다. 오늘날까지도 우리들 대부분은 인류의 이 문화, 문명의 근원이 인간의 영혼이라 믿고 있습니다. 오늘날 대부분의 철학과 종교가 농경시대 유물로서 성장이나 발전이라는 언어조차 없던 농경시대의 특징은 세상은 창조 이래 절대 변하지 않는 정적인 세계관과 모든 현상이 존재론으로서 영혼과 육신, 이승과 저승, 물질의 안과 밖, 善과 惡 등 이원론 세계관으로 모든 현상을 이해했습니다. 프랑스 철학자 앙리 베르그송(1859~1941)의 저서 '창조적 진화'(1907)에서 생물학의 진화론을 철학에 대입하여 '과정 철학'이라는 새로운 철학 사조를 탄생시켰습니다. 현상을 바라보는 정적이고 존재론이며 이원론적 사고를 동적이고 발생론적이며 일원론적 사고로의 전환으로 이끌었습니다. 샤르댕 신부님에게 가장 영향력을 미친 분이었습니다. 다만 베르그송이 생명과 정신이라는 이원론적 사고인 반면 샤르댕은 물질, 생명, 정신을 단계적인 우주정보의 표현으로 인식했습니다. 즉 DNA는 프로그램이지만, 정신은 DNA 정보의 지식화로 인식했습니다.

샤르댕에 의해 정의된 인간은 바로 이렇습니다. 프로그램된 DNA와 DNA 정보의 언어를 통해 지식화하는 존재였습니다. 오늘날 우리가 인간의 본성과 이성을 논할 때 프로그램된 DNA는 본성으로 나타나며 언어를 통해 공유된 정신정보를 이성이라고 생각했습니다. 본성은 절대 개체성이며 이성은 절대 공유성이기 때문에 인간의 생각과 행동에 본성과 이성의 갈등은 필연이며 공유성을 선택하면 善 이고 본성을 선택하면 惡으로 인식했습니다. 프로그램된 DNA는 생물유전이 되지만, 이성, 인격, 지성, 지식, 양심, 마음 등은 생물유전이 불가능하기 때문에 문화, 문명을 형성하여 사회유전 됩니다. 누구든지 태어나면 인간 동물이지만, 자라면서 사회성을 학습함으로써 인간다운 인간으로 성장이 가능합니다. 따라서 인간은 성장과정에서 생물성장과 정신성장을 동시에 하게 되는데 생물성장은 프로그램된 DNA의 전개 과정으로서 누구든지 잘 먹고 잘 자면 저절로 성장하지만, 정신성장은 학습을 통해야 성장합니다. 그리스도교 신학에서 원죄란 아담과 이브가 에덴동산에서 지선악과만은 따먹지 말라고 하신 하느님의 명령을 거역하고 과일을 따먹었기 때문에 에덴동산에서 쫓겨나고 인간에게 죽음과 고통이 왔다고 가르치고 있습니다. 그리고 원죄는 자자손손 대대로 이어지다가 예수의 십자가 죽음에 의해 용서받았다고 신앙하고 있습니다. 그러나 샤르댕은 인간의 이 두 가지 성장 과정의 갈등을 원죄라고 인식했습니다.

약 40억 년 생명사의 정점에서 출현한 인류는 개체가 하나의 우주정보입니다. 인간의 DNA 약 30억 개 A,T,G,C 암호는 바로 약 138억 년 간 축적된 우주정보인 것입니다. 오늘날 우리는 손톱 넓이의 메모리 칩 속에 신문지 2천5백 장 이상을 저장할 수 있다는

제15강. 인간은 생물이 아니다.

사실을 잘 알고 있습니다. 마찬가지로 빅뱅이래 생물에서 물질과 정보가 분리됨으로써 정보만을 A,T,G,C 암호로 축적하여 진화의 정점에서 인류가 출현한 것입니다. 인간의 DNA는 '공간을 갖는 물질정보'이기 때문에 틀림없이 인간은 생물이지만, 언어를 통해 DNA 정보를 '공간을 갖지 않은 정보'로 전환함으로써 정보의 발생, 전달, 저장이 정신현상으로 나타나기 시작한 것입니다. 인간의 약 30억 개 DNA 정보는 약 138억 년 간 우주정보의 축적이지만, 인간 개체는 100년도 못 살기 때문에 정신정보는 문화, 문명을 형성하여 사회유전이 되었습니다. 무엇보다도 정신은 '공명현상'으로 나타나기 때문에 정보의 전달 속도가 빛의 속도이며 그 양이 무한하기 때문에 인류의 문화, 문명이 발생과 소멸이 반복되면서 새로운 인류의 출현이 연속되었습니다.

우리들은 '부활'이라는 언어가 그리스도교 신앙의 전유물인 줄 알고 있지만, 이 언어가 지구상에 처음으로 출현한 것은 약 6000년 전 유프라테스와 티그리스강 사이 메소포타미아에서 인류 최초로 문명을 일으킨 수메르인들에 의해서입니다. 그들은 일찍부터 일대에서 자생하는 밀과 보리를 재배하기 시작했는데 밀과 보리가 씨앗을 통해 생명이 연속된다는 것을 이해함으로써 이것을 부활이라고 했습니다. 이들은 봄이면 생명의 활력을 넣어주는 드무즈神을 맞이하는 부활축제를 열었습니다. 이들의 부활 사상은 이집트의 파라오에 의해 자신들은 육화한 神으로서 죽은 후 저승에 머물다가 때가 되면 부활하기 때문에 자신들의 시신을 미라로 만들어 놓았습니다. 이집트 파라오의 부활은 생명의 연속성이 아니라 인격을 갖고 있는 인간의 부활이었습니다. 파라오의 부활 사상은 페르시아 조르아스터에 의해 프레쇼케러티라는 2단계 부활 신앙으로 변모했습니다. 오늘 그리스도교에서 말하는 인간의 사심판과 공심판이었습니다. 특히 공심판은 세상의 종말론 이후의 부활을 의미했습니다. 수메르인의 생명의 연속성을 의미하는 부활 사상과 인간의 영혼과 육신이라는 파라오와 조로아스터의 이원론적 부활사상은 예수에 의해 정신의 연속성으로 통합하였지만, 당시 제자들은 예수의 가르침을 온전히 이해하지 못해 파라오와 조로아스터의 이원론적 부활사상으로 신앙하기 시작했습니다. 따라서 그리스도교는 예수를 육화한 神으로 숭배하기 시작했습니다.

예수회 사제이면서 지질학, 고생물학, 고인류학자인 샤르댕은 빅뱅이래 우주정보의 변화와 생물의 진화과정을 통해 인간은 틀림없는 생물이지만, 정신으로 연속되는 존재여야 한다는 사실을 오늘날 과학을 통해 이해하기 시작한 것입니다. 결론적으로 말하자면 인간은 생물이지만, 인간은 생물이 아니어야 한다는 의미입니다. 2000년 6월, 세계 18개국의 연구진이 참여한 **인간게놈프로젝트 사업단**(Human Genom Project: HGP)과 민간기업인 **셀레라 제노믹스**(Celera Genomics)가 인간 유전자 지도의 초안 작성을 완료했습니다. 이 프로젝트는 1990년 미국 에너지부와 보건부에서 약30억 달러 예산으로 발족시켜 15년 간 완료를 목표로 계획되었습니다. 그러나 실제로는 예상보다 2년 정도 빠른 2000년에 게놈의 밑그림 염기배열(Draft)이 완성되었으며, 이후 지속적인 보강연구를 함으로써 2003년 4월 14일에 정확도 99.99%의 완성된 '드래프트'가 공개되었습니다. 게놈(Genom)은 유전자(Gene)와 염색체(Chromosome)의 합성어로 유전물질인 **디옥시리보 핵산(DNA)**을 뜻합니다. 인간의 DNA는 4종의 염기암호(A-T-G-C)가 약 30억 개 배열되어 있는데, 이 배열순서가 규명된 것입니다. 그러나 30억 개 가운데 어느 부분이 유전자인가를 알아냈을 뿐(염기 4개의 암호 중 3개가 1개의 아미노산을 지칭한다.) 그 유전자 정보가 무슨 뜻인지 알고 있는 것은 겨우 10% 정도이고 나머지 90% 이상은 아직도 무의식 세계입니다. 90% 무의식 세계가 의식화 되었을 때 세상은 어떤 세상이 될는지 우리는 상상할 수가 없습니다.

제16강
인류의 미래 '오메가 포인트'

영적인 존재가 아니라 영이 되어가는 존재라는 말입니다. 이건 무슨 말이냐. 우리는 지금까지 영혼 하면 개체성을 얘기하는데 영혼이란 죽은 존재의 다른 존재가 아니라 하나의 인간 비물질 정보를 말합니다. 이것이 부활할 때까지 저 하늘에서 머물 그런 장소는 없는 거예요. 떼이야르 드 샤르댕의 사상, '새로운 인류의 출현', 그 열여섯 번째 시간, 인류의 미래 '오메가 포인트', 지금 바로 시작합니다.

"이 물을 마시는 자는 누구나 다시 목마를 것이다. 그러나 내가 주는 물을 마시는 사람은 영원히 목마르지 않을 것이다. 내가 주는 물은 그 사람 안에서 물이 솟는 샘이 되어 영원한 생명을 누리게 할 것이다."(요한 4,14)

샤르댕은 지구상에 현생인류가 출현하자 DNA에 의한 생물의 진화가 끝나고 정신 진화가 시작되었다고 보았습니다. 예수께서는 인류에 의한 이 대변혁의 시기를 목마르는 물에서 목마르지 않는 물로 표현했습니다. 약 6천 년 전 암사동 움집에서 오늘날 123층 '서울 스카이 타워'로 변화시킨 이 힘은 바로 DNA가 아닌 우리 조상들의 축적된 정신정보였습니다. 인간 약 30억 개 DNA 정보는 약 40억 년간 축적된 생명 정보이지만, 아니 약 138억 년간 축적된 우주 정보인데 이 정보가 인류에게 와서 언어를 통해 정신정보로 전환됨으로써 인간(인류)은 생물이 아닌 정신으로 연속성을 갖게 된 것입니다. 정신은 생물유전이 불가능하기 때문에 문화, 문명을 형성하여 사회유전된 것입니다. DNA는 생명권을 형성하여 그 정보가 인간에게 수렴되었듯이 인류의 정신정보 또한 생명권 위에 정신권을 형성하여 수렴되기 때문에 움집 시대 조상과 오늘날 우리들의 DNA는 30억 개 변함이 없지만, 이 문화, 문명에 태어난 우리들은 조상들과는 세상을 바라보는 눈이 전혀 다른 새로운 인류입니다. 물질 진화에서 생명 진화로의 전이는 logos의 DNA라는 정보로의 전이로서 다시 이 DNA 정보가 인간에 의해 '공간을 갖지 않은 정신정보'로 전환되는 세상입니다. 진화의 핸들이 자연이 아니라 인간의 손에 달리기 시작한 것입니다.

메론만한 장호원 황도 복숭아를 먹고 그 씨앗을 심으면 황도 복숭아가 안 나오고 개복숭아가 됩니다. 황도 복숭아를 계속 먹고 싶으면 개복숭아에다 황도 복숭아 가지를 접붙이기 해야 합니다. 황도 복숭아는 개복숭아의 성세포 변이가 아니라 체세포 변이이기 때문에 체세포 변이를 한 가지를 개복숭아 가지에 접붙이기 해야 황도 복숭아가 계속 달립니다. 물론 생물의 DNA 변이는 환경에 적응하는 변이를 통해 새로운 종으로 진화가 일어나지만, 체세포 변이는 DNA 변이에 의한 생물의 진화가 끝나고 인류의 정신진화에 따른 목적의식을 갖는 인류의 지식과 사회환경에 따른 적응으로 변화가 시작되었다고 보고 있습니다. 인류의 생물진화는 화석을 통해 잘 알려져 있습니다만, 정신진화는 그들이 남긴 석기나 다른 도구를 통해 정신 수준을 엿볼 수 있습니다.

1836년 덴마크의 고고학자 '위르겐센 톰센'(1788~1865)은 도구의 재료에 따른 시대를 석기시대 – 청동기시대 – 철기시대로 구분했습니다. 1865년 영국의 고고학자 '존 러벅'은 석기시대를 다시 구석기시대와 신석기 시대로 구분했습니다. 구석기 시대는 타제석기시대라고도 하는데 돌을 깨서 도구를 만들었기 때문에 타제석기라고 했습니다. 약 200만 년 전부터 1만 년 전까지의 기간을 구석기시대라고 하는데 이 시대 인류의 조상들은 조약돌이나 주먹도끼나 뗀석기를 유물로 남겨 놓았습니다. 대략 1만 년 전에 시작된 신석기시대는 돌을 필요에 따라 의도대로 갈아서 도구를 만들었기 때문에 마제석기라고도 합니다. BC 4,000~BC 1,000 년 경은 구리를 주재료로 하는 청동기 시대이며, BC 1,000년부터 현재까지를 철기시대라 구분하고 있습니다. 돌을 사용하거나 금속을 사용하거나 도구의 제작에는 정교한 기술이 필요했는데 이 기술은 DNA에 의한 유전이 불가능하여 이 정보는 언어를 통해 사회유전 되었습니다. 따라서 인류는 DNA에 의한 생물진화와 사회를 통한 정신진화가 일어나기 시작했습니다. 오늘날 우리들의 인격이나 도덕이나 이성이나 양심 등 인간에게만 나타나는 정신정보는 수백만 년 간 인류가 진화하는 과정에서 사회의 문화, 문명에 축적된 정보로서 누구든지 태어나면 처음부터 정신정보를 습득해야만 했습니다. 독일의 대철학자 헤겔(Hegel 1770~1831)은 '인류의 성장은 어린이의 성장과 같다.'고 했습니다. 다시 말하자면 '어린이의 성장은 인류의 성장과 같다.'는 의미입니다. 따라서 새로운 문화, 문명의 출현은 새로운 인류의 출현을 의미했습니다.

인간 DNA 약 30억 개 생명정보는 138억 년간 축적된 정보로서 이 정보가 인간에 와서 정신정보로 전환되어 수렴되어 축적하기 시작했습니다. 오늘날 인류의 문화, 문명은 DNA 약 30억 개 생명정보의 10% 정도만 정신화한 수준입니다. 만약 이 정보가 모두 정신화하여 수렴된 세상은 어떤 세상일는지 상상도 못합니다. 100년 전 구한말 조선시대 우리들의 선조들은 후손들이 오늘날과 같은 세상에 살 거라고 상상도 못했을 겁니다. 마찬가지로 100년 후 우리들의 후손들이 사는 세상 또한 어떤 세상인지 우리들은 상상도 못합니다. 그러나 분명한 것은 그 세상에 우리들도 함께 존속한다는 사실입니다. 우리들은 우주선을 바라보며 그 안에 4천 년 전 이집트의 피라미드를 만든 인류의 정신이 축적되어 있음을 잊어서는 안 됩니다. 문제는 100년도 못사는 인간의 흔적은 아주 미미하지만, 정신 수렴이 완성되는 날 그 결과는 상상도 못하는 존재가 될 것입니다. 인간 DNA와 참나무와 느티나무와 70%가 같고 강아지와는 95% 이상이 같고 침팬지와는 99%가 같다는 의미는 인간 개개인이 40억 년간 생명정보(DNA)의 **오메가 포인트**라는 의미입니다. 마찬가지로 인류는 다시 정신이 수렴되는 **오메가 포인트**로 나아가고 있는 것입니다.

오감을 통해 인식된 의식이 1차 뇌에 축적되고 뇌에 축척되면 어디까지나 순차성이며 절대 개체성입니다. 그래서 이것이 의식화한 정신이 앞에서 얘기했지만 의식이 공유되어 다시 뇌에 축적된 의식이 이성 의식으로 전환됩니다. 정신은 공유된 의식, 공유성이고 순차성이고 동시성이에요. 정신화한 의식이다. 그러니까 무슨 말인지 봅시다. 물질은 자체가 물질이고 정보죠. 암석은 물질과 정보가 분리 안 돼 있어요. 그러나 생명체에 와서는 정보를 인식해서 저장하는 DNA하고 그 정보를 다시 물질로 만드는 RNA로 분리돼 있어요. 그런데 인간에 와서 정신은 이 DNA의 정보와 그 정보를 물질로 만드는 RNA가 다시 하나로 합쳐지기 시작한 겁니다. 그러니까 이것이 물질과 정신은 어떻게 보면 같은 의미예요. 근데 물질은 공간을 갖고 있단 말이에요. 폐쇄된 영역인데 정신은 개방된 영역이란 말입니다. 그러니깐 인간에게 나오는 정신은 그 자체가 정보고,

제16강. 인류의 미래 '오메가 포인트'

그 자체가 물질을 만들 수 있는 능력이란 말입니다. 그러니까 예수님은 앉은뱅이를 일으킵니다. 벙어리를 말하게 하고 이거는 무의식의 엑스타시를 아주 깊이 인식했던 분으로밖에 볼 수 없는 거예요. 그러니까 정신에 의해서 정신정보는 그 자체가 물질이면서 그 자체가 물질을 만드는 것이 되는데 이것이 완벽한 존재가 아직은 안 됐다 이 말입니다.

그래서 인간 개개인의 정신을 정신 소립자로 봅니다. 즉 40억 년 전 세포 물질을 만드는 각각의 생명체는 그 전에 작은 유기질들이 결합하고 작은 생명체들이 또 세포 안에 모여서 하나의 세포를 만든 거란 말입니다. 인간 개개인은 40억 년간 축적된 존재이지만 어디까지나 단백질 세계입니다. 그런데 이 단백질 세계가 인간과 인간의 공유를 통해서 정신정보로 바뀌면서 정신은 물질이 아니란 말이에요. 정신은 똑같이 물질과 정보가 분리돼 있지 않지만 물질은 폐쇄된 영역이고 정신은 개방된 영역이에요. 그런데 생명이라는 정보는 DNA하고 RNA가 분리돼 있어요. 정보를 인식하고 저장하는 것이 있고 이걸 만드는 두 과정으로 분리돼 있어요. 그런데 정신에 와서는 이 정보를 인식하고 저장하고 이것을 물질로 만드는 제3의 물질이에요. 물질과 생명과는 전혀 다른 물질이죠. 그런데 이것이 성경에 나오는 예수님처럼 벽을 뚫고 나가거나 뭐 그런 존재까지 되기 위해서는, 현재 인간은 작은 유기질이 40억 년 전에 키메라가 돼서 핵의 물질, 소포질, 리보솜의 물질, 기능들을 만들기 전

새로운 인류의 출현

에 하나의 유기질의 정신 소립자로 보는 거예요. 인간을. 그러니까 인간과 인간이 이제는 서로 키메라를 통해 새로운 인류가 출현하는 것입니다. 이게 바로 예수님이 말씀하시는 사랑이다 이 말씀입니다.

인간과 인간의 공유를 통해서 키메라를 통해서 그러면 그 사회의 환경이 달라지잖아요. 그 달라진 환경에 의해서 인간은 새로운 인류가 다시 태어난다. 오메가 포인트는 바로 생명이 무기질에서 출현하는 데 100억 년이 걸렸다고 그랬어요. 또 생명에서 인간이 출현하는 데 한 40억 년이 걸렸는데 이 인간은 바로 이 40억 년간 생명의 모든 정보가 축적된 존재란 말이에요. 요것이 단백질에 의해서는 문명을 일으킬 수가 없단 말이에요. 우리는 그 능력을 정신이라고 하는데 그 정신은 바로 정보를 서로 공유해서 생긴 것이에요. 이걸 다시 우리 뇌에 기억을 해야 된단 말이에요. 그러니까 본성, 이성은 바로 단백질 정보를 인식하는 것이고 이 단백질 정보 인식이 공유되서 인식된 의식은 이성이 된 거란 말이지요.

그래서 이성 의식과 정신은 같은 의미로 이해할 수가 있는 것입니다. 그래서 우리가 보통 인간에게 이게 본성 의식이냐, 이성 의식이냐 이 구분이 확실히 돼야 해요. 그러나 겉 행동으로 봤을 때는 이게 본성 의식인지 이성 의식인지 겉모습으로 볼 때는 분간이 안 되지요. 안 됩니다. 그러니까 한 예를 들어서 내가 이렇게 움직이는 거 그냥 팔 움직임이라고 하거든요. 그러나 무용가가 똑같은 걸 이렇게 움직일 때는 이거를 움직임이라 안 하고 무용이라고 한단 말이에요. 즉 무용수들은 분명히 어떤 의도를 가지고 표현하는 몸짓을 무용이라고 한단 말이에요. 그러나 저 멀리 3자가 볼 때는 내가 한 거나 무용이 이렇게 똑같은 모양을 했을 때 똑같이 보인다 이 말입니다. 그러나 이 행동의 그 의미는 이게 본성 의식에서 나오냐, 이성 의식에서 나오나 우리는 구분을 할 수가 없게 되는 거죠. 우리가 인간에게 본성이란 말과 이성이라는 말을 이제 조금 이해하실 겁니다. 본성은 어디까지나 DNA,RNA 프로그램, 행동과 사고의 프로그램이기 때문에 거기에는 선과 악이 없습니다. 그런데 이 프로그램이 가령 우리가 인간은 배가 고파도 옆 사람이 배고파하면 내가 밥을 줄 수가 있어요. 그러나 사자, 동물에서는 절대 그런 현상이 일어날 수가 없죠. 절대 일어나지 않는다 이 말이에요. 왜냐 프로그램이거든요. 배고프면 무조건 먹어야 되니까. 그러나 인간은 내가 배고프지만 자식이 배고프면 내가 굶으면서 먹인단 말입니다. 5천 명을 먹이신 기적이 다른 게 뭡니까. 어린이가 갖고 있는 다섯 개 떡하고 물고기 두 마리가 자기가 먹을 걸 모든 사람에게 그냥 내놨을 때 어른들이 갖고 있는 거 다 털어놓지 안 털어놓겠어요? 이것이 오병이어 기적의 실상입니다.

인간이나 침팬지나 모두 사과를 알고 있고 좋아하는 과일입니다. 그러나 인간은 누구나 사과가 무엇인지 머리에 사과의 이미지가 떠오르지만, 침팬지는 언어가 없어 모든 침팬지에게 공통된 사과에 대한 정의가 존재하지 않습니다. 이것이 인류에게 언어를 통해 우주정보가 지식정보로 전환할 수 있는 능력으로서 우리는 보통 이것을 정신현상이라고 합니다. 인간에게 언어를 통해 공유된 정보는 '공간을 갖지 않은 정보'(물질이 아닌 정보)로서 생성, 전달이 인간 외부에서 발생하여 인간 내부의 뇌에 전기신호로 저장이 됩니다. 약 1만 년 전 인류는 농경을 시작한 이래 정착생활을 통해 문화, 문명을 형성하기 시작했는데 지식정보의 양이 많아지자 뇌의 한계에서 글자를 발명하여 정보를 책에 저장하기 시작했습니다. 종이를 발명하기 전까지 인류는 점토판이나 갑골문자처럼 짐승의 뼈나 파피루스를 이용하여 정보를 저장했습니다. 중국에서 종이를 발명한 이래 중국과 우리나라는 일찍부터 목판과 금속활자 인쇄술이 발달하여 정보의 저장과 전달이 개개인에서 여러 사람이 공유할 수 있게 되었습니다. 오늘날에는 손톱 넓이의 메모리 칩 속에 신문 2천5백장 이상을 저장할 수 있는 시대가 되었습니다. 또한 정보의 생성, 전달이 언어에서 전파로 바뀌었습니다. 언어는 소리의 진동이기 때문에 1초에 340 m를 가지만 전파는 1초에 30만 km를 가기 때문에 정보의 생산, 전달, 저장의 양이 많고 속도가 빨라 인간의 뇌로는 감당이 불가능합니다.

인류는 지난 200년 동안 세 번의 산업혁명을 통해 사회를 근본적으로 변화시켰는데 1차 산업혁명은 18세기 **제임스 와트**의 증기기관의 발명으로 시작되었습니다. 사람이나 가축의 힘을 이용하거나 바람이나 물을 이용한 자연동력 시대에서 연료만 공급하면 계속 달릴 수 있는 기차처럼 아무리 일을 해도 지치지 않는 기계가 출현하여 생산성의 비약적인 증가를 가져왔습니다. 기계 출현의 초기에는 노동의 착취가 심했지만, 결과적으로는 보다 많은 사람이 힘든 육체노동으로부터 해방되었습니다. 2차 산업혁명은 19세기 말 전기 기술의 발전으로 촉발되었는데 이 기간에 전기에 의한 내연기관의 출현은 인류 삶의 공간을 우주로 향하게 했으며 통신의 발달로 보다 많은 사람들이 정보를 쉽고 빠르게 공유하였습니다. 3차 산업혁명은 20세기 중반 반도체, 컴퓨터, 인터넷 등 정보통신 기술의 비약적인 발전으로 인해 이루어졌습니다. 이제 위 세 단계의 산업혁명을 거쳐 오늘날 4차 산업혁명은 인공지능과 로봇, 사물인터넷 기술에 의해 자동화와 연결성이 극대화되는 시대를 말합니다. 특히 인공지능을 포함해 로봇, 사물인터넷, 무인자동차, 3D 프린팅, 나노 기술 등이 제4차 산업혁명을 이끌어 가는 핵심 기술입니다. 문제는 바로 눈앞에 다가온 제4차 산업혁명과 인공지능 시대에 인류의 위치입니다.

증기기관은 인간의 육체적 노동을 대신하였지만, 인공지능을 탑재한 로봇은 인간의 능력과 한계를 초월할 것입니다. 따라서 로봇이 인간을 대체하는 것이 하느님의 계획인가, 아니면 인간 삶의 보조역할에 끝날 것인가? 다시 말하면 로봇에 의한 인류의 멸종을 시사하고 있는 것입니다. 그러나 지금까지 인류의 진화과정을 보았을 때 로봇이 인류를 대체할 수 없음을 알 수 있습니다. 인간 DNA 약 30억 개 생명정보는 약 40억 년 간 생명정보뿐만 아니라 약 138억 년간 빅뱅 이래 우주정보입니다. 이 정보가 인류에 의해 지식정보로 전환되었는데 오늘날 우리는 이 정보의 겨우 10%도 모르고 있습니다. 또한 인간 개개인은 겨우 100년 도 못살기 때문에 이 정신정보는 문화, 문명을 형성하여 DNA가 아닌 사회유전 됩니다. 인공지능과 로봇 또한 사회유전된 정보의 발현이지 이들에 의한 무의식세계 정보의 출현은 불가능하기 때문에 인공지능 로봇이 인류를 대신할 수가 없습니다. 인공지능과 빅데이터가 오늘날 인류의 수준으로 보았을 때는 엄청난 능력을 갖는 것으로 보이지만, 이 시대의 인류는 오늘날의 인류가 아니라 인공지능과 빅데이터를 통제하는 새로운 인류입니다. 일찍이 샤르댕은 현생인류의 출현으로 단백질에 의한 생물의 진화가 끝나고 인간의 정신진화가 시작되었다고 정신은 진화를 거듭하여 '월인간' 또는 '초인간'의 출현을 예언했습니다. 이것이 오메가 포인트입니다.

어떤 학자들은 '로봇 공학의 발달은 인류를 상위 10%와 나머지 90%로 양분하게 될 것'이라고 말합니다. 기술 발전의 흐름을 주도하고 쫓아갈 수 있는 10%는 고임금과 풍요로운 삶을 누리지만, 나머지 90%는 임금이 정체되거나 감소하는 상황에 직면하게 된다는 것입니다. 위 말은 18세기 산업혁명이 시작됐을 때부터 나온 말입니다. 물론 기계화 초기에는 노동의 착취로 빈부의 격차가 오늘날보다 심했기 때문에 공산혁명이 일어나기도 했지만, 결과적으로 인류는 보다 풍요롭고 평등한 삶을 영위했습니다. 인공지능과 빅데이타는 오늘날 인류가 직면하고 있는 생태계 파괴를 막아줄 것입니다. 우리들은 물 한바가지 안에 DMZ 철조망을 순간에 날릴 수 있는 에너지가 있음을 알고 있습니다. 바로 핵융합발전입니다. 전기에너지의 무한정한 생성은 인류가 상상도 못한 세상을 만들 것입니다. 또한 빅데이터는 식물의 광합성작용을 공장에서 일어나게 함으로써 토양과 물이 없는 농업방식을 만들어 낼 것입니다. 수소에 의한 무한한 전기 에너지의 생성과 기계에 의한 식물광합성과 3D 프린트에 의한 기계의 자급자족은 자본주의 시장경제를 지구상에서 영원히 퇴출할 것입니다. 미래 인류는 오늘날 우리가 아닙니다.

<이제 인간에게는 지능(Intelligence)이 아니라 의식(Consciousness)이 요청되는 시대를 맞이하고 있다. 인공지능 시대에 필요한 인간의 의식은 138억 년의 오랜 기다림 끝에 마침내 우주 안에 피어난 가장 손중한 존재라는 자각이어야 한다. 조화로운 우주를 찬미하고, 아름다운 지구 생명체들과 함께 삶을 경축하며, 형제자매인 인류를 사랑하는 마음을 가꾸어야 한다. 만일 우리 인류가 도덕적으로 고양되어 이러한 마음을 함께 지니게 된다면 인공지능은 인간의 훌륭한 파트너가 되어 인간과 더불어 하느님의 창조를 완성하는 친구가 될 것이다.> - 성공회 대학교 김기석 신부

새로운 인류의 출현

이 책이 나오기까지....

　　과학과 종교의 통섭에 대해 많은 연구와 관심을 갖고 계시는 샤르댕 전문가 정태옥 선생님 zoom 강의가 2021년 1월 6일에 시작된다는 지성용 신부님의 페북 공지는 코로나 시대에 신앙의 길까지 잃지 않도록 신자들을 배려하는 목자의 마음으로 감사하게 기억됩니다. 화면으로 처음 뵌 정태옥 야고보 선생님의 첫 인상은 평범한 할아버지, zoom 세상이 된 지 얼마 되지 않았는데 어떻게 진행을 하실까 솔직히 걱정이 많이 되는 시간이기도 했습니다. 그런데 웬걸요? 몇 번의 시행착오는 있었지만 El Condor Pasa 팬 플룻 연주 유투브 동영상을 틀어주시고 PPT 화면도 공유하시면서 거의 두 시간을 새로운 가르침으로 열과 성을 다해 강의해 주시는데 깜짝 놀랐습니다.

　　과학에 대해서는 고등학교 때까지 배운 게 전부이고 제 신앙의 중심에 미사와 성경 외에 다른 것은 없었는데 야고보 선생님 강의를 들으면서 우물 안 개구리처럼 신앙 생활해온 제 자신을 발견하게 되었습니다. 본당에서 3년 간 선교분과장으로 봉사하며 새 가족 찾기도 해보고 직접 돌아다니면서 쉬는 교우 선교도 해보았지만 교회의 선교 방법이 근본적으로 쇄신되어야 한다는 생각이 들었습니다. 코로나로 꼼짝 하기 어렵고 대면이 오히려 민폐가 되는 이 시대가 요구하는 선교와 복음화란 무엇일까 대안을 제시하는 강의란 느낌을 지울 수가 없습니다. 말로만 듣던 빅뱅, 진화론, 오메가 포인트를 성경과 연결해서 창조와 종말 사이의 하느님 나라의 성장으로 이해하는 것이 과학적, 논리적 사고에 익숙한 현대인들에게 훨씬 설득력 있겠다는 생각을 하게 되었습니다. 성경은 '**믿음은 들음에서 오고 들음은 그리스도의 말씀으로 이루어집니다.**'(로마10,17) 고 전합니다. 그리스도의 말씀을 과연 어떻게 전할 것인가? 신자들 자체가 말씀으로 제대로 무장되어 있지도 않고, 성경을 있는 그대로 얘기하면 무슨 시대착오적인 구닥다리 이야기하는 고리타분한 사람처럼 보이기 일쑤인 현실에서 말입니다.

그런데 샤르댕 신부님의 신학 사상은 **"빛이 생겨라."**(창세1,3)는 하느님 말씀을 빅뱅에 의한 우주의 시작으로 현실적으로 더 수긍이 가게 대화의 물꼬를 트게 도와줄 수 있겠다고 느꼈습니다. 무엇보다 선과 악, 죄인과 의인, 천국과 지옥처럼 자칫 이원론으로 머물러 판단하기 쉬운 사고에서 벗어나 '모든 게 연결되어 있다.'는 통합 생태론적 차원에서 세상을 아니 우주 전체를 바라보도록 인식의 지평을 활짝 열어주신 놀라운 강의였다고 기억됩니다. 신학과 과학의 소통이야말로 신앙을 더욱 풍요롭게 성장시킬 수 있는 촉매임을 절감합니다. 2월 말 강의가 끝나고 거저 강의해주신 야고보 선생님께 감사 인사도 드릴 겸 질문할 것들을 이메일로 여쭤보게 되었습니다. 너무나 친절한 답변만도 고마운데 선생님께서 분도 출판사에서 나온 책 네 권(물질의 심장, 자연 안에서의 인간의 위치, 그리스도, 떼이야르 드 샤르댕의 신학사상)까지 읽어보라고 선물로 보내셔서 몸 둘 바를 몰랐습니다. 그런데 문제는 책을 읽어도 무슨 말인지 이해할 수 없다는 거였지요. 애로 사항을 말씀드리니 선생님께서 모르는 걸 일주일에 한 번 zoom으로 설명해 주시겠다는 선처를 저에게 베풀어 주셨습니다. 한 번 들어서 이해 안 되는 것을 '참교육' 해 오신 분답게 인내와 사랑으로 성의껏 가르쳐주시는 선생님의 모습 속에서 하느님의 사랑이 느껴졌으니 선생님은 선교에 완전 성공하신 거지요. 강의 듣는 중에 선생님께서 폐암 수술을 받게 되셨습니다. 너무 슬프기도 하고 하느님께서 우리를 만나게 하신 이유가 뭘까 기도하면서 쾌유를 비는 시간을 보냈습니다. 광주 신학교를 그만두시고 나오실 수밖에 없는 하느님의 섭리 같은 것을 저는 샤르댕 신부님께서 유배 가신 이유와 연결해서 이해하게 되었고, 샤르댕 신부님의 저서들이 번역서로 여러 권 출간돼있지만 한 개인의 필생 연구가 담겨있는 책은 전무해 보여서 선생님 책 출판이 무엇보다 의미가 있겠다는 판단이 들어 선생님께 말씀드렸습니다. 선생님 마음 속 간절한 바람과도 일치하여 이 책을 내는 작업에 거의 1년간 함

이 책이 나오기까지....

께 하게 되었습니다. 선생님 건강이 염려되어서 하루 빨리 작업을 마쳐야 된다는 마음에 무더위가 한창인 여름 내내 과품종(과학을 품은 종교) 녹취록 작업에 혼신을 다했습니다. 댁에서 저작 활동할 상황이 여의치 못해 혼자 피정하듯 계시면서 노령에 몸도 안 좋으신 상태에서 글을 써내는 일이 여간 각고의 노력이 아님을 알면서도 선생님을 너무 채근한 것 같아 죄송스럽기 그지없습니다. 다행히 책으로 결실을 맺게 되어서 그저 감사드릴 뿐입니다.

진화는 하느님의 창조가 계속 진행되고 있다는 의미로 받아들여지고, 오메가 포인트로 정향 진화되어가고 있다는 것은 결국 하느님의 창조 질서대로 모든 피조물이 종말의 완성, 충만으로 수렴되고 있는 과정이라고 이해됩니다. 예수님의 강생만 강생이 아니고 우리도 138억년 + 내 나이의 우주 정보가 축적되어 강생한 존재라고 하셨을 때, 우리 인간 하나하나가 얼마나 소중하며 동시에 모든 피조물이 우리 안에 축적돼 있다니 과연 잘 돌볼 수밖에 없는 존재들입니다. 기후 위기, 생태 위기에 처한 지구를 잘 돌봐야 하는 이유는 바로 피조물 보호는 나 자신을 잘 돌보는 것과 동의어라 여겨지기 때문입니다.

보통 하느님 나라를 믿어서 어디론가 가는 나라로 알고 있는데 지금 여기에서부터 만들면 보이는 나라임을 주지시켜주셨어요. 우리 신앙의 핵심이라 일컬어지는 부활도 죽은 이들이 다시 살아나는 차원에서 '생명의 연속성'이란 폭넓은 개념으로 이해하게 해주셨습니다. 물질이 생명으로, 생명이 정신으로 진화되어 결국 개체성 차원의 생물로 머무는 인간이 아니라, 언어로 '공유성'으로 사회 유전되는 지식의 축적으로 오늘날 우리가 문화, 문명을 누리고 있는 것이라 설명하셨습니다. 사랑의 키메라로 수렴될 오메가 포인트는 상상도 못할 충만의 상태로, 영원한 생명을 향하여 정신 진화되도록 우리 모두가 부르심 받은 존재임을 자각하게 됩니다. 공유성의 정신으로 살아가라는 말씀을 예수님께서는 이렇게 건네십니다.

"누가 내 어머니고 내 형제들이냐?" (마르3,33)

또한 공진화의 개념과 연결하여 우리의 복음 선포 대상이 인간에게만 국한된 것이 아님을 성경은 이렇게 적고 있습니다.

"너희는 온 세상에 가서 모든 피조물에게 복음을 선포하여라."(마르16,15)

'창조적 진화'는 결국 피조계 전체의 구원과 관계있고 오메가 포인트에 도달하기까지 계속되는 것임을 표현하는 것이라 이해됩니다. 아름다운 자연을 볼 때, 우리가 감탄하는 것은 내 안에 이미 있는 것이 내 눈 앞에 펼쳐져 있는 걸 보고 공명하는 것이란 말씀을 들었을 때 얼마나 놀랍든지요.

샤르댕 신부님의 신학사상이 당시로서는 워낙 획기적이라 교회로부터 약간 이단시되어 신부님도 세 차례나 유배가시고 그 분 저작물도 금서 목록으로 지정되기도 하였지만, 지금은 새롭게 조명되어야 할 때임을 프란치스코 교황님께서도 <찬미받으소서> 83항을 통해 인정하시는 듯한 느낌을 받습니다. 일각에서는 1천 년 기 신학은 아우구스티노 성인이, 2천 년 기 신학은 토마스 아퀴나스 성인이 이끄셨다면 3천년기 신학은 떼이야르 드 샤르댕 신부님이 이끌어 가실 거라고 이야기하면서 교회학자로 선포되어야 할 분이라고까지 조심스럽게 언급되고 있음을 알고 있습니다.

혜안과 통찰력 있으신 정태옥 선생님께서 60년간 예수님과 교회를 사랑하는 마음으로 애정을 다 바쳐 연구한 샤르댕 신부님의 신학 사상을 이 책에서 만날 수 있습니다. 이 귀하디 귀한 책이 아무쪼록 온 세상의 복음화에 기여하는 밑거름이 되기를 기도합니다.

교회는 본성상 선교하는 교회이며, 선교는 우선 대화적이어야 한다고 말합니다. 복음화의 대상은 타종교 및 무신론자까지 온 인류는 물론 피조계 전체를 포함합니다. 모두가 공유하고 공감할 수 있는 이 시대가 절실히 요구하는 선교의 key를 저는 정태옥 선생님이 연구해 오신 샤르댕 신부님 신학사상에서 발견합니다. 새로운 표현과 열정과 방법의 선교, 그 중심에 부활하신 예수 그리스도의 사랑이 드러나야 함을 정태옥 선생님께 배웠습니다.

여러 차례 수도자들에게 강의하시며 교회가 쇄신되어야 할 방향에 대해 강의해 오신 것으로 압니다. 깨어있는 신앙인으로 지구 가족으로 함께 걸어갈 수 있도록 생사의 기로에서 심혈을 기울여 집필하신 정태옥 선생님의 책이 결실로 선보이게 되어 무엇보다 하느님께 감사드립니다. 이 책에서 시대가 요청하는 복음적 메시지를 잘 발견하고 예수님처럼 새로운 인류가 많이 출현되는 세상이 되면 참 좋겠습니다. 전체이신 하느님과 부분인 피조물이 종속성이 아니라 동시성이라고 하셨습니다. 피조물인 우리가 예수 그리스도께서 살아가신 삶의 향기로 이 세상을 가득 채울 때 비로소 하느님이 완성되도록 협력하는 역할을 우리가 할 수 있을 것입니다.

야고보 선생님께서 책을 내는 과정에 처음부터 끝까지 함께 하도록 허락해주신 주님께 모든 영광과 감사와 찬미를 돌려드립니다! 또한 주님께서 선생님의 건강을 지켜주시기를 간절히 기도합니다.

대전교구 가톨릭성서모임 말씀의 봉사자
나은희 로셀리나

새로운 인류의 출현
Pierre Teilhard de Chardin의 사상

2022년 4월 26일 제1판 제1쇄
2022년 5월 1일 제1판 발 행

저 자	정태옥
발행자	신경원
발행처	도서출판 하누리(디자인메카)
	02859 서울시 성북구 안암로3길 41 윤호빌딩 1층
	전화 02-2269-1599・팩스 02-2269-5231
	E-mail medmecca@daum.net
	www.hanuripub.co.kr
ISBN	978-89-91130-73-9(03220)
정 가	28,000원

- 잘못 만들어진 책은 구입하신 서점에서 바꾸어 드립니다.
- 이 책은 저작권법에 의해 보호를 받는 저작물이므로 출판사의 허락없이 무단 전재, 복제할 수 없습니다.